LE RÉFÉRENCEMENT SUR GOOGLE ™

LE GUIDE COMPLET

Micro Application

1ère Édition - Avril 2011

Auteurs

Gilles GREGOIRE

ISBN : 978-2-300-037863

ISSN : 1950-0289

MA EDITIONS
20-22, rue des Petits-Hôtels
75010 PARIS
Tél. : 01 53 34 20 20
Fax : 01 53 34 20 00

Support technique :
sav@ma-editions.com

Avant-propos

Destinée aussi bien aux débutants qu'aux utilisateurs initiés, la collection *Guide Complet* repose sur une méthode essentiellement pratique. Les explications, données dans un langage clair et précis, s'appuient sur de courts exemples. En fin de chaque chapitre, découvrez, en fonction du sujet, des exercices, une check-list ou une série de FAQ pour répondre à vos questions.

Vous trouverez dans cette collection les principaux thèmes de l'univers informatique : matériel, bureautique, programmation, nouvelles technologies...

Conventions typographiques

Afin de faciliter la compréhension des techniques décrites, nous avons adopté les conventions typographiques suivantes :

- **gras** : menu, commande, boîte de dialogue, bouton, onglet.
- *italique* : zone de texte, liste déroulante, case à cocher, bouton radio.
- `Police bâton` : Instruction, listing, adresse internet, texte à saisir.
- ✂ : indique un retour à la ligne volontaire dû aux contraintes de la mise en page.

REMARQUE

Il s'agit d'informations supplémentaires relatives au sujet traité.

ATTENTION

Met l'accent sur un point important, souvent d'ordre technique qu'il ne faut négliger à aucun prix.

ASTUCE

Propose conseils et trucs pratiques.

DEFINITION

Donne en quelques lignes la définition d'un terme technique ou d'une abréviation.

PRÉFACE

Arriver en première page de Google à la portée de tous

Les lecteurs de ce livre sont intéressés par réussir le positionnement de leur(s) site(s) Internet dans les moteurs de recherche. Google occupe près de 90 % du marché de la recherche d'informations sur le Net français. La totalité de l'ouvrage porte sur ce moteur. Cependant, les techniques exposées dans ce livre fonctionnent très bien dans la majorité des cas avec les moteurs concurrents de Google.

Google fait rapidement évoluer sa technologie et ses algorithmes. Une remise à jour du savoir faire en référencement est donc nécessaire quasi chaque année.

REMARQUE

Le référencement réussi à la portée de tous.
Le référencement/positionnement peut très vite devenir une technique complexe à comprendre et à pratiquer. Le propos de cet ouvrage est d'être à la portée de toute personne ayant peu de temps à consacrer à cette technique et pas ou peu de connaissances sur les technologies du web. Les conseils et explications de ce livre pourront être mis en pratique immédiatement, chapitre par chapitre.

Les amateurs de codes sources complets trouveront le complément au présent livre dans l'ouvrage publié chez Micro Application *Techniques de référencement Google*.

Pour obtenir un positionnement réussi, il est nécessaire de procéder en plusieurs étapes séquentielles mais toutes interdépendantes les unes des autres. Certaines de ces étapes sont déjà abondamment documentées dans divers livres, blog, sites et forums consacrés au référencement de sites Internet. Mais quelques étapes fondamentales du référencement sont peu abordées :

- La maîtrise réussie des liens (appelées *backlinks* dans le jargon des référenceurs). C'est pourtant une étape clef dans la réussite finale du positionnement de son site web via des actions efficaces, cohérentes et correctes techniquement. La pose réussie d'un backlink exige cohérence et suivi. Le backlink peut être interne au site (on parle alors de *Page Rank Sculpting* ou *Modeling*) ou externe (on parle alors de *netlinking*).
- L'impact du Web 2.0 dans le *positionnement*. Il complète les campagnes de netlinking, c'est-à-dire, les efforts réalisés pour obtenir des liens pointant vers le site à référencer et à positionner. Attention,

certaines approches Web 2.0 peuvent générer du *duplicate content* et ruiner alors le référencement de la page.

- L'interdépendance de toutes les actions d'optimisation. Sans coordination et cohérence globale, il est impossible de réussir un positionnement.
- Le volume de texte, sa qualité et surtout son emplacement au sein de l'arborescence. Un texte en page d'accueil a un poids plus important qu'un texte placé au fin fond d'une galerie de photos.
- La chasse aux *duplicate contents*. Un texte plagié sur un autre site, un copier-coller entre deux pages du même site, un voleur de contenu dupliquant vos propres textes à votre insu... sont autant de *duplicate contents* attirant des pénalités de Google sur votre page. Peu importe que ce soit une maladresse ou que vous ayez été victime d'un voleur de contenus.

REMARQUE

Référencement et positionnement : des actions complémentaires.

Un site techniquement bien référencé peut parfaitement rester hors des *places en or*. Ce sont les 5 à 20 premières positions dans une réponse d'un moteur sur une requête utilisant les mots clefs de votre métier.

Le *référencement* correspond au travail d'optimisation sur les pages du site pour mieux être "compris" par le moteur et donc tenter d'en obtenir un "bon" positionnement. Ce travail est en général insuffisant pour atteindre un objectif si ambitieux : être dans ces *places en or*.

La mise en place de fonctionnalités Web 2.0 sur les pages et un travail "externe" au site sur les liens menant aux pages (les *backlinks)* permettront de le positionner dans les 5 à 20 premières positions d'une réponse à une requête. Ce sont les actions liées au *positionnement*.

Toutes ces actions, pour être efficaces, touchent aux liens, à la déclinaison des mots clefs sur les pages et à la mise en œuvre d'une *cohérence* des actions, comme nous le verrons au fil des chapitres.

Ce livre explique de manière simple et compréhensible les différentes étapes d'un référencement puis du positionnement d'un site Internet dans l'index des moteurs de recherche et principalement dans celui de Google.

REMARQUE

Comprendre un moteur de recherche pour réussir son positionnement

L'approche pédagogique retenue passe par une explication simplifiée et compréhensible par tous du fonctionnement d'un "apprenti moteur de recherche".

REMARQUE

Comprendre, même très approximativement, les mécanismes d'un moteur de recherche permettra au lecteur de mieux comprendre les interactions et interdépendances entre les différentes actions de référencement.

Cette compréhension aidera le lecteur à atteindre son objectif de réussir à positionner des pages de son site web dans les résultats des moteurs de recherche sur les mots clefs voulus. Comprendre ces mécanismes permet de coordonner efficacement les actions et d'en comprendre les interactions. Au fil des réactions de Google lors du travail de référencement, le lecteur pourra y adapter des actions personnalisées à son site en toute connaissance de cause.

Ce livre est une initiation et une première mise en pratique du référencement. Il s'adresse à un public le plus large possible. Une approche pédagogique a été retenue : l'exposé progressif et simplifié de certains des mécanismes internes d'un moteur. Vous découvrirez au fil des chapitres comment les optimisations "classiques" sur les pages interagissent avec les liens. Vous comprendrez pourquoi les liens et les fonctionnalités *Web 2.0* sont intégrés dans la stratégie de Google. En comprenant ces interactions, vous saisirez le sens et l'impact de chacune de vos actions d'optimisation. Vous pourrez ainsi les personnaliser aux besoins spécifiques de votre site et aux réactions de Google, afin de réussir votre positionnement.

Si vous avez externalisé votre site web et sa promotion, vous pourrez mieux dialoguer avec les personnes en charge de votre site Internet, de son référencement et de la création de trafic ciblé et qualifié.

Résumons-nous. Dans ce livre, nous allons aborder et expliquer les points cruciaux suivants :

- Les optimisations "classiques" d'un site. Elles sont incontournables. Elles interagissent entre elles. Il y a de nombreuses interactions entre ces optimisations, les liens et le web 2.0. Toutes ces interactions ont un impact sur l'efficacité du référencement.
- Le rédactionnel, en quantité, en emplacement dans le site et en qualité sont de plus en plus essentiels. Google déploie des algorithmes de plus en plus sophistiqués pour évaluer la pertinence d'une page vis à vis d'expressions clés. Sa chasse *aux duplicate contents* est la première cause de pertes de position d'un site dans Google. Comprendre et éviter les *duplicate content* est fondamental pour les personnes en charge des contenus textuels.
- Le Web 2.0, le futur web 3.0 (dit web sémantique) et Google : des fonctionnalités web 2.0 amélioreront le positionnement et le réfé-

rencement de votre site. La prise en compte des premiers pas de Google dans le web sémantique participera à un meilleur taux de clics dans les SERP de Google. Pour le moment, en février 2011, cela n'apporte rien en référencement naturel.

- Le référencement local via Google Adresses a un impact sur la recherche locale ou géo localisée.
- Le netlinking (également appelé *linkbuilding*), ou comment réussir l'optimisation des backlinks, internes au site ou externes, pour améliorer son positionnement.

Une fois les optimisations sur le site réalisées, nous verrons que, pour avoir un site Internet bien placé dans l'index de Google, il sera nécessaire de maîtriser et comprendre en profondeur le rédactionnel, les backlinks (les liens internes ou externes) et les interactions avec le Web 2.0.

La mise en service coordonnée et cohérente de ces points cruciaux permet de réussir son positionnement.

REMARQUE

L'analyse des liens puis le Web 2.0 contribuent au succès de Google... et à celui de votre référencement

L'analyse des liens a permis à Google de disposer d'une qualité de réponse supérieure à ses concurrents. Cela a contribué à l'essor de Google face à ses concurrents. Savoir gérer les liens est fondamental pour réussir son positionnement dans Google.

Mais les backlinks, les liens, ne participent plus seuls aux calculs de Google pour positionner un site. Les fonctionnalités Web 2.0 sont prises en compte via le résultat de leurs utilisations. L'utilisation de ces fonctionnalités génère des liens et/ou des textes liés aux pages du site. Le volume de ces ajouts est fonction du nombre d'internautes qui les utilisent. L'impact sur la structure d'un site Internet est majeur. Passer de Web 1.0 à Web 2.0 exige une réorganisation du site dans la plupart des cas.

Google se focalise sur l'internaute et son comportement. L'usage d'un réseau social n'est pas une mode passagère du web, c'est un réel changement des comportements sociétaux. Plus un site Web 2.0 a du trafic de qualité, mieux Google le positionne dans son index face aux autres sites restés en Web 1.0.

Référencement tendances 2011

Duplicate content première cause de chute

Il y a une montée en volume de *duplicate content*. Désormais, Google réalise des détections de *duplicate content* non seulement sur la stricte copie de phrases entre des pages différentes, mais également sur un taux de similitude de contenus entre phrases dans différentes pages. À chaque détection positive, et elles sont désormais nombreuses, votre référencement, sur les mots clefs des phrases incriminées sur les pages de votre site, chute plus ou moins fortement, plus ou moins vite.

La lutte 2011 contre le *duplicate content* a des impacts multiples. Le rédactionnel (surnom : le *Google writing*) est à revoir. Certains outils web 2.0 efficaces jusqu'en 2010 peuvent injecter accidentellement des *duplicate content* et être ainsi contre productifs en 2011.

Google Adresses

En imaginant que vous soyez plombier et que vous travaillez à Nice. Pour avoir votre site web visible par les internautes des environs vous pouvez inscrire celui-ci dans Google Adresses. En échange de nombreuses informations sur votre société, Google affichera gratuitement un résumé de votre site et une localisation Google maps dans toutes pages de résultats de tout internaute surfant depuis Nice et saisissant `plombier` dans Google.

Cela paraît génial. En revanche, quand vous allez vous apercevoir que Google limite à 8 le nombre d'affichages gratuits et qu'il y a plus de 8 plombiers à Nice, vous allez déchanter. Pour être visible, vous devrez louer du AdWords ou investir en référencement naturel sur des expressions clefs moins concurrentielles comme `contrat de maintenance chaudière` (dans l'éventualité où vous maîtrisez aussi le métier de chauffagiste comme de nombreux plombiers)

Google se constitue ainsi à peu de frais un immense annuaire complet et à jour des entreprises de France et d'autres pays.

Malgré les inconvénients, vous (ou votre référenceur) devez remplir correctement et en l'optimisant votre Google Adresses pour capter du trafic. Vous n'avez pas le choix.

Web sémantique

Le Web sémantique, appelé Web 3.0 par de nombreux acteurs majeurs du domaine, est en théorie très séduisant. Concrètement, il s'agit de pouvoir naviguer entre des sites sur la base d'une navigation personnalisée en temps réel selon le contenu que l'internaute regarde.

Par exemple, l'internaute lit un article sur les papillons. En temps réel, son navigateur lui propose un ensemble de liens conduisant vers différents sites faisant autorité sur le sujet : les papillons du Royaume-Uni ou d'Amérique du Nord (l'internaute est géolocalisé en Grande-Bretagne ou aux États-Unis), les papillons de grande taille (l'historique de cet internaute montre la recherche de photos/images de grands papillons), etc.

Dans la pratique, un internaute pourra passer d'un site web à un autre en fonction de multiples critères. Bon nombre d'entre eux ne seront pas localisés sur le site web lui-même, mais dans le navigateur et... dans un moteur de recherche universel.

Le décideur est concerné

Un problème se pose au décideur : imaginons qu'un site web investisse dans une campagne de liens sponsorisés, style Google AdWords, ou dans le référencement naturel. Des internautes arrivent sur les pages du site. Que se passera-t-il si certaines d'entre elles génèrent, hors de tout contrôle du site, des suggestions de navigation envoyant les internautes, gratuitement ou via une commission gérée par Google, vers d'autres sites ?

On comprend les tensions dans les négociations tentant de définir l'évolution vers le Web 3.0 et nous allons probablement avoir droit à une guerre entre les acteurs majeurs d'Internet.

Google commence son déploiement et cela affecte l'audience de quelques sites Internet, notamment ceux consacrés aux recettes de cuisine.

RENVOI

Reportez-vous à ce sujet à la section *Visible dans Google : le (rich) snippet/Augmenter son taux de clics* du chapitre *Le webmestre et son référencement*.

L'arrivée de cette philosophie du Web est à surveiller de près.

Réécriture par Google

`title` de page et `meta description` sont deux balises techniques utilisées dans le codage d'une page. Elles ont un rôle important dans le référencement et le taux de clics depuis les pages de résultats de recherche de Google. Google jusqu'à début 2011 les copiait/collait dans les pages de résultats.

Attention, si un `title` de page ou un `meta description` ne sont pas assez longs ou que Google les juge inappropriés, il peut décider de les récrire lui-même selon ses propres calculs. Il est donc déconseillé de limiter le `title` à deux mots-clés : le risque est que Google le modifie et d'avoir un `meta description` trop court ou dupliqué. On peut avoir des surprises conduisant à une diminution du taux de clics depuis les pages de résultats.

Personnalisation des résultats

Google utilise à ce jour deux aspects de la personnalisation : l'historique de l'internaute et sa géolocalisation.

Géolocalisation

La géolocalisation répond à plusieurs besoins des internautes et de Google. Des milliers de sites veulent être référencés sur le même mot-clé alors qu'ils ne sont pas en compétition dans le monde réel. Par exemple, un plombier à Nice n'a nul besoin d'être visible à Paris. L'analyse de l'adresse IP de l'internaute à la recherche d'un plombier permet de déterminer d'où il surfe. Le moteur peut donc décider, en fonction des mots-clés saisis, de personnaliser sa réponse en géolocalisant la page de résultats. Seuls les sites web des plombiers présents dans les 10 km autour de la géolocalisation de l'internaute seront affichés en résultats. Il est vrai qu'un internaute niçois saisissant `plombier` n'a que faire des plombiers de Paris ou d'ailleurs.

La géolocalisation de l'internaute est l'un des deux outils indispensables à un fonctionnement efficace de Google. À cela s'ajoute Google Adresses : avec son annuaire d'entreprises localisées chacune par une adresse postale et par une zone de chalandise, il permet une recherche géolocalisée complète, pertinente et efficace.

Google augmente ainsi les possibilités de publicités payantes et donc ses revenus. Pour être géolocalisé et donc avoir du trafic ciblé et qualifié, un site web doit avoir une fiche Google Adresses correctement remplie. Google récupère ainsi un immense annuaire, encore plus complet que celui des Pages Jaunes. Nul doute qu'il saura en tirer profit plus tard.

Personnalisation par l'historique

La personnalisation par l'historique semble décoller moins fort que prévu. Google examine votre comportement passé dans le moteur pour tenter de deviner ce que vous cherchez exactement et donc affiner les résultats de recherche. Dans de nombreux cas, la personnalisation est inopérante ou faible. Les changements de machines, de navigateurs, les purges et nettoyages de cookies rendent cette approche peu fiable et donc moins efficace que prévue. Annoncée comme la mort du référenceur, cette technique de personnalisation n'a en fait qu'un faible impact sur le métier de référenceur et sur la mission à réaliser pour le site web.

Le futur et les moteurs de recherche

La part Internet dans le business des entreprises, directe ou indirecte, ne cesse de croître.

Pour avoir une part de la manne des internautes à la recherche de services ou de produits ou tout simplement d'informations, un site web doit être référencé naturellement dans le moteur de recherche dominant : Google. Mais comment vont évoluer les moteurs de recherche et, à partir de là, comment capter de nouveaux internautes vers son site ? En d'autres termes, quel sera le futur des moteurs de recherche, du Net et donc du référencement ?

Dans 10 à 15 ans, Internet, la téléphonie mobile, voire la TV, auront totalement fusionné en un seul média probablement interactif, contrairement à aujourd'hui. Le moteur de recherche sera l'outil clef pour naviguer à travers ces masses d'informations de multiples natures. La pertinence des réponses renvoyées aux internautes décidera du moteur dominant. Actuellement Google domine, et ses performances financières lui permettent d'investir dans le futur.

Web 2.0, téléphonie 3G ou 4G, réseaux sociaux via des outils du Net vont révolutionner nos comportements dans les prochaines années. Dès à présent, Google prend tout ceci en compte et favorise les éventuels sites Web 2.0 qu'il indexe. Il met l'internaute au centre de toute sa stratégie. Séduire l'internaute par la qualité et la pertinence des pages de résultats, c'est gagner sa fidélité.

Le Web sémantique (le Web 3.0 selon certains) a vu un premier acteur s'engager : Google avec les rich snippets. De multiples conflits d'intérêt freinent le Web sémantique. Google dégaine une première avancée, timide, limitée à un seul secteur thématique du Web : les recettes de cuisine ! C'est le seul métier où Google a mis en place suffisamment de données structurées en 2010 pour permettre aux sites comme 750g.com et Marmiton de travailler correctement en rich snippets.

Fort probablement, le Web sémantique va s'imposer dans les années à venir. Il constitue un mode de navigation sur le Web infiniment supérieur à l'usage actuel. Il sera donc adopté massivement par les internautes. Un moteur de recherche possède un énorme avantage sur un navigateur en Web sémantique. Il connaît la page où surfe l'internaute ! Google sera fort probablement un acteur majeur pour le déploiement et l'usage du Web 3.0. Il va falloir réfléchir à de nouvelles manières de présenter des résultats de recherche pertinents. Il va donc falloir réfléchir à de nouvelles façons de référencer son site et d'obtenir du trafic ciblé et qualifié.

Le référencement naturel via les moteurs de recherche représente approximativement de 20 à 50 % du recrutement des nouveaux clients pour les entreprises de type PME. Peu importe le détail des chiffres : 20, 30, 40 ou 50 %. C'est la tendance qui compte. Elle croît et atteint des niveaux qui la rendent stratégique. Le référencement naturel est une des deux voies incontournables du web, la plus importante pour de nombreuses PME dans la plupart des secteurs d'activité, pour développer l'activité commerciale. Sans visibilité sur les promesses de l'entreprise, il n'y a pas de communication, et la force de vente est moins efficace.

Être en avance sur ses concurrents en référencement naturel représente un net avantage concurrentiel.

ASTUCE

La qualité des mots-clés prime

Un des grands défauts des sites web de PME/TPE porte sur la qualité des mots et expressions-clés retenus. Dans de nombreux cas, les expressions retenues et mises en valeur sont en fait inadéquates avec la recherche réelle des internautes.

Un exemple : `camping Seine et Marne`. Il y a environ deux cents structures de ce genre. De nombreux campings sont relativement proches du célèbre parc de loisirs Disney. Le camping "classique" cherchera une visibilité sur `camping Seine et Marne`. Pourquoi pas ! Mais une analyse montre qu'en fait la majorité des internautes saisissent `camping Disneyland Paris` ou des

ASTUCE

variantes proches de cette expression-clé. Cette anecdote a pour but d'illustrer que la recherche, l'audit des bons mots-clés est fondamental dans la démarche du référenceur.

Dans le futur, la qualité d'un site et de son référencement naturel ainsi que sa visibilité sur le net vis-à-vis de son marché seront pris en compte lors de la valorisation d'une entreprise.

Comme nous le découvrirons au fil des pages, le nombre de bonnes places, *les places en or*, est limité pour chaque mot clef. Pire, le nombre de mots clefs dans la langue française est forcément limité. Certains secteurs d'activité ont d'un à quelques mots clefs en tout et pour tout ! Les premiers arrivés sont les plus facilement servis. Les autres doivent payer pour d'autres formes de visibilité, plus onéreuses et pas aussi efficaces.

Nombre de PME négligent les investissements web, et de très nombreuses bonnes places restent encore à prendre malgré les apparences. Attention, cela ne durera pas. Dans plusieurs secteurs d'activité, on peut constater une saturation : les bonnes places sont prises et solidement tenues.

ASTUCE

La qualité prime sur le volume quand il s'agit d'être dans les places en or

Relativement à un mot clef donné, la mise en pratique des approches exposées dans ce livre permet de prendre des places dans le carré d'or des 20 premières positions, bref de se hisser au niveau des sites concurrents qui, eux, sont déjà en place dans ce carré d'or. Pourquoi et comment est-ce possible ? Ils ont un référencement négligent ou peu suivi.

Même si des millions de pages sont déjà positionnées sur votre mot clef, ce n'est pas le volume en millions de pages qui compte, c'est la qualité du travail en référencement/positionnement des 20 premiers.

Public et organisation de cet ouvrage

L'approche progressive de ce livre a pour objectif de mettre à la portée d'un large public les concepts du référencement et du positionnement

REMARQUE

Des explications simples avec des compléments au fil des chapitres

Le responsable qui ne peut pas s'impliquer dans la technique pourra mieux calculer ses budgets et mieux choisir ses prestataires. Il pourra également mieux contrôler le projet en termes de qualité, de délai, et de coût.

Le webmestre ou le trafic manager appréhenderont mieux les contraintes imposées par le référencement et ils pourront ainsi les intégrer dans leurs démarches et même annuler tous les effets secondaires indésirables.

Le chef de projet web pourra mieux préparer cahier des charges et spécifications techniques afin de prendre en compte, de manière native, dès la conception du projet de site, un référencement efficace et réussi.

Pour arriver à initier ces divers publics au référencement réussi, nous débuterons par des explications très simples, puis au fil des chapitres nous les compléterons jusqu'à atteindre le niveau d'un webmestre connaissant le HTML mais ne maîtrisant pas PHP/MySQL, un langage web informatique et une base de données.

Les publics ciblés par les différents chapitres de ce livre sont :

- Tout néophyte, du curieux au chef d'entreprise : ce public s'attachera à comprendre le référencement sur Google mais sans s'investir techniquement. Cela lui permettra, par exemple, de mieux préparer son budget web, de choisir des critères de sélection pour retenir un prestataire et de contrôler la qualité du travail livré ou de piloter le projet référencement.
- Tout webmestre, débutant ou confirmé, désireux de hisser les pages de son site Internet sur des mots clefs précis dans l'index de Google. En comprenant mieux les interactions des différentes optimisations, le webmestre pourra planifier et réaliser de multiples actions plus efficaces au lieu de travailler sans vraiment comprendre ce qu'il fait.
- Tout *Traffic Manager* (le terme est anglo-saxon, donc il y a bien deux *f*) désireux de mieux appréhender Google et le référencement naturel dans l'optique de piloter efficacement ses budgets et ses campagnes de web marketing tout support.
- Tout codeur informatique ayant en charge d'automatiser le référencement d'un site Internet. Ce public professionnel sera intéressé par la compréhension élémentaire des mécanismes du référencement afin de pouvoir automatiser efficacement certaines optimisations. La partie *Automatiser le référencement en PHP/ MySQL* les concernera plus particulièrement.

ASTUCE

Coder comme un expert en référencement

Le chapitre sur l'automatisation du référencement intéressera les codeurs de sites web. Cette approche, ainsi que les erreurs à éviter, les techniques de programmation pour les éviter, sont détaillées dans le livre *Techniques de référencement Google* publié chez Micro Application.

Il a été retenu de répartir sur deux livres distincts, d'un côté une initiation poussée (le présent ouvrage), et de l'autre un contenu dédié aux codeurs de sites. Le lecteur aura la liberté d'acquérir, s'il dispose des connaissances techniques nécessaires, ce second ouvrage dédié au codage de sites web référençables sur la base d'un simple framework, où les erreurs classiques sont abordées et réglées.

La technologie retenue, pour les exemples et le mini-site associé, est la solution open source PHP/MySQL, mais les techniques et algorithmes exposés sont valables avec d'autres technologies (Microsoft ASP entre autres). Il est nécessaire d'avoir de solides notions en PHP/MySQL pour appréhender ce livre dédié aux codeurs.

Ce livre et les logiciels libres

Il est clef de permettre à la grande majorité des lecteurs de tirer un maximum du présent ouvrage. L'approche pédagogique retenue fait appel à des explications simples, et elle utilise des exemples basés sur des technologies gratuites et à la portée de tous : l'Open Source dit aussi logiciel libre : HTML, XHTML, PHP, MySQL, Apache, Linux.

Une majorité des sites Internet utilisent ces technologies web gratuites et ouvertes. Il existe des logiciels payants pour réaliser ces mêmes tâches de conception et de développement de sites Internet : Microsoft Windows Server, IIS, .Net (*dot NET*) et de multiples autres outils logiciels de nombreux éditeurs, comme IBM pour n'en citer qu'un.

Pourquoi payer alors qu'il existe des technologies gratuites et performantes ? Sans se lancer dans le débat du gratuit versus payant, nous dirons simplement que certains sites utilisent les technologies payantes de Microsoft, IBM ou autres, car elles facilitent le développement d'applications web complexes.

Le contenu de ce livre est utilisable pour le référencement de sites importants. Néanmoins cet ouvrage cible les sites ne nécessitant pas la mise en place d'outils complexes en développement, comme la majorité des sites web de PME. Nous ferons référence dans ce livre aux technologies libres qui sont mises en œuvre sur des serveurs Linux : Apache, PHP, MySQL, etc.

REMARQUE

Logiciels payants versus logiciels libres et gratuits : illustration

Une banque n'hésitera pas à investir des sommes importantes en technologies Microsoft, IBM ou autre, car son site Internet bancaire devra supporter :

- des milliers d'utilisateurs simultanés avec le maintien de temps de réponse rapides ;
- une interconnexion complexe en réseau sécurisé sur de gros serveurs spécialisés ;
- un fonctionnement en toute sécurité ;
- de nombreux programmes complexes et composés de nombreuses lignes de code informatique.

L'équipe informatique de cette banque devra concevoir, produire et maintenir ces dizaines voire centaines de milliers de lignes de codes représentant des dizaines et plus d'années de développement informatique. Des outils logiciels conçus et commercialisés par des éditeurs ciblent ce type de clients qui ne cherchent pas à économiser sur les coûts des licences mais plutôt à pérenniser les investissements et à diminuer les coûts de maintenance.

À l'inverse, le site d'une PME qui met en ligne son catalogue de produits ne nécessite aucunement un outil de développement payant. Les logiciels Open Source comme Apache, Linux, PHP et MySQL sont largement suffisants pour la réalisation d'un site de qualité pour la quasi-totalité des PME.

GUIDE À L'USAGE DES DÉCIDEURS

Ce chapitre aidera les personnes désirant comprendre les enjeux et les principes de base du référencement et du positionnement d'un site Internet. Il les aidera aussi à évaluer la charge de travail d'un site web, référencement inclus. Sa lecture ne demande que peu de temps et aucune connaissance technique.

Il cible les chefs d'entreprise, les responsables marketing, les chefs de produit et autres décideurs impliqués dans la stratégie Internet de l'entreprise. Ils pourront mieux dialoguer avec les personnes en charge du site web et de sa promotion.

ATTENTION

Les tendances clés du référencement

Le présent ouvrage est dans sa troisième édition. Une nouveauté spécialement destinée aux décideurs ayant peu de temps figure au chapitre intitulé *Préface : Référencement tendances 2011*. Cette section liste les tendances lourdes du référencement à prendre en compte. Il est recommandé de les lire et d'en évaluer l'impact sur le site de l'entreprise et sur son développement. Ces informations peuvent conduire à des refontes partielles d'un site ou à une révision de son organisation et de sa production.

1.1. Des concepts à connaître

La connaissance de ces concepts est indispensable à une bonne compréhension du référencement naturel.

Google référence des pages HTML et non des sites Internet. Nous verrons que de nombreuses conséquences en découlent et que cela impacte fortement la structure du site, le travail d'optimisation des pages et les investissements en référencement.

Le nombre d'expressions-clés que l'on peut référencer efficacement par site est limité. Il est en effet impossible de référencer une grande quantité de mots/expressions-clés sur un site offrant peu de pages. Google a mis en place des mécanismes de tris simples mais efficaces permettant d'écarter de la tête des résultats sur une expression-clé les pages ne répondant pas ou mal à un nombre de critères. Or peu de mots-clés peuvent être inclus dans ces critères, ce qui mécaniquement limite forcément le volume de mots-clés référençables par page.

On établira la règle suivante : une page peut recevoir quelques mots-clés stratégiques, disons trois à cinq, soit une expression-clé, guère plus.

Une expression-clé par page

Une expression-clé est composée de quelques mots-clés. Une expression pour être référençable doit impérativement respecter quelques critères de base. Elle doit être contenue dans le `TITLE` de la page, être présente dans un titre de mise en page `h1` ou `h2`, et dans un texte de type `<p>` (balise paragraphe en HTML). Un `TITLE` de page ne peut guère dépasser une dizaine de caractères. On voit tout de suite qu'à une page, on pourra faire correspondre une seule expression-clé centrale.

Une page HTML possède une et une seule URL. Et à une URL correspond une et une seule page HTML.

URL unique pour un contenu unique

Acronyme anglo-saxon signifiant *Uniform Resource Locator*. Une URL est plus communément désignée comme l'adresse d'une page d'un site, comme `http://www.mon-site.fr/présentation.html`. Par définition, une URL est unique sur tout Internet, tout comme votre adresse personnelle (nom, prénom, n° appartement, n° rue, code postal, pays) est unique. Et tout comme la personne habitant à cette adresse est unique, le contenu de la page HTML située au bout de l'URL doit être unique selon Google.

Cette notion d'une URL unique pour une page unique a un énorme impact sur la publication des contenus d'un site et sur la stratégie de référencement.

Un moteur de recherche accède aux pages des sites sur Internet via une multitude de petits programmes, les *bots*, qui suivent les liens lisibles.

Un bot

Ce petit programme informatique est lancé à des millions d'exemplaires sur des milliers de serveurs de Google. Un *bot simule un internaute mal voyant* capable uniquement de "*lire*" les données texte. L'impact sur les techniques d'optimisation est très important. Un bot, théoriquement, suit uniquement les liens texte ou image. Il ne peut pas interpréter les liens "*bien programmés*" en JavaScript, en flash ou autre technique. Il télécharge chaque page sur laquelle il passe via les liens qui interconnectent ces pages entre elles. Ces pages sont ensuite cartographiées et analysées par d'autres programmes de Google.

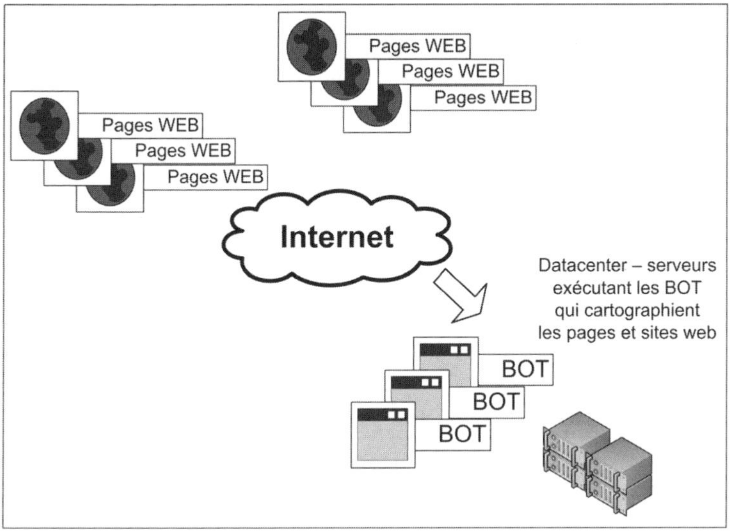

Figure 1.1 : Cartographie de pages HTML par des bots depuis une flotte de serveurs

Les pages HTML d'un même site web ou de différents sites sont reliées par des liens.

DEFINITION

Lien en dur

Quand un lien est directement accessible, c'est-à-dire qu'il n'est pas enfoui dans un codage informatique de type JavaScript, on dit que c'est un lien "en dur".

Les *liens en dur* sont visibles et accessibles par tout type de navigateur, dont ceux conçus pour les malvoyants et les périphériques Braille avec voix de synthèse associés. Le lien est codé dans la page de manière claire et précise. Les bots des moteurs accèdent uniquement aux liens en dur. Ils peuvent les suivre pour cartographier les pages ainsi reliées.

Les liens enfouis dans des codes informatiques, JavaScript ou Flash, sont invisibles pour les bots. Un lien en dur est aisément reconnaissable : il apparaît en bas du navigateur quand la souris le survole.

REMARQUE

Lien enfoui dans un JavaScript

Google a fait savoir via un de ses blogs qu'il pouvait interpréter les liens enfouis dans des JavaScripts mais que cette approche serait réservée aux sites "*importants*".

REMARQUE

Effectivement, concevoir un logiciel capable d'interpréter un JavaScript n'est pas difficile pour une entreprise comme Google. Les avantages d'une telle approche pour Google sont multiples :

- Un tel outil favorise la chasse aux optimiseurs de sites trop extrême, notamment en *Page Rank Sculpting*.
- Interpréter les liens enfouis dans des JavaScripts permet potentiellement une meilleure compréhension des contenus et de la structure d'un site web. Dès maintenant, un bon référenceur évitera autant que possible de fonder une optimisation sur le principe qu'un lien JavaScript "*simple*" est opaque à Google. Il faudra concevoir d'autres approches pour manipuler les flux de Page Rank de Google au sein d'un site.

Figure 1.2 : Le lien pointé par la souris est affiché en bas du navigateur (ici Firefox). Il est accessible au bot

Un *backlink* désigne un *lien en dur* entrant sur une page. Ce lien est issu d'une page du même site web (donc le nom de domaine est identique pour les deux URL des deux pages interconnectées par ce lien) ou d'un autre site. La faible nuance entre *lien en dur* et *backlink* tient à la position d'où on s'exprime. Lorsqu'on fait référence à une page et que l'on souhaite désigner les liens en dur pointant vers ladite page, on parlera de *backlinks*. C'est plus court, plus concis et plus clair que de parler de *liens* en général et cela transmet une notion d'optimisation et de référencement entre les interlocuteurs. Quand on veut parler d'un lien en général, on en reste alors à la dénomination de *lien*.

Une *expression-clé* est composée de *mots-clés*. Une *expression-clé* est utilisée par les internautes pour rechercher quelque chose de plus ou moins précis via une *requête* saisie dans un moteur de recherche. Exemple : l'expression-clé "`lecteur MP3 prix réduit`" est composée de quatre mots-clés.

Un moteur de recherche renvoie les résultats d'une requête vers l'internaute sous la forme d'une à cent pages au maximum avec dix résultats par page. On appelle ces pages des *SERP* pour *Search Engine Results Page(s)*, acronyme anglais signifiant : la page des résultats retournée par le moteur de recherche à l'internaute lui ayant soumis une requête.

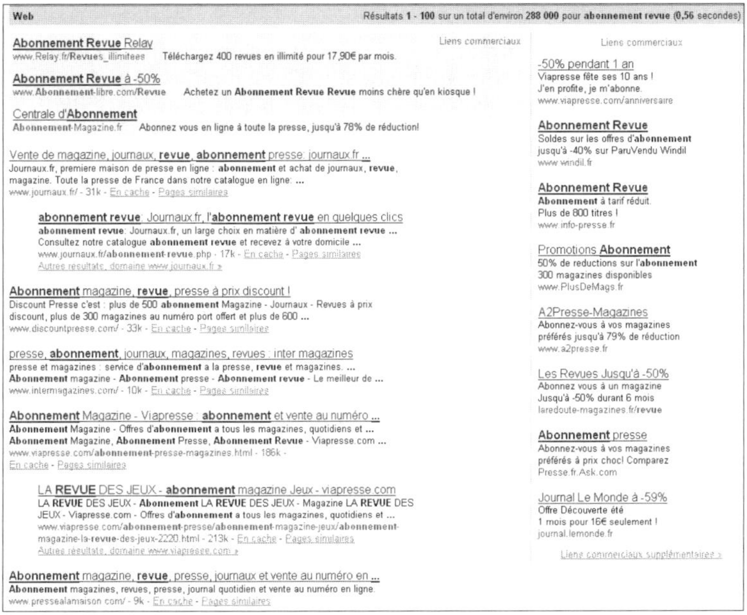

Figure 1.3 : SERP de Google – 3 liens sponsorisés (commerciaux) en haut de page, 8 autres en colonne de droite.

Une SERP liste les pages des sites correspondant à votre requête, auxquelles sont ajoutées les publicités en liens sponsorisés répondant le mieux, selon le moteur de recherche, aux mots-clés composant votre requête.

Régulièrement, nous parlerons *d'algorithme(s)*.

DEFINITION

Algorithme

Ce terme désigne la succession coordonnée et synchronisée de tâches, d'actions à exécuter pour réaliser un travail précis de manière efficiente. Par exemple, le programme informatique Explorateur de Windows utilise un algorithme de tri pour afficher par ordre alphabétique les noms des fichiers d'un répertoire. Nous découvrirons dans ce livre différents algorithmes permettant à un moteur de trier des pages vis-à-vis d'un mot-clé.

Pour une même fonction, il peut exister de multiples algorithmes différents.

ASTUCE

Un référenceur doit comprendre les subtilités sur les algorithmes

L'objectif n'est pas de devenir programmeur mais de mieux comprendre les mises à jour dans les algorithmes de Google et l'impact potentiel sur son

ASTUCE

positionnement. Ainsi armés, le responsable webmarketing ou le référenceur pourront anticiper les évolutions de Google et limiter ou même éviter une dégradation du positionnement de leurs pages dans les SERP.

Dans notre exemple d'algorithme de tri alphabétique sur des noms de fichiers, il existe une dizaine et plus d'algorithmes différents capables de réaliser efficacement cette tâche. Ils sont différenciés chacun par la complexité à les coder, la consommation des différentes ressources physiques de l'ordinateur qui les exécute, la vitesse d'exécution, le délai de livraison du résultat.

De même, il existe de multiples approches pour trier efficacement des pages sur un mot-clé. Dans les exemples abordés dans ce livre, nous découvrirons comment un moteur peut conjuguer différents algorithmes pour trier et positionner des pages en compétition sur un même mot-clé.

DEFINITION

Efficacité et efficience

La compréhension de ces 2 termes est nécessaire pour mieux appréhender certains concepts exposés dans ce livre (par exemple, la définition du mot algorithme).

L'efficacité traduit l'atteinte réussie d'un objectif ; exemple : j'ai réussi telle tâche en consommant 12 min de mon temps et en dépensant 300 euros de budget.

L'efficience traduit l'atteinte réussie (donc efficace) d'un objectif en diminuant au maximum la consommation de ressources ; exemple : la tâche réussie précédemment en 12 min et 300 euros est passée au crible d'une optimisation de processus, et désormais elle est réalisée en 8 min et 200 euros.

Dans le cadre des algorithmes, au vu des centaines de millions d'usagers journaliers du moteur, chaque amélioration d'un algorithme pour le rendre efficient se traduit pour Google par des gains financiers et qualités importants.

Vous l'aurez compris, trier est un des multiples enjeux techniques majeurs pour un moteur de recherche. Il doit trier pour chaque mot-clé la liste des pages candidates à celui-ci. Cette liste doit être accédée rapidement quand on l'interroge.

Les équipes de Google recherchent, sélectionnent, perfectionnent de multiples algorithmes à la recherche de la qualité et de l'efficience. Nous verrons plus loin que la consommation de ressources est un frein à la stratégie de Google. La recherche d'algorithmes efficients est un enjeu majeur pour Google et donc pour le référenceur qui doit analyser, comprendre et adapter son métier en permanence.

Voici un exemple d'algorithme intéressant le monde des moteurs de recherche et surtout Google qui est à l'origine de cette approche : l'analyse des backlinks pour affiner le positionnement des pages dans son index et les SERP qui en découleront. En effet, l'objectif de tout moteur est de disposer d'une qualité de réponse supérieure à celle de ses concurrents.

Google a besoin de multiples algorithmes pour atteindre ses objectifs en performances techniques : temps de réponse, qualité des SERP, etc. Ces algorithmes sont codés dans des programmes informatiques fonctionnant sur des flottes de serveurs réparties dans de nombreux pays (on les appelle des *datacenters*).

La compréhension "fonctionnelle" de ces algorithmes, interagissant tous entre eux, est abordée dans ce livre. Cette compréhension favorisera une meilleure gestion des actions de référencement et positionnement.

Le *Google Page Rank* désigne l'indice de popularité d'une page HTML calculé par des algorithmes de Google. À ce niveau du livre, nous considérerons que cet indice représente grossièrement le volume en backlinks pointant vers ladite page. Cela correspond à une forme de popularité. Plus une page reçoit des liens, plus des internautes la trouvent bien et donc sa popularité augmente. Le Page Rank est affiché dans la barre d'outils Google pour Firefox ou pour IE. Nous complèterons cette notion de Page Rank au fil des chapitres.

Figure 1.4 : Barre d'outils Google affichant le Page Rank de la page affichée dans le navigateur

Un site web est destiné à publier des contenus. L'architecture du Web nécessite de structurer ces contenus en rubriques, sous rubriques, pages reliées par des liens groupés en menus. La structure de publication est exprimée par l'ergonomie des liens, des menus, de la navigation. Cette structure a un énorme impact sur le positionnement des pages dans les SERP.

ASTUCE

Structurer un site sur la signification des données

Les algorithmes d'un moteur doivent consommer un minimum de ressources informatiques. Optimiser en référencement un site signifie également le structurer au mieux pour avoir une bonne position sur ses mots-clés. Les en partie centrale et les liens sponsorisés en colonne de droite ou quelques lignes juste au-dessus de la zone de résultats naturels.

- *Les annuaires spécialisés* : il y en a des milliers et ils sont par définition incomplets. La recherche prend du temps : il faut chercher la bonne rubrique, naviguer dans de multiples pages, etc. Cela rend leur usage de moins en moins fréquent par les internautes.
- *Les sites comparateurs de prix pour les particuliers.* Ces comparateurs sont souvent incomplets et pas toujours très bien présentés – le site de vente doit être abonné pour y figurer en bonne place. Cette approche est très utilisée par les internautes dans le mode B2C lors de démarches très précises : "*Quelle est la liste des meilleurs prix dans les boutiques en ligne sur tel modèle ou telle gamme ?*".
- *Le reste, surnommé le buzz ou la e-réputation* : l'internaute recherche des recommandations, des articles sur des forums ou des blogs, des avis de consommateurs, des articles de la presse en ligne pour identifier un produit/service, un fournisseur/vendeur ou pour connaître leur réputation afin de finaliser son choix.

Être visible dans les moteurs de recherche aujourd'hui et demain

Être invisible ou peu visible sur Google ou autres moteurs, c'est perdre des prospects qualifiés et ciblés.

Les conséquences sont évidentes mais "*indolores*" :

- Perte progressive de la compétitivité de l'entreprise. Petit à petit, l'entreprise est moins performante que ses concurrentes utilisant mieux Internet. Le chef d'entreprise manquant de points de repères (ses concurrents ne vont pas lui donner leurs chiffres sur Internet !), il ne détecte rien ou ne se pose pas (assez) de questions.
- Dans le futur, la valorisation d'une entreprise "*moyenne*" inclura la qualité de son référencement sur les moteurs. La problématique de la visibilité sur Internet via les moteurs commence à être perçue en France et dans le monde de la francophonie.

En langue anglaise, des dizaines de millions de pages sont en concurrence pour le moindre mot-clé. Examiner l'activité du référencement aux USA donne un aperçu fiable du futur pour le référencement en langue française. En français, le volume de pages par mot-clé est approximativement dix à cent fois moindre qu'en anglais. Le nombre de sites en français et de leurs pages (françaises, belges, africaines...)

augmentant chaque année, la compétition sur les mots-clés ne va faire que croître en francophonie.

> REMARQUE
>
> **Le TOP20, sera de plus en plus difficile à atteindre en référencement naturel.** Les premiers placés auront un avantage certain sur leurs concurrents. Et parmi ces premiers biens placés, ceux qui réaliseront la maintenance de leur référencement et de leur positionnement accroîtront leur avantage compétitif.
>
> Le positionnement sur Internet deviendra un enjeu de plus en plus fort dans le futur.

1.3. La place du référencement dans le marketing global de l'entreprise

Un référencement suivi d'un positionnement dans un moteur de recherche ne vous fera rien vendre : il vous mettra en position de *mieux* vendre. L'objectif de cette démarche est de créer du trafic ciblé et qualifié sur les pages adéquates du site grâce à une bonne visibilité dans les SERP (réponses des moteurs de recherche).

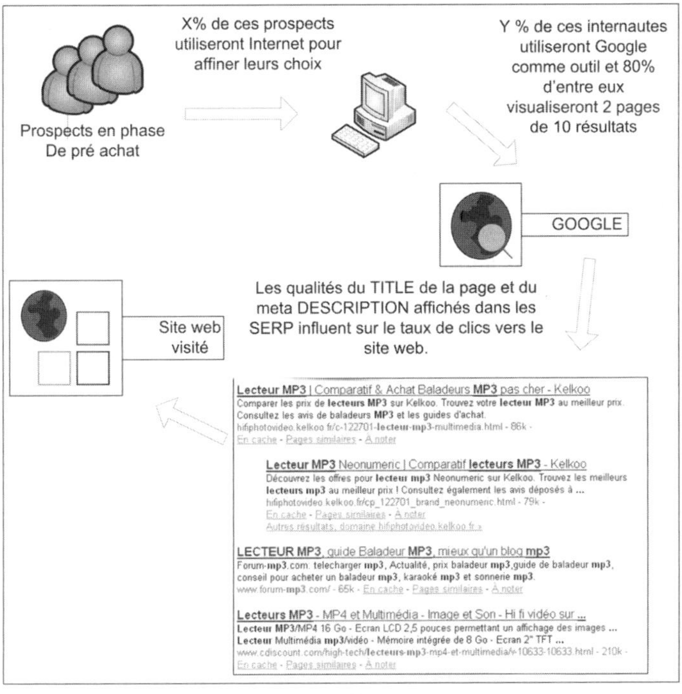

Figure 1.6 : Des internautes ciblés et qualifiés sur le site Internet

Des prospects non identifiés qualifiés existent (une étude de marché correctement menée est censée donner une estimation de leur volume annuel sur votre marché). Chaque jour, un volume d'internautes prospects ciblés et qualifiés pour vos offres est en situation de préachat dans votre aire géographique.

X % de ces prospects utilisent Internet pour affiner leurs choix de produits, de fournisseurs potentiels et autres points importants à leurs yeux, avant de concrétiser l'acte d'achat.

Y % utiliseront un moteur de recherche comme outil sur Internet. Une étude de marché et une analyse des mots-clés utilisés dans les moteurs doivent identifier les mots-clés utilisés par ces prospects et estimer le volume potentiel de trafic par mot/expression-clé.

Déduction évidente : l'entreprise doit investir pour être visible de ces Y % d'acheteurs potentiels.

Une partie de ces Y % trouvera ainsi votre site dans les 2 premières SERP (le TOP20) sur les mots-clés de votre activité (le rapport de référencement et de positionnement calcule et analyse ce type de statistiques)

Si votre `TITLE` de page et le `meta DESCRIPTION` de la page sont bien conçus, courts, aisément compréhensibles, utilisant les bons mots-clés, alors le taux des clics par les internautes sera plus élevé, et ce même si le style rédactionnel est télégraphique.

REMARQUE

Evolution depuis 2010

Depuis 2010 approximativement, certains "métiers", comme les recettes de cuisine, peuvent utiliser les avancées de Google en matière de Web sémantique (surnommé Web 3.0 par de nombreux acteurs). Actuellement, l'impact sur le référencement est nul, mais l'impact en taux de clics depuis les SERP de Google semble important, du moins jusqu'à ce que tous les acteurs s'y mettent, ce qui alors neutralisera l'avance des plus rapides.

Un pourcentage plus ou moins élevé d'internautes lisant la SERP clique sur le lien vers votre site. Ils arrivent sur une landing page en théorie capable d'attirer leur attention et donc de les faire naviguer sur le site.

La mission du référencement/positionnement est terminée. Des internautes ciblés et qualifiés sont arrivés sur le site. La mission change : il faut transformer un maximum de ces visiteurs du statut de *prospect anonyme* en :

- *prospect identifié :* que le prospect se manifeste par un email, un formulaire, un déplacement dans un point de vente (page HTML du site imprimée en main, par exemple) ou par tout autre moyen, ce qui compte, c'est qu'il se manifeste ;
- puis en *client premier achat* : Identifié lors de l'étape précédente, ce prospect est traité via un e-CRM ou pris en charge par un vendeur. Ce prospect identifié pourra faire l'objet des attentions requises pour qu'il devienne client ;
- puis en *client fidélisé* : de nombreuses techniques de CRM permettent de mesurer l'activité du client sur le site, de le tenir informé, de lui faire des offres spéciales et personnalisées afin de l'inciter à rester fidèle au site.

Les volumes calculés pour le marché puis les différents X et Y exposés dans le schéma vont dimensionner la part d'Internet, du webmarketing et du *Search Marketing* dans la démarche de l'entreprise.

1.4. Pourquoi le référencement est difficile

REMARQUE

Le référencement se professionnalise

Le référenceur a besoin d'informations techniques pour travailler au mieux des intérêts du site. Google ne donne pratiquement aucune information hormis des généralités. Chaque référenceur doit se constituer un savoir-faire, une analyse du passé, des outils de mesures personnels ou achetés sur le marché chez des éditeurs spécialisés.

Réussir seul son référencement sur son site deviendra de plus en plus difficile. Déjà, les mots-clés français très disputés ne sont à la portée que des référenceurs professionnels dotés de budgets conséquents. Le nombre de mots-clés devenant inaccessibles à des webmestres débutants ou à des référenceurs amateurs va augmenter au fil du temps

Google est une entreprise américaine ne donnant que peu d'indications sur son fonctionnement technique. Il suffit de lire les interviews de responsables techniques de Google pour s'en convaincre. À partir de quel seuil le moteur réagira-t-il ainsi ? Pas de réponse. Les techniques de classement dans l'index de Google sont secrètes afin de laisser échapper le moins de savoir-faire possible vers les concurrents et les référenceurs.

Pourquoi ? Outre la théorie d'Andy Groove (le fondateur d'Intel) sur la paranoïa comme gouvernance d'entreprise efficace, il faut se pencher sur quelques étapes-clés dans la jeune histoire de la recherche d'informations sur le Net pour mieux comprendre.

Concentrons-nous sur les lignes de force influençant fortement les changements de leader sur le marché de la recherche d'informations sur Internet lors de ces dix dernières années.

Les moteurs (**Altavista** essentiellement) dominent la recherche d'informations sur le début de la période du Web commercial (disons, entre 1995 et 1998).

Ces moteurs donnent des résultats de plus en plus approximatifs avec l'arrivée massive et exponentielle de sites web au fil du temps. Le spam sur les moteurs (déjà !) perturbe les résultats, la technologie n'est pas assez fine pour trier efficacement les résultats dans l'index ; bref, les internautes utilisateurs sont mécontents.

Les annuaires (**Yahoo** ! en tête de liste) prennent le relais et dominent rapidement le marché. Établissons le début du règne de Yahoo sur la période 1998-1999.

Les résultats de recherche via annuaires sont alors plus pertinents, les recherches plus faciles. Quelques inconvénients, mineurs au début, existent dès le début de la domination de Yahoo :

- Il faut payer ou être patient pour avoir son site indexé par l'annuaire Yahoo.
- Un site sans intérêt bien référencé peut aisément sortir devant un site réellement pertinent lors de recherches.
- Vous avez de l'argent ! Vous serez bien référencé au final. Yahoo empoche et les internautes usagers sont "*floués*".

Bref, les annuaires représentent un progrès, mais les quantités impressionnantes de nouveaux sites arrivant chaque jour mettent en exergue les défauts de qualité des résultats lors des recherches via annuaires.

Conscient de ces défauts, Yahoo signe avec une jeune société : Google. Yahoo complète ainsi son offre de recherche.

La période entre 2001 et 2002 est le début de l'ascension fulgurante. Le moteur Google balaie tous ses concurrents et hisse ses parts de marché jusqu'à 90 % dans plusieurs pays ! Google a profité de l'impulsion donnée par son partenariat avec Yahoo, et il offre de sérieux avantages en termes de qualité par rapport aux portails – annuaires, comme Yahoo, et moteurs concurrents.

- C'est gratuit pour le référencement naturel. Il est gratuit et accessible à tous.

- Il est facile d'avoir son site référencé par Google. Il n'y a pas de politique de filtrage manuel et/ou financier comme chez Yahoo.
- Les algorithmes originaux et forts peu documentés de Google assurent de meilleurs résultats (ils sont plus pertinents) aux internautes que les autres technologies.
- L'interface est épurée : pas de gadgets clignotants, pas de multiples données encombrant l'espace de travail de l'internaute. L'interface plaît beaucoup aux usagers lassés du style portail trop agressif.

Les internautes aiment la qualité des résultats de recherche de Google : les résultats sont plus pertinents et bien plus rapides que le résultat de ces mêmes recherches à partir d'annuaires. Le basculement se fait très vite. Le règne de Google vient de commencer, avec les conséquences suivantes :

- Pour ne pas se faire doubler, pour protéger son avance, Google ne publie pas de réelles informations sur le fonctionnement de ses algorithmes. Les référenceurs sont donc obligés de chercher par eux-mêmes, ce qui coûte cher. Cela incite chacun d'entre eux à protéger la partie "pointue" de son savoir-faire. D'où une pénurie d'informations de qualité pour référencer efficacement son site.
- Les internautes ont fait Google. Seuls eux pourront le défaire.
- Tant que l'usage de Google est fortement répandu parmi les internautes du monde entier, les entreprises voulant être vues sur le net devront passer par Google et par ses liens sponsorisés (Adwords et AdSense) et autres outils destinés à donner de la visibilité contre rémunération ou à monétiser savoir-faire et données statistiques.
- Il en résulte que Google va soigneusement protéger son succès auprès des internautes en luttant contre toute pollution de son index. La masse des utilisateurs fidélisés par la qualité des réponses de Google établit ce moteur comme leader sur le marché de la recherche sur le Net.

ATTENTION

Le coût du positionnement augmentera inexorablement au fil du temps

Une autre conséquence fait suite à la forte domination de Google. Être présent dans les 2 premières SERP de Google est devenu le canal Internet où de nombreuses entreprises veulent être présentes.

Or le nombre de mots-clés sur un métier donné est limité : une fois que tous les concurrents présents sur ce marché les ont mis en œuvre, seule une guerre sur l'investissement en liens sponsorisés et/ou en référencement naturel pourra permettre aux plus rapides et aux plus pourvus en trésorerie de prendre place dans les deux premières pages de résultats.

En voici une illustration... Dans le monde du tourisme, de nombreux acteurs se disputent relativement peu de mots-clés : `voyage`, `vol`, `tourisme`, `hôtel`, etc. La guerre que se livrent ces acteurs sur ces mots et expressions-clés hisse le niveau des enchères et met en place un excellent business pour les liens sponsorisés de Google. Le volume d'internautes utilisant ces mots-clés croît certes, mais le coût des liens sponsorisés croît encore plus vite.

1.5. Tricher ou ne pas tricher dans son référencement

DEFINITION

TOP10, TOP20, TOP30

Cela signifie qu'une page du site est présente sur un mot ou une expression-clé dans respectivement les 10, 20, 30 premières positions d'une SERP.

Il y a peu de bonnes positions dans les SERP de Google : TOP5, TOP10, TOP20 face à des centaines de milliers ou des millions de pages candidates aux mêmes expressions-clés que vous.

Peut-être vos concurrents sur vos mots-clés trichent-ils pour décrocher une bonne position et les prospects qui vont avec ? Cela leur assure ainsi un avantage compétitif. Peut-être ont-ils davantage de moyens financiers leur permettant d'avoir un référencement supérieur au vôtre ?

DEFINITION

Spamdexing

Toutes les actions qui peuvent polluer l'index de Google constituent des attaques contre la qualité des SERP du moteur. On parle de spamdexing. Pour rendre ces définitions plus "parlantes" et plus compréhensives au lecteur, nous les avons réparties en différents groupes, chacun étant spécialisé dans une approche technique pour tenter de fausser les algorithmes de Google.

Google doit s'assurer d'un index propre pour conserver son public d'internautes. C'est une question de survie et de revenus pour Google. Google a donc édicté de multiples lois contre la triche.

Google est une société qui doit générer beaucoup de profits pour assurer son succès, financer son développement et se battre à armes égales avec des concurrents aussi dangereux que Microsoft. Elle sera sans pitié devant tout obstacle qui se dressera sur son chemin.

Tricher en violant les règles édictées par Google, le spamdexing, constitue un obstacle sérieux à la stratégie de Google.

Mais avoir absolument un bon positionnement peut être une question de survie ou de rentabilité pour l'entreprise via son site web. Et nous allons voir que Google n'est pas très clair sur un aspect du spamdexing.

REMARQUE

Comprendre les enjeux du spamdexing

Nous allons exposer dans cette partie du livre, en termes simples, les tenants et aboutissants du spamdexing, pour permettre à un responsable de se décider et d'arbitrer des choix techniques et marketing. Certaines approches lui paraîtront à éviter à tout prix, d'autres pourraient retenir son attention. En tout état de cause, il faut à ce responsable un tableau de bord simple et concis pour lui permettre d'arbitrer des décisions et des budgets.

L'arbitrage du manager, du responsable web, portera sur la position de son entreprise via son site web face aux exigences de Google. Il lui appartiendra d'ignorer ou non certaines d'entre elles. Pour chaque position vis-à-vis des différentes formes de spamdexing, il existe un risque, des avantages, des inconvénients.

C'est au responsable d'arbitrer et d'assumer les décisions en toute connaissance de cause !

1.6. Spamdexing : les différentes techniques de triche

Nous avons regroupé les différentes techniques de triche (le spamdexing) en différentes catégories pour en favoriser la compréhension par les néophytes.

Groupe 1 – spamdexing sur la page

Il regroupe les techniques de triche et erreurs humaines portant sur le contenu d'une page accessible aussi bien par un internaute humain que par un bot de Google.

Quelques exemples : écrire une partie des textes d'une page en police de couleur blanche sur un fond blanc, dissimuler des textes dans la page au moyen de faux calques DHTML, multiplier les titres de niveau 1 (texte entre des balises `h1`), etc.

Le principe consiste à faire prendre en compte, dans une page par le moteur, des textes ou une mise en page invisibles aux internautes humains. Le bot prend en compte ces textes cachés et les mots significatifs qui les composent et aussi la mise en page avec l'optimisation sous-jacente. Le référencement de la page en est donc amélioré et cela permet un impact positif sur le positionnement de cette page dans des SERP, jusqu'à la découverte plus ou moins rapide des textes cachés par les algorithmes anti-fraude de Google.

ATTENTION

Spamdexing sur une page

Ce type de triche porte sur la manière de leurrer Google sur le contenu réel de la page. Cette technique de spamdexing est facile à détecter. Les gains obtenus sont médiocres par rapport à un site correctement optimisé sans triche.

Il n'y a aucun intérêt à cette technique de triche. On peut faire aussi performant sans tricher.

Des maladresses en codage peuvent aboutir involontairement à du spamdexing et entraîner des sanctions de Google.

Par exemple, un site change son affichage et sa charte graphique en fonction des quatre saisons : été, hiver, automne, printemps. Un test oublié, un correctif CSS tardif peuvent entraîner la réalisation accidentelle d'un texte dans une couleur de police identique à celle du fond.

Le chapitre consacré aux pages et sites absents de l'index de Google vous aidera à détecter une telle situation accidentelle et à la corriger.

Groupe 2 – cloaking

DEFINITION

Le cloaking

Cette technique porte sur des astuces en programmation aboutissant à rendre invisible à des internautes humains une page visible uniquement par un bot de moteur, et à rendre invisible au bot une page destinée exclusivement à des humains, les deux pages ayant exactement la même URL.

Ce type de triche peut être facilement éventé par Google.

Les gains obtenus par cette technique de cloaking sont faibles par rapport à un site correctement optimisé sans triche. Son intérêt est nul. On peut trouver d'autres approches pour éviter le cloaking.

Exemple : un site luxueux faisant appel au rêve ne peut pas utiliser dans ses pages visibles aux humains les mots-clés nécessaires pour capter des internautes via des SERP. Par exemple, les sites de thalassothérapie, d'automobiles de luxe, de vêtements de haut de gamme, de bijoux, d'hôtels de prestige utilisent des descriptions de leurs produits avec des mots qui n'ont aucun rapport avec leur métier.

Certains de ces sites, une petite minorité, ont décidé de la nécessité de disposer de pages et contenus pour les internautes d'un côté, et de ces mêmes pages avec des contenus optimisés en mots-clés destinés à Google.

Principe de fonctionnement : un script JavaScript ou un script PHP- sur chaque page "*bricolée*" détecte la provenance de l'internaute. Si le visiteur vient d'une adresse IP appartenant à Google ou Yahoo, ou Microsoft, on lui présente une page optimisée "*moteur*", sinon la même URL correspond à un contenu totalement différent orienté vers un internaute humain à séduire. Il existe de multiples variantes de ces scripts, toutes orientées dans la présentation de contenus optimisés visibles exclusivement par les bots des moteurs.

ASTUCE

Une autre formulation du cloaking

Une même URL présente au même moment deux contenus totalement différents selon que le visiteur soit un bot ou un humain.

Le moteur indexe la page optimisée, car il a été abusé dans un premier temps. Quand l'internaute clique sur un lien menant à cette page depuis un SERP, il arrive sur un tout autre contenu de cette même page (il a été détecté comme humain par le script).

ASTUCE

Doubler le site ou certaines pages

Plutôt que d'investir dans des pages bricolées susceptibles d'entraîner à terme une mise en liste noire, il vaut mieux créer un site réservé aux humains et inaccessible au moteur, puis de le doubler avec un site simple en HTML. Chaque page de ce site HTML contient des liens envoyant l'internaute vers la page correspondante du vrai site ou vers l'accueil du site en flash.

Une erreur humaine en codage du site peut aboutir au même résultat. Un test sur une identification, un cookie par exemple, mène à une page ou à une autre (mais avec la même URL), et quelquefois le développeur affiche des textes différents sur une même page selon la situation rencontrée.

Pour Google, cela ressemble à une URL unique ayant au moins deux contenus plus ou moins différents au même moment selon le profil de l'internaute : un clic ici donne toujours cela, mais ce même clic avec une configuration de navigateur ou une provenance différente donne, sur la même URL, un contenu différent. Si les contenus sont totalement différents, cela peut occasionner une interprétation d'action polluante contre l'index du moteur et une réaction de celui-ci sous forme de sanction. Si les écarts de contenu sont faibles, Google ignorera le problème.

Groupe 3 – duplicate content

C'est le groupe le plus important. En fait Google ne considère pas le *duplicate content* comme une tricherie ou comme du spam. En effet, il y a bien trop de webmestres maladroits commettant des *duplicate contents* pour qualifier cela de triche. Pour annuler une pénalité due à un duplicate content, il suffit de le retirer, nul besoin de faire une demande de réinsertion à Google.

Le duplicate content porte sur les textes des pages du site. Des contenus identiques existant sur différentes URL sont du "*Duplicate Content*".

ATTENTION

Une URL, une page unique en contenu

Une URL désigne l'adresse sur Internet d'une page précise et unique. Exemple : **www.marquedansletextile.fr/industries-textiles/qui-sommes-nous.html**

Il existe de nombreuses pages *qui-sommes-nous.html* sur Internet mais l'agrégation du nom de domaine, du chemin d'accès à la page et du nom de fichier contenant la page désigne une page unique sur tout Internet.

Selon les règles des moteurs, à une page unique doit correspondre un contenu unique afin de ne pas polluer l'index du moteur avec de multiples pages à contenus identiques avec des URL différentes.

En fait, cette règle de Google est plus souple, car il y a de nombreux cas où un contenu identique est publié par de nombreuses pages de sites différents : synopsis d'un film, communiqués de presse, descriptions de produits vendus par de nombreux sites, nouvelles d'actualité, etc.

Néanmoins, passés certains seuils en nombre de caractères et quelques autres critères que nous n'aborderons pas encore, Google peut juger que deux pages (ou plus) ont des contenus trop similaires. Il sanctionne une ou plusieurs des pages en les désindexant, partiellement, c'est-à-dire sur quelques mots-clés situés sur les textes en duplicate content, ou totalement, c'est-à-dire sur la totalité des mots-clés de ces pages.

Pour vous permettre de mesurer les conséquences de pages totalement désindexées pour cause de duplicate content, voici une analogie : un bateau a une voie d'eau et un compartiment se remplit. Le bateau ne coule pas mais il ralentit. Il devient moins performant. L'eau dans le compartiment l'alourdit et le ralentit. À chaque nouvelle voie d'eau, tout le bateau ralentit un peu plus.

Chaque page en duplicate content "total" et donc désindexée se comporte comme un trou noir : elle prend le Page Rank et les mots associés et les détruit. La stratégie de référencement globale du site diminue légèrement en efficacité à chaque nouvelle page entièrement désindexée.

Le duplicate content est une erreur très courante, qu'il est très facile de provoquer accidentellement :

- Un copier-coller maladroit entre la page du site français et la page correspondante dans le site belge francophone.
- Une page trop légère en contenu unique et parsemée de textes/menus/images répétés sur d'autres pages du même site (par exemple, la page *Nos coordonnées*).
- De multiples sites publient la même information, vendent le même produit avec le même descriptif, etc.
- Une faute en hébergement : des substitutions aléatoires du nom de domaine par un nom générique de l'hébergeur qui font correspondre pour Google plusieurs URL/pages ayant exactement le même contenu.
- Une erreur en URL rewriting faisant correspondre plusieurs URL distinctes vers la même page physique.
- Un bogue dans la gestion informatique des contenus aboutissant à avoir des contenus identiques dispersés sur plusieurs pages différentes.
- Vos contenus ont été dupliqués par un autre site, volontairement ou non. À savoir, il existe de nombreux copieurs de contenus, robotisés ou humains, inconscients du contre-référencement ainsi occasionnés contre leurs propres sites ou le vôtre.
- Des cumuls de plusieurs petites erreurs aboutissent à des contenus identiques partiels dans des pages trop légères en volume de contenu. La somme de ces petites erreurs totalise alors, en relatif,

une erreur majeure de duplicate content sur une page qui se trouve alors désindexée.

ATTENTION

Duplicate content, des erreurs lourdes de conséquences

La plupart des Duplicate Content sont des maladresses et non de la triche. Pour les actions en détection et correction des erreurs de duplicate content, reportez-vous au chapitre consacré aux pages et sites absents de l'index de Google.

Y a-t-il un intérêt à cette technique de triche, si triche il y a ? Non !

Un exemple : Votre site web propose de l'immobilier en défiscalisation loi Scellier. De nombreux sites utilisent les mêmes tournures de phrases dont votre propre site. Toutes ces tournures de phrases identiques entre votre site et ceux de vos concurrents présents avant vous sur le Net sur la Loi Scellier créent des duplicate content partiels ; leurs multiplications transformeront votre référencement naturel en gruyère truffé de trous noirs détruisant Page Rank et mots-clés.

Groupe 4 – le spam de liens, les paid links

Il porte sur les liens non naturels versus les liens naturels. C'est la technique qui provoque le plus de polémiques pour de multiples raisons.

Nous venons de voir que les techniques de triche décrites précédemment possédaient une efficacité très médiocre voire nulle. Elles sont aisées à détecter en règle générale. Un concepteur de sites web habile ou un référenceur peut facilement les éviter ainsi que les risques de sanctions associées et néanmoins obtenir un excellent référencement en optimisant correctement son site et ses contenus.

ASTUCE

Prendre en compte le référencement dès la conception du site

On ne le répètera jamais assez. En prenant en compte les contraintes du référencement dès la conception du site, il sera plus facile et moins coûteux d'acquérir du trafic via une excellente visibilité lors de recherches dans Google.

Les backlinks sont primordiaux et uniques pour obtenir un bon positionnement. Il est tentant d'agir pour obtenir des backlinks.

Les règles distinguant les liens naturels des liens non naturels édictées par Google sont floues, potentiellement contraires à la législation dans certaines interprétations, et difficiles à contrôler par le moteur. C'est donc la porte ouverte à investir dans de nombreuses formes de backlinks (on appelle cela du *netlinking*) pour tout site web. Les pages capables d'inciter un internaute à poser un lien vers elles appartiennent au monde du *linkbaiten*, technique non réprouvée consistant à disposer d'une qualité de contenu incitant les internautes à en parler et à poser des liens depuis leurs blogs, posts de forum, etc.

Le *paid link*, comme l'indique son nom, consiste à "*payer*" pour avoir un lien en dur.

ATTENTION

Les paid links – la seule technique de soi-disant triche à étudier par un responsable

Tout décideur doit étudier en détail les tenants et aboutissants du "marché" des backlinks : le *netlinking*. En y incluant le paid link. Toute décision de sa part sera lourde de conséquences pour son activité.

Pourquoi Google lutte contre les backlinks non naturels

Faisons abstraction pour le moment de la définition d'un lien non naturel. Le paragraphe suivant est simplifié pour être à la portée de tout lecteur.

Selon Google, un site ayant des pages de qualité médiocre investissant dans des backlinks loués (des *paid links* dans le jargon du référencement) aura un meilleur positionnement qu'un site de qualité n'ayant pas de budget pour des paid links. Sans rentrer à ce niveau du livre dans les détails techniques, cette affirmation de Google est en partie fausse. Cette pollution jouerait contre la qualité des SERP. Nous verrons au fil des chapitres que c'est partiellement faux.

En revanche, à qualité de contenu identique ou proche, un site usant de paid links de qualité sera mieux positionné que son concurrent. Est-ce que cela pénalise Google ? Non. La qualité en SERP est au rendez-vous. Mais le site naïf respectant strictement la politique Google sera lui pénalisé.

Il est évident que des budgets en paid links ne seront pas consacrés à des dépenses en Google AdWords ce qui pénalise les recettes de Google, car les enchères monteront moins vite.

L'appel par Google à faire preuve "d'honnêteté" dans les backlinks ne peut être cru que par des naïfs, comme nous le verrons un peu plus loin. Le propos principal de Google serait plutôt de limiter ses dépenses en chasse au spamdexing basé sur des paid links et à maximiser ses recettes en liens sponsorisés. Plus il y a d'enchérisseurs sur une expression-clé, plus Google dégage de bénéfices, sans charge de travail complémentaire !

Les paid link(s)

DEFINITION

Paid link(s) – euros ou pas euros

Avril, puis mai 2007, selon Google, un paid link est un lien en dur, *non naturel*, payé (loué ?) par un annonceur auprès d'un site dans l'objectif de fausser les algorithmes de Google en positionnement dans ses SERP.

Très exactement : *paid links that flow PageRank and attempt to game Google's rankings.* (Source : **http://www.mattcutts.com/blog/how-to-report-paid-links/** Matt Cutts via son blog est la "voix" officielle de Google pour tout ce qui touche à la lutte contre le spam et à ce qui autorisé ou non en optimisation.

Google a aussi officialisé la définition du commerce de paid links via le site du support aux webmestres : *Buying or selling links that pass Page Rank is in violation of Google's webmaster guidelines and can negatively impact a site's ranking in search results* – Traduction : tout achat/vente/location de backlink qui transfère du Page Rank, et sous-entendu quel que soit le moyen de paiement : en euros, en dollars, par troc ou en avantages en nature.

La définition est très vague. Que signifie *lien payé* ? Payé en argent ? Payé via du troc de liens, backlink contre backlink ? Payé en nature ? Exemple : contre un article à publier tout prêt, tu me mets un backlink vers mon site ?

Certains experts du référencement recommandent, dans un ouvrage et dans des sites/forums, d'échanger des services entre sites d'entreprises : contenu, articles prêts à être publiés sur un journal en ligne très connu contre des backlinks.

Le troc sans factures échangées entre entreprises est interdit par la législation fiscale. Pire si un des acteurs impliqués a un statut ne lui permettant pas la récupération de la TVA, c'est une fraude à la TVA passible de poursuites pénales. Certes, à ce jour les services fiscaux ne se préoccupent pas de ce genre de procédés. Néanmoins, on a vu ces mêmes services commencer à réagir face à la montée en puissance des échanges financiers en *Linden $* du jeu de cet éditeur (Second Life). Le sénat français s'est ému que des millions d'euros de revenus tirés du Net par des particuliers ne soient soumis à aucune imposition fiscale ou sociale.

Mais outre cet aspect fiscal des backlinks, anecdotique pour le moment, de quel droit un contenu texte serait-il considéré comme dépourvu de valeur marchande et donc considéré comme un règlement sans valeur contre un lien, lui faisant ainsi échapper à la définition de paid link ?

Question : quelle est la différence entre payer un backlink (un paid link en euros ou le payer avec une marchandise soi-disant sans valeur ? Quelle est la différence entre payer un paid link via une animation, un jeu, l'apport de clients à son réseau de distributeurs ou revendeurs pour inciter à la pose d'un backlink ou le payer en euros ?

Réponse : il n'y en a pas ! Toutes ces descriptions tombent dans la définition de Google d'un paid link. La quasi-totalité des campagnes de netlinking est du spamdexing selon la définition stricte de Google.

Question : quelle est la différence entre un paid link noyé dans un article écrit par l'annonceur lui-même (celui à qui profite le paid link) et un paid link posé n'importe comment ?

Réponse : le paid link noyé dans un article sera probablement cohérent avec l'URL visée, ce qui ne sera probablement pas le cas d'un paid link posé à la va-vite n'importe où dans un site.

ASTUCE

Détection de paid links flagrants

Le principe de détection des paid links repose sur des calculs mettant en évidence la non-cohérence des pages reliées par un lien. Exemple : un lien entre un site de voiture et un site de recettes de cuisine est peu cohérent.

Nous verrons dans le chapitre dédié aux backlinks comment Google procède pour détecter des paid links mal configurés et non cohérents. Ce qui signifie que Google détecte difficilement les paid links bien posés et cohérents.

Paid links ou pas ?

Pour le responsable d'un site, il se pose une question-clé : paid links ou non ? Doit-il autoriser et mettre au budget des backlinks loués (peu importe le moyen de paiement – en euros, en marchandises ou en animations de réseau –, il faut payer pour les avoir) et donc être "hors la loi" vis-à-vis de Google ?

Voyons le pour, le contre et les positions intermédiaires possibles.

Quelle sanction pour mon site si je loue des paid links ?

Réponse : De l'absence de sanction (cas général) à la désindexation (pour les gaffeurs en paid links).

En effet, depuis début 2009, Google pénalise théoriquement tout site pointé par un badlink. Néanmoins, cette politique présente une limite. En effet, pour déstabiliser le positionnement du site web d'un concurrent, il suffirait alors de payer des badlinks (des paid links évidents, par exemple) puis de dénoncer à Google le site ayant ces paid links pour qu'il soit sanctionné. En réalité, tout site ayant peu de badlinks pointant vers lui ne reçoit aucune sanction ou cette dernière est insignifiante. En revanche, un site pointé massivement par de nombreux badlinks, et uniquement des badlinks, se verra pénalisé.

Un site possédant des paid links et d'autres liens verra les paid links évidents annulés ; il y aura d'éventuelles sanctions de Google contre le ou les sites ayant fourni les paid links. En fait, c'est bien plus nuancé que cela : en effet, Google doit différencier des paid links professionnels de ceux maladroits provoqués par des webmestres un peu trop jeunes, ce qui n'est guère évident. Google adopte donc une approche en deux temps. Il neutralise le lien ressemblant à un paid link, et applique une pénalité au site de départ si celui-ci a sérieusement abusé du paid link ou l'a fait d'une manière ostentatoire. Certes, l'annulation des paid links va faire perdre des positions à des pages dans les SERP sur leurs mots-clés aux sites pointés par ces pages. Mais il n'y aura aucune mise en liste noire ou désindexation pour le site ainsi aidé par des paid links dont Google ignore la provenance.

Conclusion : un site recourant à des paid links de qualité et correctement gérés ne risque quasiment rien.

ASTUCE

Google ne sanctionne pas un site qui a des paid links et d'autres liens

Pourquoi Google est-il si gentil avec un site louant des paid links ? Il ne lui inflige aucune sanction. Très simple, voici un exemple de scénario type qui expose pourquoi Google ne peut sanctionner le site.

Le site A concurrence le site Z : les ventes baissent. Z paye des paid links depuis les sites B, C, D, E pour faire la promotion du site A. Cela fonctionne... Z dénonce alors à Google ces paid links. Si le site bénéficiant des paid links

ASTUCE

était sanctionné par Google, cela signifierait que quiconque peut pourrir le référencement de ses concurrents avec juste un peu d'argent.

Difficile pour Google de s'engager dans une répression systématique contre les sites possédant des paid links. Cela créerait un nouveau marché : les tueurs de sites.

Conclusion : Ne fondez jamais une stratégie de référencement uniquement sur des paid links de mauvaise qualité.

Selon un post de Google en réponse à une revue aux USA, les sites vendant ou louant des paid links risquent :

- une diminution du Page Rank de tout le site ;
- une annulation du Page Rank ;
- de se retrouver en liste noire.

Cela explique la discrétion des campagnes de netlinking et de paid links. Il existe un marché, de plus en plus florissant, mais surtout il s'agit de ne pas faire de vagues et d'éviter de s'exposer.

Est-il facile de faire des paid links non détectables par Google ?

Oui et non. Si le backlink relie deux pages cohérentes en contenu et en thématique, Google ne peut pas automatiser de manière fiable la détection de ce paid link. Des chapitres expliquent techniquement plus loin le comment et le pourquoi.

Un paid link sans cohérence entre page de départ et page pointée est facile à détecter ainsi que nous l'étudierons plus loin.

Google semble plutôt vouloir limiter les abus de paid link, ceux loués/achetés massivement pour fortement impacter sur le Page Rank et sur le positionnement. Mais, dans leurs déclarations, toutes les formes de paid links sont incluses, ce qui explique la forme très large de la définition utilisée. Google peut ainsi agir à sa guise.

REMARQUE

Conclusion : La cohérence en backlinks prime, et elle est efficace !

Vous avez un site correctement référencé, mais vous avez un problème de positionnement : pourquoi freiner votre développement en ne faisant pas du netlinking de qualité ? Simplement, ne faites pas n'importe quoi n'importe comment. C'est ce qui fera la différence entre des liens évalués comme

REMARQUE

"*naturels*", même s'ils ne le sont pas, donc aptes à vous hisser dans les SERP, et des paid links flagrants qui gaspilleront vos ressources.

Trouver des paid links : l'hypocrisie associée à la peur de Google concernant les paid links est la règle. Google incite à la délation. De nombreux acteurs jurent qu'ils n'en font pas. Ils ne sont pas payés en euros, enfin officiellement. Ou alors non, ce que vous payez, c'est une inscription en annuaire, ou un droit à la diffusion ou un droit à être bien placé sur le site, en haut de page, etc. Donc vous trouverez peu de sites ou agences annonçant : "*ici on fait du paid link*". Mais il y en a. Un peu trop d'après les réactions de Google en février 2011 à propos des fermes de contenus (*content farm*). Une ferme de contenu est un site spécialisé dans la collecte ou même le vol de contenu à bas prix et en référencement pour fournir de la visibilité dans Google et du Page Rank. De là, la ferme de contenu peut dégager de l'argent de deux manières : la publicité (si 1 % des internautes cliquent sur une pub par exemple, les revenus deviennent vite conséquents) et la location de backlinks.

Est-ce que les paid links influent **seuls** sur le succès de votre site ? Non. Si votre site n'est pas de qualité, s'il n'a pas un référencement bien fait, vous verrez que des paid links ne vous donneront pas un bon positionnement dans les SERP de Google. Là aussi la cohérence prime.

1.7. Web 2.0 pour réussir sur Google

Le Web 2.0 n'est pas une norme mais plutôt une philosophie de développement et d'usage d'un site web. Un site web 2.0 fait participer les internautes à la vie du site de multiples façons.

L'usage *réseau social* du net (YouTube, Facebook et plusieurs centaines d'autres) intéresse fortement Google.

Cet usage *réseau social* n'est pas une mode mais une vraie révolution des relations sociales, du fonctionnement des communautés, dans le monde. Elle en est tout juste à ses débuts. Dans les échanges entre membres d'une même communauté virtuelle, des liens de site web sont régulièrement exprimés. Le contexte et le lien associé intéressent Google. Cela lui permet d'affiner ses calculs en positionnement. En effet, chaque fois qu'un innocent internaute parle d'une page d'un site web, cela constitue un vote (un lien = un vote) et le pourquoi du vote (les termes environnant le lien).

Exemples de grands et petits sites utilisant les capacités web 2.0 avec succès :

- Que serait Google sans l'analyse des liens posés par les internautes pointant vers les sites qui leur plaisent ? L'analyse de ces liens est indispensable pour calculer un positionnement des sites/pages ?
- Que serait eBay sans le système de notation des vendeurs/acheteurs ?
- Que serait Facebook sans les interactions entre membres d'une même communauté (les amis de untel) ?

L'arrivée de la téléphonie mobile 3G et 4G sur des tablettes et autres iPhone (3, 4 et suivants) ou Androïd va permettre de lier *réseau social Web 2.0* à la mobilité, ouvrant d'immenses horizons pour des applications révolutionnaires en commerce, marketing, publication d'informations, et surtout, surtout, en interactivités entre membres d'une multitude de communautés physiques ou/et virtuelles.

Autre point fondamental : *travailler dans les nuages*. Cette expression signifie travailler uniquement avec un navigateur. Les données, les programmes les manipulant se lancent à travers le navigateur. Ils sont distants, hébergés sur un serveur quelque part sur le Net. Les offres *Doc* de Google et d'autres acteurs du Net vont dans ce sens. On utilise tout en ligne ce qui permet de réellement travailler de n'importe où : domicile, web café, train, voiture, restaurant, vacances, etc. comme si on était chez soi sur son PC ou Mac. Les tablettes et téléphones 3G à grand écran vont accélérer ce phénomène.

Autre avantage à *travailler dans les nuages* : plus de licence Microsoft Windows et autre Office à payer.

Des traces numériques, la non-confidentialité des données

Bien sûr, votre usage d'Internet va laisser des traces plus ou moins visibles : fichier bookmark en ligne, votre réseau social, vos sites préférés, etc. Ces informations peuvent être plus ou moins récupérées par Google ou par d'autres acteurs. Google peut les utiliser, non pas pour vous espionner (c'est trop dangereux pour lui s'il se fait attraper, de plus cela ne lui ramènerait pas un cent), mais plutôt pour en tirer des statistiques globales afin, entre autres, de mieux cerner la *popularité* des sites Internet. Accessoirement, cela permet aussi à Google et à d'autres acteurs majeurs comme Facebook de mieux cibler les publicités qui s'affichent quand vous naviguez et donc d'en tirer d'excellents revenus.

La barre d'outils de Google est une forme de Web 2.0. Chaque utilisation vis-à-vis d'un site est remontée de manière anonyme vers les serveurs de Google. Vous marquez une page (et donc son URL) ? C'est une forme de vote sans backlink. Google collecte des dizaines, voire plus, d'informations sur votre comportement via sa barre d'outils.

Vous publiez dans un DIGG like sur tel site web avec une URL ? Là aussi, vous exprimez un vote. Les participations dans les forums indiquant tel ou tel site sont également des votes issus de site sociaux et Web 2.0. Un blog est un genre de site web. Là aussi, de manière classique, Google utilisera les mêmes outils pour évaluer les liens. Le spam de liens via des blog possède un nom : le *splog* (de *SP*am et b*LOG*).

Bien entendu, on peut faire confiance à Google pour modérer via des coefficients et des calculs le poids de chaque vote afin d'éliminer les doublons, les tentatives de fraudes aisément détectables, les votes inappropriés, etc.

Les quantités phénoménales de données enregistrées de manière "anonyme" sur le Net par Google lui permettent de tracer des abaques de comportements et ainsi, via la détection d'anomalies statistiques vis-à-vis de ces abaques, d'avoir des pistes lors de tentative massive de fraude aux votes sociaux.

Google et quelques autres l'ont bien compris. Réseau social et mobilité vont profondément remodeler la société dans les prochaines années.

Les backlinks, quoique toujours importants, sont passés du statut d'outil de calcul exclusif pour le positionnement dans Google à une des 2 composantes nécessaires à ces calculs. Dans le proche futur, l'analyse des backlinks sera une composante parmi quelques autres permettant à Google de calculer encore plus efficacement la popularité d'un site, de ses pages face à des mots et expressions-clés.

Il est plus ou moins facile de faire du *netlinking* à base de paid links ou de liens non naturels. Il suffit d'avoir de l'argent. Il est nettement plus difficile d'avoir des liens sociaux payés. La prise en compte de Web 2.0 débarrassera partiellement Google de la problématique des paid links.

Prévoir Web 2.0 dès la conception du site

Pour inciter un internaute à mettre en favori une URL de page, il faut que le contenu le justifie. Cela impacte fortement la structuration d'un site web. Il faut imaginer, puis concevoir des informations capables de séduire un internaute pour qu'il ait envie de revenir dessus via ses favoris.

Il faut également favoriser sa coopération en lui demandant son avis, en lui demandant de voter, de parler de la page dans un réseau social, etc.

Un contenu attrayant qui justifie une mise en favoris répond à plusieurs critères. En voici quelques-uns :

- Les données intéressent l'internaute.
- Il y a régulièrement des mises à jour de la page soit par le site lui-même ou via les autres internautes qui donnent leur avis ou une note d'appréciation.
- Ces mises à jour lui sont signalées via email ou fil RSS.

Les pages ainsi ciblées doivent permettre à l'internaute de naviguer facilement vers les pages ayant des contenus commerciaux ou marketing. Le but de l'opération est d'orienter un internaute arrivant sur cette page d'atterrissage via Google vers des pages plus commerciales ou marketing. Là aussi, cela se prévoit plus facilement à la conception du site plutôt que sur un site déjà existant

Quand un site met en œuvre des fonctionnalités Web 2.0, Google peut les détecter s'il le décide. Quand un internaute vous inscrit en **Google Bookmarks** ou vous recommande via **Digg**, **Facebook** ou **YouTube** et autres sites de réseau social, il y a mécaniquement la pose d'un backlink ou équivalent dans ce site. Certes, ce backlink est codé de manière à empêcher sa prise en compte par les bots des moteurs. Mais est-ce vrai ? Eh bien, pas tout à fait ! La définition du masquage des backlinks dans ces outils spécifie un `nofollow`, c'est-à-dire que le bot ne devrait pas suivre ce lien. Mais il peut le lire sans le suivre et cartographier que **facebook.com** a un certain nombre de pages de membres qui ont un lien vers cette URL. Tous les sites à réseau social sont cartographiés. Un moteur peut ainsi mesurer la popularité Web 2.0 d'une page d'un site. Il ne reste plus au moteur qu'à intégrer cela dans son système de calcul du positionnement des pages.

Une autre action Web 2.0 porte sur l'interaction directe entre un internaute et le site : notation, avis, commentaire, etc. Une page ainsi animée a une signature très précise, aisément détectable par le moteur. En évaluant les textes, les outils mis en œuvre, en corrélant avec la popularité Web 2.0 évoquée juste au-dessus, il est clair que le moteur peut affiner son calcul de popularité et donc le positionnement dans son index.

ASTUCE

Installer des fonctions Web 2.0 pour booster son référencement

Si vos pages ont un contenu justifiant des échanges avec les internautes, profitez-en. Toute page ayant du succès en interactivité avec les internautes se voit octroyer des avantages dus aux backlinks ainsi générés et au texte ajouté à la page : commentaires, avis, notes, etc. Vos internautes travaillent ainsi à votre bon référencement.

1.8. Les liens utiles

Cette appellation recouvre plusieurs notions qui méritent votre attention.

Vous pouvez posséder une page dédiée aux liens utiles utilisée pour gérer quelques échanges de liens, pas plus de quelques-uns surtout, comme nous le verrons plus loin. Vous pouvez y placer bien sûr tous les liens réellement utiles par rapport au thème ou à l'usage de votre site.

Vous pouvez posséder un lien qui part d'une page de votre site et pointe une page faisant autorité sur le sujet.

Exemple : Vous proposez un site sur la construction de maisons en bois et vous avez un lien qui pointe vers le site du Centre technique national de la construction, sur la page dédiée à la construction en bois.

Un tel lien a deux effets :

- Il renforce votre légitimité sur le sujet, donc votre référencement.
- L'internaute n'est pas vraiment intéressé par le contenu de votre page mais il est curieux. Il clique et quitte votre site pour aller sur cette page faisant référence. Google va enregistrer au moins une chose : l'internaute ne revient pas dans Google pour requêter à nouveau. C'est donc qu'il passe du temps sur votre site, ce qui est positif pour votre page.

La conséquence pour le responsable d'un site est de valider ou non une stratégie de liens utiles, pour chaque page du site, intégrée au Web design, qui permet à un internaute de voir et de cliquer vers des liens extérieurs de qualité. Une telle approche ajoute un troisième effet aux deux précédemment listés.

La mise en forme d'un tableau de "liens utiles" cohérents avec la page et associés à des commentaires textes logiquement cohérents avec la page renforce mécaniquement le référencement de cette page via l'ajout de mots contextuels et cohérents.

Quels sont les sites "utiles" à privilégier ? En voici une liste non exhaustive :

- Les encyclopédies en ligne, type Wikipédia, en pointant sur une page de contenu cohérente (définition de mots, par exemple).
- Les sites nationaux d'un métier le Syndicat de la location de bureau, le Centre technique du bâtiment, etc.
- Les sites en `.gouv.fr` et équivalent.

1.9. Utilité du plan du site

Un plan du site est toujours utile à un internaute un peu perdu dans le site. Mais est-ce utile d'un point de vue du référencement ? La réponse est évidente une fois lu cet ouvrage : l'impact d'un plan du site sur le référencement est faible mais bien présent. Il est noyé dans le Page Rank Modeling et autres optimisations.

En cas d'accessibilité bloquée aux bots des moteurs pour des raisons liées, par exemple à un menu déroulant en JavaScript opaque à Google, le plan permet néanmoins à Google de découvrir toutes les pages du site et de limiter ainsi les dégâts sur le référencement lié au blocage.

1.10. Montée en puissance de la géolocalisation

ASTUCE

Géolocaliser son site : Google Adresses

Ce service Web 2.0 de Google vous fait travailler pour Google. En échange d'informations sur votre entreprise, il vous donne un coup de pouce en référencement dans votre zone de chalandise locale et il vous positionne, peut-être, dans l'extrait Google Maps affiché dans certaines SERP.

Google affronte une masse importante de sites candidats aux mêmes expressions-clés. Nombre de ces sites ciblent une clientèle locale : leur zone de chalandise est de 10 à 20 km autour de l'entreprise, en France, mais aussi aux États-Unis et ailleurs dans le monde. Les têtes pensantes de Google ont eu une idée géniale : Google Adresses. Il s'agit de géolocaliser le site web et de laisser la possibilité au possesseur du site de cibler sa zone de chalandise dans des communes précises ou via un simple rayon d'action autour de l'adresse physique de l'entreprise. Si le possesseur indique, via son compte Google Adresses, que son adresse physique est dans Paris 17e, qu'il livre des pizzas et se déplace dans un rayon maximum de 1 km autour de sa pizzeria, autant lui donner priorité en affichage dans les SERP auprès des internautes géolocalisés par leurs adresses IP à 1 km de cette pizzeria sur toute recherche du genre `Pizza livrée à domicile`.

Google va rapidement posséder un annuaire largement supérieur à celui des célèbres Pages Jaunes, donc une nouvelle source de revenus. Google croisera Adresses et Maps, créant ainsi de nouveaux contenus enrichis en données et également de nouvelles zones où afficher des blocs AdWords générateurs de revenus. Google peut déjà, à très faible coût, vérifier la cohérence entre le contenu d'un site web et ses prétentions en mots-clés. C'est capital pour lui. Il peut ainsi partager l'accès en référencement naturel sur une SERP page 1 d'une expression-clé précise à des centaines de pages différentes. Il n'étouffe pas de nombreux sites. Il crée un partage dans l'espace sur ses SERP.

Illustration : une agence de communication basée dans le 84 (Vaucluse) désire prospecter sur le 34, et Montpellier en particulier. Elle crée un ensemble de pages dédiées à Montpellier, aux clients qu'elle a déjà signés dans le 34, etc. C'est efficace. Problème : son adresse physique est dans le 84. Sur la requête `agence de communication Montpellier`, toutes les agences "locales" domiciliées à Montpellier lui passent désormais devant, même celles ayant un référencement de médiocre qualité. Le filtrage par géolocalisation via Google Adresses a frappé !

Plusieurs points sont alors à gérer par un référenceur :

- Faire identifier son site web et sa zone de chalandise immédiate. Une seule possibilité : saisir une description du site et de l'entreprise dans Google Adresses. Le site devient alors prioritaire dans les SERP localisées à un lieu, automatiquement ou quand un nom de lieu figure dans la requête, face à des sites agressifs mais géolocalisés plus loin.
- Essayer d'aller au-delà. La tentation de saisir une fiche bidon pour faire identifier un établissement inexistant est grande. Des milliers l'ont donc fait. Depuis janvier 2011, Google a intelligemment laissé faire, le grand ménage a commencé et des milliers d'établissements secondaires bidon ont été éjectés de Google Adresses. Il va falloir trouver autre chose de beaucoup plus intelligent !

Pour aller au-delà de sa zone de chalandise locale, voici quelques points importants dont il faut tenir compte :

- Google sait rapidement identifier un établissement secondaire bidon, comme un appartement de particulier avec une ligne téléphonique professionnelle. La seule méthode, coûteuse, surtout en France, est de créer un vrai établissement secondaire.
- Au vu du coût, il vaut mieux évaluer le marché potentiel, typiquement via une campagne AdWords. En effet, vous pouvez géolocaliser dans AdWords un affichage sélectif. Seuls les internautes de Montpellier et de sa banlieue par exemple verront vos annonces AdWords. Cela limite fortement le coût. Ensuite, vous pourrez évaluer : on continue en AdWords ou on lance un établissement secondaire officiel.

Mot-clé géolocalisé par Google

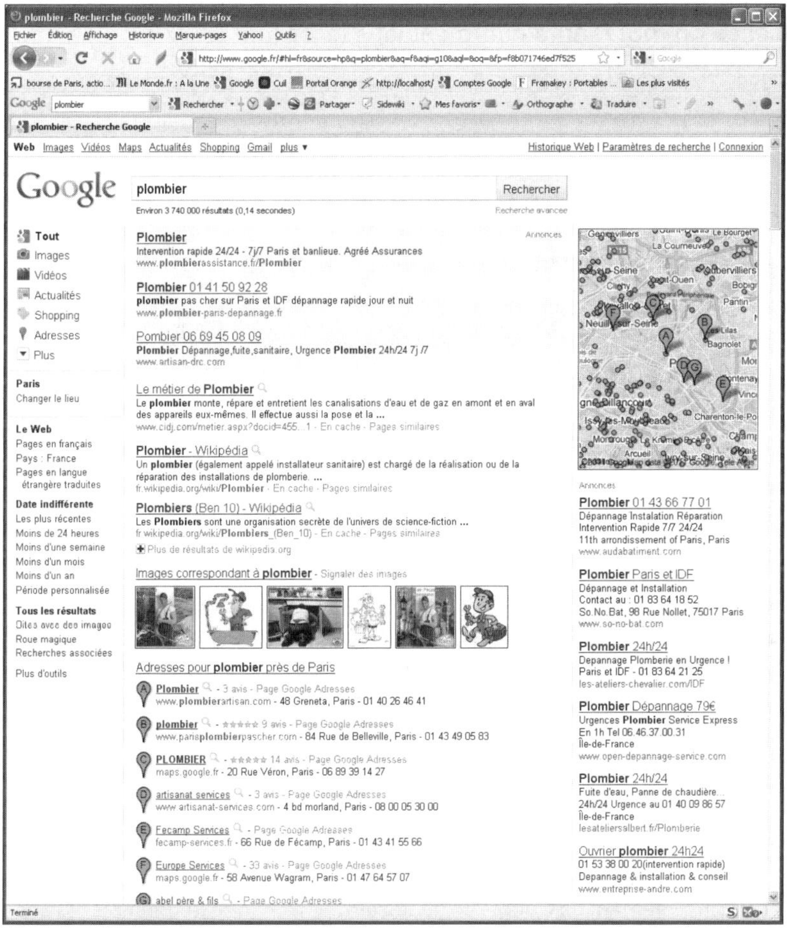

Figure 1.7 : Le mot-clé "plombier" dans Google Fr est automatiquement géolocalisé

Selon les époques, Google géolocalise des mots qu'il a identifiés comme étant typiquement une recherche majoritairement locale par les internautes : `plombier` par exemple. On reconnaît la géolocalisation dans la SERP de Google grâce à l'apparition de la mini-carte avec des points et des badges graphiques ronds portant les lettres A à G typiquement. Dans cet exemple, le mot-clé `plombier` fait apparaître en points et badges toutes les entreprises ayant un site et ayant rempli correctement une fiche dans Google Adresses.

La requête `travaux plomberie` n'est pas géolocalisée et la SERP page 1 présente des sites d'envergure nationale.

La requête `travaux plomberie Paris` affiche une SERP où figurent les sites de travaux de plomberie précisant Paris dans leur optimisation SEO. La requête n'est manifestement pas géolocalisée malgré la présence du mot (entité nommée dans le jargon) `Paris`.

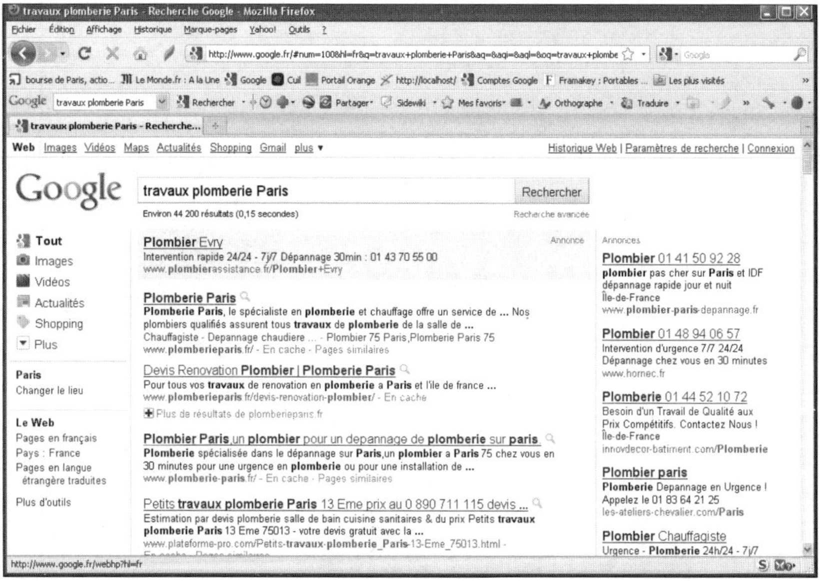

Figure 1.8 : La requête "travaux plomberie Paris" affiche une SERP sans aucune géolocalisation

La requête `travaux plomberie Evry` affiche une SERP géolocalisée. Google a compris la demande sous-jacente de l'internaute (voir fig. 1.9).

ATTENTION

Changements fréquents

Le comportement de Google en géolocalisation change fréquemment dans un sens (il géolocalise toute sorte de requêtes) ou dans l'autre (même la présence d'un nom de lieu comme `Paris` ne déclenche pas une géolocalisation pourtant manifestement demandée).

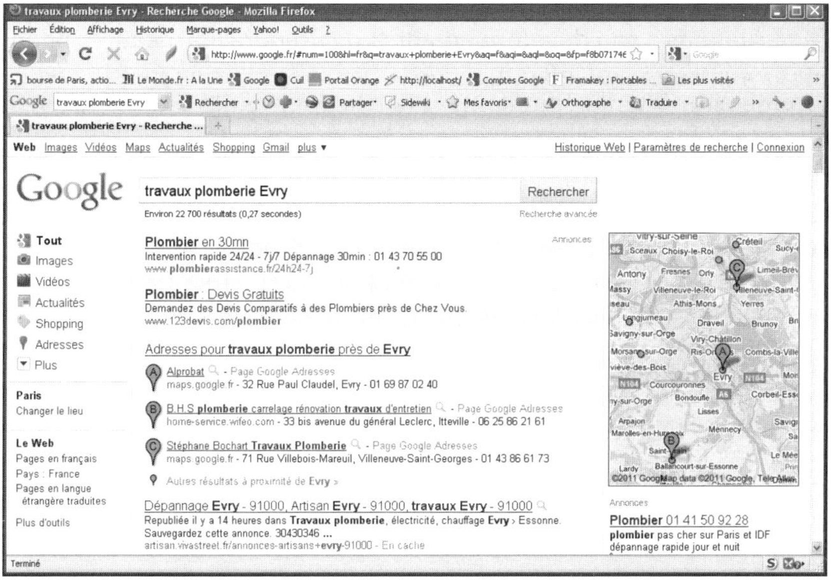

Figure 1.9 : La requête "travaux plomberie Evry" affiche une SERP géolocalisée

Le référenceur prudent prendra en compte les fréquents changements de comportement de Google sur les noms de lieux et la géolocalisation :

- en saisissant correctement une fiche dans Google Adresses ;
- en spécifiant, dans ses optimisations SEO sur les pages concernées, les zones géographiques, villes, communes, ciblées par le site.

1.11. Google Adresses versus Pages Jaunes ?

Une PME dépense de quelques centaines d'euros à des dizaines de milliers d'euros en présence dans les Pages Jaunes. Or, le modèle des Pages Jaunes se heurte à la concurrence de Google Adresses visualisables en Google Places dans les pages de résultats Google.

Pages Jaunes vend à ses clients du positionnement dans son moteur de recherche interne sur son célèbre annuaire. Selon les métiers du site web, c'est plus ou moins efficace, de quasiment nul à fortement efficace.

Il appartient à chaque entreprise de mesurer l'apport possible des Pages Jaunes à son développement et de prendre les mesures financières adéquates. Beaucoup d'entreprises dépensent désormais des sommes importantes inutilement face aux produits gratuits Google Adresses / Places / Maps.

Dans le chapitre 6, nous évoquons les mesures de retour sur investissements. Des outils peuvent aisément vous faire mesurer l'apport de Pages Jaunes d'une part et de Google Adresses d'autre part. Mieux, Google Place vous envoie chaque mois un rapport sur le trafic Google Adresses / Google Place. À chaque fois que Google affiche un résumé de votre site, c'est comptabilisé comme une impression et à chaque fois qu'un internaute clique dessus, c'est une action.

La comparaison des 2 statistiques constituent une précieuse aide à la décision et au calcul des budgets à affecter à Pages Jaunes d'un côté et au référencement naturel ou d'autres formes de promotion de l'autre.

1.12. Référencement naturel versus liens sponsorisés

ASTUCE

80 % des internautes français consultent deux pages de SERP

Médiamétrie est une entreprise française publiant des informations sur le comportement des Français. Le comportement de l'internaute moyen français face à un moteur de recherche est fondamental à connaître. Selon les études de cette entreprise, la grande majorité des internautes français étudie 2 pages de 10 résultats d'un moteur sur une requête donnée. Si l'internaute ne trouve rien à cliquer dans ces 2 pages, il reformule sa requête ou il quitte le moteur pour un autre outil. Ces deux pages de SERP contiennent deux formes de référencement possibles pour le site web : les liens commerciaux (les liens sponsorisés Google AdWords) et le référencement naturel.

Il existe deux approches complémentaires pour être visible dans les SERP de Google : les liens sponsorisés et le référencement naturel.

Figure 1.10 : Les deux zones – référencement naturel ou AdWords dans une SERP d'avril 2008 de Google sur l'expression-clé "abonnement presse".

Objectif : être dans les 20 premiers. En effet, d'après Médiamétrie (dans leur étude de 2007), plus de 80 % des internautes français lisent les 2 premières pages de 10 résultats de Google. Ce sont les 20 premiers rangs qui doivent être conquis, puis maintenus et améliorés au fil du temps.

Les chiffres publiés par Médiamétrie sont des moyennes lissées. En fait, quand on creuse sérieusement le sujet via l'analyse fine de statistiques, il se détache les comportements suivants qui auront un impact sur votre stratégie de référencement et sur son coût :

- Si le produit/service objet de l'attention de l'internaute requêtant dans Google est plutôt "cher" (une voiture, une recette pour un repas de fête, une maison, un séjour de vacances, un moteur pour un bateau, de la défiscalisation ...), l'internaute parcourt 2 pages et beaucoup plus en SERP sur une même requête. Cet internaute multiplie différentes requêtes pour tenter d'isoler les sites web offrant le produit/service le mieux adapté aux attentes de l'internaute. Le référenceur aura pour objectif d'identifier différentes combinaisons d'expressions-clés par offre métier du site et de positionner le site web sur un maximum d'entre elles sur la première page.

- Si le produit/service a un faible coût, la première bonne réponse visible fera l'affaire. Sa recherche et la préparation de son intention d'achat s'arrêteront là. Le référenceur aura pour objectif de positionner en top 3/top 5 le site web sur toute expression-clé porteuse de trafic ciblé.

Principe simple des liens sponsorisés (AdWords)

DEFINITION

Liens sponsorisés Google AdWords

Publiés comme "liens commerciaux" dans les SERP en français, ces liens sont affichés en colonne de droite dans chaque page de résultats de recherche (SERP) et quelquefois dans les 3 premières lignes au-dessus des résultats "naturels". Il faut louer ces emplacements à Google pour y être présent.

Louer des liens sponsorisés Adwords consiste à louer aux enchères un emplacement en colonne de droite dans une SERP de Google pour un mot-clé ou une expression-clé précise associé à des critères relativement précis en ciblage : langue, zone(s) géographique(s) visée(s) (ex : France ou France, Algérie et autres pays francophones), etc. Le site loue un mot-clé pour un montant d'enchère donné, pour un montant journalier maximum et un montant total fixé à l'avance.

Des critères en budget doivent également être sélectionnés.

Exemple : l'expression-clé "`abonnement presse`" pour un montant de 0,80 euros pour la France entière et pour un montant maximum journalier de 80 euros et une limite budgétaire de 800 euros.

Google va trier par ordre décroissant de montants d'enchères pour les afficher en colonne de droite dans ses SERP.

Prenons la SERP "`abonnement presse`" du paragraphe précédent. À droite se trouve la colonne des liens sponsorisés Adwords. Google en affiche 8 au maximum dans une colonne d'une page. L'annonce en haut de colonne paye plus cher à Google pour tout clic que l'annonce du bas de page ou des pages suivantes. Plus on veut être en haut de page et sur la première page, plus il faut enchérir cher pour tout clic. Les annonces fonctionnant bien (un mix du prix vendu par Google et du nombre de clics en volume) ont droit à un traitement de faveur :

elles sont localisées juste au-dessus de la zone où s'affichent les résultats naturels. De 0 à 3 annonces maximum ont droit à ce traitement de faveur.

Pour être présent immédiatement, en colonne de droite dans la SERP en TOP10 ou suivante, il suffit de payer une campagne de liens sponsorisés. Le résultat est immédiat, il n'y a pas de délai d'attente contrairement à du référencement naturel.

Le référencement et le positionnement naturel

DEFINITION

Le référencement naturel d'un site Internet

Ce sont les actions techniques et rédactionnelles pour optimiser les pages du site pour tenter de la faire afficher dans les SERP d'un moteur sur un ou des mots-clés précis.

Optimiser une page HTML signifie mettre en œuvre des techniques pour faciliter la compréhension des contenus de la page par le moteur de recherche.

L'objectif est de le pousser à prendre en compte les mots-clés dont le site estime avoir besoin en priorité. Une telle prise en compte par le moteur donnera la possibilité future d'avoir au moins une page du site listée en SERP sur une requête employant un ou plusieurs des mots-clés de cette page.

DEFINITION

Positionnement d'un site Internet

Ce sont les actions qui vont hisser les pages d'un site dont le référencement est correct, vers les premières positions dans une page de résultats de moteur (une SERP) sur les mots-clés voulus par le webmestre ou le traffic manager.

Sur chaque page de tout site web accessible à Google, différents critères, que nous détaillerons plus loin, sont évalués par Google. Ils lui permettent de trier dans son index les millions de pages ayant les mots-clés composant l'expression-clé de notre exemple "`abonnement presse`" dans leur contenu.

Ensuite Google évalue les backlinks pointant vers chaque page d'un site. Cette évaluation finalise pour quelques heures le classement dans l'index. Ce classement est régulièrement recalculé. Le fonctionnement des algorithmes lisse les montées ou descentes de pages au sein de l'index. À moins d'une mise à jour des algorithmes ou d'une forte modification d'une page, elle montera ou descendra progressivement au fil des jours.

Par défaut, les SERP de Google affichent les résultats 10 par 10. Selon Médiamétrie, 85 % des Français consultent les deux premières pages de réponses d'une requête soumises à un moteur.

Conclusion : seules les 20 premières places ont une valeur sur une expression-clé donnée.

ASTUCE

Augmenter le taux de clics dans une SERP sur votre page

La qualité de `TITLE` est primordiale. Des mots-clés doivent y être présents, et le sens du texte doit contenir une promesse attractive, courte, précise et... séduisante. La qualité rédactionnelle de `DESCRIPTION` et de chaque paragraphe doit être bonne.

Le résumé en deux parties sur chaque page proposée dans une SERP est issu de deux champs d'information : le `TITLE` de page et un ou quelques extraits des contenus de la page contenant les mots-clés de la requête. Ces extraits sont prélevés par Google dans le meta `DESCRIPTION` en priorité ou dans un paragraphe de la page.

Si le résumé affiché dans la SERP est attrayant, il a de bonnes chances de séduire l'internaute et d'être cliqué. Il faut donc bien réfléchir à chaque texte pour le `TITLE` de page, pour le meta `DESCRIPTION` et les paragraphes de la page. Leurs qualités rédactionnelles auront un fort impact sur le taux de clics et le trafic généré.

En effet, si dès les premières lignes, l'internaute identifie dans la SERP quelques résumés prometteurs, il n'ira pas plus loin. L'enjeu, face à une concurrence de qualité présente dans des SERP sur vos mots-clés, consiste alors à être présent dans le TOP5 avec un résumé efficace présenté en SERP sur vos mots-clés. N'hésitez pas à tester ce que présente Google comme résumé SERP de vos pages sur vos mots-clés puis à corriger les défauts rédactionnels.

Comparatif : liens versus référencement

Quand le site n'a pas le temps d'attendre son référencement naturel, il peut être nécessaire de démarrer une création de trafic via une campagne de liens sponsorisés. Le référencement naturel et les liens sponsorisés sont complémentaires. Ils offrent chacun des avantages et des inconvénients.

Tableau 1.1 : Avantages et inconvénients : liens sponsorisés *vs* référencement naturel

	Google AdWords	**Référencement naturel**
Budget prestataire éventuel	En investissant un peu de temps, on peut arriver à des résultats. Un spécialiste du domaine pourra améliorer le rendement de vos annonces et liens sponsorisés. Il n'est pas obligatoire de faire appel à ce prestataire de manière récurrente. Mais chaque erreur d'utilisation se paye : Google se fait payer les clics même ceux que vous avez généré vous-même inutilement suite à une erreur de texte ou de compréhension ou même de ciblage.	En y consacrant du temps et de la compréhension, on peut arriver à un résultat sans aide extérieure. Selon la difficulté ou l'ampleur de la tâche, il pourra être nécessaire d'avoir un accompagnement régulier et récurrent par un prestataire spécialisé.
Coût de l'exploitation	Il faut payer Google ou tout autre fournisseur de liens sponsorisés au fil des clics sur les liens commerciaux – de 20 à 10 000 € par mois, voire plus.	Sur des mots-clés en forte compétition, des dépenses de netlinking seront nécessaires. En clair, il faudra financer l'acquisition de liens de différentes manières possibles : en les payant, en mettant en ligne des contenus séduisant, etc. Nous reviendrons sur ce point plus avant. Ces opérations nécessitent un budget.
Pièges, fraudes…	Malgré les efforts de Google, il y a des clics bidons. Les annulations de clics frauduleux issus d'une même adresse IP freinent les saboteurs les plus facilement détectables.	De nombreux prestataires prétendent maîtriser le référencement naturel. Beaucoup le maîtrisent mal ou pas du tout, et font n'importe quoi. Au fil du temps, le marché se purge des acteurs incompétents, mais son assainissement n'est certes pas encore fini. La méfiance est de règle.
Délai de mise en œuvre	Immédiat	Il faut de plusieurs semaines à plusieurs mois pour percevoir le trafic issu d'un bon positionnement dans les SERP sur les mots-clés sélectionnés.
Géolocalisation	Possible. Il peut être rentable pour un site de payer une campagne AdWords pour évaluer le potentiel d'une zone géographique éloignée de sa zone de chalandise habituelle et face à une concurrence locale bien implantée en Google Adresses et donc bloquant la route du référencement naturel.	Impossible ou limité par Google Adresses.

Tableau 1.1 : Avantages et inconvénients : liens sponsorisés *vs* référencement naturel

	Google AdWords	**Référencement naturel**
Premières conclusions	Rapide, souvent efficace mais rapidement coûteux au fil du temps. Cela dépanne en attendant la montée en puissance du référencement naturel. Précieuse aide à la mise au point du référencement naturel grâce à l'identification des mots et expressions-clés productrices de trafic de qualité. Cela permet des actions courtes à effet immédiat : c'est pratique quand on veut accélérer le recrutement de prospects identifiés. On peut donner de la visibilité à des pages impossible à référencer naturellement.	L'investissement de départ est élevé : temps à consacrer, coût supplémentaire en développement PHP/MySQL, temps homme en production de référencement, campagne de webmarketing… Le site coûte plus cher à produire, pour des effets positifs non immédiats. À l'usage, sur la durée, le référencement naturel apporte un rapport prix/performance plus avantageux.
Conflit d'intérêt	Une agence prestataire en référencement naturel agréé Google Adwords est à surveiller de près. Elle pourrait préférer "orienter en douceur" un client du référencement naturel vers des campagnes de liens sponsorisés bien plus rémunératrices et bien plus simples à concevoir et à produire.	
Conclusion commune	Les deux approches sont complémentaires. Le développement du business d'une entreprise gagne à utiliser les deux approches en exploitant les points forts de chacune.	

Performances : liens sponsorisés vs. référencement naturel

REMARQUE

Xiti

C'est une entreprise commercialisant des produits de gestion et mesures de performances des sites Internet (**http://www.xiti.com**). Des milliers de sites utilisent leurs outils. Xiti est l'une des entreprises à pouvoir communiquer sur les performances des différentes formes de référencement et de promotions sur le net.

Date : avril 2008 – source : Xiti – Xiti Monitor

URL source en avril 08 : **http://www.xitimonitor.com/fr-FR/index-1-1-4-123.html?xtor=AL-16**

Les performances comparées des campagnes de liens sponsorisés versus le référencement naturel et les autres types d'outils confondus.

Secteur : 156 sites de ventes en ligne (e-commerce) – étude menée par Xiti du 1 au 29 février 2008.

REMARQUE

En moyenne, les liens sponsorisés pèsent 26 % du trafic amené et le trafic naturel représente 62 %. Les autres types de campagnes, affiliation, emailing, bannières, flux RSS, représentent le reste, 11 % environ.

Certes, de 2008 à 2011, les choses ont évolué. Mais en fait, on reste sur des taux très proches. Le référencement naturel reste l'un des outils les plus productifs pour créer du trafic. On observera en 2011 la mise en œuvre de plus en plus fréquente de synergies entre ces deux modes de création de trafic ciblé. Ils se complètent bien, surtout depuis que Google bride son outil gratuit de recherche de mots-clés.

Quelques commentaires sur ces informations publiées par Xiti :

- Le site que vous allez référencer n'est probablement pas un site de e-commerce national. Donc ces statistiques sont intéressantes en tant que tendances. Elles sont toujours d'actualité en 2011. Le référencement naturel efficace (c'est-à-dire être en TOP20 sur ses mots-clés dans l'index des moteurs et principalement celui de Google) est en moyenne la source n°1 de trafic ciblé et qualifié pour un site.
- Le trafic naturel comprend aussi bien les accès directs que les accès via des SERP (un clic dans un résultat de recherche sur Google ou autre moteur). Xiti ne détaille pas ces 2 sources naturelles. En basant les statistiques de sites auxquelles j'ai accès, on pourrait diviser en deux parts égales ces 2 sources pour avoir une tendance. Le référencement naturel pourrait être crédité d'un solide 31,25 % à égalité avec la fidélisation des internautes par la qualité de l'offre.

REMARQUE

Le référencement naturel est l'outil n°1 en 2011

Le référencement/positionnement naturel est toujours le meilleur outil à ce jour pour collecter du trafic de nouveaux internautes ciblés et qualifiés. Il arrive en tête des outils capables de gérer la venue de nouveaux prospects correctement ciblés sur un site avec un budget raisonnable en euros et en temps.

Mesurer le retour sur investissement

Une approche managériale, l'approche globale, enseignée dans différentes écoles de commerce, nous apprend que la chaîne globale de vente est composée de tous les acteurs de l'entreprise intervenant sur un produit de la conception à la vente, chacun étant un maillon.

La performance des ventes d'un produit ou d'un service donné sera calée sur les performances du maillon faible de cette chaîne.

Illustration simplifiée générale

Si l'équipe marketing produit d'une entreprise réalise des outils d'aide à la vente mal adaptés à la force commerciale, les performances des vendeurs en seront diminuées. Au lieu de présenter son produit en, disons, 10 min, il lui en faut 20. Pire, plus un rendez-vous dure, plus la probabilité que le commercial s'empêtre dans ses arguments ou rencontre des objections imprévues augmente. C'est le chemin direct menant à un échec de la vente.

La productivité commerciale en terme de volume de rendez-vous effectués diminue entraînant mécaniquement une diminution des volumes de ventes.

Mais cette moindre qualité des outils d'aide à la vente entraîne aussi une baisse du taux de transformation de prospects en clients. Le maillon faible, ici l'équipe marketing produit, a bien calé la performance globale de l'entreprise sur sa propre performance.

Un exemple

Nous sommes dans la thématique "`abonnement presse`". Des sites web commercialisent à prix réduit des abonnements à de nombreux titres de la presse. Il est primordial d'être vu dans les SERP. Pour cela, il faut avoir de bons positionnements des pages du site sur les expressions-clés utilisées par les internautes.

Un internaute saisit une expression-clé dans un moteur de recherche. "`abonnement magazine moins cher`". Cet internaute recherche la formule d'abonnement la moins chère possible pour sa revue préférée.

Quelques dizaines de sites proposent ce type de services. Ils commercialisent moins chers que l'éditeur lui-même les abonnements proposés par de multiples revues (voir fig. 1.11).

Le webmarketing d'une de ces sociétés a oublié de prendre en compte l'expression-clé "`moins cher`". Le site de cette société n'apparaît pas en TOP30 sur cette expression-clé précise. L'internaute de notre exemple, prospect ciblé et qualifié, ne lui achètera rien. En effet, il ne verra pas le site lors de ses recherches. L'oubli de l'équipe webmarketing en place a diminué l'efficacité commerciale globale de l'entreprise. Les ventes via le site en ligne auront tendance à être calées sur la compétence de cette équipe, quelles que soient les performances des autres équipes de l'entreprise.

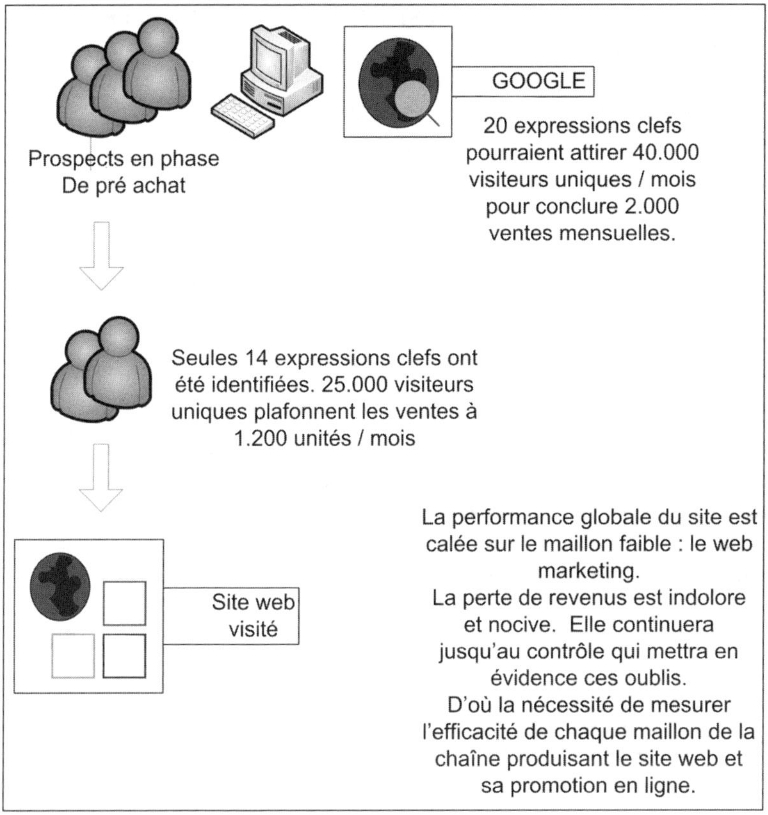

Figure 1.11 : la performance globale est calée sur celle du maillon faible

L'efficacité du référencement et du positionnement passe par plusieurs étapes séquentielles. Chacune est un maillon dépendant de la qualité du maillon précédent. Il est important de mesurer l'efficacité de chaque maillon pour traquer les goulets d'étranglement. Voici quelques-uns des outils à votre disposition pour mesurer, analyser ces différentes étapes sur votre site :

- *Les mots-clés* : des outils gratuitement mis à disposition des internautes par les moteurs permettent d'estimer le trafic potentiel sur un mot-clé. Depuis 2010, l'outil principal, celui de Google, est bridé. Cela renforce l'intérêt de faire de courtes campagnes AdWords pour mieux cerner les mots-clés. Certes, le coût du référencement augmente, mais on gagne en précision, en délais de mise au point, donc en argent. Et Google n'étant pas un service public, Il trouve là l'occasion d'obtenir du revenu de la part de populations peu enclines à dépenser en AdWords à l'origine.

- *Google Analytics, Xiti et autres logiciels de statistiques basés sur des marqueurs JavaScript.* Ces outils donnent de nombreuses informations sur le comportement des internautes : mots-clés utilisés pour arriver sur le site, pages d'arrivée, taux de rebond, expressions-clés transformant des internautes en clients, etc.
- *Les statistiques du site utilisent une autre technologie fort utile* : elles sont basées sur les appels aux fichiers composant les pages html du site : les fichiers .html, les fichiers images, etc. Cela complémente très bien les outils basés sur les marqueurs JavaScript.

Les mesures à étudier dans un premier temps touchent :

- *aux mots-clés* : a-t-on pris en compte tous les mots-clés et combinaisons capables de capter du trafic ciblé et de qualité ?
- *aux pages d'arrivée* : quelles sont les pages d'arrivées principales ? Pourquoi ? Quel est le taux de rebond ? Le taux de rebond représente les internautes fuyant le site dès leur arrivée. Pourquoi partent-ils, alors qu'ils sont arrivés en ayant fait l'effort de lire un résumé de la page d'arrivée affiché dans Google puis de cliquer ? Si le taux de rebond est trop élevé, il y a un problème potentiel de contenu ou une mise en page inadaptée aux mots-clés captant le trafic.

Les autres préoccupations du webmestre, légitimes, concernent les techniques à mettre en œuvre pour conserver des internautes sur le site ou comprendre pourquoi ils quittent le site. Elles ne sont pas du ressort du référencement naturel et donc du présent ouvrage.

1.13. Les principes du référencement naturel

Réussir un positionnement des pages de son site dans les SERP de Google exige de réaliser un référencement de qualité, c'est-à-dire les travaux d'optimisation des pages du site respectant une cohérence vis-à-vis des mots-clés.

ASTUCE

Passer du web1.0 à Web 2.0

Pour de nombreuses raisons techniques et marketing, un site Web 2.0 sera mieux optimisé pour Google qu'un site web1.0. Tant que vos concurrents en sont au web1.0, vous pouvez faire l'impasse sur cet investissement. Si vous voulez prendre de l'avance sur vos concurrents, faites réfléchir votre équipe à une version Web 2.0 de votre site.

Ensuite le site pourra exploiter les backlinks déjà en place ou ceux à venir. Les campagnes de backlinks, le netlinking ou linkbuilding, sont essentielles au positionnement face à des concurrents déjà installés. Elles ne seront efficaces que lorsque toutes les autres étapes auront été finalisées.

En effet, depuis 2007, une stratégie de backlinks seule ne peut réussir à positionner un site dans Google. Avant cette date, il suffisait d'une petite campagne de backlinks pour obtenir un "*bombing*" comme le célèbre "`miserable failure`" contre Georges W Bush.

REMARQUE

Les Google bombing démontrent l'importance des backlinks

Un exemple de bombing illustrant la puissance des backlinks en positionnement : avant 2007, en saisissant la requête "`miserable failure`" dans Google, échec lamentable en français, expression faisant référence à l'échec de la guerre en Irak, la première réponse dans le SERP était l'URL de la biographie de Georges W Bush sur le site web officiel de la Maison Blanche.

Qu'est-ce qu'un Google Bombing ? Ce sont les actions coordonnées aboutissant à un référencement non désiré par une page Internet. Par exemple un mot ou une expression péjorative est associée à une page sur une personnalité par la pose concertée et coordonnée de backlinks associant cette page à cette expression-clé péjorative.

Dans l'exemple sur Georges W. Bush, un certain nombre de sites web s'étaient coordonnés pour placer sur diverses pages un lien en dur avec le libellé `miserable failure` (un *backlink* en jargon technique) pointant vers la page de la biographie de ce président des USA.

Comme cette expression-clé est peu concurrencée (hors blague et plaisanterie, qui pourrait être intéressé de dépenser du webmarketing sur une telle expression ?), cela fut assez facile. Vu le peu d'usagers de cette expression dans Google, une campagne de buzz (du webmarketing viral) fut lancée par les initiateurs du *bombing* pour faire connaître leur "blague". Les échanges Internet firent le reste en propageant la nouvelle dans toutes les langues vers des millions d'internautes.

Cet exemple de bombing illustre la prise en compte des liens en dur dans le positionnement d'un site Internet (voir fig. 1.12).

Depuis 2007, un tel bombing est devenu fort difficile. En effet, des mécanismes destinés à lutter contre le spam linking, mécanisme qui sera abordé beaucoup plus loin dans ce livre, freinent désormais la réussite d'un positionnement uniquement de l'extérieur du site. Les backlinks et les pages qu'ils ciblent doivent être cohérents. Depuis 2007, de rares bombing ont néanmoins réussi. Ils ont nécessité des efforts de leurs concepteurs et ont été de très courte durée. Nous verrons les mécanismes de lutte contre le spam linking un peu plus loin.

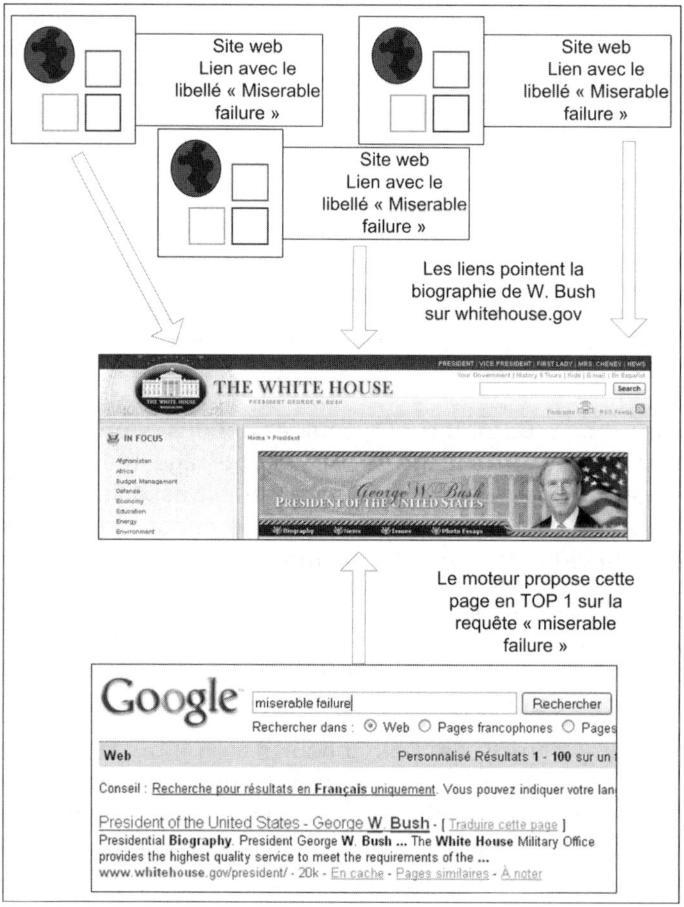

Figure 1.12 : bombing 2003 sur George W. Bush via une campagne de backlinks

Le début de la cohérence nécessite une optimisation efficace des pages du site qui seront visées par les futurs backlinks. Sans cette cohérence, il sera beaucoup plus difficile, voire impossible, de réussir le positionnement. Pire, ces liens pourraient être considérés comme des paid links par les automatismes logiciels de Google et cela pourrait entraîner des sanctions contre les pages de départ de ces backlinks mal gérés et indirectement contre le site ciblé.

Étape #1 – contenu et Web 2.0

Pour avoir un site positionné en bonne place, il faut que celui-ci dispose de contenus, de réels contenus : textes, visuels pour la forme, créant de la valeur ajoutée quant à leur caractère. Cela va de la fiche technique à un livre blanc exposant votre stratégie en passant par toutes sortes de descriptions, commentaires, analyses, coups de cœur etc.

Les volumes, en nombre de mots par page et en nombre de pages, sont importants. Une fois optimisés, ces pages et ces textes influeront fortement sur le référencement du site et sur son positionnement dans l'index du moteur.

Une structuration hiérarchisée du site, en silos d'informations comme nous l'avons déjà vu, appuiera la perception par Google de thèmes-clés.

Voici quelques idées de contenus :

- Un site associatif propose à la location des hébergements chez l'habitant. L'ajout de l'annuaire de ces hébergements a multiplié par 10 le volume des pages, et toutes ces pages ont un contenu unique et utile aux internautes. L'annuaire ainsi ajouté est centré en mode Silo sur des hébergements de tourisme dans un département précis.
- La mise en ligne d'un catalogue de biens à louer a permis de fortement augmenter le volume de pages d'un site d'agence immobilière. Là aussi, une approche hiérarchisée du site web a permis de dégager un thème central stratégique : vente/achat appartements/maisons sur des lieux précis.
- De manière générale, la mise en ligne sous forme d'annuaire de vos produits, services et références donne du contenu unique et utile à votre site et donc un support à une optimisation réussie de vos mots-clés.

Avec ces pistes de réflexion, vous devriez pouvoir passer le cap de la "*feuille blanche*", illustrée généralement par un "*que vais-je pouvoir mettre dans mon site ?*".

Un deuxième enjeu au niveau du contenu porte sur les capacités Web 2.0 du site. Un site web n'est pas juste une copie d'un dépliant ou d'un prospectus papier. Il doit aller au-delà.

REMARQUE

Web 2.0 : Google est *internaute centrics*

Pour maximiser la qualité de ses SERP, Google semble avoir abordé une approche basée sur le comportement de l'internaute et sur les fonctionnalités d'un site permettant à un internaute d'interagir avec le contenu. C'est une des définitions du Web 2.0.

Les pages des sites Web 2.0 ont une tendance à être mieux positionnées que leurs concurrentes Web 1.0. Au vu de ce que pensent de multiples spécialistes du Web du futur, il est logique que Google prenne mieux en compte les sites Web 2.0.

Voici quelques exemples de fonctionnalités Web 2.0 classiques :

- ajout d'un commentaire ou avis par l'internaute ;
- notation de la qualité de la page par l'internaute (possibilité de "Voter pour cette page") ;
- possibilité de mettre la page dans les favoris et autres marque-pages dans le navigateur ou sur des sites comme MySpace, Facebook, ou YouTube ;
- présence de contenus Rich media : vidéos, podcasts et autres outils multimédias indiquant à Google des lectures de données autres que sous forme de texte. Ces contenus *rich media* peuvent être commenté par le site, ce qui ajoute du texte (avec des mots-clés) à la page et favorise ainsi son référencement. Néanmoins, attention au duplicate content pouvant être ajouté involontairement via des *Posts* ou avis sur le site. On aurait alors un contre-référencement.

REMARQUE

Web 2.0 ou non ?

La décision stratégique de rendre Web 2.0 son site doit bien sûr être prise très en amont par le responsable marketing. Les coûts peuvent être importants. Il est intéressant pour un responsable de voir si le passage en Web 2.0 pourrait apporter d'autres retours sur investissement.

Un internaute interagissant en Web 2.0 avec la page d'un site produit les effets suivants :

- ajout de contenu à la page elle-même, ce qui implique une page fréquemment mise à jour avec des contenus potentiellement uniques ;

- ajout de contenus contenant des backlinks naturels vers cette page dans d'autres pages sur d'autres sites (une forme de netlinking naturel donc) ;
- blog et forum liés au site via la pose de liens indiquant la page que l'on vient de mettre en favori.

La détection de ces actions est possible via différents outils : régie de clic, Google Toolbar, analyse des JavaScript simples tels que *Partager sur Facebook*, *Ajouter en Google Bookmark*, etc.

Même si toutes les actions de tous les internautes ne sont pas tracées, il en reste suffisamment pour que les algorithmes de Google puissent affiner le positionnement des millions de pages en compétition sur tout mot-clé.

ASTUCE

Un test pour vérifier l'impact du Web 2.0 sur le référencement

C'est simple ! Prenez un site comme **aufeminin.com** : repérez une actualité très récente et fortement reprise par de nombreux sites, comme l'annonce du départ de PPDA du journal de 20 h le jour même de l'annonce. Googlez quelques requêtes sur le sujet et observez le positionnement des pages de ce site dans les SERP de Google. Si les mots-clés retenus sont présents dans les quelques pages dédiées à ce sujet, elles sont très souvent dans le TOP20 face à des dizaines de milliers d'autres pages en compétition sur les mêmes mots-clés. Le site de **aufeminin.com** est très "*social*", en plus d'un travail de référencement correct.

Cette même recherche mène à trouver d'autres sites Web 2.0 dans une moindre mesure : les sites de TF1/LCI, lemonde.fr. Certes, ce sont des sites à gros Page Rank, mais, dans la hiérarchie des SERP, une nette tendance à trouver les sites les plus "sociaux" en tête de résultats se vérifie régulièrement.

Différents tests de positionnement montrent que des sites à fort "social Web 2.0" hissent leurs pages en tête de SERP bien plus vite que leurs concurrents.

Étape #2 – Identifier les mots-clés

Il est nécessaire d'identifier les mots-clés porteurs de trafic ciblé et qualifié utilisés par les internautes dans le "métier" du site web à référencer. Si votre site propose des locations de vacances en France, les premiers mots et expressions-clés seront aisés à identifier : France, location(s) vacances été appartements, maison villa, etc.

L'enjeu de cette étape est d'identifier tous les mots/expressions-clés utilisés lors de requêtes sur Google par les prospects et clients du secteur d'activité visé. Le propriétaire du site a en général une idée de cette liste. Mais souvent, il en oublie ou alors ajoute des mots-clés qui sont en fait des termes de jargon peu ou pas utilisés par les internautes ciblés.

Un exemple consiste à utiliser massivement l'expression-clé "`espace crédit`" sur le site d'un courtier, alors que l'expression-clé appropriée était "`assurance crédit`". Les conséquences sur le référencement naturel d'une telle erreur sont désastreuses. Une grande partie du site a été référencée autour d'une expression-clé inusitée, et durant ce temps le site est resté partiellement invisible aux yeux des prospects ciblés sur les bonnes expressions-clés.

Un *mot-clé* est un mot seul et isolé. Exemples : `TNT`, `HD`, `télévision`, `TV`.

Une *expression-clé* est composée de mots-clés dans une combinaison. Exemples : "`TV HD`", "`référencement sur Google`", "`lecteur MP3`", "`TNT HD`", etc.

Pour identifier les mots et expressions-clés utilisés par les internautes, il existe des outils mis à disposition par les moteurs pour permettre la mise au point de campagnes de liens sponsorisés.

Ces outils font apparaître un premier niveau de mots-clés et expressions. Mais il manque de nombreuses informations pertinentes : les combinaisons de mots non ou mal tracées : "`TV HDready`" , "`TV HD ready`", "`télévision HD Ready` ", "`TV Haute définition Ready`", "`TV HD Sony`", etc. On voit dans cet exemple que l'imagination des internautes n'a guère de limites et qu'il y a une quasi-infinité de combinaisons de mots-clés à couvrir pour être vu par eux dans une SERP.

Certaines méthodes, sur lesquelles nous reviendrons, et l'utilisation des statistiques sur la fréquentation et l'audience du site permettent au référenceur de se faire une première idée de ces combinaisons, puis de les lister et d'en tenir compte lors de la maintenance du référencement.

Les contenus et l'optimisation des pages peuvent être modifiés pour tenir compte de l'acquisition d'expérience et de nouveaux savoirs lors du référencement d'un site web.

Le chapitre 2 présente une méthodologie pour identifier, trier, hiérarchiser les mots-clés porteurs de trafic ciblé et qualifié pour un site web.

Étape #3 – Accessibilité des mots-clés

L'accessibilité se décompose en deux types :

- *technique* : Le robot doit pouvoir accéder à la page et à son contenu. En effet, de nombreux sites ont des JavaScripts et autres gadgets techniques qui bloquent plus ou moins les bots de Google.
- *sémantique* : Rendre accessible au moteur les mots et expressions-clés retenus lors de l'étape précédente revient à optimiser les pages du site. Pour cela, le travail est découpé en plusieurs étapes :
  - Répartir les mots-clés et les combinaisons de mots et expressions-clés sur les pages du site.
  - Considérer un maximum de 5 mots-clés par page (nous verrons le pourquoi de cette limitation plus loin).
  - Optimiser en conséquence chaque page du site autour des mots-clés qui lui sont affectés.

Sauf erreur de votre part, le moteur prendra en compte *vos* 3 à 5 mots-clés stratégiques pour chaque page. *L'accessibilité sémantique* a ainsi pour objectif d'orienter le choix de Google sur votre choix de mots-clés pour chacune des pages de votre site web.

Nous développerons ces aspects dans les chapitres suivants, mais voici d'ores et déjà quelques conseils de base :

- La triche pour leurrer le moteur est contre-productive, à savoir répéter très souvent un mot dans le texte, le mettre de multiples fois entre balises `h1` et autres soi-disant astuces. Ces techniques de spamdexing sont archiconnues et très faciles à identifier. Les moteurs sanctionnent les pages, voire les sites complets, qui font du spamdexing.
- Faites plutôt des phrases ayant du sens et investissez en référencement sur d'autres actions bien moins risquées et bien plus efficaces que ces techniques de triche aux résultats douteux. Des algorithmes simples pour un moteur comme Google détectent les phrases bien formées. Pour différentes bonnes raisons, Google notera mieux un texte grammaticalement correct qu'un texte contenant des fautes de grammaire, de français, d'orthographe.
- Ciblez une page ou un thème unique. Plusieurs pages peuvent aborder le même thème, mais les mots-clés utilisés devront avoir un usage distribué autant que possible :
- Deux pages distinctes peuvent cibler les cinq mêmes mots-clés. Elles seront donc travaillées en ce sens tant pour être visibles de Google que pour avoir un sens et accrocher l'attention des internautes qui arrivent sur cette page via les mots-clés en question. En effet, un internaute qui "rebondit" ne présente pas beaucoup d'intérêt.

- Il est inutile et contre-productif de référencer plus de deux pages sur la même séquence précise de mots-clés.
- Le champ `TITLE` de la page est un des critères les plus importants.

Hiérarchisation des mots et expressions-clés

Les mots-clés n'apportent pas tous le même trafic, en volume comme en qualité. Il est intéressant de les hiérarchiser par ordre d'importance.

Par exemple, une société réalisant de la domiciliation d'entreprises en région parisienne concentrera tous ses efforts sur un mot-clé central "`domiciliation`" accompagné de variantes comme "`domiciliation entreprise`", "`domiciliation Paris`", etc.

L'analyse des mots-clés, du trafic, des statistiques montrent que "`domiciliation`" est le mot-clé stratégique et que les autres sont moins importants. Dans cet exemple, nous aurons donc la hiérarchisation `/domiciliation/paris-entreprises-ile-de-France/`.

Cette hiérarchisation nous renseigne sur :

- le mot-clé à pousser en priorité face aux autres mots-clés potentiels ;
- les combinaisons intéressantes pour composer des expressions-clés capables de capter du trafic.

Cette approche sera reprise en profondeur plus loin, car elle constitue une aide précieuse pour analyser la structure d'un site, d'une URL rewriting.

Étape #4 – backlinks et TOP20 sur les mots-clés

Un site correctement référencé pourra recevoir des actions de positionnement pour disposer de pages visibles dans les deux premières SERP sur les mots-clés.

Le netlinking (linkbuilding) est une des deux seules actions permettant d'avoir un contrôle sur le positionnement des pages. Il peut être interne (gestion des liens entre pages du même site) ou externe (les liens venant de pages externes au site). On pourra jouer sur plusieurs caractéristiques...

- *la qualité de chaque lien* : la qualité de l'environnement de départ, le texte du libellé du lien et de la page visée par l'URL du lien ;
- *le volume des backlinks* ;

- *les pages visées* : on pourra favoriser certaines pages plutôt que d'autres et ainsi influencer le positionnement de certaines pages au détriment d'autres pages – c'est un des intérêts de disposer de nombreuses pages.

Une question reste en suspens : avoir des backlinks... oui, mais comment faire pour en obtenir ? Nous verrons que plusieurs solutions peuvent se combiner.

En tous les cas, si obtenir de bons backlinks était chose facile, Google n'aurait pas retenu l'analyse des backlinks comme algorithme central pour positionner les pages dans son index.

Vous devez commencer à comprendre pourquoi on trouve des annonces du style "*inscriptions dans 5 000 annuaires avec liens en dur : 399 € HT*". Si on croit à une telle publicité, on va obtenir 5 000 backlinks en quelques clics et pour quelques euros. Là encore, si c'était aussi facile, cela se saurait ! En fait, les backlinks ainsi proposés sont de si mauvaise qualité que l'effet positif est très loin d'être au rendez-vous.

De même, les échanges de backlinks entre 2 sites complètement différents ne sont guère efficaces si l'échange est réalisé sans réflexion, ce qui est le cas pour la plupart de ces échanges. L'échange est incohérent la plupart du temps, et toute page de *Liens utiles* est rapidement étouffée par la formule du Page Rank (trop complexe à expliquer à ce niveau du livre, nous y reviendrons plus loin).

On trouve aussi des phrases très stimulantes du style "*faites des contenus si intéressants que de nombreux backlinks seront posés par les internautes vers vos contenus*". Le site d'un revendeur de pompes hydrauliques va peut-être avoir quelques soucis avec une telle approche ! Il pourra avoir des backlinks de fans des pompes hydrauliques. Ils seront de bonne qualité mais le volume pourrait avoisiner le 0.

Enfin, à travers un post (d'un flou artistique remarquable) publié sur le blog de Matt Cutts, que nous avons déjà abordé dans le présent chapitre, nous avons appris qu'il était interdit de faire poser des backlinks contre "rémunération". Google menace de sanctions les sites qui poseraient de tels liens, dits "non naturels" : de telles pratiques sont assimilées par Google à du spam de liens.

Quand un webmestre responsable d'un site vital ou important pour son organisation comprend cet environnement plutôt hostile à son site, il est nettement moins enclin à accepter de vous poser un backlink, même contre une quelconque rémunération.

De nombreuses organisations ont stipulé des règles strictes :

- Interdiction de poser un lien vers un site externe au groupe ;
- Génération automatique d'une balise signalant à Google de ne pas suivre tout lien externe au site, au forum, au blog. Ainsi, il devient impossible d'être accusé de spam link par Google.

Bref, obtenir des backlinks de qualité est difficile.

Nous reviendrons plus loin sur les approches aptes à générer des backlinks. Avant de se lancer dans de telles opérations coûteuses en temps homme, voire en budget, il est nécessaire de bien comprendre le petit univers des backlinks, univers bien plus complexe qu'il n'y paraît au premier abord.

Dans les grandes lignes, obtenir des backlinks va prendre plusieurs formes possibles et complémentaires. Les pistes suivantes sont à adapter à chaque cas :

- *Spécialiser une partie du site dans le contenu purement informatif.* Cela pourra inciter à la pose de backlinks naturels. Un de mes clients adeptes de photos de paysages a mis en place un site présentant ses œuvres et une politique d'échanges de liens vers son site professionnel et quelques autres sites.
- *Passer des partenariats* : mon site parle de tes recettes de cuisine sur mon site de vins, ton site parle de mes vins sur ton site de recettes de cuisine.
- *Payer en nature* : contre la pose d'un backlink, en échange, mon entreprise vous livre tel produit ou tel service (mais, si cela est possible, on ne livre pas un lien, à moins qu'un spécialiste du backlink correctement posé ne vous assiste dans cette démarche). Cette approche peut prendre de très nombreuses formes. Dans ce livre, nous détaillerons une animation de réseau de distribution. Les entreprises commercialisant des produits/prestations via un réseau de distributeurs peuvent mettre en place des programmes webmarketing bénéfiques pour tous. Inversement, quand on est une PME isolée, on peut investir dans des accords d'échanges de liens avec des fournisseurs et des clients.
- *Payer en euros* : faire du paid link. Louer pour une durée déterminée ou pour la durée de vie du site des backlinks est totalement interdit par Google, mais, en peu de clics, on trouve des annuaires à inscription payante. Pour une parution d'une année avec un texte et un ou deux liens en dur, sans que ce soit bien sûr clairement proclamé, vous payez X euros. De nombreuses variantes existent, de cette approche. Le problème potentiel porte sur la faible qualité du backlink ainsi loué. Vous voulez un nom ? Un grand ami et

concurrent de Google pratique cela : Yahoo ! Dans cette forme précise, vous payez quelques centaines d'euros HT pour une prise en compte sous quelques jours de votre soumission d'URL dans l'annuaire Yahoo (vous soumettez le nom de domaine de votre site, en général), sinon l'inscription valide de votre site pourra prendre des semaines, des mois, voire ne jamais avoir lieu. Voilà, vous avez un lien en dur dans la parution.

- *Analyser le buzz*, s'il y en a, sur vos produits : avis de consommateurs, mécontentement sur le SAV, etc. Répondre sur les forums, les blogs vous donne l'occasion de signer, avec l'URL de votre site, vos posts et interventions. Certes, ces backlinks pèsent peu, mais ils sont obtenus en sus de la qualité des échanges entre vos consommateurs et le CRM ainsi mis en place.
- Faire appel à du *black hat SEO*. Un black hat SEO est spécialisé essentiellement dans la pose de backlinks de plus ou moins bonne qualité, depuis des pages de toutes natures sans demander l'avis des propriétaires desdites pages. D'un point de vue éthique ce n'est pas recommandable, mais vous pouvez affronter un site concurrent qui se livre à de telles pratiques. Il ne sert alors à rien de malmener votre référenceur. Il vaut mieux aborder le problème autrement. Saboter le netlinking black hat du concurrent, améliorer son propre netllinking...

Étape #5 – Géolocaliser

Google a entrepris de disposer d'un service ressemblant fort aux Pages Jaunes : *Google Adresses* (anciennement nommé *business map locator*). Ce service est poussé par Google pour différentes raisons et il a un impact assez important sur la partie "*locale*" du référencement naturel, comme expliqué précédemment.

Il est important pour une entreprise d'analyser ses besoins en prospection et sa zone de chalandise.

Illustration : une entreprise fabrique des maisons en bois. Elle les commercialise sous deux formes : clé en main uniquement sur quelques départements français et en kit sur toute la France. Elle a plusieurs stratégies possibles pour utiliser Google Adresses à son avantage. Le principe est de disposer de deux fiches Google Adresses différentes pour couvrir les deux zones de chalandise. L'idéal serait alors de disposer de deux sites web. Cela représente un surcoût, sans compter qu'un changement de stratégie de Google rendrait infructueuse une telle opération. Quel en serait le risque ? Un faible coût financier contre un avantage important en business local face à des vendeurs de maisons en bois d'envergure nationale mais sans établissement secondaire local.

Résumons-nous : il est important d'utiliser au mieux le potentiel de Google Adresses pour obtenir un avantage "*local*" en référencement.

Étape #6 - Maintenir son référencement et ses positions

Lors de la phase initiale, le référenceur a basé son analyse de mots-clés sur les données fournies par les outils mis à disposition par les moteurs et sur les informations issues d'un briefing avec le propriétaire du site.

C'est insuffisant ! D'autres approches permettent de compléter le tableau, mais rien ne remplacera le test en réel. Les premières semaines de la mise en ligne du site généreront des statistiques collectées via différents outils. Ces indicateurs permettront de corriger oublis, erreurs et anomalies.

Plusieurs actions peuvent être déduites de ce contexte :

- Pour un premier site, ne pas hésiter à mettre en ligne un mini site provisoire afin de faire prendre de l'âge au nom de domaine (plus il est ancien, plus Google l'apprécie)
- La mise en ligne d'un mini site d'attente fournira les premières statistiques de fréquentation. Dans ces statistiques que nous étudierons en détail plus loin dans ce livre, vous trouverez le détail des mots et expressions-clés ayant amené les internautes sur votre site. On peut y découvrir des surprises comme des combinaisons auxquelles on n'avait pas pensé.
- Les actions de référencement sur le mini site constituent un capital. Le mécanisme des redirections permet de transférer ce capital vers les pages adéquates lors de la mise en ligne du site final. Cela représente un gain de temps et d'expertise non négligeable.
- Le capital référencement d'un ancien site peut de la même manière être hérité et transmis au site refondu.

L'étude des statistiques du site donne de nombreuses informations pour aider au maintien et à l'amélioration continue du positionnement du site dans les SERP. On peut ainsi identifier :

- de nouvelles combinaisons de mots-clés ;
- des pertes de positions sur certains mots-clés.

1.14. Construire une stratégie de référencement

La plupart des décideurs n'ont pas le temps (et ce n'est pas leur métier !) de se plonger au cœur des technologies web, en général, et du référencement, pour ce qui nous concerne. Le décideur se fait habituellement aider par une personne en interne (communication, marketing, webmestre, service informatique...) ou externe (un consultant, etc.).

Malgré cette assistance, l'enjeu, à savoir la génération de business via le Web, recommande la prudence. Un raté dans la conception, une erreur de casting se traduiront par un webmarketing moins efficace, et cela aura des conséquences négatives sur le business de l'entreprise s'il n'y a pas de remontée rapide d'un indicateur signalant le problème. Prudemment, le décideur avisé se documentera sur le sujet. C'est l'objet des deux premiers chapitres de ce livre.

Ce chapitre a exposé de manière simple les mécanismes principaux du référencement/positionnement à des non techniciens du Web.

Une deuxième phase se présente : comment élaborer une stratégie de référencement/ positionnement en liaison avec la stratégie Internet de l'entreprise ?

Maintenant que vous comprenez les tenants et aboutissants, les ressorts "cachés" du modèle, vous pouvez commencer à réfléchir et à évaluer une stratégie internet pour votre entreprise.

Pour arrêter une stratégie, il faut réunir quelques informations-clés afin de dresser un tableau d'aide à la décision. Ces informations vont porter sur les revenus potentiels, leurs formes et montants estimés, les volumes de prospects, la faisabilité.

Détaillons-les ci-après...

Différents revenus du site web

A priori, quand il y en a une, la stratégie Internet a fixé les différentes formes de création de valeur que le site web doit apporter. Voici quelques exemples pour vous aider à comprendre :

- *Faire venir des prospects dans les points de vente.* Voici le résultat de quelques promesses incitant à venir dans telle ou telle enseigne :
  - "Tiens, une promotion avec un tarif agressif ! Justement, acheter une clé USB MP3 est dans mes intentions d'achat : allons-y !"

— "Ils ont des conseillers jardins compétents. Allons les voir ! On a le jardin à refaire et on y connaît pas grand-chose !"

Bien sûr promettre via le site Internet et d'autres canaux, c'est bien ; mais faire voir ces promesses à un maximum de personnes, c'est encore mieux. Le référencement du site web sera un des outils pour donner de la visibilité aux promesses affichées dans différentes pages du site.

Un exemple... la chaîne de magasins Truffaut gère différentes formes de campagne dont un e-mailing renvoyant vers le site. Chaque mois, un e-mailing est envoyé à des dizaines de milliers d'abonnés. Il contient les conseils adaptés à la période, des offres ciblées, etc. Il faut bien sûr aller en magasin pour avoir des conseils supplémentaires adaptés à votre cas particulier et vous permettre d'acheter ce qu'il faut pour votre balcon ou votre jardin.

- *Inciter à une prise de contact commerciale.* Une entreprise désire être visible sous son meilleur jour pour inciter un acheteur à formuler une demande de devis, de documentation. Bref, il s'agit de faire passer un prospect du statut *anonyme* au statut *identifié*. La relation commerciale est alors établie. Au vendeur de faire sa part du travail pour rentrer la commande !

  Un exemple... Spécialisée dans la gestion du temps, l'entreprise *Pointeuse, planning et heures sup SARL* désire être vue par les prospects à la recherche d'une solution de gestion des temps de travail collectés par pointeuse, de génération de planning, de passerelle vers la paie, de gestion des congés, des 35 h, etc. Ce type d'achat a lieu une fois par décade dans une PME. Être présent sur les bons mots-clés au bon moment dans le bon moteur est bien sûr fondamental. Le service achat de la PME ne va pas relancer des recherches via Google chaque mois sur ce thème. Saisissez "`pointeuse`" dans Google. La SERP contiendra à 80 % des sites web d'entreprises prospectant des PME à achat occasionnel.

- *Donner de la visibilité à un réseau de revendeurs.* Le fabricant d'une gamme de produits désire que des prospects contactent les bons revendeurs (celui qui commercialise le produit adéquat avec les services adaptés au prospect en étant géographiquement proche). Il n'est pas certain qu'un client ait trouvé directement le site web du revendeur adéquat le plus proche. Ce client aurait pu sélectionner un point de vente commercialisant un produit concurrent.

  Un exemple... Cette société *Man and Machine* distribue via des revendeurs une large famille de logiciels. Elle tente via son site

Internet de faire connaître ses revendeurs : http://www.manandmachine.fr/FR_Man_and_Machine_Produits_Les_revendeurs_de_Man_and_Machine.CAD

- *Projeter une image de marque.* En marketing, l'image d'un produit, si elle est habilement choisie, peut contribuer fortement aux ventes. L'iPhone, les produits de luxe en sont quelques exemples. Un site de thalassothérapie aura intérêt à vendre un rêve, une image par exemple avec un graphisme et des visuels de haute qualité entre autres. Quelques exemples...
  - certains sites de thalassothérapie : http://www.thalasso-grandemotte.com ;
  - le site web d'une maison de luxe parmi d'autres : http://www.hermes.com.

Nous venons de voir quatre exemples d'aide au développement du business, de création de valeur pour une entreprise via son site web.

REMARQUE

Évaluer les bénéfices de son site web

Une entreprise, même une modeste PME, doit lister les différentes contributions qu'elle attend de son site Internet. Pour chaque contribution attendue, il lui faut chiffrer ce que cela devrait lui rapporter financièrement.

Ce sont les premiers éléments pour déterminer l'importance des actions, la priorité à assigner à chacune d'elles, les objectifs à atteindre, les budgets en termes de temps et de finances, les ressources internes maximales à allouer.

Estimation des volumes

On vise des humains ! Il reste à déterminer, même approximativement, le volume d'humains potentiellement intéressés par les promesses affichées dans le site.

Dans ce volume de prospects potentiels, combien utilisent Internet ? Quels sont les autres outils Internet que ces prospects utiliseraient pour chercher des informations liées à mon activité ?

Dans cette cible d'utilisateurs d'Internet, combien utiliseront Google pour chercher un fournisseur, des informations, du buzz ? Quels sont les mots-clés que ces personnes utiliseraient pour chercher une information ?

Nous avons déjà vu ce schéma dans ce chapitre : M millions de prospects potentiels dont X % utilisent Internet dont Y % utilisent Google ou d'autres moteurs pour chercher des informations liées à mon métier.

REMARQUE

Chiffrer l'intérêt du référencement

Étudions un exemple (les nombres sont fictifs).

800 000 personnes désirent acheter un lecteur MP3 chaque trimestre en France. 500 000 utiliseront Internet pour les aider à finaliser leur choix ou pour sélectionner le vendeur.

200 000 iront dans un magasin pour l'acquérir et 300 000 l'achèteront via la meilleure offre d'un site de e-commerce. 250 000 utiliseront Google comme moteur de recherche pour saisir des requêtes lors de leurs recherches d'informations. Les mots-clés seront : `"lecteur MP3"`, `" lecteur MP3 à prix réduit"`, etc.

L'utilisation de l'outil générateur de mots-clés de Google AdWords nous indique une forte audience sur l'expression-clé `"lecteur MP3"` chaque mois. D'autres outils de moteurs concurrents de Google donnent des indications similaires.

Une étude de marché donne la plupart des informations nécessaires sur les populations ciblées par les promesses du site à leur faire visualiser : leur nombre, leur comportement type sur le Net, (sites utilisés, éventuels mots-clés et les données purement marketing : pourcentage d'hommes/femmes, pyramide des âges, etc.). Des outils mis à disposition des moteurs aident à un premier tri dans les mots-clés utilisés.

Faisabilité d'un référencement

Une fois les différentes évaluations faites, le décideur a désormais en sa possession :

- la ou les créations de valeur attendue(s) du site Internet – en qualité et en chiffres bruts ;
- les volumes en cibles qui pourraient être touchées par des actions de référencement/positionnement sur Google et les mots-clés associés aux débuts de leurs recherches ;
- les volumes en cibles qui pourraient être touchées par d'autres canaux que Google ;
- les caractéristiques humaines de ces populations cibles.

Ces informations sont précieuses dans la conception du site (mais le propos de ce livre ne porte pas sur ce sujet) et dans la mise en œuvre d'un référencement.

Depuis peu d'années, une autre tendance apparaît dans les objectifs des référenceurs : la faisabilité technique à un coût raisonnable du référencement projeté sur une expression-clé !

Illustration : vous créez une société ayant pour objectif de vendre, en France, des baignoires à porte, produit certes un peu spécialisé. Il se révèle que des milliers de sites existent sur le sujet et que des centaines d'entre eux essaient de vendre, faire connaître ce type de produit aux internautes. Le référencement naturel y est implémenté depuis de nombreuses années. Un nouvel entrant se trouvera alors face à une barrière quasi infranchissable sans un solide budget.

1.15. Cas d'école : les gains d'un référencement

Une société de conseil de haut niveau manque de personnel. Elle a besoin de recruter des ingénieurs et autres bac+5. Tout naturellement, un des canaux retenus pour attirer des candidatures est le site web de l'entreprise. Actuellement le nombre de CV collectés est faible et la qualité n'est pas au rendez-vous. Or le manque de personnel qualifié fait perdre des contrats à l'entreprise. La direction se penche sur la problématique du site web. Il est en ligne depuis quelques trimestres et un point sur sa réelle utilité s'impose.

Les créations de valeur à évaluer sont :

- *Communiquer sur l'image de l'entreprise*. Une rapide enquête montre que des prospects démarchés par la force commerciale se rendent sur le site et étudient les informations : références, forces de l'entreprise, etc. Le site est un outil réel pour positionner l'entreprise sur son créneau.
- *Générer des demandes de devis, d'informations* : néant. Une rapide enquête téléphonique montre que les entreprises à la recherche de consultants de haut niveau n'utilisent guère Google et autres moteurs pour rechercher de tels prestataires de services. Ou alors c'est parfois pour une recherche de free-lance ou autres indépendants. Le prospect type connaît ou se procure les noms des principaux prestataires spécialisés et il consulte en accès direct le site de l'entreprise. Aucune recherche via mots-clés n'est réalisée. Un référencement serait donc inutile dans l'optique de capter des prospects à ce jour.

- *Alimenter la CV-thèque de l'entreprise* : objectif non atteint à ce jour. Pas de volume, qualité médiocre. Une analyse détaillée sur les raisons à cela et les actions à faire pour remédier à la situation est commandée au webmestre sous supervision du DRH. C'est son budget qui sera mis en œuvre pour financer les éventuels travaux correctifs.

Le webmestre de son côté a analysé le trafic du site. Le mot-clé le plus utilisé pour accéder au site via des SERP de Google ou autre est le nom de l'entreprise. On appelle cela une fonction "pages jaunes". L'internaute cherche le site Internet de telle société dont il connaît le nom. Plutôt que de tâtonner sur le nom associé aux extensions *.fr, .net ou .com*, il saisit la raison sociale dans Google et obtient en retour le nom de domaine de la société.

Des internautes font des coquilles sur la raison sociale de l'entreprise. Les statistiques sur les mots-clés utilisés le montrent, car quelques-uns arrivent néanmoins sur le site web. Il est intéressant de faire référencer le site sur les déclinaisons du nom de l'entreprise pour récupérer ces internautes égarés. Ce n'est pas compliqué à faire.

Il y a aussi des accès via "`stage`" et autres mots-clés liés à la recherche de travail de toute nature.

Une étude de marché, une enquête simple dirons-nous, est conduite sur quelques centaines de candidats et ex-candidats. Quelles sont leurs approches lors de la recherche d'un emploi ? La recherche d'informations brutes sur la mobilité et les premières recherches d'emploi par les bac+5 complètent l'enquête. Des points intéressants sont à prendre en compte :

- La grande majorité recherche via Internet. La presse spécialisée est plutôt peu lue, même si un pourcentage non négligeable la parcourt occasionnellement.
- Il n'y a pas de canal exclusif de recherche. Un candidat potentiellement de valeur dépose son CV auprès de plusieurs sites spécialisés, mais il effectue aussi des recherches par mots-clés sur les moteurs, des accès directs sur les sites de sociétés prestigieuses à la recherche de postes à pourvoir. Il dépose sur ces sites des candidatures spontanées et un CV associé.
- Le volume des bac+5, ciblés par l'entreprise, qui recherchent chaque année un emploi ou un stage de dernière année est estimé à quelques dizaines de milliers. Un énorme pourcentage de ce volume utilise Google avec des mots-clés classiques dans le domaine de la recherche d'emploi.

Une analyse sur la faisabilité d'un référencement est menée : les mots-clés, le trafic potentiel sont listés et estimés.

Une mini campagne Google Adwords menée sur le site permet de mesurer durant quelques semaines l'usage précis des mots-clés ciblés, d'en évaluer l'audience et de rechercher des déclinaisons ou des mots-clés oubliés ou passés inaperçus.

Les conclusions livrées :

- Donner de la visibilité aux offres de postes à pourvoir va se heurter à une forte concurrence de sites ayant déjà cet objectif correctement intégré. Des opportunités existent. La recherche de stages est moins concurrentielle. La recherche de postes spécialisés aussi.
- Des actions concrètes vont pouvoir être sélectionnées et lancées. Une liste précise de mots et expressions-clés a été évaluée et fixée. La mise en place d'une politique de référencement naturelle permanente et de référencement via des liens sponsorisés occasionnellement afin d'être visible comme recruteur, et ce malgré la forte concurrence, est décidée, même si le budget est élevé en apparence.
- L'effet de levier est tel qu'en fait le point mort pour amortir un tel investissement est très bas. Quelques recrutements de qualité suffiront ! Dix candidats sérieux recrutés via leur CV déposé sur le site web représentent X euros annuel de CA HT et une économie de Y euros en recherche conventionnelle : annonces presse, cabinet de recrutement, etc.

REMARQUE

Le référencement crée de la valeur pour cette entreprise.
Cette approche méthodique a permis de déterminer la partie du site web où il est rentable d'investir en référencement (le recrutement), de fixer des objectifs, de lister les expressions-clés où se positionner, de valoriser en euros les objectifs atteints et d'en déduire une ligne d'actions associées à des objectifs techniques à respecter durant la réalisation.

1.16. Internaliser ou externaliser le référencement ?

Une stratégie de référencement a été fixée. Le point suivant qui se pose aux décideurs est l'organisation à mettre en place pour exécuter cette stratégie : en interne ou en externe ? ou les deux ?

Voici les points à évaluer pour vous donner une ligne de conduite générale...

Le résultat du référencement aura une valeur élevée

Si la valeur attendue du référencement de votre site Internet est élevée, il serait prudent de bien contrôler le déroulement du projet afin de détecter au plus vite toute erreur : le temps perdu coûte très cher. Une conduite de projets et d'atteinte des objectifs est à mettre en place. Il y sera incorporé un plan d'actions avec des objectifs intermédiaires à atteindre par pallier.

ASTUCE

Précautions et enjeux

Nous avons abordé dans ce chapitre la difficulté croissante de réussir son référencement. C'est un métier de plus en plus complexe, et de plus en plus de mots-clés sont en compétition forte. L'exemple du marché US confirme clairement ces tendances pour le marché français. Le référencement se professionnalise fortement.

Si votre projet est important et qu'il porte sur un seul site, si votre équipe interne n'a que peu d'expérience en référencement, il serait plus prudent de se doter d'un conseil externe ou d'une formation et autres précautions. Ne pas pallier à ce manque d'expérience se révèlera catastrophique sur les résultats et sur la tenue des délais. Si vos compétiteurs directs ou indirects sur vos mots-clés ont entamé cette démarche avant vous, la tenue de vos objectifs et de vos budgets financiers va être difficile.

Ce premier chapitre a donné les grandes lignes à suivre séquentiellement lors de tout référencement : mots-clés, accessibilité technique, accessibilité sémantique, backlinks.

Les prochains chapitres compléteront les connaissances à avoir pour mieux réaliser un suivi de projet référencement quels que soient les acteurs, internes ou externes.

Qu'il soit réalisé en interne ou en externe ou les deux à la fois, tout suivi de projet exige un cahier des charges partagé par tous les acteurs. Ce cahier des charges devra :

- Décrire la structure fonctionnelle du site (rapidement s'il est déjà en ligne et aisé à consulter !) ;
- Définir la liste version 1 des mots et expressions-clés à prendre en compte. Au fil du temps et de la prise d'expérience qui l'accompagne, elle sera complétée et mise à jour.
- Fixer les technologies autorisées, interdites ou acceptées sous condition. Cela conditionne l'accessibilité technique, cela guide les

codeurs informatiques dans la structure de la base de données, cela fixe certaines règles entre le maître d'ouvrage, vous, et le référenceur.

- Aborder l'accessibilité sémantique – les mots et expressions-clés devront être répartis sur le site, mis en valeur.
- Évaluer les efforts à faire pour obtenir des backlinks et la durée à y consacrer.

Les personnes autorisées à intervenir sur le dossier devront avoir les compétences ou autorités suivantes :

- Pouvoir remanier les contenus ou valider de tels travaux. Il sera probablement nécessaire de modifier des textes, la mise en page, la répartition des textes entre les rubriques, de créer ou supprimer certaines d'entre elles.
- Comprendre les technologies utilisées pour produire un site web : Flash, HTML, PHP, etc.
- Faire correspondre le projet et son déroulement aux objectifs assignés au site par la direction. Un chef de projet (en général, une personne de l'entreprise, un interne donc) est généralement le titre associé à une telle autorité.
- Avoir la compréhension des mécanismes du référencement, même si le savoir-faire en réalisation est faible. En effet, une entreprise a généralement un site web. Il est difficile de se faire une expérience solide sur juste une réalisation et un suivi. La personne en charge des vérifications qualité côté client aura donc plutôt une connaissance théorique et peu d'expérience pratique
- Savoir réaliser les travaux concrètement et correctement : programmer en PHP, concevoir et mettre en place une base de données et les tables associées, utiliser les éléments graphiques pour piloter l'affichage via des gabarits et conteneurs XHTML, etc. Bref, un codeur capable de suivre les exigences du référencement.
- Savoir concevoir une stratégie pour obtenir des backlinks de différentes manières complémentaires.

Résumons-nous ! L'équipe idéale sera composée de :

- Un chef de projet, une personne en interne côté client assisté d'un éventuel prestataire.
- Une personne côté client en charge des tests qualitatifs et de la qualité du travail mis en place. Ce travail peut être confié au chef de projet. Il va falloir vérifier que l'approche technique, sur le site lui-même, est correcte. En effet, il sera inutile de mesurer la qualité via des tests en réel ! Le site sera en ligne et il y a trop d'autres

éléments qui peuvent perturber le résultat. Mesurer la qualité du codage du site en fonction du résultat atteint est illusoire et à éviter. On peut avoir un bon codage et des résultats épouvantables dans les SERP. Et on peut avoir aussi l'inverse quelques fois (c'est plus rare et ce sera de plus en plus difficile).

- Un "rédacteur" : cette personne modifie ou valide les modifications textuelles et de mise en page. Ce rédacteur défend l'image de l'entreprise face aux modifications apportées lors des optimisations pour l'accessibilité sémantique.
- Un ou des codeurs : ils vont modifier techniquement le site. L'impact visuel est généralement faible. Ces codeurs vont produire les optimisations techniques automatisées ou manuelles. Très souvent, ce travail est confié à l'extérieur
- Un gestionnaire des backlinks : Il va être nécessaire d'obtenir des backlinks de qualité. À chaque entreprise correspond un cas unique auquel il faut adapter une stratégie sur mesure. Certains backlinks seront obtenus par du travail en interne à l'entreprise. Le gestionnaire, un genre de traffic manager, va coordonner ces différents efforts.
- Un référenceur : il maîtrise les aspects du référencement sans obligatoirement les produire (quoique, bien sûr, il le puisse aussi). Il sera apte à contrôler le travail de codage, à le cadrer.

Sur les petits projets, le chef de projet cumule toutes les fonctions côté client décrites ici. Plus le projet est important en taille et en budget engagé, plus on tend vers une fonction dédiée à une personne spécialisée.

Référencement en interne ou en externe ?

Comme déjà abordé, une entreprise type possède un seul site web. Un prestataire web travaille sur une multitude de sites et possède normalement l'expérience associée.

Mais la vie des projets nous apprend que les entreprises spécialisées dans le web peuvent subir trop de pression sur les prix ou avoir des tentations de trop optimiser leurs revenus (liste non exhaustive) :

- Confier le projet à un jeune arrivé dans l'entreprise et débutant dans le métier.
- Profiter de l'inexpérience du client pour l'orienter vers des actions de référencement autres que naturelles : du lien sponsorisé par exemple. Des liens troubles existent chez certaines agences. Elles pratiquent du référencement naturel, métier bien plus difficile que

la gestion de campagnes de liens sponsorisés. La tentation est grande alors d'orienter le client vers du lien sponsorisé, métier facile et bien rémunéré, plutôt que de faire du référencement naturel, compliqué, long, aléatoire quand on s'y prend mal, concurrentiel, etc.

- Orienter le client vers des mots-clés moins difficiles à gagner mais moins porteur de trafic ciblé et qualifié.
- Prendre des risques pour décrocher vite de bons résultats en positionnement – le risque est la mise en liste noire (*black list*) du site par le moteur ou une désindexation d'une partie du site.
- Limiter le temps de travail de l'équipe pour rentabiliser le projet et passer rapidement au client suivant. Le référencement naturel exige du temps et des délais. Ne pas y consacrer le temps nécessaire aura un impact très défavorable. Passer une page d'un site client du rang 300 au rang 80, c'est bien mais le trafic généré sera identique : néant dans les deux cas. L'augmentation de trafic se fait sentir à partir de TOP20.
- Vendre n'importe quoi au client. Le commercial promet, et le service technique rame et ne peut honorer les promesses.

Pour pouvoir cumuler les avantages des 2 options et limiter au maximum les inconvénients, nous serions plutôt partisans d'une approche graduée qui mixerait les deux.

Les points qui importent :

- Comprendre ce qui se passe et pourquoi – la maîtrise du cahier des charges et de son évolution constitue une des réponses à ce point. Il n'est pas nécessaire que vous maîtrisiez le codage de votre site. Il est important que vous puissiez juger de la qualité du travail livré face à votre bon de commande.
- Contrôler la réalisation du projet au fur et à mesure. Ne pas attendre la livraison finale ! Votre cahier des charges doit prévoir impérativement des étapes intermédiaires et des points de contrôle associés à des objectifs. En cas de problème, vous avez un minimum de connaissances désormais pour dialoguer et vous faire une première opinion sur la qualité de la prestation. Plus vos contrôles seront professionnels, meilleure sera la qualité de la prestation.
- Conserver le contrôle de tous les mots de passe et droits d'accès : nom de domaine, hébergement, base de données... (la liste est non exhaustive).

- Faire appel à des technologies où il est aisé de remplacer le prestataire. Il vaut mieux éviter de faire appel à des programmes propriétaires propres au prestataire, qui sera donc impossible à remplacer.

Pour évaluer la qualité de livraison au moins partiellement, voici quelques idées :

- Vous former y compris en lisant ce livre. Vous en saurez assez pour évaluer approximativement si un prestataire est compétent ou non, puis si ses livraisons sont de qualité ou "trop vite produites".
- Si les enjeux de votre site et de sa visibilité sont importants, il peut être prudent de faire appel à un consultant tiers qui contrôlera le travail ou qui affinera le cahier des charges en y mentionnant, par exemple, des règles de réalisation et les méthodes de vérification ou un audit des mots-clés. Cette démarche d'assistance à la maîtrise d'ouvrage est très classique dans de nombreux secteurs et dans de nombreuses PME : finances, changement d'ERP, etc.

ASTUCE

Contrôler pour obtenir une prestation de qualité

Le fait de connaître les principes du référencement et du positionnement, quand on impose des contrôles qualitatifs sérieux, suffit en principe à réussir le casting des prestataires retenus et à en obtenir le travail de qualité voulu.

1.17. TOP10 sur Google – Garantie de résultat ou non ?

Ce n'est pas la meilleure approche. Il n'y a pas de garantie de résultat possible. En effet, Google gère ses algorithmes selon sa volonté et ses besoins.

Problématique : un prestataire vous "garantit" un résultat. Vous aurez une des pages de votre site en TOP 10 sur tel mot-clé. Plusieurs choses peuvent lui donner cette assurance. En voici une liste non exhaustive :

- Il a une technique de triche peu traquée par Google ou qu'il croit indétectable. Effectivement, le résultat est là, mais il pourrait se terminer plus ou moins vite par une mise en liste noire.
- Il possède un stock de backlinks de plus ou moins bonne qualité et il sait les poser. Si trop de backlinks sont posés hors contexte

cohérent, Google finira par les annuler et votre site plongera en fin de classement.

- Vous n'avez pas de compétition sur votre mot-clé, donc c'est très facile à réaliser.

De nombreux sites l'ont appris à leurs dépens.

La meilleure approche consiste plutôt à mettre en place un contrôle de la qualité des travaux : audit des mots-clés incluant la difficulté estimée de les décrocher en TOP20, vérification des techniques de codage, qualité du codage, automatisation des optimisations internes aux pages, vérification de la compréhension par le prestataire des mécanismes de Google, etc. Ce ne sont pas les sujets qui manquent pour pérenniser ses investissements en webmarketing.

Le présent livre aborde au fil des chapitres de multiples points qui vous permettront de mieux comprendre le référencement et le positionnement. Comprendre ces points est une clé d'accès à une maîtrise du référencement de son site, par vous-même ou par un prestataire externe.

Illustration

Une agence de référencement a livré cela à un de ses clients, une PME sans aucune compétence sur le Web.

```
<div id="Layer3" style="position:absolute; width:700;
     height:392; z-index:1; left: 1; top: 1;
     visibility: hidden" dir="ltr">
     <h1> expression-clé n°1 </h1>
     <h1> expression-clé n°2</h1>
     <h1> expression-clé n°3</h1></div>
```

Traduisons cette séquence pour les non techniciens :

- Création d'un calque HTML en haut et à droite de la page, là où le poids des mots-clés est le plus fort.
- Ce calque reçoit entre balises `H1`, les plus fortes, des expressions-clés.
- Ce calque sera invisible aux yeux des humains (le `visibility: hidden`), mais lisible aux bots des moteurs de recherche.

C'est une technique de triche particulièrement honnie par Google : seul le moteur lit ces textes, les humains ne voient rien. La sanction de Google quand il identifie ce type de triche est la mise en black list de la page incriminée, voire du site complet.

Cette agence de référencement s'engage sur des résultats. Certes, elle ne s'est pas fait attraper par Google à ce jour ; mais quand

Google mettra en black liste le site en question, c'est le client qui en paiera les conséquences.

Une affaire de ce type s'est déjà produite entre Google et une agence de référencement parisienne qui a vu tous les sites de ses clients basculer en liste noire chez Google. BMW Allemagne a également eu droit à une célèbre mise en liste noire pour cause de cloaking il y a quelques années.

Il y a donc une nuance entre optimiser et tricher. Pour conclure, nous dirons que toute garantie de résultat est suspecte : il vaut mieux investir dans la pérennité de son référencement que dans une promesse intenable.

1.18. Résumé

Nous avons abordé les principes fondamentaux du référencement et du positionnement à l'usage des décideurs et des néophytes en technologies du Web.

Nous avons présenté les différentes étapes pour référencer efficacement un site web.

Nous avons abordé le sujet des techniques de triche améliorant, réellement ou non, le référencement et le positionnement avec leurs avantages, inconvénients et principales caractéristiques cachées. Vous êtes en position d'arbitrer des décisions stratégiques concernant la structure et le développement de votre site web.

Nous avons détaillé une approche permettant de chiffrer les retours sur investissement d'un site web et donc d'en déduire le budget financier et humain (en temps-homme) qu'il faudra y consacrer et les objectifs qu'il faut assigner au site.

Vous disposez d'une méthode simplifiée pour vous aider à mieux comprendre et à mieux contrôler le référencement de votre site web. Cela vous permettra d'engager le dialogue avec un référenceur professionnel, qu'il soit interne à vos équipes ou qu'il soit un prestataire externe.

Vous venez d'acquérir les bases. C'est certes insuffisant pour vous lancer immédiatement dans le référencement d'un site Internet. Mais c'est suffisant pour passer à la vitesse supérieure en lisant les chapitres suivants.

LE WEBMESTRE ET LE RÉFÉRENCEMENT

À partir de ce chapitre, quelques notions techniques niveau "webmestres débutants" seront nécessaires. Les néophytes en HTML pourront malgré tout découvrir et comprendre des mécanismes fondamentaux dans l'optimisation des pages. Les parties impliquant le langage HTML et des notions de feuilles de style sont simples à appréhender, même par quelqu'un n'ayant jamais pratiqué.

Ce chapitre contient de nombreuses informations liées au (web)marketing et il intéressera tout webmarketeur et toute personne en charge de mettre en œuvre un référencement sans avoir spécialement à coder ou à réaliser de complexes actions techniques. Normalement, tout webmarketeur et tout webmestre, même débutant, possèdent suffisamment de connaissances et de notions de HTML pour comprendre l'intégralité de ce chapitre.

Nous allons aborder les optimisations à réaliser sur chaque page d'un site web : la raison d'être de cette optimisation et sa réalisation technique.

2.1. Des concepts et des optimisations à maîtriser

Comme dans le chapitre précédent, nous abordons de nouveaux termes et concepts à appréhender afin d'avancer dans la compréhension du référencement.

Actuellement, la quasi-totalité des sites web est en *HTML 4* (HTML 4.01 et XHTML 1.0 ou 1.1). Ce langage informatique est passif. Il ne fait rien. Il décrit comment afficher et ce qu'il faut afficher. Il s'oppose en cela à un langage informatique actif, qui exécute, comme PHP. Une page HTML est lue par un programme, un navigateur tel Firefox, qui exécute ce qu'il lit, une page HTML. Il affiche le contenu de la page de codes HTML en suivant les directives décrites par lesdits codes.

HTML 5 est en cours de définition par les acteurs du marché au sein du W3C. Ce langage va apporter de nombreuses améliorations. L'une d'elles concerne de près le référenceur : *un mécanisme de microdonnées HTML à grande diffusion* (http://dev.w3.org/html5/md/). Cette technologie, parmi deux autres possibles, apporte les fondations techniques indispensables à *un Web sémantique* et à de futures évolutions du métier de référenceur et de créateur de trafic web ciblé et qualifié (objet du présent livre). Nous reviendrons un peu plus loin sur le Web sémantique selon Google et sur les *rich snippets*.

Google est composé d'algorithmes, de robots logiciels. Ces programmes n'ont pas la finesse de l'esprit humain, ils sont plutôt basiques même s'ils sont capables de traiter un volume énorme d'informations. Si on veut améliorer son référencement, il est important de se mettre au niveau de ce type de programme. Le *Google writing* désigne une technique rédactionnelle adaptée à l'optimisation du texte pour le moteur Google (et les autres aussi). Le rédacteur utilisera au maximum les mots-clés qu'on lui a désignés, adaptera la mise en page aux besoins des mots-clés de la page en cours.

Un *annuaire* Internet fonctionne comme les Pages Jaunes : les sites y sont classés par thème, par sous-thème, etc. Une intervention humaine côté annuaire est généralement nécessaire pour contrôler la qualité de l'inscription. Cela en explique partiellement le coût facturé par l'annuaire à l'entreprise qui s'y inscrit, ou alors l'annuaire vit de la publicité ou selon un autre business model ne lui imposant pas de facturer chaque inscription.

Un *cookie* est un code de marquage envoyé par un site Internet sur votre disque dur. Ce code est unique. Si vous revenez sur le site Internet auteur dudit cookie, seul ce site, son auteur donc, peut y accéder et le lire, vous identifier et ainsi appliquer vos attentes en termes d'affichage, de données préférées. Le cookie permet ainsi de personnaliser une page auprès d'un internaute abonné.

Prenons un exemple, le site www.boursorama.com : il est inutile de vous authentifier à chaque venue sur ce site. Pour bien utiliser ce site, il est nécessaire de s'inscrire. Vous disposez ainsi d'un identifiant et d'un mot de passe. Votre compte vous permet de choisir vos actions préférées et ainsi d'avoir dès la page d'accueil toutes leurs cotations et quelques autres détails en un seul coup d'œil. Le site Boursorama lit le *cookie* qu'il vous a posé, vous identifie comme "Dupont Norbert", lit en base de données vos listes d'actions préférées et il affiche ces actions et les informations les concernant dans la partie de la page réservée à cet effet. Chaque page du site est ainsi personnalisée selon vos besoins et attentes : cours de vos actions, liste noire de correspondants et tchatcheurs sur les forums, accès à la messagerie privée, etc.

De nombreux sites commerciaux utilisent cette technique pour donner du confort à leurs usagers, contrôler les accès et comprendre leurs habitudes d'achats ou leurs comportements.

Cette technique de *cookies* est importante en stratégie de référencement pour plusieurs raisons. C'est pourquoi nous insistons sur ses spécificités :

- Elle évite d'avoir des URL complexes, comme nous allons voir un peu après. C'est un avantage en théorie pour la qualité du référencement.
- Elle est incompatible avec le référencement. Un bot refusera systématiquement les cookies. Il vous faudra donc avoir une gestion qui n'impose jamais de cookies à un internaute. Cela complique l'application web et cela nous entraîne vers la ligne suivante et le problème de cloaking potentiel...
- Un bot ne pourra accéder à la personnalisation de la page, faute de cookies acceptés. Il y aura donc une même URL avec au moins 2 contenus différents. Un contenu pour internaute visiteur sans cookies acceptés (incluant les bots) et autant de contenus personnalisés qu'il y a d'internautes abonnés au site. Cela nous fait rentrer potentiellement dans la technique de triche que nous avons appelée *cloaking* dans le chapitre 1. En fait, ce n'est pas exactement ça, comme nous le verrons dans quelques lignes. Mais il nous faut anticiper le danger et maîtriser la situation pour ramener le risque de cloaking à zéro.
- De nombreux internautes refusent les cookies : ils ne peuvent accéder à une quelconque personnalisation, ce qui peut les inciter à fuir le site et passer à la concurrence. Les cookies peuvent être jugés bien moins fiables par les responsables marketing d'un site.

Principe de la session

Une autre technique concurrente des cookies existe : le *jeton de session*. Son principe est simple...

Le serveur vous attache à votre arrivée un code, un jeton ayant une valeur unique. Il accroche ce jeton à la page envoyée via son URL. Cela a la forme `PHPSESSID=` par exemple si le site a été développé en PHP avec la fonction `session_start()`. Quand vous allez cliquer sur un lien dans cette page, vous allez renvoyer ce jeton. Le serveur sait ainsi à quel internaute il a affaire. Il peut vous suivre au fil de votre navigation. Vous êtes dans une session où vous êtes encore anonyme, mais vous êtes tracé dans vos actions. Le site peut mettre en place une stratégie de personnalisation en fonction de votre comportement. Cette technique est 100 % fiable comparée à une gestion par cookies. D'où son succès !

Dans Google, saisissez `phpid` puis cliquez sur **Rechercher**. Des centaines de millions de pages ont `php?id` ou `phpid` dans leur URL.

La même opération avec `PHPSESSID` donne 328 millions de pages. Impressionnant, n'est-ce pas ? En effet, cela signifie que Google a enregistré des millions de pages en session et donc qu'il a désindexé des millions de pages sans session, pénalisant le référencement de ces millions de pages.

Session et référencement

Un point attire notre attention de référenceur sur cette technique de gestion de session. Nous y reviendrons plus loin, mais l'essentiel est que le développeur du site veut éviter les cookies pour des raisons marketing, car il lui est impossible techniquement d'obtenir ce dont il a besoin comme informations en gérant un simple cookie. Il doit donc attacher des paramètres précis à un internaute précis et récupérer ces informations sans cookies. Cela implique d'accrocher des informations à l'URL de la page. Cette technique pollue l'URL de la page. Ci-après, un exemple issu du site amazon.fr :

```
http://www.amazon.fr/jeux-video-pc-gestion-fps-sports/b/ref=sa_menu_pcvg3/171
-0218547-6865022?_encoding=UTF8&node=548026&pf_rd_m=A1X6FK5RDHNB96&pf
_rd_s=left-nav-1&pf_rd_r=0RX3ZA5ECKM9S37JVMCF&pf_rd_t=101&pf_rd
_p=187770891&pf_rd_i=405320
```

Pour obtenir cette URL, allez sur le site amazon.com qui vous propose de vous rendre sur le site amazon.fr. Acceptez en cliquant. Dans le menu proposé sur la version française du site, cliquez sur la rubrique *jeux pour PC*.

De telles URL sont multiples dans l'index de Google. Selon les sites, ces URL différentes contiennent en fait la même chose ou presque, à la personnalisation près. Google les classe en duplicate content, ou il les noie au fin fond de l'index. Ce n'est pas terrible comme efficacité en référencement : cette URL transporte des informations propres au comportement de l'internaute sur le site.

Cette technique d'URL met en place soit :

- Une approche de `N` pages à contenus sensiblement différents mais quelquefois trop semblables, sur lesquelles le Page Rank sera dilué et donc à terme avec un mauvais positionnement.
- Un risque de *duplicate content* entre ces pages trop proches en contenus malgré la personnalisation. Toutes les pages trop semblables sauf une pourraient être désindexées si on laisse en l'état. Cela pénaliserait le référencement des pages du site.
- Un refus d'indexation de Google de pages à URL trop complexes.

Le site d'Amazon présente des URL "épouvantables". Surfez dessus et regardez les URL générées. Pourtant, quand on examine ce que Google a en "cache" comme URL, tout est propre.

Dans Google, la commande `site :http://www.amazon.fr/ dvd` liste des URL à peu près propres. Un référenceur est passé par là, ne vous inquiétez pas pour l'audience des sites d'Amazon.

Plusieurs approches (complémentaires) sont possibles pour maîtriser ces URL trop bavardes :

- Passer en URL rewriting. Les URL avec des passages de valeur comme `?lieu=458zaf36` deviennent `/futuroscope/` ou `/abbaye-saint-savin/`. On transforme un code informatique en mots-clés, par exemple, ou en données noyées comme `/article-1258/4.html` qui signifie article n° 1258, page 4. Une telle approche implique de tenir compte des contraintes de référencement dans la conception du site. Sinon, on risque d'avoir un site qui possède des exceptions trop complexes à coder en URL rewriting.
- Des paramétrages tronquent les URL des `PHPSESSID`. Il y a plusieurs méthodes : un script PHP ne présente pas la gestion de session à tout `http user agent` indiquant Google ou autres moteurs (c'est du cloaking potentiel donc).
- Une optimisation de l'application permet de limiter le nombre de valeurs à gérer en URL. Dès que l'internaute a cliqué sur une donnée, on la mémorise dans l'application et on la retire de la gestion d'URL. Limiter une URL à deux variables simultanées est clé. En effet, des tests montrent qu'une URL avec 2 variables dynamiques est en général acceptée par Google. Bien sûr, il faut que ces URL affichent des données différentes, sinon les mécanismes de lutte contre le duplicate content déclencheront une désindexation.
- Faire du cloaking limité, technique tolérée par Google : Si les contenus de la page à "URL propre" officiellement indexés par Google et les contenus des pages ayant des URL avec des arguments sont identiques ou presque, il a été remarqué que Google ne semblait pas infliger de pénalité. Le support technique de Google dans des échanges avec des clients recommande un cloaking limité dans certains cas particuliers, notamment pour suivre des liens exigeant des saisies pour accéder à une page de résultats de recherche ou gérée par cookie.
- Une autre interprétation est que les pages identiques à la page "URL propre" sont considérées comme des duplicate content et donc ignorées par le moteur. Se pose une question : comment faire pour forcer Google à prendre cette page à URL propre comme la page prioritaire à indexer ? Plusieurs possibilités existent...

– Faire du cloaking : dès qu'un agent Google se présente, on ne lui laisse que les accès aux URL propres et réécrites.

– Gérer les `no index, no follow` : les pages à URL complexes sont précédées d'une balise interdisant les bots. Seule l'URL propre est accessible aux bots des moteurs.

- Si l'implémentation du site et de sa logique le permet : faire un site accessible à tous, humains et bots, en URL rewriting propre. C'est une variante du paragraphe précédent, où la technique de blocage des bots est basée sur la présence dans la page d'une balise `no index, no follow` en cas de détection d'un bot comme user-agent. Dans chaque page, il y a un accès à un outil de recherche avancé. Ce formulaire va bloquer les bots. On ne démarre la gestion en `PHPSESSID` qu'à partir de ce moment. Avantage : aucun problème avec Google. Inconvénient : tant qu'un internaute surfe comme un bot, on ne mémorise pas son comportement.
- Autour de ces différentes techniques, on peut développer de multiples algorithmes permettant d'éviter l'indexation des pages avec des `session id`.

Critères on page : ce sont les critères de chaque page qui ont un impact sur l'aspect visuel, au sens large. L'internaute perçoit une modification d'un tel critère. Exemple : gérer les balises `Hn` pour la mise en page ou les balises `<strong> </strong>`, l'URL de la page, son `TITLE`, etc.

Pixel : un point à l'écran ou sur une feuille de papier. Le diamètre du point dépend de la qualité de l'écran ou du système d'impression. Un écran restitue environ 72 points par pouce, donc la qualité est très médiocre, une imprimante peut faire 300 points et plus par pouce. L'imprimerie de "luxe" pour les magazines haut de gamme ne dépasse pas les 300 points par pouce. Les polices de caractères sont en général exprimées en pixels. Il est déconseillé de coder un texte en `h1` avec une police de taille très petite (`font-size="4px"` par exemple). C'est du spamdexing.

JavaScript : c'est un langage informatique théoriquement simple à mettre en œuvre. Ce langage sert de "glue" entre les différents composants d'une page. Exemple simple : le n° de téléphone d'un formulaire est un champ obligatoire. Un code JavaScript peut veiller à ce qu'une saisie numérique soit valide avec le format `00/00/00/00/00`.

Un autre exemple d'usage d'un JavaScript comme "glue" : on impose une taille de fenêtre lors du lancement du site. Le JavaScript évalue la taille de l'écran (sa définition en pixels) et ouvre une fenêtre avec une taille donnée ou en prenant toute la largeur de l'écran. Cela supprime au maximum le risque d'un ascenseur horizontal.

Il est fondamental de comprendre qu'un JavaScript est exécuté dans le navigateur de l'internaute : IE, Firefox, Opéra sur PC ou Mac, etc. Les conséquences à comprendre sont :

- Lors de l'exécution d'un JavaScript, ce sont les ressources du poste client, celui où est situé le navigateur de l'internaute, qui travaillent. Le serveur du site ne fait rien ! Donc aucune dégradation des temps de réponse sur le réseau n'est possible à cause d'un JavaScript mal codé ou trop gourmand. Le temps de réponse sera allongé par l'utilisation du JavaScript sur le poste de travail (un vieux PC sera plus lent à afficher qu'une machine récente).
- JavaScript est un langage informatique mal normé. IE ne réagit pas de la même manière que Firefox à certaines instructions. Cela devient vite compliqué de développer des JavaScripts compatibles pour tout navigateur et cela devient encore plus compliqué quand il faut veiller à la compatibilité ascendante avec les nouvelles versions desdits navigateurs.
- Les liens codés ou calculés dans des JavaScript en fichiers externes ne sont pas accessibles en 2011 à un bot qui ne peut pas exécuter en théorie du JavaScript.

ASTUCE

Pas de JavaScript dans les liens

Un bot Google lit le contenu d'un JavaScript mais il calcule peu. Il est donc possible qu'il ne puisse pas accéder à un lien codé ou calculé dans un JavaScript (jamais si le JavaScript est externalisé en fichier). Cependant, un bot peut accéder à un lien écrit en dur dans un JavaScript interne à une page. La nuance est fondamentale.

Attention aux menus déroulants codés en JavaScript que l'on trouve prêts à l'emploi sur de nombreux sites web : ils sont, pour la plupart, illisibles pour un bot de moteur. Ils faut donc les doubler d'une architecture de navigation en liens classiques. Sinon vous aurez un blocage technique du bot et les pages auxquelles donne accès votre menu déroulant seront inaccessibles à Google.

URL rewriting, en français *réécriture d'URL à la volée* : les serveurs de sites Internet utilisent le système d'exploitation LINUX équipé du logiciel serveur HTTP Apache. Ce sont tous des logiciels libres, gratuits et très performants. Il n'est pas utile de comprendre comment cela fonctionne à ce stade du livre, mais une URL de page trop compliquée peut être refusée par Google, et le contenu sera non indexé. L'URL est un critère on page pris en compte pour l'optimisation des mots-clés d'une page. Négliger l'optimisation des URL est un frein important au référencement réussi.

De nombreux logiciels, comme **OS-Commerce** ou **Joomla**, et de nombreux développement en PHP génèrent des URL trop complexes et dépourvues de tous mots-clés.

Exemple :
www.monsite.com/editorial_affiliates.html?PHPSESSID=83a98e31a3eeabb6ce62cdea76fed833&page=2&liste=257&p=trafic&rub=ebusiness

Une telle URL permet à la logique codée en PHP de traiter correctement le clic de l'internaute. En revanche, le bot de Google refusera probablement de suivre une telle URL. Le contenu ne sera donc pas présent dans l'index de Google ; cette page est impossible à référencer.

L'URL rewriting permet de conserver les arguments passés via l'URL (`PHPSESSID`, page, liste, etc.), valeurs nécessaires pour guider la logique du programme en cours d'exécution sur le serveur web. Mais ces valeurs sont masquées au bot, à l'internaute, et la fonction URL rewriting affiche une "URL propre", aisée à comprendre et acceptable par un bot.

Exemple de l'URL précédente réécrite à la volée par un serveur en technologie Apache :
www.monsite.com/developpez-ventes-affilies/France/ebusiness-e-business/2/editorial_affiliates.html

Dans cet exemple, les arguments "complexes" sont affichés sous la forme compréhensible d'un chemin d'accès au fichier HTML.

DEFINITION

Longueur conseillée d'une URL

La norme fixe la longueur maximum d'une URL à 255 caractères. Cela dit, des URL de longueur supérieure fonctionnent désormais sur Internet. Différentes raisons techniques nous conduisent à recommander une limitation à 120/200 caractères environ pour la longueur maximum d'une URL.

On limitera la longueur d'une URL selon sa position dans l'arborescence.

Une tête de rubrique placée directement sous la page d'accueil ne doit pas dépasser 4 mots : **monsite.fr/fiscalite-entreprises/rubrique/1.html**.

Une page finale pourrait informer de son chemin ainsi : **monsite.fr/fiscalite-entreprises/taux-impots-is-sarl/articles/1.html**.

Des longueurs supérieures peuvent troubler certains outils logiciels. (Quelques éditeurs HTML étaient auparavant incapables de gérer une longueur d'URL de 164 caractères et plus, par exemple. Cette époque semble révolue et, a priori, tous les outils logiciels du marché présents en 2011 semblent capables de gérer des URL d'au moins 255 caractères.) Dans certains cas complexes, une URL trop longue pouvait être un critère conduisant à juger une optimisation trop agressive et conduire à désindexer une page.

PHP : langage informatique manipulant données et envois vers le navigateur. Un programme PHP s'exécute uniquement côté serveur, jamais côté navigateur. Un test sur un formulaire dépourvu de JavaScript pour vérifier un format de n° de téléphone exigera donc l'envoi du formulaire par l'internaute, puis le serveur renverra vers cet internaute une nouvelle page avec un message acceptant le formulaire ou le refusant pour telle ou telle raison.

C'est lourd mais compatible avec tout type de navigateur ! Et avec les débits ADSL modernes, la durée de l'échange n'est plus un critère de sélection d'une technologie ou d'une autre.

L'un des intérêts forts du PHP réside dans la possibilité de réaliser un réel contrôle, et non pas juste une vérification de format de saisie. Par exemple, un script PHP peut vérifier rapidement la réelle existence d'une adresse e-mail.

MySQL : base de données très populaire pour développer des applications web avec des transactions simples ou peu complexes. Ce logiciel est assez performant, simple et gratuit. Son rachat sulfureux par Oracle pourrait conduire à passer au successeur (rétrocompatible) de MySQL dans les mois ou années à venir : *MariaDB*.

Simplicité : rime avec référencement de qualité. Les pages complexes à monter et exigeant de nombreux JavaScript sont dures à faire référencer. Plus la page contient d'éléments graphiques à assembler, de menus complexes et imbriqués, plus le développeur va utiliser du JavaScript, du PHP avec gestion de session ou de cookies, du Flash. Cela augmente d'autant les chances d'avoir des problèmes d'accessibilité technique et donc des problèmes de référencement mal gérés.

Si de telles complexités de pages sont nécessaires et exigées par le client possesseur du site, alors il est très rentable d'investir du temps pour élaborer l'architecture technique la plus simple possible à implémenter pour arriver au résultat demandé. Cela coûtera plus cher en développement, mais les performances en référencement/positionnement compenseront largement ce surcoût.

2.2. Visible dans Google : le rich snippet

Figure 2.1 : Snippet classique dans Google

Une page de résultats de recherche de Google, une SERP, affiche une liste de snippets.

Un snippet est un petit morceau de texte (à l'origine, en anglais technique, le texte en question était du code informatique).

Un snippet classique est constitué de plusieurs zones distinctes.

La première ligne est basée sur le `TITLE` de page. On remarquera le nombre de mots limités affichés : sept à huit au maximum. Mise en évidence, même écrite en style télégraphique, elle doit être lisible et compréhensible.

Le petit paragraphe en noir est issu de la balise `META DESCRIPTION`. Elle peut atteindre grand maximum 20 mots. La ligne en vert est l'URL où Google a trouvé cette page : le nom de domaine et l'URL (éventuellement réécrite à la volée).

À la date d'impression de cet ouvrage, seuls les rich snippets liés aux recettes de cuisine ont droit à un affichage de vignette photos dans les SERP de Google.

Un rich snippet peut prendre différentes formes à votre convenance : l'URL affichée en bas du snippet est une URL choisie et non imposée par Google. Le titre de votre snippet peut changer, la mise en page est plus amicale et facile à lire.

Google met en gras les mots communs à la requête et au snippet. On a ainsi une mise en évidence des mots-clés saisis par l'internaute, ce qui a tendance à attirer le regard, donc le clic.

Augmenter son taux de clics

Les familiers de Google AdWords reconnaîtront l'exercice : comment faire passer un maximum de messages et promesses marketing dans une si petite zone de texte ? En référencement naturel, c'est un `META DESCRIPTION` de 20 mots maximum. Ce qui est à peu près équivalent à la taille maximale d'une annonce AdWords.

Deux approches sont possibles et documentées ci-après.

Title et Meta description complémentaires

On affiche des informations complémentaires au `title` de la page. En clair, il ne faut pas ou peu reprendre les mots du `title` de page. Vous devez présenter des informations utiles à l'internaute qui complémentent celles du `title` affichées en haut du snippet.

Exemple :

```
Hôtel BelHotel 4* Paris centre
A 3mn des champs élysées, luxe et mode, 45 chambres et
suites, payez 3, restez 4 en automne. Jardin privé,
terrasse privée, spa
www.hotel-belhotel-paris.fr
```

On a ici un `title` court et percutant. Sur la requête "`hôtel Paris`", les premiers snippets ont simplement "*hotel Paris*" en `title` de page afin de concentrer le poids du `title` de page sur ces 2 mots-clés. Attention, Google a tendance à ne pas apprécier les `title` de page ou les `meta description` trop courts ou dupliqués. Depuis début 2011, il peut décider de les récrire lui-même dans le snippet.

En complément, on trouve un descriptif séduisant de l'hôtel : sa situation, ses équipements, etc.

Le nom de domaine est travaillé : il utilise `hotel` (sans accent dans le nom de domaine), `Paris` et le nom de l'hôtel. On joint l'utile, les 2 mots-clés `hotel` et `paris` à la marque `Belhotel` (le nom de l'hôtel).

Title et Meta description se recouvrant en mots-clés

On reprend dans le `META DESCRIPTION` les mots-clés du `TITLE` afin de profiter de la mise en gras des mots-clés de la requête figurant dans le snippet pour attirer l'attention de l'internaute et suggérer son clic sur le snippet.

Inutile de faire des phrases correctement formées. Il faut aller à l'essentiel. L'internaute doit comprendre la promesse marketing, c'est tout ce qui compte à ce stade.

2.3. Web sémantique : le rich snippet

DEFINITION

La stratégie rich snippets de Google

L'utilisation de certaines balises HTML 5, micro-formats et RDFa, permet de signaler dans une page des informations pertinentes et structurées sur la qualité de son contenu.

DEFINITION

Ces informations seront reprises par Google et mises en évidence sous forme de snippets enrichis de photos, de liens supplémentaires et d'autres informations calculées dans les SERP. Les snippets enrichis améliorent le taux de clics depuis les SERP. Ils augmentent le trafic issu des SERP Google et, si vos concurrents les utilisent et pas vous, vous perdrez trafic et business.

Bref, nous retrouvons là une démarche marketing assez classique chez Google de bonus/malus. Vous appliquez la recommandation Google, et vous obtenez un bonus compétitif par rapport à ceux qui ne l'appliquent pas. Nous retrouvons la même logique dans Google Adresses.

Le Web sémantique, surnommé Web 3.0, est fort probablement l'une des évolutions majeures dans les usages d'Internet.

RENVOI

Lisez à ce sujet la *Préface* de ce livre.

Passons directement à la très simple implémentation des rich snippets, le premier pas de Google vers le Web sémantique.

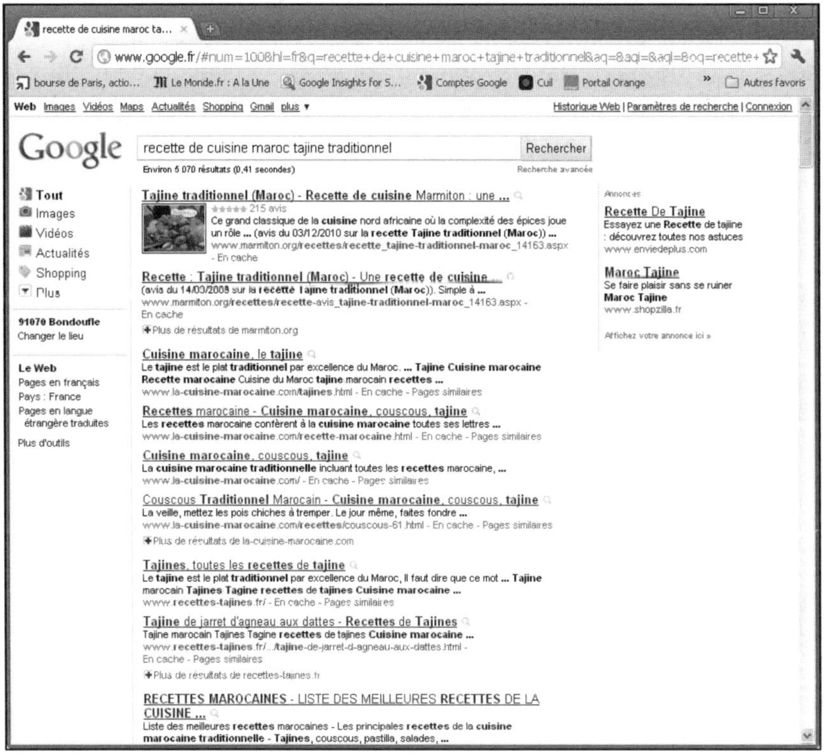

Figure 2.2 : Recette de cuisine et rich snippet

Le snippet de marmiton.org flashe dans la SERP : une vignette photo (choisie par le site, et non prise automatiquement par Google quelque part), un nombre d'avis, une note moyenne voyante, en étoiles jaunes, issue de ces 215 avis, en plus des informations snippets classiques.

Il paraît clair que la majorité des internautes recevant une telle SERP cliquera sur le rich snippet de Marmiton plutôt que sur celui de ses concurrents.

FAQ pour comprendre

Q : Pourquoi un rich snippet Google serait-il du Web sémantique ?

R : Il faut programmer (coder) un rich snippet pour comprendre tout de suite son implication comme première brique de la stratégie Google dans le Web sémantique.

En effet, pour permettre une navigation temps réel suggérée dans une page, il faut d'abord être certain du ou des sujets publiés dans ladite page. Malgré d'énormes progrès dans les algorithmes et l'ontologie permettant d'appréhender le thème d'un texte dans une page HTML, il reste encore une possibilité d'erreur. Le plus simple est donc de demander au site lui-même d'expliquer le ou les sujets qu'il désire mettre en valeur dans sa page, c'est justement l'objet du rich snippet.

Pour informer Google et avoir un rich snippet adéquat, le codeur doit recourir à un vocabulaire propriétaire Google mais accessible à tous, utiliser une technologie de balises (trois sont prises en charge, dont une est prédéfinie dans HTML 5) et définir l'objet – on dit l'*item* – qui va être manipulé. Toutes ces opérations sont réalisées dans la page HTML. Elles informent le moteur de recherche et le navigateur sur le contenu. Le moteur peut bien sûr corréler ces informations avec ses propres données sur cette page.

Nous avons donc bien une base de Web sémantique.

Q : Quel est l'impact d'un codage de rich snippets sur le référencement d'un site ?

R : Aucun impact à ce jour. C'est d'ailleurs indiqué par Google dans ses publications.

Q : Pourquoi implémenter du rich snippet dans nos pages ?

R : Comme pour Google Adresses, afin de lancer le mouvement et ainsi de profiter du labeur de milliers de codeurs et webmestres. Google les appâte avec un bonus/malus. "Implémente mon Web sémantique Google et tu auras un bonus sous la forme de rich snippet pour tes pages dans mes SERP, créant ainsi un fort taux de clics vers tes pages. Ne fais rien et tu n'auras rien et, incidemment, tu auras moins de trafic (il a été pris par ceux qui ont des rich snippets)."

2.4. Identification des mots-clés

Pour des raisons que nous aborderons un peu plus loin dans ce chapitre, nous considérerons que seuls 5 mots-clés par page peuvent être optimisés à fond et poussés vers le moteur. Nous les appellerons des mots-clés stratégiques.

Un site peut avoir besoin de dizaines, et même de centaines de mots-clés stratégiques ou importants. Il va falloir les répartir sur les pages du site web. Nous verrons un peu plus loin dans ce chapitre quelles approches conviennent pour le faire efficacement.

Dès à présent, lors de l'identification des mots-clés du site web, il faut les trier en 3 groupes distincts : stratégiques, importants, standard. On distingue deux niveaux :

- *Le site*. On aura la liste des mots et expressions-clés à répartir sur les pages du site. Cette liste nous sera utile lors d'autres optimisations abordées dans d'autres chapitres.
- *La page*. On liste les mots-clés affectés pour chaque page, de stratégique à standard. On aura ainsi la liste des mots à optimiser dans chaque page et à mettre en œuvre dans le rédactionnel.

Nous verrons plus loin qu'un tel document va permettre de guider l'automatisation du référencement.

Pourquoi une telle organisation ?

- Le nombre de mots-clés que peut pousser très fort un site web vers Google est "mécaniquement" limité à 5 mots-clés au maximum par page à cause de différentes contraintes. Il sera donc nécessaire de distinguer des autres ceux qui feront l'objet de toutes nos attentions.
- Le nombre de mots-clés sur lesquels un site web complet peut effectuer des optimisations basées sur l'exploitation des backlinks et du Page Rank est, lui aussi, "mécaniquement" limité par plusieurs facteurs. Là encore, cela implique de faire des choix de priorité et donc de hiérarchiser les mots-clés par niveau d'importance.

Les *mots-clés stratégiques* : ils doivent être optimisés à fond pour, si possible, 2 pages du site.

Les *mots-clés importants* : ils ont moins de potentiel de trafic que les précédents, ou alors ce sont des mots-clés stratégiques déjà optimisés à fond sur deux pages, et on les optimise moins sur d'autres pages car on les combine à d'autres mots-clés pour créer par exemple des effets de longue traîne.

Les *mots-clés standard* : ils sont faciles à référencer et n'exigent donc pas un travail pointu en optimisation. Un mot-clé est considéré "facile" à référencer pour différentes raisons. En voici deux :

- *Il n'y a pas de compétition*. Par exemple, les noms de votre ville et des villes avoisinantes combinés à vos mots-clés métiers. Ces expressions-clés ne sont pas recherchées. Ainsi, "`Entreprise de maçonnerie`" a de la compétition comme expression-clé nationale, mais "`Entreprise de maçonnerie Nogent sur Marne`" est très facile à référencer.
- *Vous êtes naturellement bien positionné sur un mot-clé*. Le nom de votre entreprise, par exemple, figure dans le nom de domaine du site. Il revient souvent dans les pages de votre site, vous avez été le premier à l'utiliser sur le Net. Les algorithmes de Google ont parfaitement analysé que ce mot-clé est le vôtre. Il est inutile de lancer des investissements webmarketing sur ce mot-clé, vous êtes déjà n°1 dessus dans l'index du moteur.

Partir des mots-clés évidents, puis compléter

Il est nécessaire de sélectionner les mots-clés liés au métier du site, du produit, etc. C'est le point de départ, l'étape n° 1 sur les mots-clés.

Les mots-clés peuvent être composés, comme dans "`Airbus A340`", en les mettant entre guillemets.

Les mots-clés qui amorcent le cycle de réflexion peuvent provenir de plusieurs sources complémentaires :

- *Le propriétaire du site* : il maîtrise son métier et il recommande plusieurs mots et expressions-clés utilisés par des prospects ciblés et qualifiés.
- *Les sites de la concurrence* : une analyse de ces sites concourt à mieux appréhender les mots-clés à utiliser.

L'étape n° 2 consiste à vérifier la pertinence de ces mots-clés en étudiant les enchères sur les moteurs. Nous allons regarder celles de Google qui captent l'essentiel du marché de la publicité par liens sponsorisés en France.

https://adwords.google.fr/select/KeywordToolExternal?defaultView=2

Figure 2.3 : Arrivée sur le générateur de mots-clés de Google Adwords

Si vous n'avez pas de compte Adwords, vous pourrez quand même utiliser cet outil en saisissant le *capcha* protégeant cet outil d'un usage par des robots logiciels. Cet outil est destiné à aider les clients AdWords à mieux cerner les mots-clés à louer lors de leurs campagnes de liens sponsorisés. Google bloque les robots logiciels via une saisie d'un code qui n'est lisible que par des humains, le *capcha* susmentionné.

Attention, depuis 2010, la version gratuite de cet outil est bridée. Elle affiche au maximum 100 suggestions, qui laissent à désirer en termes de qualité. Il faut disposer d'un compte Google AdWords payant pour accéder à une version libérée.

En utilisant cet outil Google (chaque moteur de recherche a le sien avec des nuances et des différences), on peut se faire une idée du trafic existant sur des mots ou expressions-clés. Cela aide à qualifier au mieux les mots-clés, naturels ou par liens sponsorisés. On pourra ainsi les hiérarchiser selon le trafic potentiel. Cela correspond à notre besoin.

Google offre en plus une recherche par synonymes et vous permet de rechercher d'autres mots-clés saisis dans des situations proches. La plupart des réponses de Google sont hors sujet, mais très régulièrement une expression-clé oubliée par le webmestre sort de cette liste

Si votre site est déjà en ligne, vous pouvez saisir des URL de vos pages pour que l'outil vous soumette directement des suggestions page par page. Là aussi, régulièrement on trouve des idées de mots-clés. Si l'outil vous suggère des mots-clés trop souvent hors de propos, un contrôle sur vos contenus s'impose. Ils pourraient être inadaptés à vos besoins en référencement naturel. Il faudra donc soit les modifier, soit doubler cette page par une autre ayant un contenu plus adapté à votre besoin en référencement. Parfois, seule une campagne de liens sponsorisés pourra vous capter du trafic ciblé, mais là nous quittons le propos de cet ouvrage. Ces cas de "schizophrénie textuelle" apparaissent à chaque fois que le marketing utilise des mots "poétiques" pour décrire une voiture de luxe, un plat cuisiné par un chef, un objet de luxe, etc.

Voici une illustration de l'usage de l'outil générateur de mots-clés... Lors d'une recherche de mots-clés pour un fabricant de systèmes robotisés, le webmestre de celui-ci avait oublié deux expressions-clés de son métier : "`électronique robotique`" et "`informatique robotique`" ! L'usage de l'outil Générateurs de mots-clés de Google AdWords a rapidement rappelé cet oubli en indiquant que ces deux expressions-clés étaient les plus prometteuses en trafic ciblé.

Mots clés	Concurrence entre annonceurs	Volume de recherche approximatif : juin	Volume de recherche moyen approximatif	
chambre hôte		74 000	74 000	Ajouter
chambres d hotes		368 000	301 000	Ajouter
chambre d hote		368 000	301 000	Ajouter
chambre d hotes		201 000	201 000	Ajouter
chambres d hôtes		110 000	110 000	Ajouter
chambre hote		450 000	450 000	Ajouter
chambre d hôte		60 500	60 500	Ajouter
chambre d hôtes		60 500	60 500	Ajouter
chambres d hote		49 500	40 500	Ajouter
chambres hotes		368 000	368 000	Ajouter
chambre hotes		246 000	246 000	Ajouter
chambres d hôte		14 800	14 800	Ajouter
chambres d hotes de charme		8 100	6 600	Ajouter
chambre d hote de charme		8 100	8 100	Ajouter
chambres hote		49 500	49 500	Ajouter
chambre d hotes de charme		3 600	4 400	Ajouter

Figure 2.4 : Mots-clés suggérés par le générateur de mots-clés AdWords sur "chambre hôte"

À l'expression-clé "`chambre hôte`", le générateur de mots-clés suggère de nombreuses variantes, quelques centaines, qui vont jusqu'à "`maisons hôte`", "`chambre week end`" qui sont effectivement des idées à étudier.

L'affichage des colonnes se règle via un clic sur la liste déroulante *Sélectionner les colonnes à afficher*. On sélectionne ainsi l'affichage des colonnes de résultats qui intéressent le référenceur.

Pour chaque mot-clé, nous trouvons ces colonnes :

- *Concurrence entre annonceurs* : c'est-à-dire la compétition entre loueurs de ce mot-clé sur AdWords.
- *Volume de recherche* : il exprime le volume approximatif en internautes sur ce mot-clé le mois dernier.
- *Volume de recherche moyen* : il exprime le volume moyen approximatif en internautes sur ce mot-clé sur les 12 derniers mois.
- *Tendances* : elles indiquent les tendances mois par mois sur les 12 derniers mois ; on obtient ainsi la saisonnalité éventuelle du mot-clé.
- *Volume le plus élevé* : indique le mois où il y a eu le plus de recherches

Pour vérifier les valeurs indiquées par cet outil, pour affiner certaines recherches ou la pertinence de mots-clés, il y a une méthode simple. Lancer une campagne Adwords sur une page d'attente du site ou sur le site web lui-même. La colonne AdWords *Impr* (pour *impression dans des SERP*) comptabilise, à l'unité près, les requêtes sur un mot-clé précis et exact ou avec un ciblage précis sur une période précise que l'on peut sélectionner.

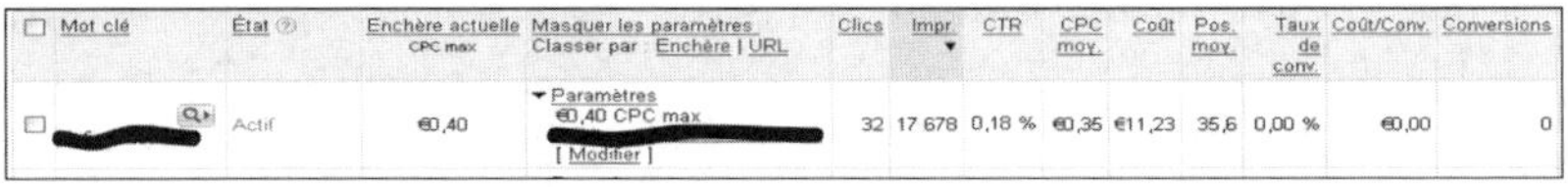

Mot clé	État	Enchère actuelle CPC max	Masquer les paramètres Classer par : Enchère | URL	Clics	Impr.	CTR	CPC moy.	Coût	Pos. moy.	Taux de conv.	Coût/Conv.	Conversions
[redacted]	Actif	€0,40	Paramètres €0,40 CPC max [redacted] [Modifier]	32	17 678	0,18 %	€0,35	€11,23	35,6	0,00 %	€0,00	0

Figure 2.5 : Un mot-clé sous AdWords pour en tirer des conclusions sur sa pertinence.

Voici un exemple de résultats d'une campagne AdWords pour un mot-clé figurant complètement à gauche (il est opacifié sur notre figure pour des raisons légales) pour un site Internet dont le nom est lui aussi opacifié pour les mêmes raisons légales.

Nous appellerons ce mot-clé `test` pour simplifier. Le mot-clé `test` a été affiché avec le lien sponsorisé loué (la colonne *Impr* indique le nombre d'affichages du lien pour chaque mot ou expression-clé retenue) dans AdWords, en SERP 17 678 fois sur une période de quelques mois. Le rang moyen de l'annonce liée à `test` a été de 35,6 (la colonne

Pos moy). Traduction... l'annonce de notre site sur ce mot-clé apparaissait en page 3 et suivantes dans les SERP de Google. Très loin donc de la SERP en or : la page 1.

En appliquant une règle de "`10/8/1`" dans une SERP, dix internautes affichent la page 1 ; 3 à 8 sur ces 10 vont jusqu'en page 2 ; et 1 sur ces 10 va jusqu'à la page 3. Cette règle donne, dans notre exemple, 17 678 * 10 requêtes sur la période donnée, soit 177 000 requêtes incluant ce mot-clé, c'est-à-dire quelque 10 000 à 20 000 par mois.

Indiscutablement, ce mot-clé représente un intérêt tant en AdWords qu'en référencement naturel.

ASTUCE

Trier les mots-clés par ordre d'importance

En passant les mots-clés *évidents* à travers ces filtres, on peut séparer les mots-clés inutiles de ceux ayant une utilité.

En détectant de nouveaux mots et expressions-clés grâce à ces outils, on peut évaluer le potentiel de chacun et décider d'investir en référencement naturel ou Google AdWords dessus)

Une autre piste existe pour identifier de nouvelles idées de mots-clés porteurs de trafic ciblé : l'analyse des statistiques du site web en place, les fichiers log dans le jargon web. Ils contiennent une rubrique : tel mot-clé saisi sur tel moteur de recherche a orienté un internaute vers votre site. À étudier de près, car on y fait des trouvailles intéressantes !

Attention ! Google fait une certaine différence entre singulier et pluriel, féminin et singulier : `Vin` est un peu différent de `Vins`, mais `Vin` = `vin` = `VIN`. La casse n'est pas interprétée.

On découvrira dans la gestion des synonymes de Google que `vin` est synonyme de `vins`.

La commande `~vin` saisie dans Google sert à afficher en SERP les pages ayant `vin` ou des synonymes selon Google de ce mot. `~auto` nous indique que `vehicle`, `cars`, `automobile` sont des synonymes de `auto`.

Plus drôle, `~automobile` nous apprend que le meilleur synonyme de `automobile` est ... `Toyota` suivi de `Honda` (constaté en 2007, 2008 et 2009).

L'interprétation des accents a un impact, plus ou moins léger, sur le positionnement et les résultats de SERP.

`Fenêtre` équivaut plus ou moins à `FENETRE`. Mais fenêtre est un mot strictement français. Les écarts de positionnement entre requêtes dans Google incluant `fenêtre` ou `fenetre` seront plutôt faibles.

Selon les outils Google et la qualité de codage des sites indexés (en clair des sites multiples faisant la même faute d'écriture sur un mot français accentué), les accents seront plus ou moins interprétés. Un site sera, par exemple, en rang 4 sur une requête avec les bons accents correctement positionnés et en rang 2 sans accents. Les écarts de rang sont variables, oscillant de nul à quelques centaines. Google interprète théoriquement les mots selon le codage des caractères de la page. Google, d'après ses blogs, est censé prendre en compte correctement une norme technique un peu complexe à expliquer à des non-techniciens, UTF-8. Des tests ont montré que ce système a des limites. Illustrations non exhaustives pour mieux comprendre :

`Hôtel` est égal à `hotel` normalement. Mais la traduction de *hôtel* en anglais est *hotel*. Donc vous pouvez être en SERP page 1 sur la requête `hôtel [votre département français]` et en page 3 à 30 sur `hotel [votre département français, avec ou sans accent]`. Vous n'avez pas la même compétition et donc pas le même positionnement. Vous avez donc 2 mots-clés distincts : *hôtel* et *hotel*, même si ceux-ci sont considérés comme des synonymes par Google (cf. les commandes : `~hotel` et `~hôtel`). Mais le fort volume de pages françaises ou étrangères écrivant `hotel` sans accent influence le positionnement subtil entre les 2 notations de ce même mot.

La solution la plus adéquate est de sélectionner la norme UTF-8 comme encodage des caractères de toutes les pages de votre site web et d'écrire vos mots-clés accentués correctement sur la version française de votre site. Par exemple, vous écrirez `hôtel Lozère` dans la version française de votre site web, et `hotel lozere` pour la version anglaise. Pour Google, ces 2 orthographes ne sont pas exactement synonymes à cause des versions anglaises (`hotel` versus `hôtel`).

Un cas particulier existe : quand le caractère accentué est présent dans l'URL.

La requête `fenêtre`, avec un `e` accent circonflexe `ê`, voit *wikipedia.org* en top 10 avec l'URL **fr.wikipedia.org/wiki/Fenêtre**, et la requête `fenetre`, `e` sans accent, ne voit pas *wikipedia.org* dans les 10 premières pages de 10 réponses. En 2009, pour Google, ces deux mots sont totalement distincts. Les SERP affichées sont totalement différentes. En 2011, ces deux mots n'affichent pas exactement les mêmes SERP mais presque. Pour Google, il y a une quasi-synonymie entre `fenêtre` (avec accent) et `fenetre`, même si l'URL du site possède un ê dans le mot `fenêtre`.

ASTUCE

Utiliser dans votre URL des caractères nationaux peut aider votre positionnement

Cette pratique étant peu courante, elle donne un net coup de pouce, en tout cas pour le moment. Mais il y a un intérêt à doubler ce mot avec accent dans l'URL par sa version non accentuée. Quelque chose comme **fr.wikipedia.org/wiki/Fenêtre-fenetre** aurait assuré à *wikipedia.org* d'être présent dans les 2 résultats sur ces 2 requêtes à tout moment.

Cette approche des moteurs et de Google renforce le besoin pour un site de créer un solide socle en volume de pages afin :

- de pourvoir disposer de multiples variantes autour de peu de mots orientés métier : `Vin`, `vins`, `vente`, `ventes`, `achat`, `achats`, `vignoble`, `vignobles`, `chardonnay`, `pinot noir`, `château`, `châteaux`, `chateau`, `hotel`, `hôtel`, `Lozere`, `Lozère`, etc.
- de pouvoir tester différentes expressions-clés : "`vente de vins`" ou "`achat de vins`" – quelle est la combinaison la plus utilisée pour chercher un site de vente de vins en ligne par des internautes amateurs ?
- d'exploiter au mieux la combinatoire de mots-clés. Si les deux expressions ramènent chacune un trafic intéressant et différent, il faut donc architecturer son site de manière à disposer de ces 2 expressions-clés sur une ou, plutôt, plusieurs pages de son site.

2.5. Méthodologie de référencement

Référencer un site demande une organisation. Chaque site possédant ses propres caractéristiques, il n'est pas possible de dresser une méthodologie détaillée valable pour tous. Ce serait trop long et certainement incomplet.

Vous trouverez ci-après une base de méthodologie à peu près toujours valable pour vous aider à démarrer et guider votre projet de référencement. À vous de l'adapter en fonction de votre cas particulier.

Les arbitrages

On cherche les compromis stratégiques acceptables ou non par le site client. En effet, il va falloir identifier les bornes d'acceptation ou rejet des compromis nécessaires entre un site dévolu aux humains et un site compréhensible par Google.

- Quels sont les objectifs stratégiques recherchés par le propriétaire du site ? Monétiser le site directement, obtenir des prospects qualifiés pour sa force de vente, développez une image de marque ?
- La visibilité du site sur Google a-t-elle une importance ? Si oui, quelles sont les cibles visées ? À quel public s'adresse-t-on ?
- Le site acceptera-t-il des fonctionnalités Web 2.0 permettant à des internautes de noter ou commenter des pages ?
- Pourra-t-on poser des liens sortants vers des sites tiers depuis les pages du site ?
- Sera-t-il possible de mettre en place une navigation alternative en plus de l'arborescence prévue ?
- Quelles seront les langues utilisées dans le site ?
- Quelles seront les pays ciblés pour chaque langue utilisée sur le site ?
- Y a-t-il un choix arrêté des technologies pour développer le site ?
- Qui hébergera le site ?
- Le référenceur peut-il intervenir dans la structure des données, du site et le codage informatique ?

Ces réponses de la direction permettront de cadrer le projet et de disposer d'une précieuse aide dans les multiples étapes du référencement.

Un exemple : on ne mène pas un audit mots-clés de la même manière pour un site ayant vocation à vendre en ligne que pour un site vitrine destiné à soutenir l'image de l'entreprise et à servir d'outil d'aide à la vente de la force commerciale.

Ces arbitrages autoriseront le chef de projet site et/ou référencement à choisir certaines options parmi de nombreuses possibilités ou combinaisons.

Évaluer la faisabilité d'un positionnement

Évaluer la faisabilité de réussir un positionnement en page 1 sur une expression-clé équivaut à calculer le budget financier et temps homme pour acquérir une place.

Cette faisabilité s'exprimera en probabilité. En effet, personne ne connaît les détails des algorithmes de Google donc seule une estimation peut être réalisée et elle peut être exprimée en probabilité.

Sur une expression-clé donnée, disons "`maison en bois`", nous allons requêter sur Google pour identifier le snippet du site situé dans une SERP Google en page 1, rang 4 à 6.

Dans cette SERP "`maison en bois`", nous identifions le site www.maisons-et-bois.com/.

Il faut auditer ce site afin d'évaluer sa résistance face à l'arrivée d'un nouveau site le concurrençant sur cette expression-clé.

Tous les critères passés en revue dans ce livre doivent être examinés, manuellement ou avec l'aide de logiciels spécialisés, soit la liste générale ci après :

- qualité du codage et de l'accessibilité sémantique ;
- densité et autres critères liés aux contenus textuels (répartition par critère, densité par critère, synonymes, mots connexes, etc.) ;
- qualité du texte, de la mise en page vis-à-vis de cette expression-clé ;
- liens internes ;
- page rank ;
- backlinks directs pointant sur la page d'accueil et backlinks pointant sur les pages internes ; on étudiera de près les backlinks pointant sur la landing page du site sur l'expression-clé ;
- âge du nom de domaine.

Ensuite, on compare au savoir-faire qui pourra être mis en œuvre sur le site à référencer. On en déduira rapidement une estimation à sélectionner parmi celles ci : faisable, difficile et impose du net linking, impossible sans net linking musclé.

- *Faisable* : l'expression-clé est mal défendue. Vous pouvez mieux coder, disposer plus habilement vos liens internes, etc. Vous pourrez donc doubler la page d'accueil de ce site assez rapidement.
- *Difficile* : le site st bien codé, dispose de certains atouts mais vous êtes sûr de disposer d'une meilleure qualité de code, de plus de backlinks et de meilleure qualité. Cela demandera du temps pour déployer des campagnes de netlinking et mettre au point de façon itérative un contenu capable de surperformer vis-à-vis de Google le texte concurrent.
- *Impossible sans net linking musclé* : beaucoup de temps et un budget important devront être investis pour arriver en page 1 à égalité avec ce site concurrent.

Les mots et expressions-clés

Le site devra mettre en valeur les expressions-clés capables de drainer des prospects ciblés et qualifiés.

Faut-il encore connaître les mots-clés aptes à amener du trafic, si ce n'est tous, au moins un maximum, quitte à enrichir le site ensuite avec de nouveaux mots-clés au fil des découvertes et de l'accumulation d'expériences et de retours via le web analytics.

L'utilisation de différents outils et méthodes permet d'acquérir des informations et des caractéristiques sur ces mots et expressions-clés.

Il est recommandé de dresser un tableau, à raison d'une ligne par expression-clé :

- expression-clé testée ;
- périmètre testé (ex : langue française, territoire France) ;
- nombre de requêtes mesurées par Google le mois précédent et moyenne lissée sur 12 mois ;
- note résumant la compétition et la difficulté à acquérir une bonne position ;
- note sur la faisabilité de réussir un jour à être positionné correctement ;
- commentaires divers comme par exemple des annotations sur les variantes, les risques de conflit (hôtel versus hotel).

Un tel tableau aide à la réflexion sur l'arborescence du site, le choix de ligne rédactionnelle, certaines parties de la mise en page, bref, sur tout ce qui dans le site aura une influence sur le référencement.

Il permettra également de calculer la factorisation lors des URL réécrites à la volée, de la répartition des mots-clés sur les pages du site. Bref, il sera une bible pour le référenceur.

Un document de travail doit préciser la répartition des mots-clés au sein des pages et de l'arborescence.

Un pivot central : le TITLE de page

Étant donné que c'est un des critères les plus petits (maximum 8 mots, et moins il y en a, mieux c'est car on concentre le référencement sur peu de mots), que c'est le critère le plus important, il pourra constituer un pivot pour suivre et piloter les différentes phases du référencement.

Illustrations

Les mots-clés stratégiques d'une page doivent être dans le `Title` de page, sinon ils ne seront jamais correctement pris en compte par Google.

Une logique pivotant autour du `Title` de page peut donc être déclinée :

- Tout mot du `title` doit apparaître au moins une fois en `h1` et au moins deux fois en texte.
- Tout mot du `title` doit être présent en URL réécrite.
- Etc.

En axant le référencement du `Title` de page en premier et en déclinant les autres critères de toutes natures ensuite depuis le `Title`, on obtient un suivi plus simple, moins d'erreurs et d'oublis.

Accompagnement technique

De nombreuses décisions en web design, en structuration du site, en arborescence peuvent compromettre, perturber ou simplement gêner le référencement

En accompagnant chaque étape de la conception du site, le référenceur protège la future visibilité du site sur Google. Les domaines techniques où le référenceur fait office de gardien du temps [du référencement] :

- Le design.
- Le web design détaillé : titres, sous titres, conteneurs.
- Les outils de mise à jour des contenus par les personnes non techniques (choix d'un CMS, valider la qualité du CMS vis à vis du référencement).
- Les outils de mises à jour du site côté professionnel du Web.
- La structure du site.
- L'arborescence.
- Les contenus commerciaux et non commerciaux (il est plus facile d'obtenir des liens sur une rubrique de contenu non commerciaux).
- Les contenus.
- La répartition des mots/expressions-clés.

Automatisation du référencement

Référencer un site est fastidieux, chronophage et délicat comme nous le verrons au fil de ces pages. Réussir un référencement, c'est réussir son automatisation la plus complète possible.

Le référenceur pourra t il intervenir sur les schémas de tables de la base de données, faire ajouter des scripts PHP afin de disposer d'un maximum d'automatismes ?

En fonction des rubriques, de l'audit mots-clés, il faudra concevoir, adapter tables et scripts PHP pour automatiser le référencement et permettre une administration en back office de la stratégie de référencement.

C'est ici que l'on prend en compte ou non les fonctionnalités Web 2.0 du site et des impacts liés sur le référencement.

Il faudra préparer de classiques documents de travail d'un projet informatique sur les tables et les insertions de codes.

Google writing

Écrire pour Google et les humains en même temps a une énorme influence sur le référencement. Cette étape se prépare depuis l'audit des expressions-clés. On aura besoin de lister les synonymes, les mots voisins des expressions-clés à obtenir impérativement en positionnement.

Depuis 2010 et la mise en œuvre par Google de nouveaux algorithmes de détection de duplicate contents, il est nécessaire d'écrire les phrases contenant l'expression-clé stratégique de manière à éviter tout risque de duplicate content avec une autre page du même site ou d'un site concurrent.

RENVOI

Lisez à ce sujet la section *Duplicate content* du chapitre *Pages absentes de Google*.

La répartition des mots-clés, l'URL rewriting seront mis en œuvre depuis cette phase du projet. En effet, tout doit être cohérent pour qu'un référencement soit 100 % efficace.

Web analytics et suivi du référencement

Un référencement n'est jamais terminé. Il y a des oublis, des changements de comportement, des nouveautés qui conduisent le référencement à être mis à jour régulièrement.

Les oublis sont dus à plusieurs facteurs...

Google bride son outil d'exploration de mots-clés.

L'audit des mots-clés passe à côté d'un comportement possible des internautes : soit des mots-clés sont référencés alors qu'ils sont indésirables, soit on en oublie. Illustration : un antiquaire se fait référencer sur `estimation de prix`. Il est inondé de demandes d'estimations d'objets anciens que les internautes n'ont aucunement l'intention de lui vendre. Une fois le site en ligne, avec de vrais internautes, on pourra évaluer la réussite du référencement initial.

Le web analytics, majoritairement géré via Google Analytics, est un des outils scrutant la performance du site et de son référencement ou de toute autre approche de création de trafic ciblé.

Les mises en place de Google Webmaster Tools, d'outils de suivi de positionnement fiable et de Google Analytics ou autre type Xiti, va conduire à l'élaboration plus ou moins automatique de nombreux tableaux.

La corrélation de ces informations en tableaux va permettre :

- de mesurer les actions réalisées en termes d'efficacité ;
- d'identifier des problèmes de toute nature ;
- de détecter des oublis.

Faut-il encore savoir lire ces tableaux et les interpréter correctement. L'indice des visiteurs uniques mensuels est très insuffisant pour gérer la stratégie Search Engine Marketing (SEM) d'un site web.

L'analyse de ces informations permet d'arbitrer des choix et constitue une aide à la décision, tant tactique que stratégique sur le pilotage du référencement naturel ou via liens sponsorisés du site. Quelques exemples :

- Détection de nouvelles expressions-clés.
- Identification de comportements inconnus.
- Perte de positions sur une expression-clé.
- Pénalité Google.
- Erreur de codage dans le site.
- Perte de liens entrants.

Google trends – évaluer les tendances

Cet outil **Google trends** donne des informations relatives sur l'utilisation d'expressions-clés.

`formation Google` indique, par exemple, que le trafic de requêtes utilisant cette expression-clé a été multiplié par presque 2 sur la période complète. L'échelle est relative à la moyenne des recherches sur la période indiquée (all years). Il y a manifestement des trous au vu du graphe. Réduisons la période de la requête à 2008.

Le graphe nous indique alors que sur l'année 2008 (du 1er janvier à juin 2008), le trafic sur cette requête est à peu près stable.

Nous ne disposons pas, via cet outil, du trafic mesuré en valeur absolu. Pour cela, il faudra utiliser d'autres astuces, par exemple interroger **Google AdWords**.

ASTUCE

Combiner AdWords et Trends.
Une campagne de mesures Adwords d'un mois permet de disposer du trafic en valeur absolue. Trends donnera le trafic relatif à cette période en utilisant correctement l'outil via des exports *CSV*. Ces exports prennent comme échelle de départ la valeur absolue à une date précise et trace la courbe en relatif par rapport à la mesure de cette date.

Google suggest – évaluer des expressions-clés

Quand vous ouvrez une fenêtre Google, Google suggest se met en service et tente de vos aider à finaliser une requête.

Par exemple vous saisissez `location` et Google vous suggère `"location appartement"`, `"location voiture"`, etc.

Ces informations sont précieuses pour un référenceur car elles apparaissent triées par ordre d'utilisation et donc Google Suggest vous liste les priorités entre expressions-clés.

Cela peut vous aider à trancher entre les mots et expressions-clés à prendre en compte. On ne peut pas référencer efficacement et avec succès un site sur un trop grand volume de mots-clés. Google Suggest peut ainsi se révéler utile pour arbitrer.

Google Suggest est également une aide précieuse pour optimiser une longue traîne. Il indique une tendance forte de combinaisons de mots-clés parfois surprenantes, mais réellement utilisées par les internautes.

On ne peut pas automatiser Google Suggest. Il faut le tester manuellement. C'est long et chronophage.

Visualiser une page en cache dans Google

Sur Google, la commande `site:www.votresite.com` permet de vérifier l'accessibilité technique des pages à étudier. Cette commande liste toutes les pages de votre site accessibles techniquement à Google. Ne pas voir les pages de son site présentes dans la réponse à cette commande implique l'existence de problèmes sérieux sur le site.

Saisissez vos expressions-clés visant une page jusqu'à l'obtenir en résultat chez Google. Au besoin, saisissez dans Google 3, 5 ou 10 mots de votre page, incluant des mots que vous estimez clé ainsi que d'autres, jusqu'à avoir votre page en SERP.

> ASTUCE
>
> **Chercher des défauts via le cache de Google**
>
> L'objectif est de visualiser une ou plusieurs pages-clés de son site dans le cache de Google. Cela pourrait mettre en évidence des défauts d'accessibilité technique ou sémantique. Par exemple, il pourrait manquer des textes, inaccessibles car accessibles seulement via des clics sur des JavaScript, ou tout simplement parce que le mot-clé recherché n'est présent qu'en un malheureux exemplaire.

Exemple :

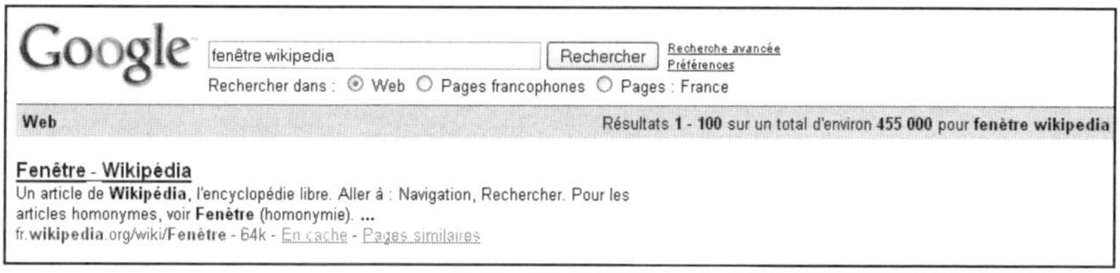

Figure 2.6 : Cliquer "En cache" dans une SERP Google

Un clic sur **En cache** amène l'internaute sur une page de ce type. Elle montre la page lue lors du dernier passage du bot de Google. En surligné, nous pouvons voir les mots-clés saisis dans la requête. Le mot-clé `fenêtre` est bien présent dans la page à plusieurs exemplaires (voir fig. 2.7).

Une fonction **Que le texte mis en cache** permet de voir le site plus facilement avec ses éventuels défauts sur les mots-clés. Le mot-clé `fenêtre` est bien sûr surligné (voir fig. 2.8).

Figure 2.7 : Page complète stockée dans le cache de Google

Figure 2.8 : Que le texte de la page en cache Google

2.6. Le contenu : textes et visuels

Google veut indexer des contenus originaux, textuels ou visuels. L'indexation des visuels, surtout les images, n'en est qu'à ses débuts techniques. De gros progrès vont être mis en œuvre d'ici peu de temps.

Pour Google, chaque page indexée doit avoir un minimum de contenus originaux et uniques. Des algorithmes traquent et mesurent les répétitions de textes. Une répétition d'un même paragraphe de texte ou plus s'appelle un *duplicate content*. Nous verrons, dans le chapitre consacré aux pages pénalisées par Google, le détail des différentes sanctions et mesures appliquées par Google sur les pages concernées. Passé un certain seuil en duplicate content, la page est ignorée partiellement ou totalement.

Le volume en mots significatifs d'une page à référencer devrait être au minimum de 300 mots et au maximum de 1 000 à 1 200. En dessous de ce volume, la page risque de ne pas avoir assez de poids dans les algorithmes de positionnement, surtout avec 5 mots-clés stratégiques à mettre en avant. Au-dessus d'un volume de 1 200 mots, le rédacteur risque de quitter la thématique centrale de sa page et donc de noyer son positionnement. Depuis 2010, un autre fait concoure à limiter le volume textuel d'une page. Plus on répète des phrases avec l'expression-clé stratégique, plus on risque un duplicate content par similitude de texte et donc un contre-référencement.

RENVOI

Lisez à ce sujet la section *Duplicate content* du chapitre *Pages absentes de Google*.

REMARQUE

Une page est dédiée à une thématique unique

Une page doit traiter d'une thématique et d'une seule. Exemple : les vins du Chili en général, le vin de tel château de telle région.

- *À ne pas faire* : mixer plusieurs sujets (traiter de multiples vins de différents domaines et régions de France sur une seule page). Cette page ne sera pas aussi bien positionnée sur le mot-clé lié au vin d'un château précis qu'une page dédiée exclusivement aux vins de ce même château.
- *À éviter absolument* : mixer des sujets sans rapport, par exemple mélanger vins, moteurs de voitures et courses de bateau sur une même page. Face à ces 3 thèmes complètement distincts et sans rapport apparent, le référencement et surtout le positionnement de cette page sur les mots-clés seront perturbés par ce mélange des genres. Un mécanisme appelé *cosinus de Salton* va dégrader la pertinence de cette page vis-à-vis de chacun de ces trois thèmes pris individuellement.

Différents chapitres de ce livre exposent de manière détaillée pourquoi un thème unique par page est préférable. La mise en évidence de cette nécessité sémantique est expliquée via un exemple d'apprenti moteur de recherche.

Des inconvénients viennent se greffer à une page ayant trop peu de contenu textuel significatif. Son volume de mots propres à la page sera relativement faible face au volume de ceux consacrés aux menus et autres indications répétitives présentes sur toutes les pages du site. Une page à faible volume de mot se met ainsi en position d'être sanctionnée pour cause de trop de contenus trop proches d'autres pages du site. Trois cents mots, voire plus, sont nécessaires pour éloigner ce risque.

ATTENTION

Désindexation d'une page trop légère en contenu

C'est la conséquence d'un mécanisme utilisé par Google pour lutter contre les duplicate contents. Il envoie toute page avec trop peu de contenu original au fin fond du classement ou en désindexation. Pour parer cela, il suffit de disposer d'un volume de texte suffisant par rapport à ce qui est répété à chaque page du site (menu, annonces en colonne de droite, fil de navigation, charte graphique avec les mêmes images et balises `ALT/TITLE`...).

2.7. Structure du contenu et silo : fondamental

L'architecture d'un site web nécessite de structurer ses contenus en rubriques, sous rubriques, pages reliées par des liens groupés en menus. Cette structure est exprimée par l'ergonomie des liens, des menus, de la navigation. Cette structure a un énorme impact fondamental dans la compréhension des contenus d'un site par les algorithmes de Google. Elle a une grande influence sur le positionnement de chaque page d'un site dans les SERP sur les expressions visées pour chaque page.

DEFINITION

Des silos d'informations

Tout comme un silo à grains ne contient qu'une seule variété de graine, un silo d'informations est dédié à une seule thématique.

Une tête de rubrique est consacrée à un sujet précis et unique. Par exemple le vin en France. Dans cette rubrique nous trouverons des sous rubriques : Les vins de Bordeaux, les vins de Champagne etc. Chaque sous rubrique aura un

DEFINITION

menu "local" dédié aux vins de la région : Médoc, Sauternes, Saint-Émilion etc. par exemple pour "Vins de Bordeaux". Et ainsi de suite.

Nous avons un silo d'informations consacré aux vins de France. Examinons cette structure arborescente et strictement hiérarchisée du point de vue d'un moteur de recherche.

Nous avons une arborescence de pages, toutes hiérarchisées entre elles par une logique géographique du plus grand territoire vers le plus petit (de France à Château/Domaine). Chaque niveau possède le menu principal du site et son menu local ainsi que les menus des étages supérieurs. Ainsi par exemple nous aurons la page *Vin du Château Cheval Blanc* qui aura les menus suivants et uniquement ceux-ci :

```
> Vins de France : Bordeaux, Bourgogne …
> Vins de Bordeaux : Saint-Émilion, Graves, etc.
> Vins de Saint-Émilion : Château Cheval Blanc, Château
✂ Ausone, Château Angélus etc.
```

Cette page *Vin du Château Cheval Blanc* n'aura aucun menu détaillé sur une région de la Bourgogne par exemple.

Un silo d'informations permet à Google de typer une partie du site à une thématique centrale. Structurer son site en silos permet d'obtenir un avantage certain en référencement naturel.

Il existe un inconvénient : la navigation structurée peut être partiellement incompatible voire impossible à mettre en œuvre sur différents domaines de connaissances. Par exemple, un article de journal sur *tourisme et vignes en bordelais* peut être relié à deux thématiques principales : Le *tourisme* et le *vin*. Des conflits apparaissent alors, il existe alors des risques d'avoir des duplicate content et donc des risques de diminuer la portée dans l'interprétation en silo par Google.

On peut dire qu'il y a l'irruption d'une thématique de tourisme (texte, liens sortant vers d'autres pages parlant peu de vins et beaucoup de tourisme) dans un silo dédié au vin. Cette irruption de mots, de liens du monde du tourisme va légèrement affaiblir le positionnement Google de ce silo sur les mots-clés stratégiques centrés sur le vin de Bordeaux.

Pour éliminer cet inconvénient et le transformer en avantage :

- Google doit percevoir une structure fortement hiérarchisée. Des possibilités de navigation ou de classement de l'information pourront être occultées à Google et elles bénéficieront uniquement aux internautes humains.

- Une structure en silos pose les bases pour une optimisation en Page Rank Sculpting dont nous aborderons les principes plus loin dans ce livre.

Imposer à Google une vision en silo du site

Les rubriques des menus sont fondamentales pour disposer d'une structure très hiérarchisée. Or, pour diverses raisons, nous pouvons nous heurter à une impossibilité pour mettre en œuvre une telle structure.

La nature des données, comme nous venons de le voir ci dessus, peut s'y opposer, ou bien le marketing de l'entreprise peut décider, à juste titre d'ailleurs, qu'une telle navigation handicape la capacité de communication du site de l'entreprise.

Comment faire pour concilier les deux besoins contradictoires du marketing d'un côté et du Search marketing de l'autre ?

Il faut donner, imposer même à Google une vision structurée de la navigation dans le site. Pour y parvenir, deux pistes sont possibles :

Lien caché dans un JavaScript

Dans cette piste, un menu peut être totalement ou partiellement caché s'il est codé en JavaScript. Pour imposer une structure hiérarchisée à la vision de Google, tous les menus ne sont pas bons à lui exposer. Néanmoins, au vu de la relative facilité à décrypter un lien enfoui et programmé dans un JavaScript, ce n'est pas l'approche à retenir en priorité.

En bref, on évitera au maximum de jouer avec les bots de Google en manipulant des liens enfouis et programmés dans un JavaScript. Cette approche peut fonctionner mais elle n'est pas pérenne ni fiable. On s'expose à une évolution possible de Google qui analyserait les liens codés en JavaScript pour lutter contre le Page Rank Modeling.

Pages et liens inaccessibles à Google

Il vaut mieux proposer d'autres approches de navigation via des pages dédiées. Voici quelques exemples :

- Une navigation accompagnée :elle sera structurée en silo car basée sur des liens générés et calculés pour cela. Google doit la lire. Il perçoit ainsi un site strictement hiérarchisé et aisé à parcourir et à analyser.

- Une navigation via formulaire de recherche. À ce jour, Google ne sait pas, ou plutôt ne veut pas remplir un champ puis cliquer dessus. Une telle navigation sera invisible pour Google. On peut appuyer une telle page de formulaire de recherche en la plaçant en "`NOINDEX , NOFOLLOW`" afin de bloquer Google sur la lecture du formulaire. On dispose ainsi d'un mode de recherche/parcours dans les pages de contenus du site n'ayant à respecter aucune contrainte due à une attente du moteur de recherche.
- D'autres navigations sont possibles mais toutes les pages les mettant en œuvre sont protégées des accès des bots de Google via l'affichage systématique en `META` de protection "`NOINDEX , NOFOLLOW`" ou une variante. Ces pages sont gérées depuis un répertoire interdit à Google par le paramétrage d'un fichier *robots.txt*. Si cela ne suffit pas, on peut imposer une gestion en session avec un test de détection interdisant à un bot de lire la page. Cette approche est expliquée un peu plus loin.

Les pages ainsi consacrées à d'autres approches de navigation auront toutes un point commun : elles seront interdites à Google et auront des URL distinctes des pages accessibles à Google.

On ne risque pas une pénalité pour cloaking car Google interdit d'avoir deux contenus distincts accessibles à un internaute sur une même URL et l'un de ces contenus n'est pas accessible au bot de Google. Or nous avons deux URL distinctes pour un affichage de contenu quasi identiques au menu de navigation près et une de ces 2 URL est interdite d'utilisation à Google.

Nous imposons ainsi une vision très hiérarchique du site à Google sans risquer des pénalités pour triche en *Cloaking* ou en *Duplicate Content*.

Le code source d'un tel site est exposé et commenté dans l'ouvrage *Techniques de référencement Google* publié chez Micro Application.

ASTUCE

Gérer les sessions dans ces pages inaccessibles à Google

Ces pages étant inaccessibles à Google, on peut les gérer sans crainte avec une gestion de session. Nous reviendrons par ailleurs sur cet aspect. Le principe est de détecter un bot via un test très simple et de lui envoyer un erreur type 403. On ne laisse passer que les internautes humains.

Pièges classiques : les documents PDF et Word

Dans une page, on peut avoir des liens menant à des documents de type texte tels que PDF ou Word par exemple (liste non exhaustive).

Ces documents sont vus et lus par Google comme des grandes pages HTML avec mise en page basée sur des titres, des liens internes, des textes, etc.

Cela induit un piège classique dans lequel nombre de webmestres tombent : le duplicate content entre des documents distincts en format PDF, Word, HTML, etc. et des pages HTML.

Duplicate content Word, PDF, HTML

On peut avoir un duplicate content entre un PDF et une page HTML. Voici un exemple concret et issu d'une expérience réelle : un prestataire a mis en téléchargement sur chaque page HTML d'un site la version PDF de la page depuis un lien directement ancré dans la dite page. Il y a eu un duplicate content et la quasi totalité des pages ont été désindexées, effondrant ainsi tout le référencement naturel.

Pour permettre à un internaute d'imprimer une page HTML proprement, on passe plutôt par une feuille de style dédiée et un lien. Cela dépouille la page de tout ce qui pourrait perturber l'impression.

Néanmoins, si vous tenez à proposer une copie en PDF des pages de votre site web, vous pouvez simplement stocker ces fichiers PDF dans un répertoire dédié interdit à Google via le paramétrage du fichier *robots.txt*.

REMARQUE

Les contenus PDF, Word

Ces documents participent au référencement ainsi que les liens pointant depuis les pages HTML vers ces documents.

Référencer un document PDF, Word, etc.

Votre document PDF, Word ou d'un autre format connu doit avoir un contenu unique vis-à-vis de votre site. Si vous doublez les contenus de votre site par des PDF, ceux-ci ne doivent pas être accessibles à Google.

RENVOI

Lisez le chapitre *Pages absentes de Google* pour plus de détails sur les fichiers PDF privés.

Par exemple, un hôtel doublonne la fiche descriptive d'une chambre (une page HTML donc) en mettant en téléchargement un PDF reprenant le même contenu. Ce PDF doit être dans un répertoire interdit à Google et à tout robot de moteur.

Un PDF, un fichier Word sont soumis aux mêmes règles de contenu unique vis-à-vis des autres sites web qu'une page HTML. S'ils contiennent des duplicate contents, ils seront filtrés partiellement ou totalement désindexés. Vous devez donc faire attention à votre rédactionnel, aux mots-clés, aux possibles duplicate contents de phrases contenant des expressions-clés stratégiques.

Les règles sont simples :

- Votre PDF ou fichier Word doit contenir du texte. Il peut bien sûr contenir des images, photos, etc.
- Tout fichier PDF d'Adobe ou document Microsoft Word possède des champs informatifs de type *Auteur*, *Résumé*, etc. Remplissez-les correctement.
- Un fichier PDF peut contenir des liens vers les pages de votre site ou vers d'autres sites, donc ils sont à considérer comme des backlinks et à soigner comme tels.
- Il vaut mieux avoir à gérer un texte de taille raisonnable dans un PDF. Si votre PDF contient une grande quantité d'informations textuelles, voyez s'il est possible de mettre du texte en début de document, un volume de quelques milliers de mots, puis de passer en vectoriel (illisible pour Google) ou de placer dans un autre PDF la suite du texte. Faites en quelque sorte un tome 1 et un tome 2, le seul tome 1 étant accessible à Google.
- Une image dans un PDF est comme une image dans une page HTML. Il faut fournir les informations alternatives.
- Mettez en place une hiérarchie dans vos textes : titre de niveau 1, de niveau 2 et texte simple.

ASTUCE

Créer gratuitement des PDF référençables

Vous pouvez créer des PDF avec Open Office (ou Libre Office) en utilisant lien, texte alternatif pour décrire une image, hiérarchie de titres, et optimiser votre document texte comme une page HTML. Puis générez le PDF. Il est prêt à être mis en place dans votre site.

2.8. Multilinguisme, pages et site web

Google référence les pages d'un site dans une langue. La tendance des réalisateurs de sites web est de spécialiser chaque page d'un site dans une langue unique et de les regrouper par langue. Un jeu de drapeaux ou de liens permet à l'internaute (et au bot de Google) de passer d'une langue à une autre.

Même si vous n'indiquez pas le langage de la page (il existe des balises HTML et XHML pour cela), Google devrait détecter la langue utilisée assez facilement via différents mécanismes. Néanmoins, plusieurs cas particuliers, relativement courants, peuvent le perturber. Il est donc nécessaire et plus prudent d'indiquer sur chaque page d'un site la langue utilisée.

Pour optimiser simplement le référencement/positionnement d'un site, il est conseillé de s'en tenir à une telle architecture : une langue unique par page, un regroupement des pages d'une même langue en site, sous-site ou sous-domaine spécialisé.

```
www.monsite.com/fr/ : répertoire spécialisé
fr.monsite.com/ sous domaine dédié
```

Néanmoins, vous pouvez avoir la nécessité de publier des textes en plusieurs langues sur une seule et même page et le désir de faire référencer chaque texte dans sa langue. Certaines techniques documentaires recommandent même l'approche de différentes versions linguistiques d'un même texte sur une seule page.

REMARQUE

Google ne respecte pas les normes du W3C en multilinguisme

Google ne respecte pas les recommandations W3C quant à l'utilisation des balises qui permettent le multilinguisme sur une même page. De l'anglais inséré dans une page écrite en français et déclarée en français (`fr,fr`) par la `meta` adéquate sera considéré comme du français, même si vous encadrez le texte en anglais de balises HTML et XHTML signalant l'emploi de la langue anglaise sur cette portion de texte.

2.9. Le (Google) Page Rank

Google veut satisfaire ses usagers (et les fidéliser par leur contentement), comme nous l'avons vu au chapitre I.

Comment noter une page ayant un contenu et une pertinence de bonne qualité par rapport à une autre moins pertinente ?

Google a développé plusieurs algorithmes complémentaires tentant de mesurer au mieux la pertinence d'une page. Se baser sur l'avis des internautes est au cœur de plusieurs de ces algorithmes.

Un de ces algorithmes consiste pour Google à noter chaque page HTML avec une note, grossière en apparence, basée sur une technique estimant l'avis des internautes : le Page Rank.

Le principe est le suivant : plus les internautes vont sur un site A, plus est important le nombre de sites web, de forums, de blogs qui mentionnent ce site et l'indiquent via un lien pointant vers une de ses pages. La conséquence de ce nombre croissant de liens posés vers le site A est que ce site aura de plus en plus de visiteurs qui, à leur tour, vont signaler ce site via d'autres blogs, forums et sites web.

Cet algorithme mesure la popularité des pages et sites. Si on parle d'un site sur le Net, il y aura pose de backlinks vers ses pages. Ainsi, tout site qui dispose potentiellement de contenus de qualité et susceptibles de répondre convenablement à la requête d'un internaute est un site qui aura des backlinks en volume.

Google a créé le Page Rank, une unité de mesure indiquant grossièrement la popularité brute d'une page. Cet indice est calculé à partir :

- du nombre de liens issus de différentes pages (un lien au maximum par page) pointant vers la page dont on veut calculer le Page Rank
- de la qualité en Page Rank de chacune de ces pages.

À chaque lien interconnectant deux pages, un peu de Page Rank est transféré de la page de départ vers la page d'arrivée du lien. On peut exprimer ça en disant qu'un lien est un vote. Ainsi, en posant des backlinks dans des posts de blog, de forum ou dans des sites web, les internautes "votent" pour ce site.

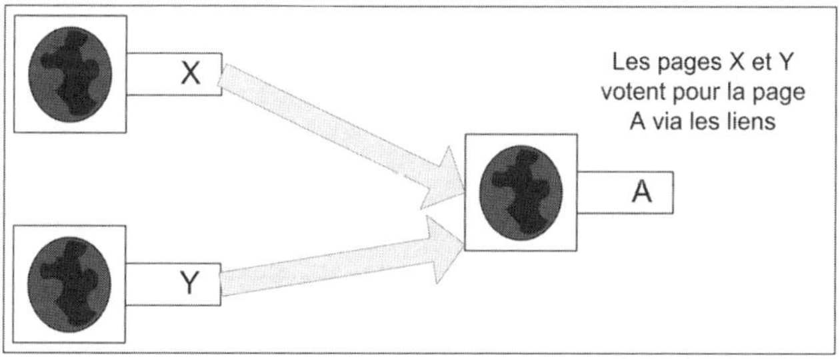

Figure 2.9 : PR : deux pages votent pour une autre page.

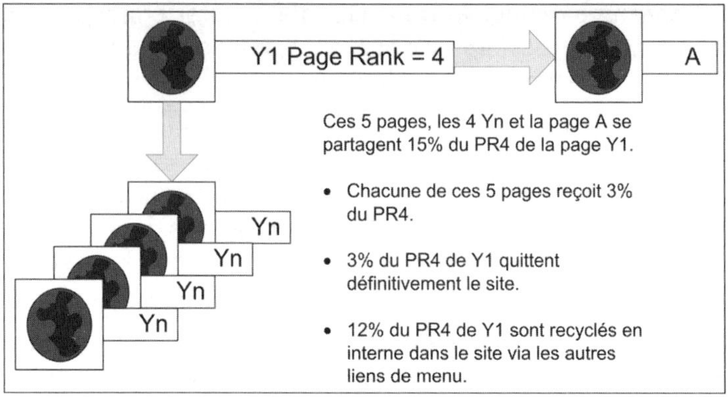

Figure 2.10 : PR : des pages votent pour une page.

Tous les liens sortant d'une page se partagent *à parts égales 15 %* du Page Rank de la page. Tous les liens participent à ce partage, y compris ceux du menu permettant de naviguer sur le site. Donc du Page Rank passe de page en page dans le site via les menus de navigation. Ce Page Rank ne quitte pas le site, il se déplace simplement. C'est le principe des vases communicants appliqué à des pages reliées par des liens.

Pourquoi "*à parts égales 15 %*" dans le paragraphe précédent ? Tout simplement parce que le seul écrit qui expose le principe et le calcul du Google Page Rank date de 1998, et qu'on y trouve cette règle des 15 % à partager à parts égales entre les liens sortants.

Le Page Rank circule au sein du site entre ses pages via les liens en dur des menus et des autres liens internes.

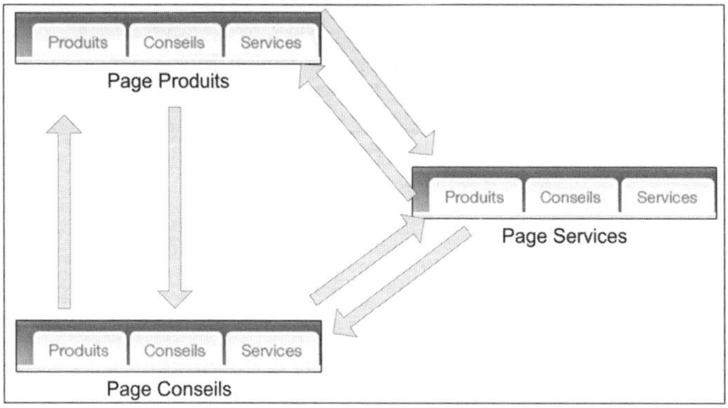

Figure 2.11 : Circulation du Page Rank via le menu de navigation

Dans cette figure, nous avons toutes les pages dotées du même menu de navigation. Ces 3 pages ont les mêmes liens. Le Page Rank va de l'une à l'autre et revient. Il n'y a aucune perte. La formule du PR que nous allons voir un peu plus loin, en convergeant, va répartir équitablement ce PR entre les 3 pages de notre exemple.

Conclusions pour le référenceur

Le Page Rank circulant via les menus et se répartissant "équitablement" entre les pages, on pourrait être tenté de faire un menu à "géométrie variable" afin de répartir le Page Rank à notre convenance sur les pages de notre site. Cela ressemble à une bonne idée. Mais il y a beaucoup plus simple, plus efficace et plus facile à maintenir. Nous le verrons dans le chapitre consacré aux backlinks.

On pourrait conclure aussi que les liens sortants externes nous font perdre du Page Rank. C'est exact en apparence, mais plusieurs points complémentaires doivent être pris en compte...

- Si aucune personne ne posait de liens sortants, les internautes comme les moteurs auraient du souci à se faire ! Google en a tenu compte. Les sites qui ont des liens sortants semblent avoir une possibilité de bonus (nous reviendrons sur ce point plus loin). D'autre part, si une telle pratique se généralisait, les moteurs et Google en premier prendraient des mesures coercitives contre les sites sans liens sortants. En effet, le business model étant en péril, ils ne resteraient pas inactifs face à une telle menace.
- Si vous ne posez aucun lien sortant, personne n'en posera vers vous ou beaucoup moins que ce que vous pourriez escompter, ce qui, à terme, se révélera fort pénalisant...
- Nous verrons dans le chapitre consacré aux backlinks pourquoi les liens sortants favorisent, quand ils sont bien utilisés, le positionnement de la page ciblée et de la page de départ du lien.

Pourquoi faut-il du PR pour son site ?

Concrètement, à quoi sert le Page Rank (PR) ? Pourquoi est-il préférable d'en avoir ? Un PR élevé aide le site sur les points suivants :

- Le volume de pages prises en compte dans les niveaux hiérarchiques de votre site. Vous avez plusieurs niveaux de profondeur dans votre arborescence ? Plus le PR est élevé, plus Google ira en profondeur lors de l'indexation et le fera rapidement. Cela concerne notamment les pages dynamiques, généralement nombreuses et hiérarchisées. Associées à un sitemap en XML aux normes Google, vos pages seront plus vite prises en compte.

- Le Page Rank circulant dans le site est plus élevé. En effet, 15 % d'un PR de 5 pèse plus lourd que 15 % d'un PR de 3. Nous verrons que cela influe fortement sur le positionnement d'une page (cf. le chapitre sur les backlinks).

La base du Page Rank (acronyme : PR, fréquemment utilisé), est une formule mathématique, d'aspect un peu complexe mais finalement simple à appréhender quand on en comprend les principes fondamentaux.

Comprendre le PR est important pour pouvoir améliorer son positionnement quand nous conjuguerons Page Rank et backlinks.

La formule "officielle" du Page Rank

Cette formule a été publiée en 1998 et elle n'a jamais fait l'objet d'une mise à jour par Google depuis. Dans le blog de Matt Cutts, un post indique que le calcul du Page Rank est toujours d'actualité. De même, lors d'interviews, des responsables techniques Google ont confirmé que le Page Rank était toujours utilisé.

Sans aucun doute, la formule du Page Rank a été modifiée et adaptée au Web du 21e siècle. Mais peu importe, le concept reste d'actualité. Ce qui compte pour le référenceur est d'en comprendre les principes afin de pouvoir appréhender comment l'utiliser le plus efficacement possible. Le détail des calculs de transfert de Page Rank selon les liens importe peu. Sans documentation à jour, il ne sert à rien de polémiquer autour de la précision des calculs et formules.

Nous assumons qu'une page A reçoit des liens (que l'on pourra assimiler à des "votes" positifs) émis par les pages `T1` à `Tn`.

Le paramètre `d` est un facteur d'amortissement pouvant être ajusté entre 0 et 1. Historiquement, `d` a la valeur `0.85`. Ce paramètre `d` a plusieurs utilités, que nous verrons au fil des chapitres.

`C(A)` est défini comme le nombre de liens émis par la page A ; ce sont donc les liens sortants. Le Page Rank de la page A est défini comme suit :

```
PR(A) = (1-d) + d (PR(T1)/C(T1) + ... + PR(Tn)/C(Tn))
```

Tableau 2.1 : Formule du Page Rank

Composant de la formule	Description
`PR(A)`	le Page Rank de la page `A` – celui que nous voulons calculer

Tableau 2.1 : Formule du Page Rank

Composant de la formule	Description
`PR(Tn)`	le Page Rank de la page `Tn` – Les pages `T`, de `1` à `n`, ont chacune un lien pointant vers notre page `A`
`C(Tn)`	le nombre de liens sortant de la page `Tn` – Chaque page `T` a plusieurs liens, enfin au moins un, celui qui pointe vers la page `A`. `C(Tn)` comptabilise le nombre de liens sortant qui vont devoir se partager à parts égales une partie du `PR` alloué aux liens sortants.
`D`	Coefficient d'amortissement – `d` est considéré égal à `0,85`
`(1 - d)`	Une astuce pour influencer la convergence

Le Page Rank est affiché dans la barre d'outils Google pour Firefox ou pour Microsoft IE.

L'échelle du Page Rank est logarithmique. Probablement cette formule évolue-t-elle au fil du temps et des mises à jour par Google de ses algorithmes.

Voici une échelle qui est approximativement correcte. Il n'est pas important à ce niveau qu'on soit dans l'approximatif. L'important est de comprendre la tendance et d'en maîtriser les conséquences.

Prenons une échelle logarithmique de base 10 pour simplifier nos calculs et pour bien illustrer notre propos.

Tableau 2.2 : Page Rank affiché et calculé

PR affiché (log base 10)	Page Rank "réel", calculé à quelques décimales près, exprimé sans log
`PR 0`	`0 ≤ PR < 1`
`PR 1`	`1 ≤ PR < 10`
`PR 2`	`10 ≤ PR < 100`
`PR 3`	`100 ≤ PR < 1000`
`PR 4`	`1000 ≤ PR < 10000`
etc.	

Chaque niveau de Page Rank est 10 fois plus élevé que le niveau précédent. Exprimé simplement, il faut 10 fois plus de travail et de backlinks vers une page pour passer de PR4 à PR5 que pour passer de PR3 à PR4. Pour être plus précis, et c'est ce qui doit être réellement pris en compte : il faut 10 fois plus de PR transféré via les backlinks pour passer du niveau PR4 à PR5 que pour passer de PR3 à PR4.

Première conséquence de cette formule : si un site n'évolue pas, son PR se dégrade au fil du temps. En effet, le nombre de pages, de sites augmentant continuellement, le nombre de liens `C(Tn)` aura tendance à augmenter et le PR transféré depuis chaque page `Tn` diminuera. Le webmestre d'un site doit gérer des campagnes de backlinks en permanence.

Deuxième conséquence : le volume de backlinks depuis des pages à faible PR ou depuis des pages surchargées de backlinks ne mène qu'à beaucoup de travail pour un faible résultat. Tant qu'à investir du temps, autant en investir une partie dans des backlinks de qualité : bon PR, réel contenu, peu de backlinks externes.

Troisième conséquence : Google n'a nul besoin de disposer de tous les PR de toutes les pages. En itérant plusieurs fois le calcul, chaque itération fait converger le PR vers la valeur finale "juste". En attendant, il peut prendre une valeur intermédiaire n'ayant pas fini de converger ou une valeur de 0.

Détaillons le fonctionnement : les pages `Tn` ont chacune un lien pointant vers notre page A. Peu importe si nous n'avons pas encore toutes les pages `Tn` et si le Page Rank de certaines de ces pages n'est pas encore finalisé.

En effet, imaginons un cas simple et fort courant : une boucle dans les liens.

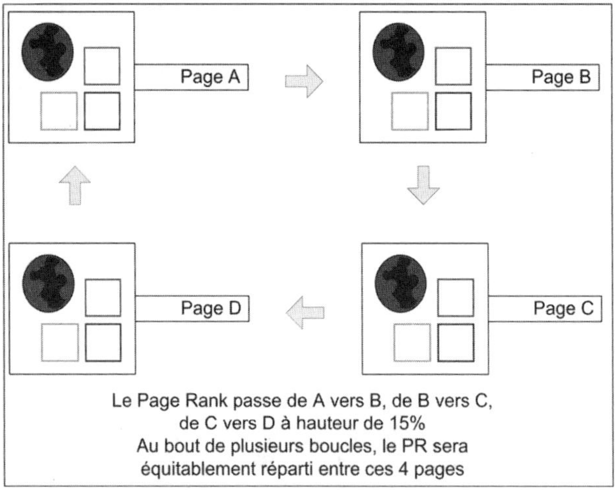

Figure 2.12 : Le Page Rank boucle entre 4 pages via leurs backlinks

La formule est itérée une première fois, le lien de A vers B vient juste d'être cartographié. Une fraction du Page Rank passe de la page A à la page B. La formule est itérée une nouvelle fois. Les calculs prennent en compte le nouveau PR de B.

En quelques itérations, le PR de chaque page va converger vers sa valeur finale.

Ce qu'il faut retenir :

- Le Page Rank visualisé dans la Tool bar est une unité relativement "grossière" pour mesurer la popularité d'une page en termes de backlinks et de qualité de ceux-ci.
- Disposer de Page Rank sur les pages de son site permettra des optimisations via les backlinks, qui seront abordées plus loin. En avoir est donc important !
- Le page Rank d'un site conduit à avoir une prise en compte plus ou moins rapide des niveaux de navigation de son site.

Nous explorerons les conséquences de cette formule pour le référenceur...

- Google l'utilise pour lutter contre le spam de backlinks.
- Comment exploiter le Page Rank de manière optimale pour obtenir un bon positionnement sur les mots-clés stratégiques des pages d'un site web ?

2.10. Optimiser cinq mots-clés stratégiques par page

Volontairement, pour le moment, nous n'aborderons pas la liste des balises et des usages importants pour optimiser une page en référencement. Nous verrons plus loin la liste détaillée de ces balises et de leurs utilisations afin de pouvoir pousser le référencement naturel au mieux de ses possibilités. Il nous manque à cette étape du livre quelques notions-clés pour réaliser dès maintenant cet exposé détaillé.

Néanmoins, nous avons besoin dans cette partie dédiée à la gestion des mots-clés stratégiques dans une page d'évoquer l'optimisation des mots-clés grâce aux balises d'une page. Nous proposerons donc un survol de ces notions manipulant balises, `META` et optimisation.

Le TITLE de page

Le `TITLE` de la page est limité *à moins* d'une dizaine de mots. Il doit être rédigé de manière à être compréhensible par un humain. En effet, le `TITLE` de la page est affiché en première ligne de chaque snippet dans les SERP des moteurs. Avoir un `TITLE` inintelligible pourrait faire fuir des internautes. Moins il a de mots-clés, plus ce critère est efficace car il est concentré sur peu de mots. On comprend donc la nécessité de limiter un `TITLE` de page à dix mots maximum quand c'est possible.

Nous reviendrons sur cette notion, mais la clé d'une bonne optimisation est la *cohérence* des mots-clés stratégiques. Ils doivent être présents dans tous les critères de la page : `TITLE` de page, titres, texte, image, etc.

ASTUCE

Cinq mots-clés stratégiques par page

Il est recommandé de se limiter à une ou deux expressions-clés totalisant cinq mots-clés stratégiques au maximum par page. Les autres mots-clés devront être moins "optimisés" que ces cinq-là car ils seront absents du `TITLE` de page, balise `META` très importante en référencement.

Pour le webmestre référenceur, il est difficile de faire un texte compréhensible de huit mots dans un `TITLE` de page dont cinq mots-clés sont imposés par la stratégie de référencement. Il faut donc se limiter à cinq.

Ces cinq mots-clés doivent apparaître plusieurs fois dans les textes de la page dans différents critères. L'exemple sur le mot-clé `fenêtre` sur la page de *wikipedia.org* (notre exemple dans le paragraphe précédent) illustre ce propos : ce mot-clé est présent de multiples fois tout au long des textes de cette page.

Plusieurs optimisations au niveau d'une page concourent pour aider au référencement.

Le nombre de fois où un mot-clé est présent dans un texte par rapport à tous les autres mots s'appelle la densité. Si le mot `fenêtre` apparaît 10 fois parmi 1000 mots significatifs, sa densité sera de 1 %. S'il apparaît 20 fois parmi 1 000 mots, sa densité sera de 2 %, et ainsi de suite.

Le nombre de fois où un mot apparaît dans un texte en valeur absolue s'appelle le nombre d'occurrences. Si le mot `fenêtre` apparaît 10 fois dans les textes en paragraphe `<p>`, on a 10 occurrences de `fenêtre` en mise en page de type paragraphe.

Chaque type de critère de page, c'est-à-dire pour faire simple chaque type de balises voit la densité et les occurrences d'un mot-clé mesurés :

- 3 % et 7 occurrences du mot "`fenêtre`" en paragraphe `<p>` ;

- 12,5 % et une unique occurrence en `Title` de page, etc.

Le référenceur veillera à ce qu'un mot-clé stratégique soit présent en `TITLE` de page et dans *tous* les critères d'une page.

Il est fortement déconseillé de faire du spam de mot-clé, appelé *word stuffing* dans le jargon du référencement, en poussant par exemple la densité d'un mot-clé à 10 % dans les textes de paragraphe. Quelques pourcents dans ce critère sont largement suffisants. Aller au-delà polluerait les textes lus par les internautes en les rendant moins compréhensibles, ce qui irait à contre sens de votre intérêt et de l'intérêt de Google d'indexer des pages de bonne qualité.

Un autre inconvénient existe depuis 2010 à trop charger une page en répétitions d'une même expression-clé : le risque de produire une forme ou une autre de duplicate content.

Un mot-clé stratégique doit absolument apparaître dans tous les critères d'une même page. Prenons comme exemple une page dans laquelle on désire positionner `fenêtre` comme mot-clé stratégique :

- Dans le `TITLE` de la page : sa longueur est d'une dizaine de mots au maximum. La présence en `TITLE` de page renforce fortement la pertinence d'un mot-clé stratégique.

```
<title>
 fenêtre double/triple vitrage PVC,
 bois - isolation rénovation - pose
</title>
```

- Dans le `META DESCRIPTION` : sa longueur est d'une vingtaine de mots au maximum. Être présent dans ce `META` n'influe en rien sur le référencement mais cela renforce la pertinence d'un mot-clé vis-à-vis de la lecture d'un internaute de la SERP. Une discussion détaillée sur le bon usage de cette balise est exposée plus loin dans ce livre.

```
<meta name= 'description'
 content='fenêtre double/triple vitrage, PVC, bois
 - isolation rénovation - pose garantie 10 ans '
/>
```

- Dans des textes entre balises `hN`, et de préférence au moins une fois entre balises `h1`, la plus forte des balises de titres. Il est inutile de faire du spam de mots-clés entre balises `hN`, c'est très facile à détecter. Les deux spams à éviter sont la répétition abusive d'un même mot et la mise entre balises `hN` de trop de texte par rapport au reste de la page. Ces techniques sont très faciles à éventer pour Google. Pire, noyer vos cinq mots-clés stratégiques dans une foule d'autres mots autres aura pour conséquence de noyer le poids de vos mots-clés (parmi une foule d'autres mots placés entre balises `hN`).

- Recommandation : utilisez quelques titres entre balises `hN` et limitez le volume de mots mis entre balises. Bien sûr, les mots-clés stratégiques et éventuellement quelques autres doivent être parmi les mots utilisés.

```
<h1>fenêtre double ou triple vitrage en PVC ou en bois</h1>
. . . texte . . .
<h2>avantages pour une fenêtre en double vitrage 8/5/8<h2>
. . . texte . . .
<h2>avantages pour une fenêtre
 en triple vitrage 8/5/8/5/8
<h2>
```

- Attention à la feuille de style ! Il est clair que Google analyse aléatoirement les feuilles de style, probablement via des contrôles qualité humain au centre Qualité de Google en Irlande. Par conséquent, il est donc probable qu'il n'en tient pas compte à ce jour dans les calculs de positionnement. Si vous redéfinissez la balise `h1` par un `mon_titre1` suivi d'une définition de mise en page type `h1`, il est fort probable que votre texte de titre ne sera pas pris en compte par Google comme mots-clés entre balises `h1`. Votre page HTML devrait donc contenir directement des appels aux balises `hn`, `strong`, `em`. Les définitions de celles-ci pourraient bien sûr être redéfinies dans la feuille de style pour correspondre aux besoins de la charte graphique. Si vos besoins changent selon les pages, utilisez le mécanisme des feuilles de style en cascade pour changer de style à chaque page. Ces mécanismes peuvent être automatisés via du PHP/MySQL, comme nous le verrons plus loin.
- Dans les balises `ALT` et `TITLE` de visuels présents sur la page. Les mots-clés stratégiques doivent être présents dans quelques balises `ALT` d'images de la page.

```
<img src='./images/fenetre-double-triple-vitrage.gif'
 alt='fenêtre double - triple vitrage en PVC ou en bois'
 title='fenêtre double - triple vitrage en PVC ou en bois'
 />
```

- Dans les noms de fichiers des visuels, *fenetre-double-triple-vitrage.jpg* est mieux que *img102365.jpg* dans un objectif de référencement sur les mots-clés "`fenêtre`", "`double triple vitrage`".
- Entre balises de mise en évidence comme `<strong>` ou `<em>` . Un texte mettant en évidence certains mots particuliers via les balises de mise en exergue du W3C. Les balises normalisées sont `<strong>` `</strong>` qui affichent tous les mots contenus entre ces deux

balises en gras et <em></em> qui affichent le libellé entre ces balises en italique. Les mots ainsi mis en évidence attirent l'attention des algorithmes de positionnement. Certes, l'impact de cette optimisation est faible, mais en cas de forte compétition sur un mot-clé entre quelques pages équivalentes de différents sites, ce sont ces petits détails qui vont aider à faire la légère différence pour prendre l'avantage.

- Dans un libellé de lien. Cette optimisation est assez pointue et peut rapporter gros en positionnement, comme nous le détaillerons au chapitre sur les backlinks. Tout mot contenu dans un libellé de lien est considéré comme un mot-clé potentiel par Google pour la page de destination, mais aussi pour la page contenant ce lien. Un test sur une page en cache Google montre clairement qu'un mot-clé présent dans un libellé de lien est mis en évidence. Le lien dans l'exemple ci-après positionne les mots-clés "caution", "douane", "transitaire" et "entreprise" sur la page de départ et vers la page visée par le lien.

```
<a href="caution-des-douanes-pour-transitaires.html"
 title="Caution pour transitaire auprès des douanes">
 caution Douane française
 pour votre entreprise de transitaire
</a>
```

Il existe de nombreux outils pour analyser la densité d'une page en mots-clés. Parmi ceux-ci, celui de **Yooda** donne des informations synthétiques et claires.

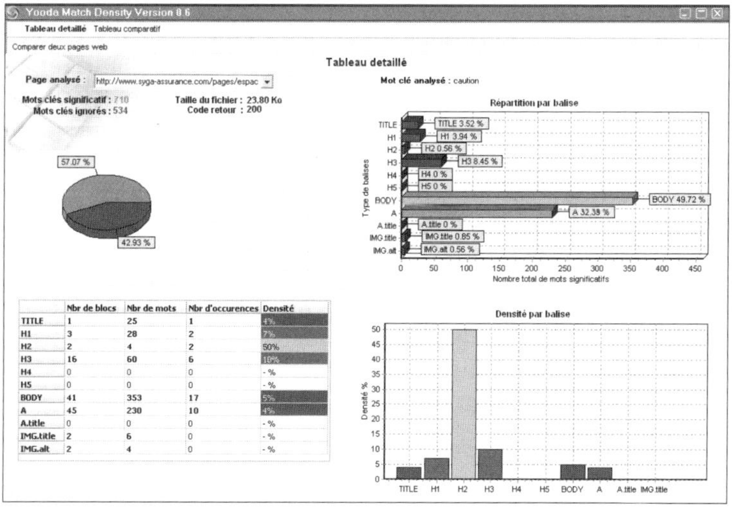

Figure 2.13 : Analyse de la densité du mot-clé "caution" sur une page HTML avec Yooda Match Density

On perçoit immédiatement les quelques défauts en optimisation de cette page sur le mot-clé "caution".

- Deux visuels seulement, et aucun ne contient le mot-clé dans les ALT et TITLE de ces images.
- Les balises TITLE des liens n'ont pas été remplies.

Le dernier point qui appuie le référencement d'une page est la *cohérence...*

- Si les mots-clés stratégiques sont cohérents en présence et en mise en page, c'est-à-dire s'ils sont présents dans les différents points vus ci-dessus de manière raisonnable.
- Si les textes de la page sont cohérents avec les mots-clés stratégiques (même sujet, même thématique)
- Si l'URL de la page (nous le verrons dans quelques paragraphes) contient les mots-clés stratégiques de ladite page

Alors le référencement de cette page est optimisé à son (quasi) maximum. Pour un webmestre, il sera très difficile de faire mieux. Il faudra passer aux paragraphes suivants pour finaliser l'optimisation de cette page, puis enchaîner vers les chapitres suivants.

Images, photos, et contenu de photo :

Si le mot-clé est un produit, une fenêtre donc dans notre exemple sur une page de wikipedia.org, avoir des visuels qui contiennent chacun une fenêtre sera un plus pour le proche futur.

En effet, tôt ou tard, des algorithmes peu consommateurs de ressources informatiques permettront de "distinguer" le contenu d'une photo et donc d'indexer automatiquement son contenu réel. Google travaille activement sur cette problématique. Ces algorithmes sont travaillés depuis plus de 30 ans, et l'augmentation de la puissance des serveurs d'un côté et les progrès en algorithmique de l'autre conduisent à une mise en œuvre à terme de ce critère supplémentaire.

Dès à présent, mettre des visuels adaptés au contexte de la page en image affichée, en nom de fichier, en balises ALT et TITLE est rentable pour un meilleur positionnement dans un moteur.

2.11. Longue traîne de mots-clés et création de trafic

Tout est parti d'un article paru aux Etats-Unis en 2004. Il indiquait qu'une part importante des revenus d'un site de e-commerce provenait d'une multiplicité de produits vendus en petites quantités. Ce phénomène a été appelé en anglais *long tail*.

En mathématiques (en statistiques pour être plus précis), la distribution est plutôt régie par la "courbe de Gauss". Cette approche est critiquée car elle concentre la distribution dans 80 % d'une zone, laissant ainsi peu de place aux mesures sur les petits phénomènes. Ramené à un site web dont le trafic arrive via le référencement naturel, cela revient à dire qu'une analyse de l'audience de ce site en courbe de Gauss masquerait les nombreuses petites arrivées d'internautes alors que le total de ce trafic pourrait représenter un gros pourcentage de l'audience totale. L'analyse étant faussée, le webmestre et le référenceur pourraient prendre des décisions inappropriées.

Exprimé autrement pour rendre compréhensible au mieux la notion de longue traîne versus une analyse en Courbe de Gauss, on dirait que 80 % du trafic d'un site provient toujours d'une concentration autour de 20 % des mots-clés, ce qui est partiellement faux. Les sites utilisant ou pouvant utiliser de nombreux mots-clés ont une distribution de la création de trafic totalement différente. Une distribution gaussienne est alors inadaptée pour analyser et exploiter ce phénomène.

Il est évident que si un métier est concentré autour d'un mot-clé, l'effet longue traîne n'existera pas.

Exemple : dans le métier de la vente de *crédit relais*, le crédit pour financer l'achat d'un bien immobilier quand on n'a pas encore vendu celui qui servira d'apport principal. On a au total moins de 10 expressions-clés porteuses de trafic : crédit relais, prêt relais, crédit achat revente, prêt achat revente, emprunt relais. Dans ce cas, on a une distribution très étroite de 90 % du trafic créé par quelques expressions-clés.

Mais un métier distribué autour d'une multitude d'expressions-clés verra une distribution non gaussienne.

Exemple : un site commercialisant de multiples formes de défiscalisation. L'expression-clé centrale est bien sûr `défiscalisation`. Mais il existe de multiples déclinaisons et d'autres expressions-clés synonymes de défiscalisation :

- *Défiscalisation immobilière* ;
- *Défiscalisation Girardin* ;
- *Défiscalisation Scellier* ;
- *Loi Scellier* ;
- *Immobilier Scellier* ;
- *Loi de Robien* ;
- *Loi Borloo*, etc.

REMARQUE

Création de trafic ciblé et monétisation

Il faut créer du trafic "brut" et ciblé via les mots-clés et le positionnement. De cette masse d'internautes, si le site est bien conçu tant en positionnement marketing qu'en compétences pour capter l'attention des internautes, un pourcentage va rester un moment sur le site. C'est cette présence attentive qui doit être monétisée par l'entreprise :

- soit en incitant l'internaute anonyme à contacter le site via un formulaire. Un commercial le rappellera ;
- soit en créant une image de marque qui mettra l'internaute dans de bonnes dispositions envers la marque ;
- soit en incitant l'internaute à se rendre dans un point de vente type magasin pour acheter ;
- soit en achetant en ligne, ce qui est l'objectif d'une petite minorité de sites web ;
- soit en présentant des publicités théoriquement alléchantes : très peu de sites vivent grâce à la pub.

Le plus gros du business via Internet ne passe pas par le e-commerce ! Les autres monétisations constituent l'immense majorité des sites.

La création de trafic via la longue traîne permet d'améliorer fortement la rentabilité et la productivité du site web.

Référenceur et créateur de trafic en longue traîne

La création de trafic va être ainsi répartie sur de très nombreux mots-clés combinés dans différentes déclinaisons. En effet, et c'est donc là où le référenceur va intervenir dans la logique du site, dans le codage du site, dans sa navigation et dans la répartition des mots-clés du site. Un site tel que celui utilisé dans notre exemple devra être bien positionné/référencé sur loi Scellier, immobilier Scellier et défiscalisation Scellier.

Ainsi, le référenceur créera du trafic via un effet longue traîne. Comment s'y prendre ?

Il va falloir d'abord trier les expressions-clés par ordre de priorité : les plus porteuses de trafic ciblé seront en premier sur la liste. La liste ressemblera alors à ceci :

- *Défiscalisation immobilière* ;
- *Défiscalisation Girardin* ;
- *Défiscalisation Scellier* ;
- *Loi Scellier* ;
- *Immobilier Scellier* ;
- *Scellier social* ;
- *Scellier Paris* ;
- *Scellier ancien, immobilier Borloo, immobilier de Robien*, etc.

Nous allons factoriser ces expressions-clés, cela va nous donner à peu près cela : **www.monsite-en-defiscalisation.fr/** suivi de :

- `defiscalisation/`. Ce mot-clé racine est à combiner avec de très nombreux autres mots-clés. Il ressort de l'analyse effectuée par le référenceur que ce mot est combiné à presque tous les autres mots identifiés ; il vient donc en premier. Il est même intégré au nom de domaine pour augmenter sa portée.
- `immobilier/`. Les internautes français combinent *immobilier* à de nombreux autres mots-clés. Il vient donc en 2e position.
- `loi-scellier-girardin-borloo-de-robien/` : Les noms de ces hommes politiques auteurs de diverses lois de défiscalisation voient souvent leurs noms combinés à de nombreux autres mots-clés.

Et ainsi de suite.

Nous venons de poser une hiérarchie de combinaisons de mots-clés. Nous allons ainsi obtenir un guide pour réaliser le placement hiérarchisé de ces mots-clés, organisés en expressions-clés, sur les pages du site, du haut de l'arborescence vers les pages finales en passant par les pages têtes de rubriques.

Ici, dans cet exemple, *défiscalisation* sera intégré dans le nom de domaine. `Immobilier` sera présent aux côtés de `défiscalisation` dans la page d'accueil puis les noms des hommes politiques. On totalise alors 7 mots-clés pour la page d'accueil. Deux options s'ouvrent à nous : on laisse `loi-scellier-girardin-borloo-de-robien/` comme expression-clé stratégique de la page d'accueil ou on la déclasse en expression-clé importante sur la page d'accueil (donc avec un retrait de ces mots-clés du `title` de page).

Nous déclassons `loi-scellier-girardin-borloo-de-robien/` en expression-clé importante sur la page d'accueil, ce qui donne un poids maximal sur "`défiscalisation immobilier`". C'est notre arbitrage stratégique sur ce site exemple.

`loi-scellier-girardin-borloo-de-robien/` devient soit une expression-clé stratégique d'une tête de rubrique qui aura un `title` de 7 mots-clés, soit nous avons 4 pages têtes de rubrique ayant chacune une expression de 3 mots-clés stratégiques présente en `title` de page : "`défiscalisation immobilier loi nom de l'homme politique`". Le choix stratégique de l'arborescence et du référenceur est de minimiser le nombre de mots-clés par page afin de maximiser l'impact du peu de mots-clés présents dans le `TITLE`.

Nous aurons donc en pages têtes de rubrique depuis la page d'accueil :

- *defiscalisation/immobilier/loi-scellier/* , avec en `title` de page : "`défiscalisation immobilier loi Scellier`" ;
- *defiscalisation/immobilier/loi-girardin/* , avec en `title` de page : "`défiscalisation immobilier loi Girardin`" ;
- *defiscalisation/immobilier/loi-borloo* , avec en `title` de page : "`défiscalisation immobilier loi Borloo `" ;
- et enfin *defiscalisation/immobilier/loi-de-robien/*, avec en `title` de page : "`défiscalisation immobilier loi de-robien`".

REMARQUE

Le référencement influence la structure du site

À travers cet exemple, vous percevez la collaboration entre le référenceur, son audit mots-clés sous le bras et le concepteur du site. Les expressions-clés à combiner et à répartir influencent l'arborescence du site, sa structure, sa navigation. On remarquera aussi que cela conduit à une structure en silo d'informations spécialisées par thème que Google apprécie particulièrement.

Outre une aide à structurer le site en silo, cette factorisation des mots-clés apporte aussi une aide pour la conception et l'organisation des URL réécrites à la volée. En répartissant les mots-clés avec une approche factorisation, nous assurons une combinatoire de mots-clés en multiples expressions-clés capable de déclencher un effet longue traîne efficace et créateur de trafic ciblé.

2.12. Hébergement et création de trafic ciblé

Google détecte la géolocalisation de l'internaute en train d'utiliser ses services via l'adresse IP et différentes informations accompagnant tout internaute sur le Net. Dans la majorité des cas, Google peut déterminer assez précisément le village, la ville, le quartier d'où vous surfez.

Google utilise ces informations pour localiser et personnaliser ses réponses. Par exemple, vous requêtez sur "`parking`", Google listera en priorité des parkings proches du lieu d'où vous surfez et un comédien (Gustave Parking comme nom de scène) en page 1 des SERP. C'est une personnalisation locale. Google utilise les sites web ayant déclaré leur métier de "parking" et le lieu physique auprès de Google via Business local center. Il les propose alors en priorité dans un snippet dédié.

Figure 2.14 : Snippet spécialisé dans une SERP sur les résultats locaux

Barrés en noir figurent le code postal et le nom de la commune d'où la requête parking a été saisie.

Il y a aussi les personnalisations nationales. Google identifie sans problème le pays d'où vous surfez et dans 98 % des cas votre environnement linguistique : (`Fr,Fr`) pour un navigateur paramétré par vos soins ou votre fournisseur de PC/Mac en langue française de France, (`Fr,Be`) pour une (langue) française de Belgique, etc.

Google localise nationalement les SERP en donnant priorité aux sites locaux en *.fr* ou hébergés physiquement en France.

Un nom de domaine est composé de deux parties :

- Le nom lui-même : `lemonde` dans *lemonde.fr* par exemple.
- L'extension dite TLD : *.fr*, *.com*, etc.

Google France propose trois accès via des boutons à cliquer (boutons radio) : Web, francophone, France.

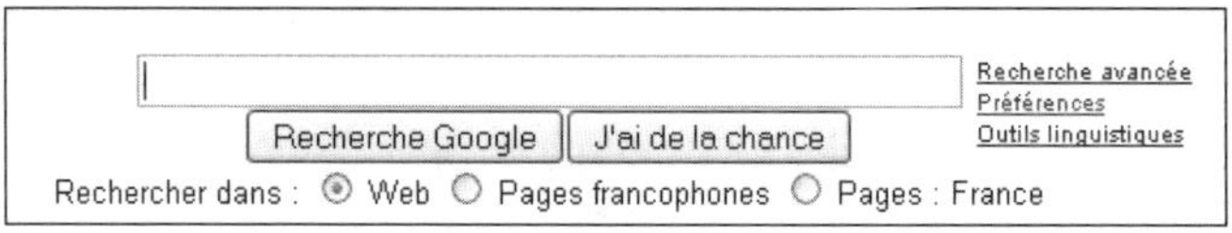

Figure 2.15 : Recherche dans le Web mondial, francophone ou strictement français

- *Rechercher dans le Web* correspond à tous les sites web du monde. Seule la correspondance avec les mots de la requête compte ainsi que le respect des préférences de recherche de l'internaute, celles part défaut, ou celles que l'internaute fixe par lui même.
- *Pages francophones* limite la recherche à tout texte rédigé en français sur un site dans le monde.
- *Pages France* limite la recherche aux sites français en .fr ou avec une autre TLD mais hébergé physiquement sur le territoire français.

Le choix de l'hébergeur, du pays où sera installé le serveur et de la TLD a donc des conséquences sur le trafic. En effet, prendre un hébergeur qui dispose de serveurs hors de France fera perdre du trafic à un site publié en français avec une TLD en *.com* (ou en *.net* ou en *.org*, etc.).

La perte est estimée théoriquement en moyenne à 5 %, suite à une étude analysant le comportement des internautes français sur leur sélection de zone dans Google. 5 Français sur 100 sélectionnent "Pages France". Les autres laissent la recherche web par défaut sans se préoccuper de la pollution des résultats dus à l'insertion de pages hors de propos car étrangères. En fait, nous le verrons un peu plus loin, la chute de trafic est plutôt de 40 % minimum en moyenne.

Un changement de comportement de Google (pré positionner par défaut Pages France ou Pages Francophones) ou des internautes (lassés de voir des sites étrangers insérés dans les SERP) expose un site français hébergé hors de France en *.com* ou *.net* ou autres différent de *.fr*, à une chute de trafic. Ce changement de comportement pourrait passer par des filtres plus accentués de géolocalisation des SERP (voir le paragraphe suivant pour les détails).

Depuis plusieurs années, Google analyse la géolocalisation de l'internaute et sa langue préférée. Même si on clique sur l'option *Pages web*, le moteur appliquera un filtre favorisant les sites de même langue et pays que l'internaute.

Exemple : la requête *biography Georges W Bush* à comparer à celle sur *"biography" Georges W Bush* guillemets inclus. L'une renvoie des sites francophones malgré la présence d'un mot clairement anglo-saxon. La 2e requête force le mot anglo-saxon grâce aux guillemets qui interdisent au moteur de faire des analogies sur le mot et de filtrer en conséquence les résultats de la SERP. Là, nous avons accès à la biographie sur des sites US.

Tant que vos mots-clés sont strictement franco-français, vous n'aurez que peu de perte de trafic. Si un de vos mots-clés est mixte, la porte est grande ouverte à des pertes de positions face à vos concurrents hébergés en France.

ASTUCE

Ne pas perdre de trafic à cause du pays d'hébergement

Soit la TLD de votre nom de domaine est en `.fr`, soit vous faites héberger votre `.com` ou `.net` ou autre, en France si votre public cible est français. Cette approche est certes un peu brutale, mais elle est fiable vis-à-vis du comportement de Google. En effet, celui ci peut tenir ou non ou partiellement compte des informations de géolocalisation déclarées dans Google Webmaster Tools.

Identifier le pays d'hébergement d'un site

La commande `ping www.le-site.com` dans l'émulation DOS de Windows donne le numéro IP du site. Ce numéro va nous permettre de connaître le pays d'hébergement.

Avec le numéro IP ainsi obtenu, ce site **http://ip-to-country.webhosting.info/node/view/36** met à disposition un outil gratuit qui indique le pays d'hébergement de toute adresse IP de serveur ou de site. Il existe d'autres sites proposant un tel outil. Il suffit de saisir dans Google. Par exemple, il y a ce site (non testé) : **www.netim.fr/tools/geo_localisation.php.**

Pour les sites désirant personnaliser l'affichage en fonction du pays de l'internaute, **http://ip-to-country.webhosting.info/** propose un web service vous délivrant en temps réel le pays de provenance de l'adresse IP d'un internaute ; cela vous permet d'afficher la page adéquate, en langue, monnaie, format de date, etc.

Piège à éviter : il faut afficher une URL distincte et unique par langue. Évitez d'utiliser la même URL avec un contenu variant selon la langue du pays de provenance. Cela pourrait être considéré par Google comme du cloaking.

2.13. Nom de domaine, URL, mots-clés et hébergement

Google prend en compte l'âge du nom de domaine. Pour être précis, il prend en compte la durée d'exploitation du nom de domaine avec un contenu.

Les noms de domaine ayant fait la preuve de la publication de contenus de qualité ont un bonus par rapport aux noms de domaine venant d'être mis en ligne, par exemple la possibilité d'obtenir un sitelinks.

ASTUCE

Du temps utilement employé.
Dès l'achat de votre nom de domaine, mettez une ou quelques pages d'attente avec de vrais contenus en ligne.

Mots-clés et URL

Les mots présents dans une URL, nom de domaine inclus, sont considérés comme des mots-clés potentiels par Google. Si un mot présent dans l'URL est optimisé dans la page correspondante, alors le positionnement de ladite page est amélioré sur ce mot-clé.

Optimiser l'URL des pages a un impact important sur le référencement. Il est important de mettre des mots-clés stratégiques de la page dans son URL.

Il est inutile d'avoir plusieurs noms de domaines pointant sur un même site directement. Ces URL différentes pointent sur le même contenu. Une seule survivra à une mise en liste noire par Google. Les autres seront invisibles dans les SERP sur vos mots-clés.

Si vous désirez avoir plusieurs noms de domaine pointant sur un même site sans les voir relégués en liste noire, il faut les *rediriger* (redirection 301 de préférence ou à la rigueur 302) vers le nom de domaine qui sera celui pointant comme nom de domaine principal et unique et déclaré comme tel à Google. Cette opération se gère depuis l'interface du *registrar* qui gère vos noms de domaine. Vous n'avez pas besoin de payer un hébergement pour une telle fonction.

Gandi.net est un *registrar* parmi d'autres. Depuis l'interface d'administration de votre nom de domaine, vous pouvez activer la redirection d'un domaine et de tout sous-domaine vers un autre domaine/sous-domaine. Vous n'avez pas besoin de prendre et payer un hébergement pour un seul fichier en *.htaccess* en charge de déclarer la redirection. Chez Gandi.net, la redirection s'administre par un clic sur le lien, en bas de page au milieu, *Redirections : modifier.*

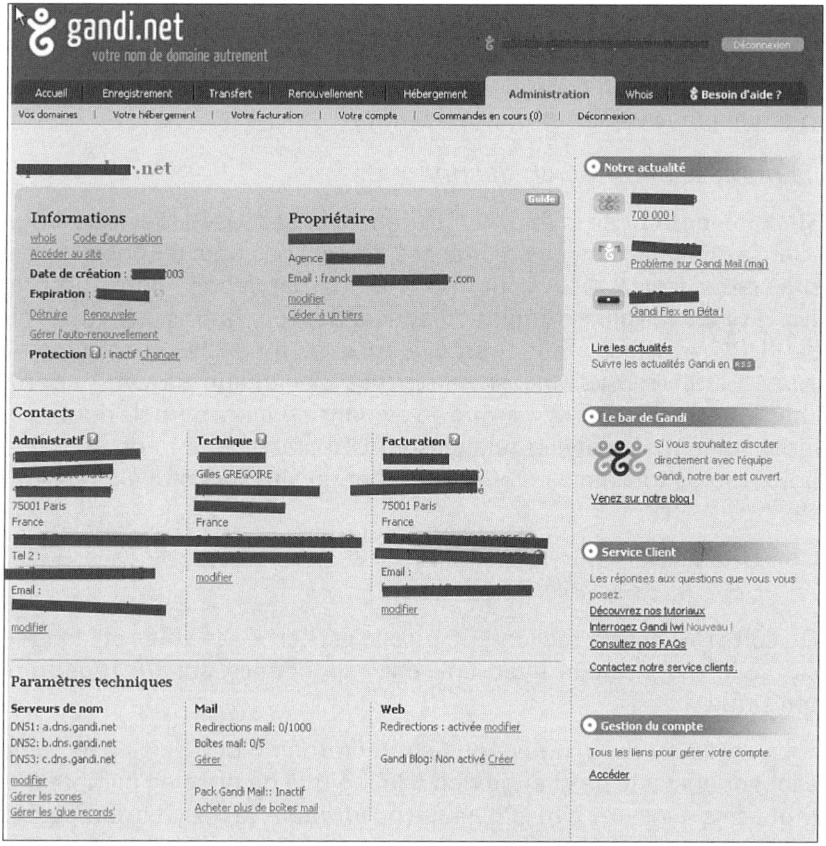

Figure 2.16 : Gérer les redirection 301 et 302 depuis l'administration de votre nom de domaine, ici chez gandi.net

Immense avantage : quand le bot de Google va accéder au nom de domaine redirigé, le protocole http va lui indiquer un code de redirection et la nouvelle URL. Ainsi informé, Google ne prendra aucune sanction contre ce nom de domaine. Si au lieu d'une redirection "propre", vous gérez directement les pointeurs DNS pour mettre les mêmes sur différents noms de domaine, vous aurez la mise en liste noire de tous les noms sauf un. Bien sûr, c'est Google qui sélectionne le survivant, pas vous. Et il risque de ne pas choisir celui que vous voulez utiliser en nom de domaine principal sur votre site.

Deux approches distinctes peuvent être mises en œuvre.

Une expression-clé comme nom de domaine

Si votre entreprise peine à obtenir de la visibilité sur son métier, il est efficace de sélectionner l'expression-clé stratégique dudit métier et de l'utiliser comme nom de domaine. En effet, Google donne une forte "prime" aux mots-clés constituant un nom de domaine. **www.loi-scellier.fr** pour un courtier en défiscalisation constitue un avantage indéniable face à ses concurrents.

La marque dans le nom de domaine

Si votre entreprise s'appelle "Durand conseil SARL" et que vous exerciez dans le conseil en finances, il n'est pas utile d'appeler votre site **conseil-finances.com**. Vous pouvez garder votre nom propre, **durand-conseil.com** par exemple et disposer des répertoires physiques ou de l'URL rewriting mettant en évidence les mots-clés stratégiques : **durand-conseil.com/conseiller-finances-tresorerie/**. L'avantage de cette approche : vous mettez votre marque en évidence dans le nom de domaine. Inconvénient : conseiller finances en URL après le nom de domaine porte moins fort dans le référencement du site sur cette expression-clé.

Une URL est structurée ainsi : `nom de domaine/répertoire physique 1/…/répertoire physique N/nom-de-fichier.html`

Ou cette URL existe réellement, ou elle est écrite à la volée et, dans ce cas, elle est virtuelle avec une correspondance sur un répertoire physique.

À ce stade du livre, nous nous contenterons d'une existence réelle sachant que cela ne change rien à la logique de prise en compte des mots-clés dans une URL. Physique ou virtuelle, la prise en compte est identique par Google, qui ne cherche pas à faire la différence entre les deux.

REMARQUE

Dans une URL, Google est capable de distinguer masculin/féminin, singulier/pluriel.

Par exemple, dans **Ventes-de-vins.com** Google identifie "`vente`"," `ventes`", "`vin`", "`vins`", tout comme il le fait dans le `TITLE` d'une page et dans le `meta DESCRIPTION`.

REMARQUE

Google isole, dans les noms de domaines, les mots compréhensibles accolés les uns aux autres. Par exemple, Google identifie `durand` dans **immodurand.com** ou dans **jgdurand.com**.

L'utilisation des tirets est préférable quand on veut séparer deux mots dans un nom de domaine : **ventes-de-vins.com**. Cela correspond à l'habitude de très nombreux internautes. Le souligné fonctionne aussi depuis quelques années. Mais son utilisation n'étant pas encore rentrée dans les usages, il est préférable de s'en abstenir dans le nom de domaine et de le réserver pour les URL rewriting dans la séparation des mots-clés.

Pièges à éviter

Les noms de domaine trop longs et les URL réécrites trop longues recèlent des pièges à connaître pour soit les éviter, soit les contourner.

Google AdWords et nom de domaine

Un nom de domaine trop long pose un premier problème technique : impossible de l'utiliser pour des campagnes AdWords. En effet, la longueur maximale d'un nom de domaine sans *http://* et sans le *www* est d'une trentaine de caractères environ.

Il n'est pas possible de créer un nom de domaine court redirigé vers le site utilisant la version longue du nom de domaine. AdWords refusera la campagne. Les conditions d'utilisation de Google AdWords interdisent une campagne via un nom de domaine redirigé.

Deux pistes sont possibles pour contourner ce problème :

- Créer un nom de domaine court et ne pas le faire connaître par le moteur (aucun lien ne pointe dessus, aucune déclaration à Google, aucun sitemap). On fait pointer ce nom de domaine sur le site en gardant l'autre nom de domaine, le plus long, actif. On s'expose néanmoins à ce que Google passe le nom de domaine court en URL à référencer ; vous vous retrouvez avec 2 URL distinctes pour chaque page de votre site, soit un superbe duplicate content. Au vu de multiples bogues ou dysfonctionnements divers rencontrés dans les outils Google, il est déconseillé de mettre cette piste en pratique.
- Créer un nom de domaine et l'associer à un site d'une page dédié à AdWords et dont les liens renvoient tous vers le site réel et officiel. Cette approche offre d'autres avantages : elle vous permet

de distinguer le trafic issu de AdWords et du référencement naturel avec une grande simplicité et une certitude de 100 %. En effet, ce n'est pas toujours le cas avec les outils Analytics et AdWords. Cette approche vous permet de gérer hors de votre site une landing page dédiée à des promos qui seront donc invisibles aux internautes venant directement sur le site. Cela constitue un avantage webmarketing important. Vous pouvez différencier vos promos selon le canal utilisé pour vous trouver.

REMARQUE

Tracer un internaute

Tout codeur web peut tracer un internaute qui arrive sur un site d'une page (celui dédié à Google AdWords) et clique ensuite vers le site principal. L'affichage du site pourra être personnalisé à ce profil d'internaute. Cela permet ainsi de tenir la promesse faite via une campagne AdWords et développée uniquement sur le site d'une page dédié aux campagnes AdWords.

URL réécrite et annuaires

Les URL réécrites à la volée incluent souvent plusieurs mots-clés, ce qui est normal. Lors de campagnes de netlinking, il est souhaitable d'avoir des inscriptions en annuaires pour différentes raisons.

Mais nombre d'annuaires ont été codés par des personnes peu compétentes sur le Web. De nombreuses limitations existent et l'une d'elles concerne directement l'URL réécrite. Le nombre de caractères laissés pour saisir l'URL est trop petit. Impossible de saisir l'URL, elle est tronquée et vous vous retrouvez avec une URL tronquée n'aboutissant nulle part en erreur 404. Ce type d'erreur est signalé via votre compte Google Webmaster Tools.

Voici un contournement un peu tortueux : créez une page dédiée à l'expression-clé que vous désirez inscrire en annuaire et raccrochez-la à l'arborescence de votre site. Cette page sera dédiée en contenu à cette expression-clé. Elle ne contiendra qu'un lien, hors le menu de navigation de base. Ce lien pointera vers la page en URL réécrite.

Avantages :

- Vous récupérez le trafic depuis les annuaires bogués où l'inscription aura ainsi fonctionné.
- Vous avez des backlinks d'annuaires autrement inaccessibles pointant vers votre site avec des libellés dédiés, variés et porteurs de cohérence.

- Le lien quittant votre page dédiée à ces annuaires et pointant vers la page réelle transporte un peu de Page Rank associé à une expression-clé.

2.14. Google writing

REMARQUE

Cette étape est fondamentale dans un référencement réussi

En effet, le contenu de qualité prime. Pour mettre en valeur ce contenu, Google ne communique rien. Hors un contenu de valeur mal mis en valeur sera peu visible. Si vous avez un contenu de qualité, le fait de le mettre en valeur vous permettra de réaliser une grande part de la réussite de votre référencement juste en utilisant des techniques de Google writing.

L'optimisation d'une page pour faciliter son indexation par un moteur va porter sur des travaux à effectuer sur :

- Les critères on page, ils regroupent tous les éléments techniques d'une page : `title`, `URL`, balises `meta`, balises `hN`, etc.
- Le Google writing vis-à-vis des mots-clés. Cela consiste à écrire et à mettre en page non seulement pour les humains mais aussi pour faciliter le travail des bots et des algorithmes des moteurs.

Nous avons vu un peu plus haut comment optimiser les critères d'une page pour cinq mots-clés stratégiques au sein d'une ou deux expressions-clés. La technique d'écriture a une grande influence sur les algorithmes de positionnement.

Densité, occurrences de mots-clés

ASTUCE

Quelques concepts simples pour mieux optimiser une page

Densité, occurrence, racine, thème, thésaurus, fréquence, répartition, cohérence sont des concepts faciles à comprendre et très efficaces quand on les met en œuvre.

Les textes d'une page peuvent être analysés par Google sous différents angles :

- La *densité* des mots, des mots-clés. Combien de fois, sur un nombre de mots donnés, tel mot-clé revient-il ? Par exemple, sur les 47 mots de tous les titres en H1 de cette page, combien de fois tel mot revient-il ?

- La présence de *synonymes* : voiture, automobile, auto, cars sont des synonymes (cf. commande ~ dans Google).
- Le nombre brut *d'occurrences* d'un mot donné dans la page.
- Les mots *connexes* : casque, protection, tête sont des mots connexes.
- La *répartition* des occurrences d'un mot-clé au sein de la page dans différentes sections ou critères on page (entre balises `hN`, en `ALT` et `TITLE` d'images, en texte, entre balises `<strong>`, en `meta Description` et en `TITLE` de page, et dans l'URL de la page) sont les principaux critères.

Exemple : écriture d'un texte de 100 mots environ. Objectif : un texte mettant en évidence `casque` et `combat` pour un site commercialisant des équipements individuels pour les arts martiaux.

Protection > **casque** :
Notre gamme de **casques** protège les sportifs pour tous leurs entraînements en arts martiaux et en sports
de **combat et autres fighting.**
Le **casque** ADIDAS est adapté pour les sports de **combat**
type Boxe Thaï, dont les **combats** voient des coups portés
particulièrement violents entre **combattants.**
Le **casque** NIKE est adapté aux **combats** en arts martiaux
où les coups portés entre **combattants** sont plutôt simulés.
La **tête**, le **crâne** et le **visage** sont bien **protégés.**
Casque ADIDAS à 57 /**Casque** NIKE à 47
Tours de **tête** : de enfants à adulte.

REMARQUE

Optimiser grâce aux synonymes

Le mot `fighting` n'est pas là par hasard. Pour Google, c'est un synonyme en français de combat.

La commande `~combat` dans Google nous renvoie les synonymes de `combat`. Il n'y a que `fighting`. Le référenceur avisé en tiendra compte en l'utilisant dans son Google writing.

Remarque : Le mot `casque` n'a aucun synonyme.

C'est un peu lourd comme rédactionnel. Dans vos textes, vous pourrez faire plus léger. Ici on cherche avec cet exemple à expliquer la base du Google Writing, à mettre en évidence les notions de densité, d'occurrences de mots-clés. Dans ce paragraphe seul, on répète plusieurs fois les mots-clés sous différentes déclinaisons. Plus que tout autre mot – Google est clairement guidé vers ces 2 mots-clés. Les mots environnants couvrent aussi la même thématique : `tête`, `crâne`, `protection`, `visage`, etc. Ils sont **connexes** à nos deux mots-clés.

Différentes déclinaisons de chacun de ces 2 mots-clés et des mots connexes :

- casque, casques : tête (un casque va sur une tête)/un visage et un crâne sont protégés par un casque.
- combat, combats : combattants/casque et combattant/coups violents (donc protections, protège).

Améliorer le Google Writing

Notre objectif dans l'exemple précédent est de référencer deux mots-clés distincts, et non pas l'expression-clé `casque combat`. En effet, l'objectif est d'être référencé sur `casque`. Mais il existe de multiples casques : moto, ski, sport de combat, vélo, VTT, etc. Il y en a des centaines. Seuls les casques de sports de combat nous intéressent.

Faisons un audit de mots-clés pour ajuster le Google Writing sur notre gamme de casques.

L'outil de recherche de mots-clés Google donne les résultats suivants :

- `casque combat` : 320 recherches mensuelles "Large" et 22 "Exact".
- `casque karaté` : 58 recherches mensuelles "Large" et plus de 10 "Exact".
- `casque arts martiaux` : 46 recherches mensuelles "Large" et 22 "Exact".
- `casque boxe` : 1 000 recherches mensuelles "Large" et 480 "Exact".

Conclusion : `casque` sera la racine-clé de notre page ; `casque boxe` sera l'expression-clé stratégique réelle de notre page ; les autres `casque` xxx seront ciblés accessoirement.

Un `casque boxe` est connexe aux mots-clés : `sport`, `combat`, `thaï`, `anglaise`, `française`.

Il faut éviter les duplicate contents avec d'autres pages d'autres sites. Il faut donc personnaliser pour casser les détecteurs de similitudes de texte de Google.

RENVOI

Lisez à ce sujet la section *Duplicate content* du chapitre *Pages absentes de Google*.

Un texte récrit selon ces directives, pour le compte du magasin "Pan et boum" d'Évry, ressemblerait à ceci :

Protection > **casque boxe et arts martiaux** :
Nos gammes de **casques boxe et fighting**, visibles dans notre magasin **pan et boum d'Évry**, protègent les sportifs pour tous leurs entraînements en arts martiaux, en **boxe** et en sports de **combat et autres fightings**.
Le **casque boxe** ADIDAS (**en promo chez Pan et boum à Évry**) est adapté aux sports de **combat et fighting** type **Boxe Tha¨**, dont les matchs et **combats** voient des coups portés particulièrement violents entre **combattants**.
Le **casque** NIKE est adapté aux **combats** en arts martiaux (karaté, tae kwon do…) où les coups portés entre **combattants** sont plutôt simulés.
La **tête**, le **crâne** et le **visage** sont bien **protégés**.
Casque ADIDAS à 57 /**Casque** NIKE à 47
Tours de **tête** : de enfants à adultes.

On a protégé les phrases où figure casque boxe par des insertions de mots propres au magasin, à sa situation. On a travaillé sur les mots-clés à combiner avec casque.

Lutte contre le duplicate content

L'expression-clé stratégique est casque boxe. Chaque phrase utilisant cette expression-clé doit être éloignée le plus possible de tout duplicate content. Pour cela, appliquez une recette simple qui sera répétée dans ce livre : insérez un texte unique. Ici, nous citons le nom du magasin et sa ville, Évry.

Connexité de mots-clés

Nous venons de voir une connexité de mots-clés via un exemple : "un casque est une protection de la tête".

Mais comment fait un moteur de recherche pour calculer une connexité entre deux mots, et donc comment évaluer nous-mêmes, référenceurs, si 2 mots sont connexes ? En effet, plutôt que de noyer un paragraphe de texte de 300 mots significatifs avec 30 fois le mot-clé casque, mieux vaut se contenter de le faire figurer maximum 7 ou 8 fois, soit 3 à 4 % maximum en densité, et d'utiliser des mots connexes à casque.

Pour faire très simple, Google tente de calculer la thématique principale d'une page via les mots-clés de cette page bien sûr et surtout la connexité entre les mots significatifs de la page puis entre les liaisons entre ces mots : sujet, verbe, complément d'objet, etc. On peut résumer cela en disant que Google évalue la qualité grammaticale, orthographique, lexicographique des textes d'une page et la position des mots entre eux pour tenter d'évaluer la thématique de chaque phrase sous cet angle.

Ensuite, ce sont les internautes qui vont faire le travail. Google analyse et calcule des statistiques pour thématiser des expressions-clés. Pour mettre à la portée de tous la puissance d'une telle approche et sa redoutable efficacité, voici deux exemples :

- Durant des mois, sur **google.fr**, un des synonymes de `automobile` était *cars*, le titre du dessin animé des studios Pixar. L'intérêt pour le film ayant disparu, les requêtes des internautes aussi, cars n'est plus un synonyme de automobile.
- Depuis des années, deux autres synonymes de `automobile` sont *Toyota* et *Honda*, sur **google.fr**.

Google dispose ainsi d'un genre de dictionnaire qui à chaque mot relie les mots plus ou moins proches.

Pour résumer, Google offre les deux outils nécessaires pour évaluer la connexité de 2 mots. D'un côté, une analyse du contexte et de l'autre un dictionnaire reliant tout mot à un contexte et à d'autres mots connexes. Il peut donc en déduire la thématique principale d'une phrase, d'un paragraphe, d'un titre, d'une page.

Recette de cuisine et connexité de mots-clés

Pour un référenceur amateur, il suffira de comprendre et d'appliquer une recette de cuisine qui fonctionne toujours à peu près de la même façon :

- Une page cible et peu d'expressions-clés. Une expression-clé composée de 3 à 4 mots-clés est pratiquement un maximum.
- Il faut avoir un peu de densité sur cette expression-clé dans chaque type de mise en page : titre, paragraphe, etc. et bien sûr `title` de page ainsi que `meta description`.
- L'utilisation de mots connexes aux mots-clés de cette expression dans un texte sera un atout pour le référencement de sa page sur cette expression-clé. Il faut utiliser des synonymes, des mots employés habituellement dans le même contexte. La famille royale de *Orange*, la révolution *Orange* en Ukraine, l'opérateur téléphonique *Orange* n'ont pas les mêmes mots employés habituellement en fonction du *Orange* exactement utilisé dans toute page de tout site Internet.
- Plus il y a de pages sur le Net avec la même expression-clé, plus la page à référencer sera noyée dans la masse et donc difficile à sortir du lot. Il faudra frapper fort en dédiant une page bien placée à cette

expression-clé et en dédiant le `TITLE` de cette page à cette expression et uniquement à elle. Ce sera une bonne base de travail pour passer à d'autres étapes du référencement sur une expression-clé en forte compétition.

- La présence de liens internes ou externes poussant les mots-clés ciblés, créent une popularité de cette page sur cette expression-clé, ce qui termine de la placer en bonne position dans l'index.

Calculs de connexités de mots-clés

Pour un webmestre intéressé par du référencement plus poussé et donc sujet à rencontrer de nombreux cas particuliers, il faut comprendre l'approche de calcul de base d'une connexité finale d'un texte. Nous allons effectuer une approche algorithmique pour bien faire percevoir le fonctionnement. Cela permettra à un webmestre de mieux comprendre et donc de gérer plus finement la mise en page et le rédactionnel d'une page dans un objectif de référencement. Maîtriser le Google Writing sera une des conséquences de la bonne compréhension de la connexité et des calculs associés.

Un moteur de recherche de base, un "*moteur école*", utilisera un dictionnaire, un thésaurus. Il en fera deux usages :

À chaque page indexée, il analysera les termes présents. À force d'accumuler des pages, il constituera une base statistique lui permettant de calculer une relation entre un terme précis et de nombreux autres termes : proche, éloigné, sans rapport, etc. Il définit ainsi dynamiquement une connexité entre un mot précis et tous les autres mots de son dictionnaire. Notre moteur école se constitue grâce aux pages indexées à un dictionnaire. Celui-ci fait l'objet de calculs complémentaires via les requêtes saisies dans Google et le comportement des internautes suite à ces requêtes. Notre moteur de recherche obtient ainsi un thésaurus assez précis sans intervention humaine longue et coûteuse (voir fig. 2.17).

Face à une page à positionner en face d'une requête de plusieurs mots-clés, disons deux pour illustrer plus facilement nos propos, le moteur, notre *moteur école* créera une matrice à raison d'un axe par mot. Il évaluera ensuite le vecteur final de la requête composée de ces deux mots-clés. Puis il affichera dans la SERP les pages dont le contenu offre un vecteur ayant un angle le plus faible possible par rapport au vecteur de la requête (voir fig. 2.18).

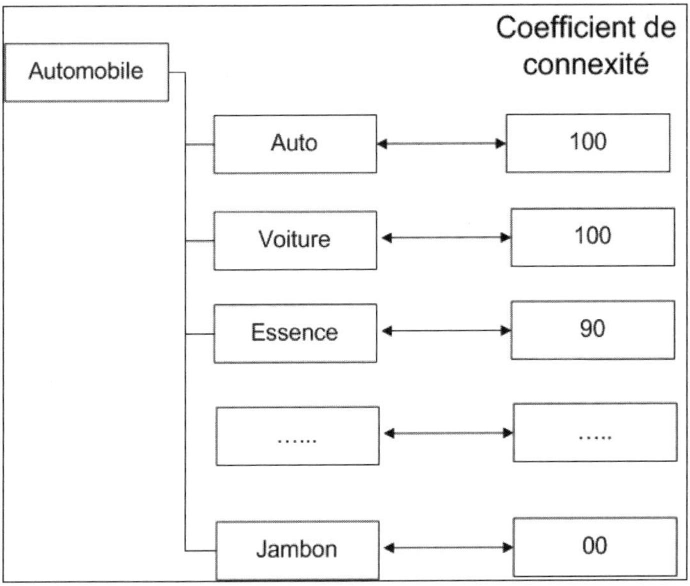

Figure 2.17 : Connexité de tout mot vis-à-vis de Automobile

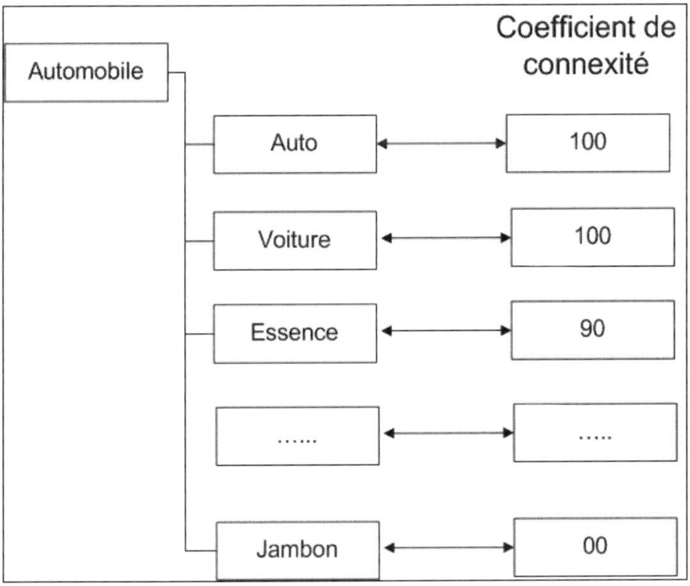

Figure 2.18 : Face à la requête "automobile voiture", la liste des URL ayant chacune le moins de différence d'angle

À chaque phrase d'un paragraphe d'une page, on peut ainsi calculer et exprimer une thématique de cette phrase puis de ce paragraphe (constitué d'un groupe de phrases) et enfin de la page constituée elle-même de N paragraphes.

- Les vecteurs de chaque mot sont pris en compte.
- La position et les liens au sein de la phrase sont analysés et un calcul de pondération est appliqué à la longueur de chaque vecteur de chaque mot.

Ce calcule livre un vecteur dans cet espace 3D qui exprime la thématique de cette phrase. Chaque phrase d'un paragraphe est ainsi traitée.

Ensuite, notre *moteur de recherche école* pourra appliquer des algorithmes pour évaluer les phrases d'un même paragraphe entre elles. Il en tirera un vecteur exprimant le poids de ce paragraphe et une direction exprimant la thématique. Notre moteur de recherche école pourra alors calculer de la même manière le vecteur de la page depuis des calculs sur les vecteurs de chaque paragraphe composant cette page, etc. À chaque étape, il y a une pondération : le texte d'une balise `h1` possèdera un coefficient supérieur au texte d'un simple paragraphe.

En fait, une telle architecture permet de nuancer avec une finesse extraordinaire l'évaluation du contenu d'une page.

ASTUCE

structurer une page en paragraphes, titres

Un paragraphe doit correspondre à une thématique unique, être formé de phrases correctes en grammaire et en orthographe, dépourvu de jeux de mots incompréhensibles à un robot logiciel. Les normes W3C doivent être utilisées pour cadencer la structure de la page. Un titre doit être en rapport avec le paragraphe qui le suit. On devrait hiérarchiser les titres entre eux via les balises `Hn`, de `h1` à `h8`. La balise <p> permet de déclarer les paragraphes. Elle devrait être systématiquement utilisée.

L'approche mathématique sur la connexité des mots-clés se nomme Cosinus de Salton, du nom de son auteur.

Illustration : une requête composée de 3 mots est envoyée à un moteur.

Dans la figure ci-après, les 3 mots forment un espace 3D à coordonnées x, y et z. Les mots, phrases, paragraphes, titres, textes de balises `ALT` des images, etc. de chaque page permettent de calculer son vecteur par rapport à ces 3 mots.

On peut compléter cet algorithme en prenant en compte les liens internes et externes de chaque page et affiner encore mieux le vecteur final de chaque page candidate face à ces expressions-clés composées de 3 mots.

La requête composée de 3 mots est calculée de la même manière. On en tire donc un vecteur exprimant sa thématique.

Les 10 pages ayant l'angle le plus faible possible avec le vecteur de la requête seront les 10 premiers résultats dans la SERP renvoyée à l'internaute auteur de la requête.

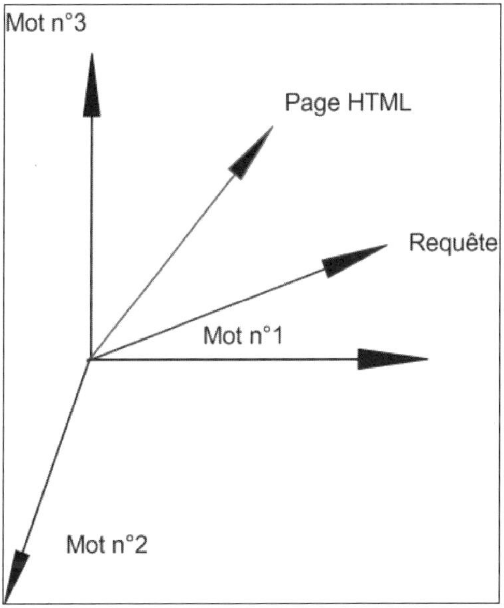

Figure 2.19 : 3 mots en espace 3D, le vecteur de la page indexée, le vecteur de la requête

La mission du référenceur en rédactionnel consiste à orienter au maximum le vecteur de la page optimisée dans le même sens que le vecteur de la requête de mots-clés ciblés.

Il est évident que ce travail peut être seulement itératif :

- On conçoit et rédige un premier texte.
- On le soumet à Google.
- On vérifie que le contenu a été pris en compte en examinant le cache de Google sur la page.
- On mesure le positionnement.
- On améliore le texte dans l'optique du cosinus de Salton sur les mots de l'expression-clé ciblée. Et on recommence la boucle.

N'oubliez pas que les backlinks interviennent de l'extérieur de la page. Acquérir des liens cohérents appuie ce travail de rédactionnel optimisé.

> REMARQUE
>
> **Pourquoi le Cosinus de Dalton ?**
>
> La réponse est fort simple. Un ordinateur ne sait pas manipuler de concept humain comme la connexité entre une voiture et un carburant comme l'essence. Tout transformer en géométrie vectorielle permet de translater un concept humain en mathématiques. Un modèle mathématique, lui, est aisé à coder en programmes informatiques exécutés dans des fermes de serveurs comme en possède Google.

Les nuages de mots ou de liens

Les mots contenus dans un lien sont notés plus forts par Google sous certaines conditions. Le *casque Nike* est un exemple éligible à une meilleure prise en compte par Google. Dans notre exemple des paragraphes précédents, *casque Nike* est un lien pointant vers la page présentant le casque Nike en question. Non seulement ces 2 mots-clés sont poussés avec du Page Rank vers la page visée, mais ces mots-clés sont aussi mis en valeur dans la page contenant le lien, on dit l'ancre dans le jargon des codeurs HTML.

Si ces mots-clés présents dans le libellé du backlink, *casque Nike* dans notre exemple, sont cohérents avec les pages de départ et d'arrivée, ils seront davantage mis en valeur auprès de Google que les autres mots de la page. Le ranking de ces deux pages sur cette expression-clé va progresser.

Les nuages de mots (qui sont en fait des nuages de liens ou *tags cloud*) que vous voyez quelques fois sur certains sites sont là pour cela. Ce sont des liens avec des mots-clés à mettre en valeur sur la page et vers les pages pointées.

Figure 2.20 : Exemple de nuage de mots-clés en backlinks

La technique des nuages de liens recèle de nombreux pièges. En effet, elle utilise en fait une technique baptisée *Page Rank Sculpting* et elle est mal vue par Google. Le moteur de recherche a déployé des outils (pour faire simple) qui détectent et pénalisent les pages à nuages de liens. Installer un nuage de liens sans comprendre le modèle mathématique lié est une voie toute tracée pour obtenir un frein sur son référencement.

Mettez votre site à jour

Google analyse la différence de contenu entre la page en ligne parcourue par le bot et la dernière version stockée dans son cache.

Il prend en compte les différences en nouveaux liens entrants ou sortants, en nouveaux textes, en nouveaux visuels pour chaque page. Un site régulièrement maintenu est mieux "noté" par Google. C'est de cette manière, entre autres, que Google peut automatiser la détection de pages Web 2.0. Une page ayant un mécanisme de notation et d'échanges de vues entre internautes verra sa longueur augmenter régulièrement au fil du temps.

Les mises à jour d'une page peuvent être automatisées, comme nous le verrons dans le chapitre consacré au référencement automatisé grâce à la programmation PHP/MySQL.

Transformer en images les textes inutiles et redondants

Dans de nombreux sites, un texte en colonne de droite revient à chaque page : événement, actualité, promotion, coup de cœur ou autre. La répétition de ce texte peut ne rien apporter en mots-clés contenus. Dans ce cas, ce texte va noyer les mots-clés et les textes cohérents associés, au détriment du positionnement. Pire, il pourrait pousser la page en duplicate content et participer ainsi à sa désindexation :

- Ce texte étant répétitif et d'une longueur supérieur à 30/35 caractères sera vu comme un duplicate content partiel. Si une page contient trop de tels contenus dupliqués, plus de x pourcents de son contenu total, X variant en fonction des mises à jour chez Google, elle sera désindexée.
- Le texte peut être hors thème central de la page et ainsi perturber son positionnement sur les expressions-clés qui sont confiées à cette page.

Une solution parmi d'autres : transformer ce texte en image. Cette image améliorera la densité des mots-clés, éliminera une source de "distraction" pour Google et permettra en outre de placer des balises

ALT et TITLE contenant des mots-clés plus pertinents, voire personnalisés page à page si on respecte des conditions d'optimisations exposées dans le chapitre sur l'automatisation du référencement.

Des pages possèdent aussi un tableau de prix, de disponibilités, de dates ou autres informations contenant des mots inutiles au référencement et à sa cohérence.

Groupe "Économique" - Tous les prix en euros et pour une semaine						
Groupe	Modèle	Basse	Moyenne	Haute	Franchise	Assurance
A1	Chevrolet Matiz	114.00 €	119.00 €	129.00 €	300.00 €	4.00 €
A2	Peugeot 107	114.00 €	119.00 €	129.00 €	300.00 €	4.00 €
A3	VW Polo	129.00 €	144.00 €	154.00 €	420.00 €	5.00 €
A4	Ford Fiesta	129.00 €	144.00 €	154.00 €	420.00 €	5.00 €
A5	Renault Clio	129.00 €	144.00 €	154.00 €	420.00 €	5.00 €

Figure 2.21 : Un tableau de mots inutiles – à remplacer par une image si possible

Ce même tableau mis en image allégera la page en mots inutiles et améliorera la densité des mots-clés. De même, balises ALT et TITLE avec des textes adaptés appuieront le référencement de cette page.

Inconvénient : si votre tableau de prix est construit depuis une requête sur une base de données, cela devient nettement plus complexe à réaliser. Cela nécessite impérativement l'intervention d'un codeur PHP capable de manipuler les bibliothèques gratuites ayant en charge la transformation de texte en images.

Sans compétences en développement informatique, le plus simple est alors de laisser ce tableau tel que. Tant pis ! Le coût de l'optimisation ne justifie pas l'avantage donné.

La librairie GD permet à un codeur PHP de générer des images mots-clés *.gif* depuis du texte. Googlez "php gd library" pour identifier de nombreux sites sur le sujet.

Écrire pour les humains et pour Google

Nous reviendrons en détail, dans un prochain chapitre, sur les raisons d'une limitation à un seul thème par page pour réussir un positionnement.

Le webmestre doit absolument ancrer cela dans ses habitudes : une page doit traiter d'un seul thème – il faut arriver à éclater en arborescence de pages un sujet impliquant plusieurs thèmes distincts.

En prévision du futur, les phrases doivent posséder une syntaxe, une grammaire et une orthographe correctes ou au moins en être la plus correcte possible. Google investit sur la compréhension du contenu d'une page. Rédiger correctement vous donnera un avantage.

Le spam de mot (*word stuffing* dans le jargon du référencement) est aisément découvert par Google. Inutile de tenter ce genre d'opération, ce serait particulièrement contre-productif. Avoir une densité de 50 % sur un mot-clé est statistiquement anormal. Il faut privilégier l'usage de synonymes et de mots connexes au thème de la page.

Au grand désespoir de nombreux journalistes, comme ceux de la BBC, Google ne comprend pas les jeux de mots.

Un titre accrocheur pour les humains, basé sur un jeu de mots, en balise `h1` en haut de page aura un effet désastreux sur le positionnement de cette page dans l'index d'un moteur.

Exemple : un jeu de mot sur "`aïephone`" (en référence au iPhone de Apple) en titre `h1` d'un article enverra celui-ci au fin fond de l'index et sera introuvable en bonne position sur une requête du genre "`iPhone - liste des magasins`"

Pour contourner ce type de problème, il faut passer à un double titre :

- Un titre pour les humains : il sera en gras, police de taille plutôt élevée et en balise `hN` néanmoins, `h3` par exemple.
- Un titre pour Google : il sera écrit dans une police plus discrète et en balise `h1`, en tous les cas une balise `hN` différente et supérieure en importance de celle utilisée pour le titre "humain".
- Ces deux titres sont en haut de page, l'un en évidence pour les humains donc dans le triangle d'or à gauche en haut. L'autre, destiné à Google, sera discrètement collé vers la droite, zone moins parcourue par l'œil humain.

Le titre pour Google aura une balise `hN` réservée à ce strict usage, typiquement `h1`. Il sera redéfini en feuille de style, en conservant le nom `h1`, avec les attributs pour limiter sa taille de police mais sans exagérer, avec une couleur plutôt pastel et terne peu susceptible d'attirer l'œil mais clairement différente de la couleur de fond. Elle sera redéfinie avec des caractéristiques inverses donc de la balise `hN`, `h4` par exemple, destinée aux titres pour les humains.

2.15. Optimiser une page : balises et cosinus de Salton

Listons et évaluons les critères à travailler sur une page pour réussir son optimisation en accessibilité sémantique pour les mots-clés stratégiques qu'elle véhicule. Cette étape est un des maillons fondamentaux pour réussir son référencement naturel.

Nous avons vu dans ce chapitre le cosinus de Salton. On peut alors formuler l'optimisation réussie d'une page plus efficacement mais cela se révèle plus complexe à appréhender : c'est via une bonne optimisation et utilisation des balises de la page que l'on va disposer de l'angle idéal du vecteur "thématique" de cette page face à des mots-clés parfaitement identifiés, mots-clés qui seront donc plus ou moins présents dans une requête d'internaute, pour être comparé au vecteur "thématique" de la requête.

Nous détaillons cette formulation en apparence complexe mais en réalité assez facile à comprendre :

- Nous affectons 5 mots-clés stratégiques à une page. Les contenus de cette page seront donc en rapport avec ces 5 mots-clés.
- Ces 5 mots-clés définissent une matrice à 5 dimensions, un espace à 5 dimensions donc, une dimension par mot-clé.
- Une requête utilisant ces 5 mots-clés verra donc Google calculer un vecteur représentant le "thème" de cette requête.
- L'optimisation des critères d'une page vise à tenter d'influencer Google afin de disposer d'un vecteur ayant un angle d'écart le plus faible possible avec le vecteur de la requête de l'internaute et ainsi apparaître dans la SERP de Google.

Cette approche est valable pour toute requête d'internaute composée d'au moins 2 mots-clés. C'est-à-dire une part croissante des requêtes des internautes. Pour mieux cibler leurs recherches, les internautes ont tendance à saisir de plus en plus de mots-clés afin d'affiner leurs recherches.

La balise TITLE

Elle doit contenir de 8 mots maximum voire moins si on doit concentrer le référencement sur peu de mots-clés. La balise `TITLE` est affichée dans les snippets en pages de résultats de Google. Le `TITLE` doit donc être un minimum compréhensible en évitant une suite de mots-clés. Autrement, les humains risquent de ne pas cliquer dessus.

Pièges à éviter :

- Ne pas remplir systématiquement avec 8 mots tout `TITLE` de page. En effet, plus il y a de mots-clés dans le `title`, moins celui-ci porte. On doit absolument limiter le volume de mots-clés au strict nécessaire des besoins de la page. Tout ajout de mot-clé non stratégique dans un `TITLE` de page pénalisera les vrais mots-clés stratégiques présents dans le `TITLE`.

- Placer des mots dans le `TITLE` sans cohérence avec le contenu de la page. Un mot dans le `TITLE` est fondamental. Il est logique que ce mot soit présent dans le reste de la page en `Hn`, en <p> et en balise `ALT` d'image.
- Avoir des `TITLE` identiques sur un même site. Toute page doit avoir un `TITLE` unique.

Les mots-clés ont une priorité : du plus important situé à gauche vers le moins important situé à droite. Des tests ont montré des variations sérieuses de positionnement selon le nombre de mots dans le `TITLE` et la position de ceux-ci dans le `TITLE`.

Google considère que le contenu d'une balise `TITLE` de page type fortement la thématique d'une page.

Le contenu de la balise aura une forte influence sur le vecteur de la page face à une matrice utilisant une dimension par mots-clés présents dans le `TITLE` de la page.

Pour un exemple de mise en œuvre, reprenons notre site commercialisant des articles pour les arts martiaux. La balise `TITLE` de la page dédiée aux casques pourrait avoir : "`Casques arts martiaux sports de combat, protection`" soit 6 mots-clés, tous ciblés bien sûr et stratégiques pour cette page. Le mot "`Protection`" est néanmoins présent pour permettre des manipulations autour des vecteurs de Salton.

On peut noter l'absence de Karaté, Tae Kwon Do, boxe française, etc. En effet, il y a trop de sports de combat nécessitant un casque pour tous les lister ici. Notre choix pour cet exemple est de favoriser casque et arts martiaux quitte à inverser la priorité des mots-clés dans une autre page de la rubrique *casque* (ex : "`Casque Karaté Adidas, arts martiaux`" pour la page dédiée à la gamme des casques Adidas). Un site possédant de nombreuses pages structurées hiérarchiquement en rubriques, sous-rubriques sera plus apte à recevoir une telle stratégic qu'un site vitrine de 10 pages.

La balise META DESCRIPTION

Le contenu de cette balise est inutile en référencement/positionnement. Google n'en tient pas compte, excepté dans deux cas :

- La balise n'est pas remplie ou Google la trouve trop courte (et le signale via Google Webmaster Tools).
- Plusieurs pages HTML ont la même balise `META DESCRIPTION` (toute page doit avoir un `META DESCRIPTION` unique).

Google appliquera des pénalités à de telles pages : désindexation partielle ou totale, aucun page rank, etc. selon les réglages Google du moment sur la gestion de ce critère.

Les autres balises META

La balise `Keywords` est obsolète. Google ne l'utilise pas. Il y a eu trop d'abus dans le passé sur cette balise. Il est recommandé de ne pas l'employer.

> ASTUCE
>
> **Ne pas utiliser la balise META KEYWORDS**
>
> Via cette balise, vous informez vos concurrents sur vos mots-clés. Sans cette balise renseignée, ils devront passer du temps sur votre site avec des outils de statistiques afin de déterminer votre stratégie précise en mots-clés. Ne facilitez pas la vie de vos concurrents.

Il faut distinguer les balises informant sur le contenu du site (`KEYWORD` par exemple) des balises techniques (définissant la langue et le pays de la page, par exemple).

Google n'utilise aucune des balises `META` classiques pour calculer un positionnement (`copyright`, `keyword`, etc.). Les balises techniques sont quant à elles lues et utilisées par Google, par exemple, liste non exhaustive et en constante évolution, celles décrivant les pages à suivre ou non via les liens d'une page (`FOLLOW`, `NOFOLLOW`), l'indexation possible ou non d'une page (`INDEX`, `NOINDEX`), le nom du fichier contenant le *sitemap.xml*.

La dernière balise arrivée est celle gérant les URL canoniques (`canonical URL`) détaillée dans ce livre et utile aux codeurs de sites dynamiques possédant plusieurs URL pour accéder à une même page.

Régulièrement, de nouvelles balises sont mises en service et utilisées par les moteurs de recherche.

Les balises Hn

De `h1` à `h8`, ces balises titres servent à hiérarchiser les titres accompagnant des textes entre eux. Les mots situés dans des balises `Hn` sont considérés par Google comme des contenus typant fortement le thème du contenu de la page.

Les mots-clés contenus dans une balise `h1` auront plus d'impact que ceux en balise `h2` et ainsi de suite.

Il faut être avare en mots dans un titre `hn`. En effet, plus il y a de mots inutiles peu porteurs de signification thématique, plus vous noyez vos mots-clés réels et exprimant une thématique.

Si vous avez besoin de faire un phrase bien formée dans un style titre, écrivez le dans un titre `h8` avec une instruction de type `class` le faisant ressembler à un titre `h` de haut niveau. (exemple : `<h8 class="comme_un_titre_h2_visuellement">Notre équipe à votre service pour vous aider dans vos choix</h8>`)

Pièges à éviter :

- Utiliser massivement des balises `h1` : Google effectue des calculs de densité de type de texte. Une page composée de manière éhontée de nombreux textes en `h1` face un texte minoritaire constitue une anomalie statistique ; elle est donc éligible à des pénalités. Le seuil précis où on passe en anomalie statistique est bien sûr inconnu et de toute façon, Google doit le faire varier régulièrement au fil de ses mises à jour. Il commence à être imprudent de dépasser 10 % de contenu texte en balises `Hn` face à du texte de base.
- Utiliser uniquement des balises `h1` : il est plus habile de répartir les mots-clés sur différents type de titres, disons de `h1` à `h3` et de veiller à ce que les titre en `h1` contiennent quasi exclusivement des mots-clés stratégiques ou très proches des mots-clés stratégiques, et que les balises titres de rang inférieurs puissent être mixées avec des mots-clés moins importants mais influençant favorablement la thématique de la page, afin d'optimiser au mieux les vecteurs de Salton et donc le référencement dans Google.

Exemples :

En `h1` nous trouverons : "`Casques et arts Martiaux`", "`casque Karaté`", "`Casque Boxe Française`", etc.

En `h3` nous pourrions trouver : "`Notre boutique stocke 12 références de casques pour les sports de combat`", "`10 conseils pour choisir un casque`", etc.

Les ancres de liens

Les libellés de liens (les ancres) contenant le mot-clé casque poussent ces mots-clés vers les pages de destination et vers la page de départ. Un menu de navigation dédié à la rubrique *casque* permet de disposer d'une structuration hiérarchisée en silo dédiée de manière évidente aux casques pour les arts martiaux et sports de combat.

Les liens de chaque onglet de ce menu seront formulés ainsi : "Casques arts martiaux pour enfants", "choisir son casque", "Casques arts martiaux Adidas", "Casques arts martiaux Nike", etc. En effet, les mots-clés cohérents présents dans les libellés de liens appuient fortement le référencement desdits mots-clés.

Poser un lien vers un site faisant autorité sur les casques, protections dans les arts martiaux, typiquement le site de la fédération de Karaté ou autre sport, serait un plus pour cette page et ses mots-clés.

Exemple : "Casques, protections et pratique du Karaté" pointant vers une page adéquate d'une fédération sportive.

Les pièges à éviter :

- Des libellés trop longs : on noie les mots-clés.
- Toujours les mêmes libellés vers une même page.
- Des libellés trop longs et répétés sur diverses pages : *duplicate content*.

Les balises ALT

Les balises ALT des visuels permettent à un mal voyant d'afficher sur un navigateur spécialisé (en braille, etc.) le contenu de cette balise au lieu de l'image elle-même impossible à représenter telle quelle.

Google utilise les balises ALT comme texte à évaluer et participant au référencement.

Il faut donc saisir du contenu dans ces balises. On profite ainsi d'une occasion de répéter du texte contenant des mots-clés et d'influencer ainsi à peu de frais la densité des mots-clés et la thématique de la page exprimée en vecteur de Salton.

La taille d'une balise ALT est de 12 à 20 mots. On ne peut avoir de certitude mais différents tests semblent indiquer que Google considère une balise ALT d'une image qui n'est pas un lien comme un texte de paragraphe ou un peu plus.

Les pièges à éviter :

- Poser un texte long dans la balise ALT d'un pictogramme utilisé dans tout le site. Par exemple, une flèche peut avoir à la rigueur "Précédent" ou "Suivant" voire mieux du style dans une galerie photo, "Photo suivante" ou "Photo précédente". En revanche, écrire dans ce même ALT d'un pictogramme représentant une flèche "Casque pour les arts martiaux et les sports de combat" constituerait une erreur. En effet, un petit pictogramme ne peut représenter quelque chose d'aussi complexe thématiquement. Donc il y a spam et risque de détection par Google. De plus, nombre de codeurs automatisent la gestion des pictogrammes ; vous vous retrouverez avec cette définition en `ALT` sur tout le site donc avec de multiples duplicate content !

- Poser dynamiquement et en personnalisation automatique un long texte dans un `ALT` de pictogramme ou d'une image : ce type de manipulation est aisée à déceler. Une même image, quelle que soit sa taille, voit son descriptif `ALT` varier selon les pages où elle apparaît. Alors qu'une balise `ALT` est censée décrire le contenu d'une image, donc certainement pas soumis à des variations de textes au fil des pages. Là aussi, Google est en droit de considérer, à juste titre, que c'est du spam ou tout au moins, une optimisation trop agressive de page.

Le texte en paragraphe

Marquer un début et une fin de texte par un jeu de balises `<p> </p>` marque un bloc de texte dédié à un sujet, un thème. Marquer ainsi la frontière entre des sujets grâce à une mise en page W3C offre des avantages en référencement.

On peut personnaliser un texte cohérent avec un lien situé dans le paragraphe. Disposer d'un titre cohérent avec le texte du paragraphe constitue un plus pour ce lien et pour le référencement de la page sur les mots-clés du lien et du titre associé au paragraphe contenant ledit lien.

Exemple :

```
<h1>Casques boxe et arts martiaux chez Pan et boum Évry</h1>.
<p>Passé 13 ans, il est conseillé de protéger sa tête
avec un casque adapté lors des entraînements à votre art
martial favori. En effet, à partir de 13 ans, dans
nombre de disciplines de sports de combat, les coups
portés à la tête sont autorisés. Les instances sportives
rendent le port du casque obligatoire dans toutes les
activités des clubs lorsque le combat et les coups réels
sont autorisés. Notre boutique Pan et boum à Évry dispose de
nombreuses références de
<a href="casque-arts-martiaux-sports-combat.html">casques
boxe et arts martiaux</a> en taille enfant
et adulte.</p>
```

Les robots logiciels en charge de calculer le contenu et le thème d'une page sont plus à l'aise avec ce type de structuration de texte.

On marque ainsi des points dans l'influence sur Google. On gagne quelques points pour obtenir un angle le plus adapté possible en cosinus de Salton.

La description d'animations Flash

Nous l'évoquons dans ce livre, les animations en Flash ne sont pas réellement lisibles avec une grande efficacité par Google. Nous décrivons comment implémenter une animation flash avec un JavaScript spécialisé, Open Source, validé par Google et qui permet de décrire le contenu d'une animation avec une mise en page W3C complète. Le détail est exposé au chapitre 4, dans la partie consacrée à Flash.

Google prend en compte ce contenu alternatif qui peut contenir des balises, de la mise en page. Cela contribue aux attentes de Google en contenu structuré et hiérarchisé. Cela lui permet de percevoir au mieux le thème de la page incluant l'animation et de l'indexer en conséquence.

Évolution des requêtes

Google Suggest assiste les internautes dans leurs recherches. Personne n'a encore réalisé d'études sur le comportement des internautes vis-à-vis de Google Suggest et du nombre de mots-clés constituant leurs requêtes.

A priori, on pourrait constater un effet ayant des conséquences directes sur le référenceur : les internautes saisissant un mot-clé vont se voir suggérer sans se fatiguer des requêtes à 2 de mots-clés et plus. Or les vecteurs/cosinus de Salton prennent leurs sens à partir de 2 mots. Exprimé autrement, le contenu et sa qualité rédactionnelle, le focus sur un seul thème par page vont influencer davantage encore le référencement sur Google. Il y aura moins de requête à un seul mot-clé.

2.16. Les calques DHTML

Cette technique de codage permet de mettre dans une page des textes qui apparaissent uniquement sur un événement (clic sur un bouton, par exemple).

Mais ces textes sont toujours lisibles par le bot de Google et uniquement par les humains qui cliquent sur un bouton donné, ce qui présente un grand intérêt en optimisation de page tout en limitant fortement la pollution visuelle pouvant troubler un internaute humain.

Les textes en calques sont pris en compte par un navigateur texte comme Lynx. Une vérification via des requêtes dans Google montre la bonne prise en compte des textes par le moteur. Nous pouvons associer un texte (et d'autres éléments) à un ou des boutons. Selon les actions et le comportement de l'internaute, ces textes seront visibles ou cachés à ses yeux.

Attention, il est aisé de coder une vérification par un algorithme qui ne testerait que depuis la page, il y a des boutons visibles et cliquables ouvrant ou fermant chaque calque, de `hidden` (caché en anglais) à `visible`. Donc ne songez pas à utiliser cette technique pour faire du spam et leurrer Google. Elle est très facile à éventer.

```
<SCRIPT language="JavaScript">
 function CacherNews() {
 document.getElementById("news-text").style.visibility="hidden";
 }
 function MontrerNews() {
 document.getElementById("news-text").style.visibility="visible";
 }
 function CacherThemen() {
 document.getElementById("themen-text").style.visibility="hidden";
 }
 function MontrerThemen() {
 document.getElementById("themen-text").style.visibility="visible";
 }
 function CacherPhoto() {
 document.getElementById("photo-text").style.visibility="hidden";
 }
 function MontrerPhoto() {
 document.getElementById("photo-text").style.visibility="visible";
 }
</SCRIPT>
```

Ce source JavaScript met en œuvre deux fonctions : cacher ou montrer du texte, des photos dans la page. Ces fonctions sont appelables sur un clic sur un lien comme "`Photos`" par exemple.

Un clic sur ce lien "`Photos`" affiche le calque photo via la fonction `MontrerPhoto()` et il cache les 2 autres calques "`News`" et "`Themen`". Avec trois boutons, associés chacun à un lien, dans une page, on peut ainsi afficher un seul contenu à la fois à l'internaute. Mais ces trois contenus seront pris en compte en même temps pour cette page par Google.

```
<div class="menu-photo photo">
 <a href="JavaScript:CacherNews() ;
    JavaScript:CacherThemen() ;
    JavaScript:CacherPhoto() ;
    JavaScript:MontrerPhoto();">
 </a>
</div>
```

2.17. Répartir des centaines de mots-clés sur les pages d'un site web

Les humains peuvent saisir de nombreuses associations de mots-clés pour chercher quelque chose.

Certes, certains métiers ont très peu de mots-clés. "`défiscalisation`", par exemple, est le mot-clé central, la racine de tout ce qui touche aux économies fiscales, même s'il existe d'autres mots-clés moins porteurs de trafic.

Mais de multiples métiers ont de très nombreux mots-clés : la vente de vins, par exemple. Outre les "`cépages`", "`pays`", "`régions`", "`appellations`", il y a aussi les mots propres à ce métier comme "`vente(s)`", "`achat(s)`", "`vin`", "`vins`", "`vignoble`", "`œnologie`", etc.

En optimisant un site pour le référencement, il importe de distribuer les mots-clés habilement pour obtenir efficacité et efficience de ces investissements en les gérant au mieux en répartition et combinatoire. En effet, la barrière des cinq mots-clés stratégiques maximum par page va conduire le référenceur à répartir ses mots-clés sur l'ensemble du site.

Le fonctionnement en Page Rank de Google impose quelques contraintes :

- Les expressions-clés les plus importantes devront être mises en place sur la page d'accueil et les têtes de rubriques.
- Les combinaisons de mots-clés peu demandées seront placées plutôt en page profonde.

En effet, la perte de page rank à mesure que l'on s'enfonce dans les profondeurs du site dicte de placer les expressions-clés stratégiques et disputées en haut d'arborescence. Les expressions-clés en *longue traîne* avec peu de compétition seront exploitées dans les pages situées davantage dans les profondeurs de l'arborescence.

Exemple – cas d'école – sur un site proposant des devis de travaux

Les objectifs de notre cas d'école sont bien sûr :

- de créer un maximum de trafic ciblé et qualifié issu du référencement naturel ;
- qu'un maximum d'internautes remplisse un formulaire de demande que nous appellerons *appel d'offres* pour lui permettre d'obtenir 3 devis gratuits par 3 artisans ou sociétés ainsi mises en compétition.

Le business model est simple : des prestataires de services payent pour avoir accès à ces prospects, envoyer des devis et ainsi amorcer une prise de contact commerciale.

L'analyse des mots-clés via l'outil Google générateur de mots-clés montre une longue liste de mots-clés saisis lors des requêtes. En voici quelques extraits :

Mots clés	Volume de recherche moyen approximatif	Tendances des volumes de recherche (mai 2007 - avr. 2008)	Volume le plus élevé observé en	Type de ciblage : Large
Mots clés en rapport avec le(s) terme(s) entré(s) - trié par pertinence				
devis travaux	22 200		avr.	Ajouter
devis de travaux	1 900		avr.	Ajouter
devis travaux maison	720		avr.	Ajouter
devis pour travaux	880		mars	Ajouter
devis travaux renovation	320		févr.	Ajouter
devis travaux en ligne	590		avr.	Ajouter
devis travaux peinture	1 000		sept.	Ajouter
devis gratuit travaux	390	Aucune donnée	Aucune donnée	Ajouter
devis travaux batiment	210		mars	Ajouter
devis travaux electricite	140		nov.	Ajouter
travaux sans devis	210	Aucune donnée	Aucune donnée	Ajouter
devis travaux plomberie	390	Aucune donnée	Aucune donnée	Ajouter
devis travaux com	91	Aucune donnée	Aucune donnée	Ajouter
exemple devis travaux	170	Aucune donnée	Aucune donnée	Ajouter

Figure 2.22 : Suggestion de mots-clés par Google AdWords – outils générateurs de mots-clés

Des centaines de mots ou plutôt expressions-clés ont la capacité d'amener chacun quelques dizaines de visiteurs mensuels. Dans notre exemple, il n'existe pas un mot-clé qui capterait la moitié du trafic potentiel. Donc il va falloir optimiser le site web pour déployer ces centaines de mots-clés de manière adéquate.

Comment procéder ? La *factorisation* est une première approche.

Nous avons besoin de hiérarchiser ces mots-clés dans nos trois groupes : stratégiques/importants/standard. Nous avons besoin de les combiner en expressions-clés utilisées par les internautes en mixant les mots-clés de chacun de nos trois groupes.

Il ressort les points suivants de l'analyse de ces mots-clés issus des nombreuses lignes des tableaux de suggestions du générateur de mots-clés :

- `Devis`, `travaux` reviennent très souvent, ensemble, un ou les deux ou combinés à d'autres mots-clés.
- `Demande`, `rénovation`, `artisan`, `gratuit` reviennent souvent combinés aux deux mots-clés précédents et à d'autres mots-clés.
- `Appartement`, `maison`, `Bâtiment`, `cuisine`, `salle de bains` sont utilisés un par un, pas de combinaison entre eux mais on les trouve combinés aux mots-clés précédents et à un des mots-clés suivant.
- `Maçonnerie`, `électricité`, `plomberie`, `peinture` (la liste de nombreux corps de métier, en fait !) reviennent combinés à une partie des mots-clés des lignes précédentes mais ils ne sont pas combinés entre eux. On ne trouve pas de `devis travaux électricité plomberie` par exemple.

Reformulons...

- Nous aurons besoin des 2 mots-clés `devis` et `travaux` pour toute page du site car ils reviennent, seuls ou ensemble, très souvent. Il faut les combiner aux autres mots-clés. Ils seront tous les deux stratégiques sur toutes les pages.
- `Demande`, `rénovation`, `artisan`, `gratuit` sont associés à un des deux mots-clés précédent et quelquefois ensemble. Il faut les associer plusieurs fois en mots-clés stratégiques avec les deux mots-clés précédents, `devis` et `travaux`, sinon ils seront en mots-clés importants en combinaisons avec les autres mots-clés suivants.
- `Appartement`, `maison`, `Bâtiment`, `cuisine`, `salle de bains` : un seul de ces mots-clés par page au maximum, il sera mis en mot-clé stratégique sur une ou deux pages en combinaison avec les autres mots-clés précédents, sinon il sera en catégorie standard sauf s'il y a de la place en catégorie important.
- Les corps de métiers : un seul par page, stratégique ou important.
- Total des mots-clés par page : `devis-travaux/demande-rénovation-artisan-gratuit/`un parmi `[appartement-maison-batiment-cuisine-salle de bains]`, un parmi `[plomberie-électricité-peinture` etc.] : 8 mots-clés par page. A priori, nous pourrons avoir 5 mots-clés stratégiques et 3 importants par page.

- La différence entre *important* et *stratégique* : être présent ou non dans le `TITLE` de la page. Il y a la place de les caser tous dans toutes les autres zones-clés pour l'optimisation d'une page.

Nous avons notre *factorisation* des mots-clés ci-dessus. Il va falloir l'adapter aux rubriques prévues dans le site web.

Une URL ne doit pas dépasser 255 caractères. En fait, à cause de possibles incidents avec différents outils, il est même recommandé de faire moins.

La page *index* du site doit être sous la racine. On ne fait pas de redirection du répertoire racine vers un autre répertoire afin de ne pas perturber des outils comme **Google Analytics**, par exemple, qui ne sait pas gérer (au début de 2008) une page index redirigée par Apache.

La structure prévue est :

- */index.php* : la page d'accueil.
- */devis-travaux-renovation/ :* répertoire où seront stockées toutes les pages sauf *index.php*, la page d'accueil.
- Une rubrique : demande de devis gratuit par type de lieu (cuisine, salle de bain appartement, etc.).
- Une rubrique : demande de devis gratuit par corps de métiers (plomberie, peinture, électricité, etc.).
- À chaque clic sur une demande de devis, un lien affiche une page avec des informations et un formulaire de demande de devis partiellement pré-rempli.

Il existe d'autres rubriques et pages, mais cet extrait de l'arborescence du site va nous permettre de gérer notre stratégie d'optimisation des mots-clés sur le site web.

La navigation dans cette arborescence se fait par des clics via des liens en dur, des backlinks internes donc.

La page d'accueil de notre exemple présente la vocation du site cas d'école et un menu de navigation en colonne à gauche (voir fig. 2.23).

La page index est optimisée pour les mots-clés suivant : `demande`, `devis`, `travaux` essentiellement plus un peu de combinaison avec quelques mots-clés.

On retrouve ces mots-clés dans la page plusieurs fois, dans les balises `ALT` des images, en titre `hN`, dans le texte.

Extraits code source de la page *index* :

Figure 2.23 : Page accueil de notre cas d'école /index.php

```
......
<title>
 Demande devis gratuit de travaux, rénovation
 par des artisans pour votre appartement, maison
</title>
<meta name='description'
 content='Obtenez devis gratuit de travaux,
 rénovation par des artisans
 pour votre appartement, maison, cuisine,
 salle de bain, batiment'
/>
......
<h1>Demande de devis gratuit - Travaux, rénovation </h1>
<h2>
 Mise en relation entre artisans et votre appel d[<]quoteoffres
</h2>
......
<h1>
 <img src="images/billets.jpg"
 alt="demande devis gratuit travaux,
 construction rénovation par artisan"
 title="demande devis gratuit travaux,
 construction rénovation par artisan"
 height="90"width="90"
 /> 3 devis gratuits par des artisans
</h1>
......
```

Le lien *devis travaux cuisine* dans le menu en colonne de gauche mène à une page ayant une optimisation complémentaire.

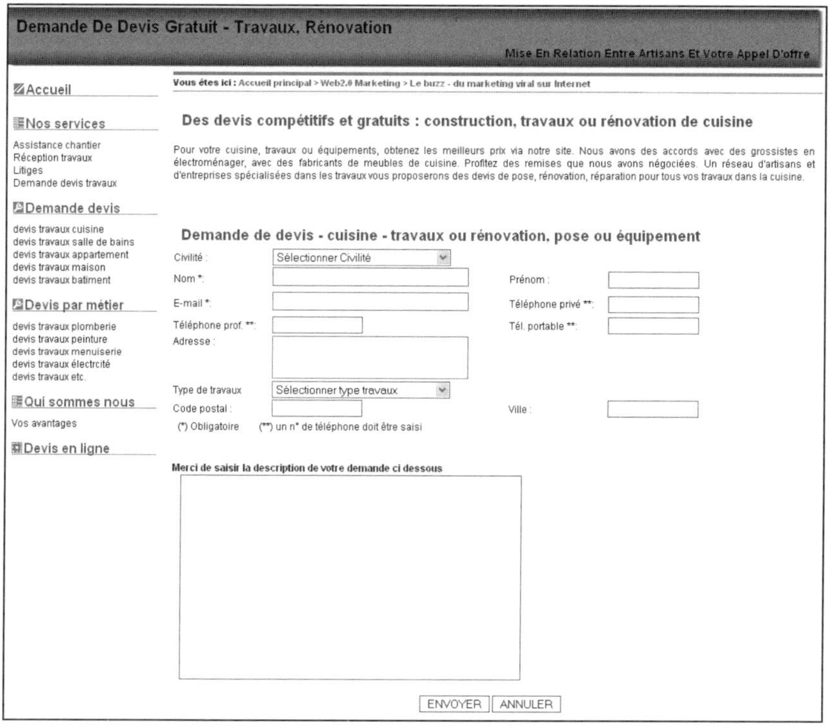

Figure 2.24 : Page sur les devis travaux cuisine, complémentaire en référencement de la page index et des autres pages

Seule cette page parle de *cuisine* de manière intensive. On y trouve les autres mots-clés stratégiques combinés à cuisine. L'objectif est de faire ressortir cette page et pas une autre de ce site web dans les SERP de Google sur une requête du style "`devis travaux cuisine`".

Extraits code source de la page */devis-travaux-renovation/demande-pour-cuisine.php* :

```
......
<title> Demande devis gratuit pour travaux
        r&eacute;novation pour cuisine</title>
<meta
 name='description'
 content='Demande 3 devis cuisine :
 devis gratuit pour des travaux, r&eacute;novation,
 construction, meuble, &eacute;lectrom&eacute;nager,
 &eacute;quipement'
/>
......
<h1>Demande de devis gratuit - Travaux, rénovation </h1>
<h2>Mise en relation entre artisans et votre appel
    d[<]quoteoffres</h2>
```

```
......
<h1>Des devis comp&eacute;titifs et gratuits :
    construction, travaux ou r&eacute;novation de
    cuisine</h1>
......
<h1>Demande de devis - cuisine - travaux ou
    r&eacute;novation, pose ou &eacute;quipement </h1>
......
```

Les différentes pages du site vont se voir répartir les combinaisons de mots-clés selon ce principe : une racine fixe représentée par un répertoire physique et des noms de fichiers qui contiennent les mots-clés adaptés à chaque contenu de chaque page.

C'est très lourd à gérer, long et fastidieux. Les erreurs sont fréquentes, les oublis aussi.

À ce stade du livre, nous ne pouvons pas encore aborder l'automatisation de ce type d'opérations par de la programmation PHP sur une base de données MySQL

Il faudra gérer manuellement la répartition et la maintenance de cette répartition entre les pages du site.

Page "Plan du site"

La mise en place d'un plan du site est potentiellement importante.

- Cela permet au référenceur de contourner des blocages techniques aux bots des moteurs.
- Cela permet de poser des backlinks internes avec des libellés explicites et truffés de mots-clés

Il est recommandé d'avoir la présence du lien "*plan du site*" sur toutes les pages du site afin de maximiser le Page Rank transféré vers cette page.

2.18. Web 2.0 et Google

Nous avons vu dans le chapitre précédent les raisons qui justifient la prise en compte de Web 2.0 dans un site par Google pour affiner le calcul du positionnement d'un site sur un mot-clé.

Deux approches Web 2.0 sont à prendre en compte :

- les fonctions Web 2.0 qui poussent un internaute à laisser un backlink quelque part ;
- celles qui permettent à l'internaute d'interagir avec le site et donc d'y laisser des commentaires rédigés.

Un lien dans un réseau social

Le contenu d'une page doit être assez intéressant pour "vendre" à un internaute sa mise en bookmark sur le net (ex : Google Bookmarks) ou sa signalisation dans un réseau social.

Cela indique qu'un site ne peut être réellement et 100 % Web 2.0 que si sa conception a été ainsi pensée.

Il existe de multiples sites permettant à un internaute de laisser un lien vers une page. Pour lui faciliter cette tâche, il est idéal de regrouper et de mettre en évidence des pictogrammes, chacun associé à un JavaScript permettant de gérer l'affichage du pictogramme et de lancer le lien et les arguments facilitant le signalement de cette URL au compte de cet utilisateur sur Facebook et autres.

Pour mieux attirer l'attention, ces pictogrammes peuvent être regroupés avec ceux permettant de signaler cette page (article) par email à des amis, d'imprimer proprement le contenu de la page et d'autres fonctions Web 2.0 que nous abordons un peu plus loin.

Interactions avec les internautes

Google prend en compte la fréquence de la mise à jour d'une page et ses possibilités d'interactions avec les internautes. Mécaniquement, chaque ajout d'un internaute augmente le volume de données uniques de la page et modifie sa date de dernière mise à jour.

Deux subtilités peuvent s'affronter dans la conception de ces mécanismes :

- Les informations saisies sont hors page.
- Elles sont dans la page elle-même.

Les 2 approches ont leurs avantages et inconvénients.

Les informations ajoutées dans la page ajoutent du poids à celle-ci, simplifient l'ergonomie des échanges entre internautes via la page.

Les informations stockées dans une page dédiée : cette page peut servir pour des backlinks internes (gestion des tags) et autres optimisations classiques. Elle peut aussi servir à stocker les échanges peu enrichissants pour les internautes.

L'utilisation des deux approches est l'idéal, mais cela consomme du budget en développement et en modération.

Le système permettant de noter une page sans pouvoir mettre de commentaire permet de se passer de modération. Il est plus prudent de modérer toutes les mises en ligne de textes saisis par des internautes anonymes. Un back office adapté permet de faire cela très rapidement. De tels outils sont mis en œuvre sur les forums à grande fréquentation. Le post est publié, puis un modérateur le retire, le reclasse ou l'amende.

2.19. Votre site est-il visible par Google ?

Plusieurs outils simples vous permettent de faire quelques vérifications de base fort pratiques pour détecter des blocages techniques aux bots des moteurs de recherche. Sans accessibilité technique, il sera impossible de faire indexer les pages bloquées.

La commande site: sur Google

Dans Google, saisissez `site:www.mon-site.com`. La commande `site:URL` de Google affiche toutes les pages indexées de l'URL précisée dans la ligne de commande.

- Si vous n'avez aucun résultat : il y a un problème !
- Si vous n'avez que la page d'accueil : des choses sont à revoir dans la gestion de vos liens internes ou alors votre site a été mis en ligne très récemment.
- S'il manque des pages, c'est problématique ou alors la mise en ligne est récente.

Pour passer à la résolution des problèmes, rendez-vous dans le chapitre dédié aux *pages absentes de l'index de Google*.

Figure 2.25 : La commande Google site: sur une URL en .fr

Cette commande `site:http://www.vie-publique.fr` va afficher 10 par 10 les pages dépendant de cette URL. Il y en a 165 000 d'après Google France.

Le PR et la barre d'outils Google

Le Page Rank d'une page est affiché via la barre d'outils Google (Google toolbar). Il peut prendre les valeurs suivantes :

- `0` (couleur blanche) : le Page Rank était entre 0 et 1 au moment du calcul. Il pourra être supérieur lors du prochain calcul destiné à la Google Bar. Le calcul du PR est récursif. Pour que la valeur soit proche du réel, il faut plusieurs passes de calcul et Google ne met à jour le PR de la barre d'outils que quelques fois par an. Patience donc ! Vous pouvez aussi avoir un PR de 0 si la page a été mise en ligne très récemment et que vous n'ayez pas assez de liens vers celle-ci.

- *PR valeur ignorée* (couleur grisée) : ça peut être un problème de référencement ou alors la page a été mise en ligne après le dernier calcul de page rank pour la barre d'outils.
- *Un indice de couleur verte est présent* : c'est la valeur du PR au moment de son calcul pour la barre d'outils.

validator.w3.org

Cet outil du W3C, que vous pouvez trouver à l'adresse *http://validator.w3.org*, vous notifie les défauts techniques vis-à-vis de la norme dont certains peuvent déranger le bot de Google :

Google n'exige pas des pages parfaites. Néanmoins, avoir une page codée proprement lui facilite la tâche et évitera des ennuis potentiels. Une page mal codée impliquant, par exemple, des calques XHTML- pourrait donner l'apparence de calques textes toujours invisibles, lors d'un contrôle, et donc l'apparence de spamdexing.

Naviguer en mode texte sur le site web à tester

Un bot de moteur se comporte comme un navigateur limité au texte.

Pour vérifier l'accessibilité technique de vos pages, il suffit de surfer en mode texte sur votre site et de comparer ce que vous voyez au contenu et aux liens de la version "normale" de votre site.

Plusieurs approches mènent au même résultat. Elles sont détaillées ci-après.

Un navigateur dépouillé

Télécharger un navigateur que vous dépouillerez via son paramétrage de toutes les fonctionnalités autres que le texte. Il faut désactiver JavaScript, le chargement des images, etc. Surfez sur votre site via ce navigateur dépouillé et comparez avec l'affichage d'un navigateur avec toutes les options. Si des menus, des liens, des textes disparaissent, c'est qu'il y a des problèmes d'accessibilité technique à résoudre.

Une émulation texte uniquement

http://www.yellowpipe.com a développé un add-on gratuit pour le navigateur Firefox : Lynx Yellow pipe. Il est disponible via *https://addons.mozilla.org/fr/firefox* qui vous donne accès à tous les add-on pour Firefox.

Lynx est en fait le nom d'un ancien navigateur texte uniquement, qui n'est plus supporté. Lynx était très utilisé par les mal voyants. Ce navigateur disposait d'interfaces vers des équipements gérant le braille, etc.

Cet add-on permet de regarder un site web en mode Lynx, texte uniquement, depuis Firefox, comme un bot. Tout ce qui n'est pas visible via cet add-on est invisible d'un bot de moteur.

Il existe plusieurs simulateurs de spider : googlez `spider simulation` pour en avoir une liste.

Web master tools

Ce service Google offre la possibilité de voir une page comme la verrait Google Bot.

2.20. Votre site et Google "sandbox"

Chaque moteur de recherche possède une interface pour permettre la suggestion de site ou URL à ajouter.

Exemple : *http://www.google.com/addurl/?hl=fr* pour ajouter un site à faire indexer par Google. (En annexe, vous trouverez les URL de soumission de Yahoo et Microsoft)

Une autre technique consiste à poser un lien vers le nouveau site, depuis une page connue de Google, sur lequel son bot passe régulièrement.

Un site récemment mis en ligne sera confronté à la méfiance de Google envers un tout jeune site. En effet, le *black SEO* monte en puissance et plusieurs techniques de spams créent des sites jeunes pour abuser ensuite les algorithmes de Google en utilisant de faux contenus. Une période d'observation sera mise en œuvre par le moteur. Elle est surnommée *Sandbox* (mise en bac à sable). Durant une première période de quelques jours, il n'est pas pris en compte. Ensuite, en fonction de l'arrivée de backlinks, de la qualité du site et de ses contenus, Google commencera à indexer les pages. Le Page Rank des backlinks pointant vers lui conditionnera la vitesse de prise en compte des pages si le site a du volume et une répartition de ces pages en plusieurs niveaux hiérarchiques.

Conclusion : anticipez ! Inutile d'attendre la fin du développement pour mettre en ligne. Il vaut mieux déployer quelques pages d'attente avec des contenus un minimum pertinents : usage de mots-clés, des textes, quelques liens pour naviguer entre quelques pages. Faire un

`Addurl` auprès de Google, faire poser quelques backlinks vers la page d'accueil fera prendre plus vite de l'ancienneté au site et amorcera un début de popularité.

Une autre solution existe : acheter un site existant ayant un nom de domaine acceptable. Vous profitez ainsi d'un nom de domaine connu, ayant de l'âge et donc un peu de bonus auprès de Google.

2.21. Le sitemap XML

Google offre la possibilité à un site de lui communiquer son arborescence de pages, tout comme la page *Plan du site* que l'on trouve régulièrement. D'autres moteurs acceptent cette possibilité et utilisent la norme proposée par Google : *sitemap.xml*.

Les avantages pour le site sont les suivants :

- Une prise en compte rapide.
- Si un blocage technique apparaît sur les pages pas encore indexées et signalées par le fichier *sitemap.xml*, l'interface Webmaster Tools de Google en informera le webmestre.
- En réalisant le *sitemap*, le webmestre peut découvrir des bogues perturbant les algorithmes de Google dans le codage informatique de son site. Ces bogues seraient restés cachés jusqu'à leur découverte via un positionnement de médiocre qualité. Des explications détaillées sont fournies dans le chapitre dédié aux pages non ou mal indexées.
- Grâce au *sitemap*, Google comprend mieux votre site. En effet, le sitemap permet de décrire une page qui change très fréquemment de contenu par rapport à d'autres moins évolutives. Il peut y avoir un passage plus fréquent du bot de Google sur certaines pages signalées comme fréquemment remises à jour.

Google et les moteurs respectant cette norme ont une amélioration de la qualité des SERP :

- Le moteur n'oublie pas d'indexer des pages de qualité ou il les indexe très vite.
- La fréquence de passage du bot peut être adaptée plus vite aux besoins de mise à jour.

Un sitemap n'aide en rien à améliorer un positionnement, il sert à accélérer le positionnement d'un nouveau site.

Pour dialoguer avec les robots logiciels, il existe un langage précis, un protocole : le sitemap.xml.

REMARQUE

Agir versus décrire

Ce langage sur-mesure, sitemap, est écrit sur la base de la norme XML. Il faut distinguer un langage informatique comme PHP qui agit, d'un langage de description comme XML qui ne fait que décrire quelque chose. De nombreux néophytes en informatique confondent ces deux aspects.

Un webmestre débutant connaît, sans le savoir, XML. XHTML et même HTML sont des projets issus de XML ou de l'ancêtre de XML, SGML.

Le principe est le suivant :

- XML est une norme de description de langage, un protocole.
- Un protocole ainsi conçu depuis XML sert toujours à décrire une structure. Peu importe quelle structure : page HTML, arborescence de pages composant un site, une molécule, une hiérarchie de documents, la liste des pièces composant un avion, un document de traitement de texte issu de Word ou de OpenOffice Writer, une formule de math, etc. Il faut comprendre qu'un descriptif normé en XML ne fait rien. Au sens propre, c'est une description, et non une action. Pour manipuler ce protocole, il va falloir coder un programme en PHP par exemple.
- `<title> titre de page HTML n°999 </title>` est du langage HTML codé selon les spécifications XML (la balise `title` désigne le début du texte du titre de la page HTML. La balise `/title` en indique la fin).
- Le navigateur lit la page HTML. Il lit la ligne `<title> titre de page HTML n°999 </title>`.
- La page et son codage HTML ne font rien. Une page n'est pas un programme. C'est une description de structure. Ici, cela décrit la structure de la page HTML n°999, et la ligne en question décrit le titre de la page à afficher en haut du navigateur.
- Le navigateur est un programme informatique. En lisant la ligne `<title> titre de page HTML n°999 </title>`, il retire "`titre de page HTML n°999`" et il affiche ce texte dans le titre du navigateur.

Sitemap.xml possède une grammaire et une syntaxe dédiées au dialogue entre Google et un webmestre pour que celui-ci décrive le plan de son site. Ce langage ne sert qu'à cela.

Le webmestre écrit en sitemap.xml pour décrire l'arborescence de son site. Ce langage est très simple, mais il est très fastidieux de décrire tout un site. Par exemple…

```
<?xml version="1.0" encoding="UTF-8"?>
<urlset xmlns="http://www.google.com/schemas/sitemap/0.84">
<url>
<loc>http://www.monsite.com</loc>
</url>
<url>
<loc>http://www.monsite.com/actualites/</loc>
</url>
<url>
<loc>http://www.monsite.com/actualites/index.php</loc>
</url>
<url>
<loc>http://www.monsite.com/commander_guide/index.php</loc>
</url>
<url>
<loc>http://www.monsite.com/contact/index.php</loc>
</url>
</urlset>
```

La ligne 1 décrit la version de XML qui est utilisée : `xml version 1.0` et le codage des caractères sera réalisé selon la norme `UTF-8`.

- `<urlset>` indique le début de la structure et la version du *sitemap.xml* utilisé : la release 0.84.
- `<url> </url>` indique le début et la fin de la description d'une URL, donc d'une page.
- `<loc> </loc>` indique l'URL

Les autres balises sont facultatives

- `<lastmod>` indique la date de la dernière modification du fichier contenant la page.
- `<changefreq>` indique la fréquence de modification du contenu de la page. La liste des valeurs possible est à choisir parmi : `always`, `hourly`, `daily`, `weekly`, `monthly`, `yearly`, `never`.
- `<priority>` indique l'importance pour le webmestre de la page. La valeur oscille de `0,0` à `1,0` avec un pas de `0,1`.

Vos pages les plus importantes à indexer seront prises en compte avant les autres. Exemple complet :

```
<urlset
 xmlns="http://www.sitemaps.org/schemas/sitemap/0.84">
 <url>
 <loc>http://www.monsite.com/</loc>
 <lastmod>2008-05-22</lastmod>
 <changefreq>monthly</changefreq>
```

```
 <priority>0.8</priority>
 </url>
 <url>
 <loc>
 http://www.monsite.com/locations-vacances-hebergement
 /camping_a_la_ferme/1/1.html
 </loc>
 <changefreq>weekly</changefreq>
 </url>
</urlset>
```

http://www.sitemaps.org/fr/protocol.php : le site *sitemaps.org* est commun à Google, Yahoo, Microsoft et quelques autres sur ce protocole ouvert et accessible à tous.

sitemap XML facile

Il existe de nombreux outils prétendant produire un sitemap XML facilement et de qualité.

Après plusieurs tests, on pourra constater :

- Des sitemap XML générés par un même outil oscillent de faux à juste selon la complexité du site testé.
- On ne comprend rien à la documentation fournie quand on est un néophyte. L'outil fourni gratuitement par Google appartient à cette catégorie.

Plusieurs raisons expliquent cela :

- Il est facile de faire un outil destiné à des sites statiques, c'est-à-dire ne mettant pas en œuvre de pages générées à la volée depuis une base MySQL par des scripts PHP.
- De nombreux informaticiens ne sont pas capables d'écrire un document utilisateur destiné au plus grand nombre.

Le générateur de sitemap XML doit vaincre plusieurs obstacles :

- Être capable de suivre n'importe quel lien correctement, y compris ceux mettant en œuvre URL rewriting et appels à des codes PHP.
- Ne rien oublier, sinon le sitemap sera faux.
- Être facile à mettre en œuvre, tout en étant fiable, même sur les requêtes et liens complexes.

Après une campagne de test sur une dizaine d'outils gratuits, un seul a survécu aux contraintes énoncées ci-dessus : Yooda Map Beta (version 0.4)

Il en existe peut-être d'autres, c'est tout à fait possible. Celui-là se télécharge depuis le site de Yooda (*http://www.yooda.com/),* le mode d'emploi est en français (ce qui est rare) et compréhensible (sans commentaires).

Nous l'avons testé sur les catégories de site suivantes :

- statique ;
- mixte statique/dynamique (un annuaire) totalisant 400 pages.

Bien que ce soit une version beta de test, ce logiciel fonctionne fort bien sur des sites simples ou moyennement complexes.

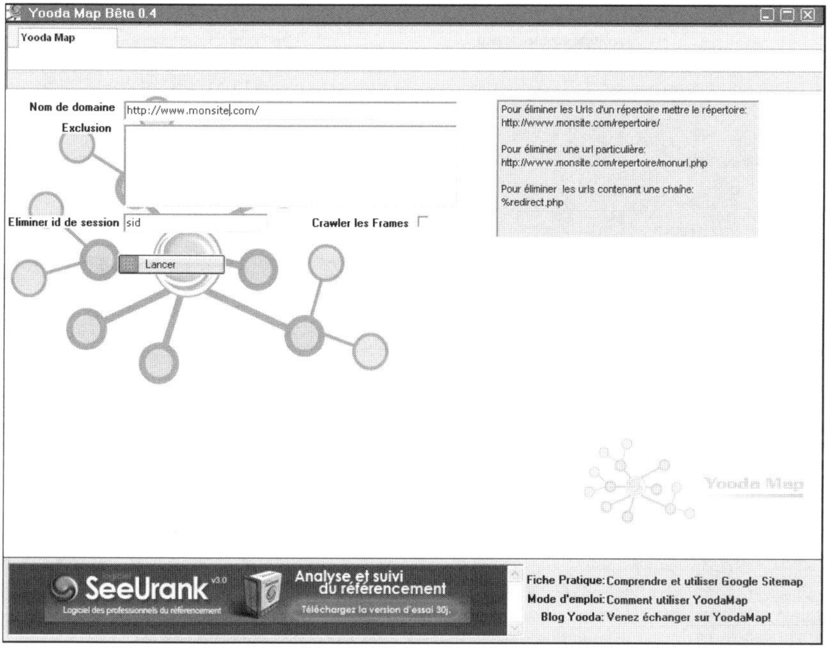

Figure 2.26 : Le générateur de sitemap de yooda

1 On saisit l'URL de son site.
2 On exclut les répertoires sensibles : backoffice, etc.
3 On lance en cliquant.
4 Plusieurs minutes après, on obtient le sitemap XML.

Il convient de l'examiner. En effet, si vous avez des bogues, votre sitemap pourrait être faux. Voici quelques exemples :

- Vous avez une gestion de session qui génère sur de nombreuses pages un `sessionID` ou un `PHPsessionid` ou autre. Vous pourrez constater qu'une même page PHP sera alors présente plusieurs fois avec, chaque fois, un ID différent. Ce qui est faux. Vous devez corriger ce bogue.

- Un menu est illisible à cause d'un code JavaScript. Il va vous manquer des pages dans le sitemap, et bien sûr si le générateur de sitemap ne les trouve pas, le bot de Google ne les trouvera pas non plus.

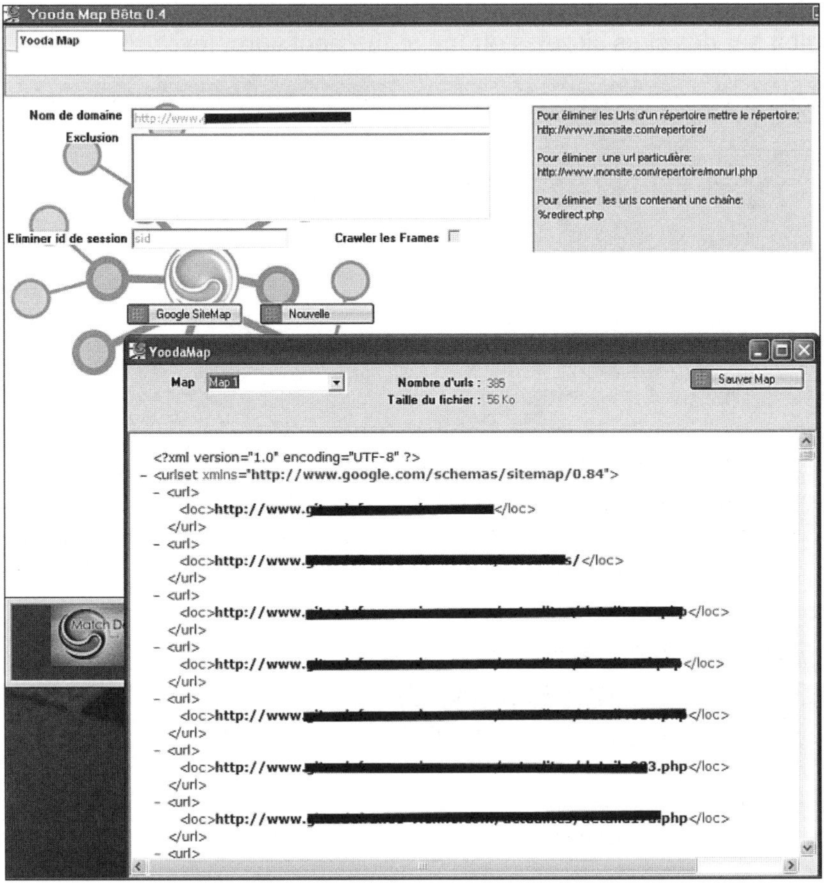

Figure 2.27 : Le sitemap a été généré

Un clic sur Google sitemap, une fenêtre affiche le résultat. Un clic sur Sauver et on obtient un fichier à installer dans son site web.

On signale ce fichier via l'outil Google Webmaster Tools (il faut s'être inscrit auparavant). Vous pouvez vous ouvrir un compte depuis cette URL : *https://www.google.com/accounts/ManageAccount*

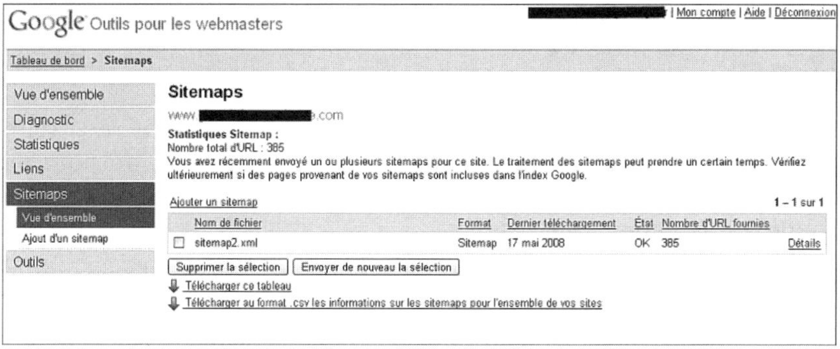

Figure 2.28 : Ajout du fichier de sitemap via Google Outils pour les webmestres

Il est recommandé de signaler ce *sitemap.xml* dans le fichier *robots.txt* afin que les autres moteurs puissent aussi l'utiliser et vous créer du trafic.

2.22. Réécriture d'URL – Référencer les pages dynamiques

Les URL gérées par des applications PHP sur MySQL contiennent de multiples codes et caractères rendant la lecture difficile. Ces codes ne sont d'aucune utilité pour le référencement et ils prennent la place de mots-clés stratégiques.

ATTENTION

Compatibilité hébergement et URL rewriting

Si vous êtes en hébergement mutualisé, il y a risque de conflit avec votre hébergeur qui peut refuser les réglages Apache dont vous avez besoin. Il vous faudra changer de prestataire ou passer à une formule d'hébergement acceptant la réécriture d'URL.

http://usa.autodesk.com/adsk/servlet/index?siteID=123112&id=7639525 n'offre guère de mot-clé intéressant, hormis ceux inclus dans le nom de domaine.

Les URL des pages écrites avec des `?id=` et `&` ne sont pas toujours correctement indexées par Google pour différentes raisons (partiellement abordées dans ce chapitre).

Il va falloir conserver en "interne" ces codes, car ils sont indispensables au bon fonctionnement de l'application PHP et des accès à la base MySQL. Mais nous allons les dissimuler et afficher à la place des mots-clés plus intéressants pour le référencement.

Au départ, il est nécessaire de disposer d'un site structuré et de la répartition des mots-clés. En fait, le plan de référencement du site doit être finalisé.

On réécrit l'URL à partir de la fin de la localisation du répertoire contenant le *.htaccess*, c'est-à-dire la partie dans l'URL du nom de domaine éventuellement suivi du chemin d'accès du répertoire contenant le fichier *.htaccess*.

Un site de vins aura besoin d'URL du style : *vins-france/champagne/1/1.html*

Un site proposant différentes formes d'hébergement touristique (gites, chambres d'hôtes, camping...) aura besoin d'une URL du style : *locations-hebergements-vacances-france/camping_a_la_ferme/1/1.html*

URL rewriting par l'exemple

Le plus difficile en URL rewriting est de comprendre le début. Ensuite on apprend très vite. Le but de ce paragraphe est de vous mettre le pied à l'étrier, ensuite de nombreux sites (cf. la webographie à la fin de ce livre) publient tutoriaux et exemples capables de vous transformer en codeur performant.

La réécriture d'URL désoriente de nombreux débutants. La compréhension du principe favorise l'apprentissage de cette technique :

- Le programme de réécriture d'URL est mis dans le fichier *.htaccess* qui doit être situé dans le même répertoire que les programmes PHP qui vont publier les informations.
- Ce programme interprète les URL idéales dont vous avez besoin pour les transformer en URL utilisables par les programmes. C'est cela qu'il faut comprendre en premier et qui désoriente les débutants.
- Donc votre *.htaccess* va détecter l'URL qui circule (ex : *locations-hebergements-vacances-france/camping_a_la_ferme/1/1.html*)
- Une fois détectée, cette URL va être transformée localement en URL utilisable par les programmes PHP.
  Exemple : `articles.php/Id_hbgt=6&rub=1&page=1` correspondront à notre exemple de la ligne ci-dessus.

Sous apache (serveur Linux typiquement), la réécriture d'URL se code en expression régulière dans un fichier *.htaccess* disposé dans le répertoire où il doit s'appliquer

Ici, nous allons réécrire des URL utilisant deux programmes PHP :

- *article.php* : ce programme liste dans une page HTML tous les articles correspondant à un critère de recherche donné.
- *zoom.php* : ce programme affiche le contenu d'un article précis identifié par un numéro unique.

Notre fichier *.htaccess* est dans le même répertoire que ces deux fichiers PHP :

```
Options +FollowSymlinks
RewriteEngine on

# Rewritting :
# la liste des d'articles correspondant
# au critere de recherche
RewriteRule ^([-_a-zA-Z0-9]+)/([-_a-zA-Z0-9]+)
 /([-_a-zA-Z0-9]+)/([0-9]+).html$
 article.php?referencement=$1&$2=$3&page=$4

# Rewritting : voir un unique article
#
RewriteRule ^([-_a-zA-Z0-9]+)/([-_a-zA-Z0-9]+).html&src$
zoom.php?referencement=$1&id_proprietaire=$2
```

Examinons ce code source…

```
Options +FollowSymlinks
RewriteEngine on
```

Ces 2 lignes servent à mettre en service la réécriture d'URL pour le répertoire où le fichier *.htaccess* est présent (en réalité, on fait un peu plus que cela, mais c'est suffisant pour le sujet qui nous intéresse)

Voyons le début de l'expression *RewriteRule*

```
RewriteRule ^([-_a-zA-Z0-9]+)/([-_a-zA-Z0-9]+)/([-_a-zA-Z0-9]+)
/([0-9]+).html$
```

Cette expression donne l'ordre de réécriture d'une URL selon une règle précise. Tout ce qui correspond au format suivant :

- `^` le caractère chapeau marque le début des critères définissant les URL visées par notre script.
- Tout ce qui va du `^` (caractère chapeau) au premier/constitue `$1`, le premier bloc de l'URL.
- `$1` correspond à `([-_a-zA-Z0-9]+)` : cela signifie que tout caractère alphabétique, minuscule ou majuscule, tout chiffre de `0` à `9`, tout `-` ou `_` peuvent faire partie de la chaîne `$1`, qu'il n'y a pas de limite à la longueur de cette chaîne de caractères partant de la fin du nom de répertoire, nom de domaine inclus, jusqu'au premier caractère.
- `www.monsite.com/locations-hebergements-vacances-france/camping_a_la_ferme/1/1.html` a pour `$1` `/locations-hebergements-vacances-france`.

On peut appliquer le reste de la règle de notre RewriteRule sur la suite.

- Tout ce qui va du 1er caractère / au 2e caractère / et qui correspond aux conditions `([-_a-zA-Z0-9]+)` constitue `$2`, le 2e bloc de l'URL.
- Dans notre exemple d'URL, `camping_a_la_ferme` respecte cette règle. C'est notre `$2`. Nous pouvons continuer à examiner l'URL pour voir si tous nos critères seront respectés.
- Le 3e bloc va du 2e caractère / au 3e caractère / avec les mêmes conditions `([-_a-zA-Z0-9]+)` qui ont été explicitées plus haut.
- Passons au 4e bloc : il va du 3e caractère / jusqu'au point, celui-ci étant non inclus. `([0-9]+)` signifie qu'il s'agit de tout caractère numérique, quel qu'en soit le nombre d'occurrences. Nous avons le caractère `1`. La règle est respectée.
- Le dernier bloc est fixe. Il est composé de `.html`. Il part du caractère. jusqu'au caractère `$`.

Toute la règle du `RewriteRule` est respectée, cette URL `www.monsite.com/locations-hebergements-vacances-france/camping_a_la_ferme/1/1.html` va être réécrite comme suit...

```
article.php?referencement=$1&$2=$3&page=$4
```

- `article.php` appelle le programme PHP qui va lire les arguments en `$1` à `$4` et les exploiter.
- `referencement=$1` : le programme PHP va récupérer un argument `referencement` contenant la chaîne de caractères `$1`. Dans notre exemple, ce sera : `locations-hebergements-vacances-France`.
- `$2=$3` : plusieurs usages peuvent être faits en PHP d'un tel passage d'arguments. Ici, nous expliquons une réécriture d'URL simple. Le programme PHP va récupérer l'argument `$2`, `$3` directement, à savoir dans notre exemple : `camping_a_la_ferme` et `1`.
- `$4` vaut `1`.

Notre programme PHP *article.php* va :

- ignorer `$1` : c'est une séquence de mots-clés dont il n'a pas besoin pour fonctionner mais qui est fort pratique pour le référenceur.
- prendre en compte `$2` : `camping_a_la_ferme`.
- ignorer `$3` car il est inutile dans ce cas précis.
- prendre en compte `$4`. La page à afficher est la n°1. Le programme *article.php* affiche les résultats 10 par 10, et ce 1 lui indique de commencer par la page 1.

REMARQUE

Optimiser des mots-clés dans l'URL est possible… et efficace

Nous avons atteint notre objectif de réécriture d'URL. Vu de l'extérieur, notre site affiche et gère uniquement des URL propres contenant des mots-clés que nous avons choisis. Ces URL correspondent à des programmes PHP qui exploitent les mots-clés et quelques digits pour fonctionner. Les codes "ésotériques" sont cachés aux internautes et aux bots des moteurs.

Nous pouvons placer tout mot-clé dont nous aurions besoin dans une URL dynamique pour optimiser au mieux toute page du site construite à la volée depuis une base de données.

Une source, des sources, domaines et sous-domaines

Une source correspond à :

- des sites : *www.wineandco.com*, *www.wineandco.org* sont 2 sources différentes ;
- des sous-domaines : *http://chili.75cl.com*, *http://champagne.75cl.com*, *http://www.75cl.com* sont 3 sources différentes

Pour être techniquement précis, un "`www`", (les 3 `w` précédant le nom de domaine) désignent un sous-domaine particulier.

Tout sous-domaine est une source. Chez Google, jusqu'à début 2008, cela signifie que chaque sous-domaine sera traité comme un domaine. Des changements sont à prévoir chez Google sur la stratégie d'indexation des sous-domaines et de son attitude vis-à-vis de certains d'entre eux (voir fig. 2.29).

Dans un des exemples utilisés ci-dessus, le mot-clé `Chili` est inclus dans le nom du sous-domaine, favorisant ainsi ce mot-clé dans toutes les pages qui seront placées sous cette racine.

Attention, il ne faut pas abuser du système et éviter les erreurs suivantes :

- Deux noms de source différents pointent vers le même site physique. Comme déjà vu précédemment, Google le détectera inévitablement et un de ces 2 noms sera black listé.
- Trop de sous-domaines avec très peu d'informations par sous-domaine. La source n'a pas assez de volume en pages et en contenu pour appuyer une stratégie d'optimisation efficace. Inévitablement, une telle source, trop légère, sera plus difficile à positionner sur les mots-clés.

••▷ **Chambres** d'**Hotes** classees depuis 2003 - **Chambres-Hotes**.org
Annuaire de **chambres d'hôtes** classées par départements. Recherche et inscription.
www.**chambres-hotes**.org/ - 58k - En cache - Pages similaires

=> **Chambres** d'**Hotes** France, l'annuaire des meilleurs établissements
Chambres d'**Hotes** en France, l'annuaire, annuaire des meilleures **Chambres** d'**Hôtes**, Gites, maison d'**Hotes**, Tourisme rural.
www.**chambrehote**.fr/ - 61k - En cache - Pages similaires

Annuaire des **chambres** d'**hotes** et gites - **Chambres** d'**hotes** - Gîtes ...
Vous recherchez une **chambre** d'**hôte** ou un gîte en France, Belgique, Suisse ou Luxembourg. ... **chambre-hote** Ile de France **Chambre** d'**hote** Ile de France ...
www.maison-**hote**.fr/ - 42k - En cache - Pages similaires

Gîtes ruraux - Gîtes de France
GÎTES DE FRANCE, une autre idée des vacances en gîte rural. GÎTES RURAUX · **CHAMBRES** D'**HÔTES** · GÎTES D'ÉTAPE - SÉJOUR · CAMPINGS - CHALETS · GÎTES D'ENFANTS ...
www.gites-de-france.com/ - 76k - En cache - Pages similaires

Chambres d'**hôtes** - Gîtes de France
Accédez à toutes les offres **chambres** d'**hôtes** des Gîtes de France, toute destination en France. Réservez votre location vacances en formule **chambre** d'**hôtes**.
www.gites-de-france.com/gites/fr/**chambres_d_hotes** - 73k - En cache - Pages similaires
Autres résultats, domaine www.gites-de-france.com »

Annuaire de **chambre** d'**hotes** en France, **chambres** d'**hôtes** de charme
Annuaire des **chambres** d'**hotes** de france, trouvez en quelques clics votre prochaine résidence de vacances.
www.**chambres-hotes**-france.org/ - 79k - En cache - Pages similaires

Guide des **chambres** d'**hôtes** et gîtes en France.
Recherchez une **chambre** d'**hôtes** ou un gîte partout en France grâce au moteur de recherche, à la carte ou aux tableaux des régions et départements.
www.**chambres-hotes**.fr/ - 36k - En cache - Pages similaires

Chambres d'**hôtes**, l'annuaire pour trouver **chambre** d'**hôte** et gîte ...
L'annuaire des **chambres** d'**hôtes** en France qui vous facilite le tourisme : Adresses classées par régions et départements.
www.**chambresdhotes**.com/ - 10k - En cache - Pages similaires

Figure 2.29 : Par source, on peut avoir jusqu'à 2 pages proposées par Google dans une SERP, ici gites-de-france.com

La bonne méthode : gérer honnêtement les sous-domaines en leur affectant des contenus réels et correspondants à leurs noms. Exemple : toutes les informations sur les vins du Chili sont regroupées dans le sous-domaine *http://chili.75cl.com*

Avantages & inconvénients des sous domaines

Un site peut être divisé en plusieurs sous-domaines. Exemple : une source par pays, une source par langue, une source par gamme de produits, etc. Ainsi chaque source pourrait avoir sa stratégie de référencement propre à ses besoins particuliers.

Chaque source peut avoir sa stratégie de netlinking.

Les différences entre sous-domaines spécialisés et noms de domaine spécialisés portent sur plusieurs points :

- Un sous-domaine dépend d'un domaine ancien et connu de Google. Il sera plus facilement pris en compte. Les mécanismes d'application de sandbox et autres algorithmes traduisant la méfiance de Google envers les noms de domaine récents ne s'appliqueront guère.
- Les liens croisés entre les sous-domaines d'un même domaine affichent clairement leur appartenance à un même propriétaire. Aucun moteur ne considérera ces liens comme du spam de liens, même si des algorithmes divers décident d'en annuler certains.
- Le référenceur a une source naturelle et propre de backlinks à utiliser sans beaucoup de modération mais avec raison comme nous le verrons plus loin.

Les inconvénients du multi-source :

- Chaque source doit être référencée : cela coûte du temps et du budget. Les efforts ont tendance à être dispersés. Cela peut déclencher un mauvais positionnement tant que les backlinks ne montent pas en puissance.
- Chaque source doit réellement être autonome : *index.html*, *.htaccess*, "canoniser" la page d'accueil, un réel contenu en qualité et en quantité, etc. : encore du temps à consacrer pour chaque source, au lieu d'une unique fois dans le cas d'un seul site.
- Google peut un jour décider qu'un sous-domaine n'est plus une source ou changer les règles du jeu à sa convenance : il y a un risque dans cette architecture.

2.23. Canonical URL

Google doit avoir un seul point d'entrée sur le site :

- *http://www.lesite.com* : c'est l'idéal. Choisir autre chose, c'est possible, mais cela demande un niveau expert pour bien comprendre ce qui se passe et pourquoi et comment faire !
- Évitez *http://www.lesite.com/index.html*. Google risque de voir un duplicate content entre le nom de domaine et cette URL. En effet, nous avons deux URL distinctes pointant vers le même contenu.

De même, il est recommandé par Google de disposer d'une redirection de toutes les pages sans le `www` vers une page ayant un `www.` en préfixe.

Avoir un point d'entrée unique permet de concentrer sur une seule URL les backlinks. Sinon, le Page Rank va être étalé et perdu dans plusieurs cas.

Une programmation dans le fichier *.htaccess* permet cette optimisation. C'est une redirection 301. Un exemple est présenté un peu plus loin.

Quelques explications :

Canonical URL signifie une URL simple, standard, autrement dit respectant une règle, ici une règle d'une seule entrée, quitte à en "fusionner" plusieurs autres possibles vers celle-ci.

À chaque page doit correspondre une URL unique. C'est facile à faire, sauf pour la page d'accueil à laquelle on peut accéder via :

- *www.monsite.com* ;
- *monsite.com* ;
- *www.monsite.com/index.html* ;
- *monsite.com/accueil.html.*

Chacune de ces expressions est précédée de `http://`.

Une seule doit être utilisée pour bien orienter Google vers la bonne URL, celle qui sera la "*canonical URL*". En général, les webmestres préfèrent pour des raisons d'habitude et de simplicité envers leurs internautes la forme *www.monsite.com*. Pour cela, il faut :

- utiliser cette forme dans les menus plutôt que *index.html* ;
- coder une redirection 301 de *index.html* vers le nom de domaine dans le fichier *.htaccess* :

```
# redirige l'URL du sous domaine vers le nom de domaine
RedirectMatch 301
 http://monsite.com http://www.monsite.com
# attention la ligne suivante
# peut poser des problemes chez des hébergeurs
RedirectMatch 301
 http://www.monsite.com/index
 html http://www.monsite.com
```

Ce code fait clairement comprendre à tout bot de moteur que seul le nom de domaine précédé de `www` est à utiliser.

Un autre code, plus sophistiqué mais davantage portable sur les différents hébergeurs donnent le même résultat :

```
RewriteCond %{HTTP_HOST} ^monsite\.com$
RewriteRule ^(.*) http://www.monsite.com/$1 [QSA,L,R=301]
```

Si le nom de domaine utilisé dans la requête à votre serveur Apache pour afficher une page est `http://monsite.com`, alors il est transformé (réécrit en URL) par `http://www.monsite.com`. La seule URL canonique sera donc celle utilisant `www`.

ASTUCE

Évitez de changer le nom du fichier de la page d'accueil index.html

Cela vous évitera deux types de déboires : les dysfonctionnements de certains outils pratiques pour le suivi des sites et la perte potentielle de Page Rank.

Évitez *http://www.lesite.com/accueil.html* remplaçant *index.html*. Il est déconseillé de changer le nom normalisé *index.html*, *index.php* et autres déclinaisons. Le mot index est réservé à la page d'accueil d'un site. Ne remplacez pas `index` par `accueil`, `home` ou tout autre mot, même si c'est un mot-clé...

- Des outils ne comprennent pas et réagissent mal. En 2006 et 2007, c'était le cas de Google Analytics par exemple.
- Avec un fichier *.htaccess* mal codé, ce qui est très facile à faire, vous risquez une double URL pointant sur une page unique : le nom de domaine, et le nom de domaine plus le nom de fichier. Conséquence immédiate : vous risquez une perte de Page Rank à cause de la mise en désindexation d'une de ces deux URL avec, au final, la perte de tous les backlinks qui pointent vers elles explicitement (cf. le paragraphe Canonical URL).

2.24. Google Personalized Results Search

Google a annoncé en 2009 la mise en service aux Etats-Unis des résultats de recherche personnalisés et a présenté cette évolution, via Matt Cutts et son célèbre blog, comme une révolution accompagnée de la mort (sic !) des référenceurs.

La personnalisation des résultats de recherche a pour objectif, louable, de mieux adapter les SERP aux demandes affichées et cachées de l'internaute.

Illustration : vous saisissez Orange comme requête. Les thèmes possibles sont multiples. S'agit-il de la couleur, de l'opérateur télécom, de la famille royale, de politique en Ukraine ?

Google se propose de rechercher des informations dans votre historique de l'utilisation de Google sur les 18 à 24 derniers mois. Si vous avez souvent requêté sur l'Ukraine, il favorisera, un peu, les sites concernant la révolution orange. Et ainsi de suite.

Quelles sont les conséquences pour le référenceur ? Il y aura probablement des évolutions pour s'adapter. Une des cassures la plus marquantes entre "avant" et "après" concerne la mesure des performances en positionnement. En effet, il ne sera pas possible de disposer de l'historique de chaque internaute. Ce sera une inconnue totale. Donc des personnes ne verront pas les mêmes SERP en fonction de leur propre historique Google.

Est-ce que cela aura un effet important sur le travail du référenceur ? Non, celui-ci doit diminuer l'angle des vecteurs des requêtes chassées et de la page candidate par des backlinks cohérents, du rédactionnel soigneusement choisi, une mise en page optimale pour doubler les sites concurrents. Peu importe que Google ajoute des vecteurs supplémentaires issus de l'historique dans la matrice pour affiner les calculs des SERP. Cela oblige le référenceur à réfléchir à d'autres combinaisons de mots-clés pouvant avoir été saisies lors de requêtes précédentes avant la requête ciblée par la page. Mais le fond du travail reste identique. Le référenceur après analyse sélectionne quelques mots-clés pour une page et celle-ci est optimisée en conséquence. Le fait même de concentrer une page sur un thème donc d'utiliser des mots connexes va obligatoirement bien positionner cette page face à l'ajout de mots-clés contextuels et donc connexes choisis par Google dans l'historique de l'internaute.

Un exemple :

Un internaute désire acquérir une maison en bois. Il saisit une première requête : "`maison bois`". Devant le flot de réponses, il décide de requêter sur "`constructeur de maisons à basse consommation`".

Le résultat de recherche personnalisé pourrait avoir une tendance à favoriser "`constructeur de maisons` *en bois* `à basse consommation`" sur 2 des snippets de la page de résultats n°1. Au référenceur de prévoir les différentes requêtes ayant potentiellement précédés la requête visée.

2.25. Google Sitelinks

Google permet à un webmestre de gérer les liens d'un sitelinks concernant son site via Google WT (*Webmaster Tools*).

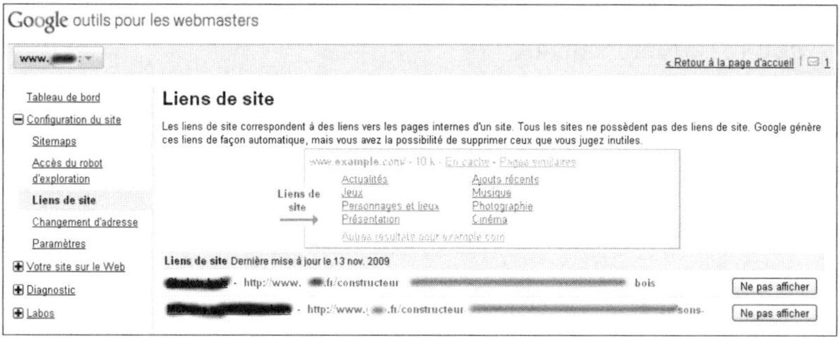

Figure 2.30 : Sitelinks, exemple et interface Google WT

La seule action possible à ce jour consiste à refuser l'affichage d'un lien précis du sitelink calculé par Google.

Le sitelinks est un atout dans la création de trafic. Il incite fortement l'internaute à regarder en détail le snippet affiché et les 8 liens ou moins affichés incite à accéder directement à l'information recherchée.

L'objectif de sitelinks est de permettre à un internaute d'accéder plus facilement et plus rapidement à la bonne information dans le site que Google calcule comme étant le plus adapté à la recherche de l'internaute, c'est-à-dire celui qui a le rang 1 page 1, quand le sitelinks est possible. Sur certaines requêtes, Google n'affiche aucun sitelinks.

Aucune information n'est donnée par Google sur la façon dont est évaluée la pertinence d'un sitelinks pour le site n°1 page 1 sur une requête.

Des référenceurs américains ont étudié en détail des sitelinks de multiples sites et via les statistiques, ils ont établi des possibilités sur les critères rendant une page éligible à l'affichage ou non d'un sitelinks. Selon eux et selon certains travaux personnels sur le sujet, pour être une URL de page éligible à un sitelinks, le site web devrait :

- Offrir une URL qui soit un nom de source, un nom de domaine en général.
- Être le premier en SERP sur la requête de l'internaute.
- Disposer d'une très bonne qualité technique : accessible, structuration hiérarchique marquée dans la navigation, ce qui implique une parfaite gestion des `TITLE` de page et des `META` Description sur tout le site, ainsi qu'un menu principal commun à toutes les pages du site qui soit plutôt court, pas un menu en râteau pointant vers des dizaines de pages têtes de rubrique.
- Avoir un trafic naturel élevé. Google est aux premières loges pour obtenir cette donnée. Il lui suffit d'enregistrer tous les clics partant

vers ce site depuis les SERP proposant une URL de ce site, quelle que soit la requête saisie.

- Avoir un fort taux de clics depuis les SERP sur l'expression-clé saisie par l'internaute dans la requête. Plus il y a de requêtes sur une expression-clé précise avec un clic d'internaute depuis les SERP vers votre site, plus celui-ci devient éligible à un sitelinks.
- Disposer de liens sortants jugés de qualité et pointant vers des sites "utiles".
- Avoir des backlinks issus de sites jugés de qualité.
- Offrir un nom de domaine ayant plusieurs années.

La notion de liens externes de qualité et utiles demande à être approfondie. Google mesure le départ vers un site, le vôtre, depuis une SERP. Et l'internaute revient aussitôt sur Google et relance une requête ou clique ailleurs depuis la même SERP. C'est a priori très mauvais pour la réputation de votre site vue par Google. L'internaute a fait juste un aller-retour, donc votre site séduit par son snippet mais le vrai contenu fait fuir. En proposant des liens utiles, un site camoufle cet aller-retour ou tout au moins allonge la durée où Google va mesurer le retour de cet internaute dans des SERP de même nature. Cela renforce votre popularité sur l'expression-clé à l'origine de la venue de l'internaute sur votre site.

2.26. Résumé

Dans ce chapitre destiné aux webmestres débutants, nous avons découvert ou défini des notions et concepts importants dans la compréhension du référencement et de l'optimisation de pages pour les moteurs de recherches.

Il est fondamental de se mettre au niveau de compréhension des logiciels d'analyse de contenu de Google. Cela impacte le rédactionnel et la mise en page.

Les codeurs de sites web doivent gérer différents besoins de personnalisation des pages vis à vis de chaque internaute. Les techniques qu'ils utilisent alors peuvent profondément perturber ou bloquer le référencement. Différentes approches permettent de faire cohabiter harmonieusement les besoins en personnalisation utilisant les arguments passés via l'URL et le besoin de clarté en navigation et URL de Google.

Le trafic d'un site est totalement dépendant de la qualité des mots-clés retenus pour son référencement mais aussi de la qualité de la répartition de ces mots-clés sur les différentes pages du site. Il faut donc identifier puis hiérarchiser les mots-clés porteurs de trafic ciblé et enfin les répartir. Maîtriser, puis savoir analyser les nombreuses données issues de multiples outils Google est nécessaire pour réussir cette étape dans le référencement.

La qualité de la compréhension du contenu d'une page par le moteur exige une approche rigoureuse et simple : une page correspond à un sujet unique. Une rubrique correspond à un thème unique composé de sujets dépendant de ce thème. Une et une seule langue est utilisée par page.

La structuration du site en silo d'informations spécialisé nécessite une navigation hiérarchisée présentée à Google. Une telle structure pose les bases d'un futur Page Rank Sculpting et elle améliore la compréhension des contenus du site par Google, ce qui est toujours positif pour le positionnement dans l'index de Google.

De nombreux algorithmes de Google utilisent ce que tout le monde appelle le `Page Rank`. Cette unité de mesure de Google a fortement évolué depuis 1998. Comprendre comment les flux de Page Rank circulent dans un site ou sur le net est nécessaire pour rendre cohérentes des optimisations de pages.

L'URL d'une page est un critère analysé par Google. Mal construite, une URL peut bloquer le bot de Google ou perturber le référencement de la page correspondante faute de la présence des mots-clés adéquats dans le libellé de l'URL. Des répertoires et noms de fichiers correctement nommés ou une URL rewriting correctement codée participeront activement à un référencement réussi.

Un site français en `.com` hébergé hors de France peut perdre jusqu'à 40 % de trafic. Que faire pour éviter une telle erreur ?

La qualité rédactionnelle d'une page influe sur son référencement. Il ne s'agit pas d'écrire comme un écrivain professionnel. Il faut écrire des phrases correctes en grammaire et en orthographe. Une telle écriture peut ensuite être optimisée en `Google writing` pour améliorer le référencement.

Un site Web 2.0 aura plus de facilités à être bien référencé qu'un site classique Web 1.0.

Le *sitemap.xml* est un outils simple permettant de mieux guider Google dans les pages de son site. Il participe à l'accélération de la prise en compte du site par le moteur.

Domaine et sous domaines présentent des intérêts et aussi des inconvénients pour appuyer le référencement d'un site.

LE POSITIONNEMENT, LE NETLINKING, LES LIENS

Les liens externes sont indispensables pour obtenir de la popularité Google. Celle-ci est assez grossièrement exprimée par le Page Rank (ou PR) indiqué dans la Google Bar. Les liens externes sont indispensables à la stratégie technique de Google.

Pour un site web standard de PME/PMI, obtenir des liens de qualité de manière naturelle est plutôt difficile. La tentation est alors grande d'obtenir artificiellement des liens, de plus ou moins bonne qualité.

Des pièges jalonnent cette opération. Il est recommandé de comprendre les backlinks pour opérer efficacement, avec un risque nul ou minimum, son référencement.

REMARQUE

Ce chapitre s'adresse à tout type de public

Les responsables comprendront mieux les contraintes imposées par un bon positionnement via les backlinks et les budgets d'optimisation et de netlinking à y consacrer.

Les webmestres en charge du netlinking pourront optimiser leurs actions.

De légères connaissances techniques sont nécessaires pour bien appréhender une partie de ce chapitre.

Google fait une chasse forcenée aux backlinks non naturels, les paid links, car ils détournent du Page Rank. Les paid links tendent à fausser le positionnement dans les SERP, et à diminuer potentiellement la qualité des SERP de Google. Ils contribuent aussi à diminuer les revenus d'AdWords et d'AdSense, les deux offres de liens sponsorisés de Google, sources de 90 % et plus de ses revenus.

Nous avons vu précédemment, dans les sections consacrées aux techniques de triche couramment rencontrées, que la quasi-totalité des actions de netlinking sont en fait du paid link selon la stricte définition de Google.

Mais sans backlink (acronyme BL), il est quasiment impossible d'avoir un bon positionnement. En effet, les expressions-clés en français sont de plus en plus saturées, même en local. Il y a plus de 27 poseurs réparateurs de fenêtres à Melun et dans ses proches environs pour 8 places affichables gratuitement en SERP via Google Adresses et l'encart Google Maps réservé aux snippets géolocalisés en SERP n°1. Que peuvent faire ceux qui sont hors du coup ? Investir en référencement naturel pour d'autres expressions-clés, ou pour être dans les 8 premiers. Ils peuvent aussi – c'est la mécanique Google – investir en Google AdWords.

Mais on ne s'improvise pas poseur de backlinks facilement. Le métier n'est pas compliqué, mais des connaissances sont à acquérir pour gérer au mieux les BL de son propre site, très souvent négligés, les BL des sites d'amis, de clients et autres relations professionnelles et enfin pour entrer dans la jungle des fournisseurs de BL, de qualité ou non.

ASTUCE

Maîtriser les backlinks pour savoir éviter les pénalités de Google

La description du comportement d'un apprenti moteur de recherche face à des pages optimisées et à des backlinks vous montrera comment mieux gérer vos campagnes de netlinking pour une efficacité maximale. Vous saurez poser correctement un backlink pour en tirer l'efficacité maximum.

3.1. Le rôle du Page Rank et des Backlinks

Un lien correctement codé comprend deux parties :

- L'URL de la page visée par le lien : obligatoire.
- Le libellé texte ou une image accompagnée d'une balise `ALT`. Le libellé texte ou le contenu de la balise `ALT` seront considérés comme des mots-clés.

```
<a href="http://www.monsite.com/formation-webmestre.html">
 Formation pour webmestres
</a>
```

Quel que soit le libellé, Google prélève du Page Rank de la page de départ contenant le lien pour le transmettre à la page d'arrivée visée par l'URL du lien.

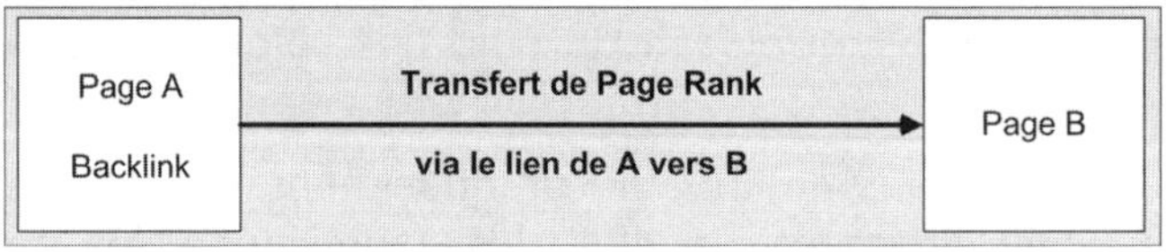

Figure 3.1 : Un pourcentage du Page Rank est transféré via tout lien

Selon la formule communiquée par Google en 1998, un pourcentage fixe du Page Rank de la page, de l'ordre de 15 %, est partagé entre tous les liens sortants, y compris les liens internes au site lui-même.

- Le montant de Page Rank quittant le site via ce lien est donc très faible par rapport à ce qui reste. C'est pratiquement indolore.
- Plus le Page Rank de la page de départ est élevé, plus le montant en valeur absolue de PR transféré est important.

Les mots-clés contenus dans un libellé se partagent le Page Rank sortant. Et plus le Page Rank accroché à un mot-clé est élevé, plus la page visée par l'URL du lien aura tendance à bien se positionner sur ce même mot-clé. Le Page Rank joue le rôle d'un amplificateur. Plus il y en a sur la page de départ, plus il y a de poussée sur les mots-clés des N liens sortants.

Pièges classiques à éviter si possible

Mettre trop de mots-clés dans un libellé de lien dilue le Page Rank sortant entre tous ces mots-clés. Il faut donc soigneusement choisir son texte de lien.

Voici un libellé inutile en référencement mais que l'on trouve couramment dans de nombreux sites : "cliquez pour plus d'informations" pousse les mots-clés `cliquez` et `informations`. Est-ce utile ? Probablement que non.

Voici un libellé plutôt inefficace : "cliquez pour obtenir le détail sur notre parapluie". Plusieurs mots-clés inutiles polluent le référencement sur `parapluie` : `cliquez`, `obtenir`, `détail`.

Tout mot inutile diminue l'efficacité globale du backlink. Tout libellé incompréhensible n'incite pas au clic par un internaute et pourrait former une anomalie considérée comme du spam de lien par Google. Il y a d'autres pièges que nous verrons un peu plus loin.

Les incohérences de libellés de backlinks par rapport au contenu de la page sont aisées à détecter par Google et cela attire les pénalités très vite.

ATTENTION

Passer en page 1 grâce aux backlinks

Bien gérées, vos campagnes de netlinking peuvent propulser une ou deux pages de votre site en tête de SERP sur des mots-clés soigneusement sélectionnés.

Mais attention aux pièges liés à la gestion des backlinks ! Les anomalies statistiques attirent vite l'attention de Google. Les liens doivent être cohérents sous peine, à terme, d'attirer des vérifications et des pénalités.

3.2. Transfert de Page Rank via les backlinks

Nous n'aborderons pas les détails des calculs et des démonstrations mathématiques autour de la formule du Page Rank. Détailler longuement des calculs sur la base d'une parution Google datant de 1998 n'est guère pertinent. Le Page Rank est certes toujours au cœur de la stratégie de Google comme en attestent diverses publications récentes de Google, mais cet algorithme a dû fortement évoluer depuis 1998.

Nous retiendrons simplement à ce stade du livre que tout lien transfère un peu de PR de sa page de départ, là où il est posé, vers la page visée par l'URL du lien. Ce transfert est recalculé à chaque itération de la formule du Page Rank.

Comprendre, même très approximativement, les transferts de Page Rank va vous aider à mettre en œuvre de multiples formes de netlinking.

ASTUCE

Netlinking… interne au site

Pourquoi dépenser des efforts dans des campagnes de netlinking ? Commençons par optimiser les backlinks internes du site. C'est facile à faire et ils sont gratuits. Ils ne seront jamais considérés comme des paidlinks par Google et cela constitue un bon cas d'école pour se former par la pratique à la gestion des backlinks capables de vous hisser en haut d'une SERP Google.

On appelle cela la *gestion des tags* et dans la forme la plus évoluée, ces derniers servent à faire du *Page Rank Sculpting* (la manipulation des flux de Page Rank dynamiquement) ou du Page Rank Modeling (une architecture de manipulation des flux de Page Rank au travers des menus de navigation du site).

Le premier niveau d'enjeu porte sur l'exploitation au mieux des liens internes à notre site. Google affiche au plus deux pages d'un même site dans une SERP.

- Il est donc inutile de pousser à fond le référencement d'un mot-clé sur toutes les pages d'un site. Deux pages soigneusement choisies suffiront pour pousser à fond ce mot-clé.
- Logiquement, dans la masse des pages d'un site, on peut sacrifier une partie du Page Rank de nombreuses pages pour favoriser le positionnement de deux pages précises.

Il va falloir mettre au point une méthodologie qui permette :

- De pousser une page précise sur un mot-clé précis au détriment des autres pages du site.
- D'éviter les pièges poussant Google à ignorer des backlinks manipulant en interne les flux de Page Rank.

- De généraliser cette approche à tous les mots-clés stratégiques du site et uniquement à eux. En effet, trop de manipulations de flux de Page Rank sur trop de liens va noyer cette optimisation et donc la rendre inefficace. On doit concentrer le Page Rank Sculpting sur les expressions-clés stratégiques du site et uniquement sur elles.

Pour comprendre cette méthodologie, il va falloir :

- comprendre les transferts de Page Rank ;
- appréhender les anomalies statistiques pour éviter les pièges.

Un premier piège est à éviter. Vous avez certainement vu des pages de sites contenant un nuage de dizaines, voire de centaines de liens. Mathématiquement, une grande partie de ces liens seront peu ou pas cohérents. Or chaque lien incohérent monopolise du Page Rank qui sera annulé pour cause d'incohérence. Plus vous aurez un nuage contenant des liens incohérents, moins votre référencement fonctionnera.

Un problème va vite apparaître : mettre en place des liens internes manuellement est long, fastidieux. Très vite, le coût du référencement s'envole : trop de temps/homme passé et trop d'erreurs de saisie ou d'inattention coûteuses.

Il faudra alors basculer vers des algorithmes automatisant la pose des liens dans les pages du site en respectant la cohérence entre les pages et en évitant divers autres pièges où Google guette.

On passe alors à un autre sujet : comment coder un tel Page Rank Sculpting ? Ce aspect concerne les codeurs de sites web, qui trouveront toutes les informations nécessaires dans le livre publié chez Micro Application, *Techniques de référencement Google*.

ASTUCE

Nombre de liens dans un nuage

Il vaut mieux avoir peu de liens dans un nuage et bien les gérer, si possible automatiquement, que de nombreux liens mal administrés qui couleront le référencement.

3.3. Itération et récursivité en Page Rank

Ces concepts sur les backlinks sont fondamentaux à comprendre.

La formule du PR de Google est récursive. La fin du calcul de PR en cours a un impact sur le résultat final, donc il faut le refaire, ce qui modifie à nouveau le résultat et ainsi de suite. Pour obtenir un résultat juste, il faudrait attendre que le résultat converge vers une valeur à peu près stable.

Une image illustre ce phénomène : mettez-vous entre deux miroirs et regardez en un. Vous vous verrez dans le premier. Le miroir de derrière, le 2e, affiche le 1er miroir avec vous en train de vous regarder. Le premier réaffiche en plus petit cette même image et ainsi de suite. Au final les images ainsi répétées convergent vers l'affichage d'un point, puis de plus rien.

La formule du Page Rank n'est pas sans rappeler ce phénomène. Tout Page Rank a tendance à converger vers la valeur 1, sauf si on l'en empêche en faisant vivre les backlinks internes ou externes. De manière naturelle, c'est toute la beauté de la formule du Page Rank. Une page naturelle dans le Web réel aura tendance à dépasser 1, le PR des pages têtes de rubrique sera un cran au-dessous du PR de la page d'accueil, et ainsi de suite. Le Page Rank Sculpting prélève du PR dans certaines pages pour l'injecter dans des pages très précises. Le Page Rank Modeling pose une architecture stable de transfert de PR privilégiant, dès la conception du site, certaines pages au détriment de toutes les autres. Sur cette architecture stable, on pourra exercer du Page Rank Sculpting pour affiner sa stratégie de référencement.

À chaque itération de la formule, Google affecte un Page Rank, par définition provisoire, à une page. Quand il a fini le parcours complet des pages interconnectées via backlinks, il recommence en prenant en compte les évolutions précédentes et les nouveautés survenues depuis. Au fil des passages, la valeur du PR évolue et elle a tendance à converger vers sa valeur finale et stable, prenant en compte Page Rank Modeling et Sculpting, ainsi que les BL venant du monde extérieur.

Le Page Rank transféré par un lien est relativement faible. Pour avoir de l'impact sur le positionnement, il faut soit :

- un backlink partant d'une page à fort PR et ayant peu de concurrence en liens sortants ;
- de nombreux backlinks partant de pages ayant du PR et avec peu de liens sortants ;
- une présence durable du backlink, tout en maintenant la cohérence sur les mots-clés.

En effet, la formule étouffe tout lien (en lui mettant un PR transféré proche de 0) quittant une page ayant :

- beaucoup de liens sortants internes ou externes ;

- peu de Page Rank.

Le Page Rank transféré par mot-clé peut faire l'objet de retenue par Google. Si la cohérence est bonne, il n'y aura pas de retenue. Tout le Page Rank prévu est alors transféré. Si la cohérence est mauvaise, moins de Page Rank est transféré. Si la cohérence est nulle, très peu, voire aucun Page Rank n'est transféré. C'est sur la base d'un algorithme de ce type que les bombing ont été désamorcés : difficile pour un plaisantin amateur de bombing d'avoir les mots-clés adéquats, en général des insultes ou tout au moins des mots désobligeants, dans la page visée.

Des millions de sites regroupant des milliards de pages ont vu des millions de backlinks naturels être posés. Cela donne une base statistique incroyablement riche à Google. Selon tout type de critère, Google possède une base statistique lui indiquant, entre autres, la vitesse de pose des backlinks naturels sur une page d'un thème donné dans un pays donné sur un site ayant telle ou telle caractéristique. De nombreux autres critères peuvent être calculés par Google : fréquence de mises à jour, de disparitions de backlinks, moyenne des densités de mots-clés, aide à la séparation des mots dans l'URL, etc. Une richesse informationnelle gigantesque est à la disposition de Google. Tout ce qui s'écarte des abaques issues de ce modèle est une *anomalie statistique*. Une maxime japonaise dit "Le clou qui dépasse attire le marteau". Je ne pense pas utile de commenter l'usage que peut faire Google de cette maxime japonaise et des données statistiques. Vous l'aurez compris.

ASTUCE

Tout ce qui sort de la moyenne est suspect

Plus votre site présente d'anomalies statistiques, plus vous aurez de chances que des automates logiciels de Google investiguent en profondeur votre site à la recherche d'autres anomalies ou que des pénalités soient appliquées aux pages suspectes. "Cohérence" est le maître mot : cohérence des pages reliées par des liens, cohérence des mots-clés, etc.

Le PR transféré est actualisé à chaque itération de la formule. Disons, pour faire simple, que le PR d'une page est stabilisé au bout de 1 mois maximum en 2011. Auparavant, il convergeait vers sa valeur finale, vite au début, puis de plus en plus lentement. Comme nous l'ont montré les exemples simples, le PR monte ou diminue en convergeant. Chaque changement de PR des pages ayant des backlinks vers une page donnée modifie le PR final de cette page et surtout le poids des mots-clés dans l'index et donc le positionnement du site. Le PR affiché dans la Toolbar ne variant pas, vous comprenez désormais pourquoi votre rang change lentement alors que vous n'avez rien fait sur votre site. Les PR convergent et si une majorité de BL ciblant votre site part de pages ascendantes en PR, votre site va voir son positionnement s'améliorer au fil du temps.

Chaque page en charge de mots-clés stratégiques doit avoir ses propres backlinks cohérents avec le contenu de la page et les mots-clés visés.

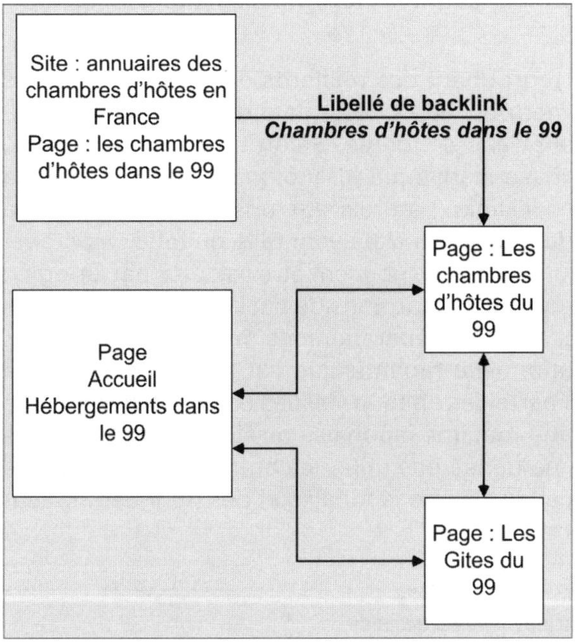

Figure 3.2 : Le mot-clé mis en valeur directement sur la bonne page.

Plutôt que de poser le backlink depuis la page "*Chambre d'hôte du 99*" du site "*Annuaire des chambres d'hôtes en France*" vers la page d'accueil du site "*hébergements dans le 99*", il est beaucoup plus efficace de poser ce backlink vers la page "*chambres d'hôtes du 99*" de ce même site. On a alors un lien partant d'une page dite "profonde" (car enfouie dans le site de départ) vers une page profonde du site ciblé. La cohérence est plus forte, et le PR transféré avec ces mots-clés, plus efficace et probablement plus important. Il sera plus important car le Page Rank transféré ne sera pas minoré par un filtre de Google mesurant la cohérence ou parce que Google donnera un bonus à ce lien pour cause d'excellente cohérence. Ce bonus est néanmoins freiné par le faible PR de la page de départ.

Il vaut mieux avoir 100 % de transfert d'un faible PR qu'une partie du fort PR d'une page moins cohérente.

Cette *landing* page, "`hébergements dans le 99`" > "`chambres d'hôtes du 99`" est celle qui doit sortir sur l'expression-clé "`chambre hôtes`". Il est essentiel de lui faire correspondre directement des backlinks externes véhiculant ce mot-clé sans passer systématiquement par la page d'accueil.

ASTUCE

À chaque page importante, ses propres backlinks cohérents

Plutôt que de faire converger tous les backlinks vers la page d'accueil, il est nettement plus judicieux de faire pointer des backlinks cohérents et porteurs des bons mots-clés vers les pages adéquates à l'intérieur du site. C'est beaucoup plus efficace.

Conséquences pour le référenceur

Étouffé par la récursivité de la formule, un backlink de qualité quelconque, seul, n'aura guère d'impact sur le positionnement d'une page sur un mot-clé.

Pour avoir prise sur le positionnement des pages sur leurs mots-clés, il va falloir multiplier les backlinks. Inconvénients : plus il y a de backlinks à mettre en place, plus on risque de faire une (des) erreur(s) entraînant une (des) anomalie(s) statistique(s). Plus il y a d'erreurs statistiques, plus le marteau Google risque de venir semer des pénalités.

Les backlinks issus de pages hors contexte et non cohérentes n'offrent guère d'intérêts. La qualité prime. Mieux vaut avoir peu de backlink de qualité qu'une flotte de backlinks incohérents.

Les backlinks posés dans des annuaires surchargés de liens sortants et avec de faibles Page Rank par page ne changeront pas grand-chose dans le positionnement face à des pages concurrentes mieux dotées en backlinks de qualité.

La difficulté à avoir des backlinks de qualité va contraindre le référenceur à classer ses mots-clés par ordre d'importance afin de donner priorité aux mots-clés stratégiques.

Transferts de Page Rank simples

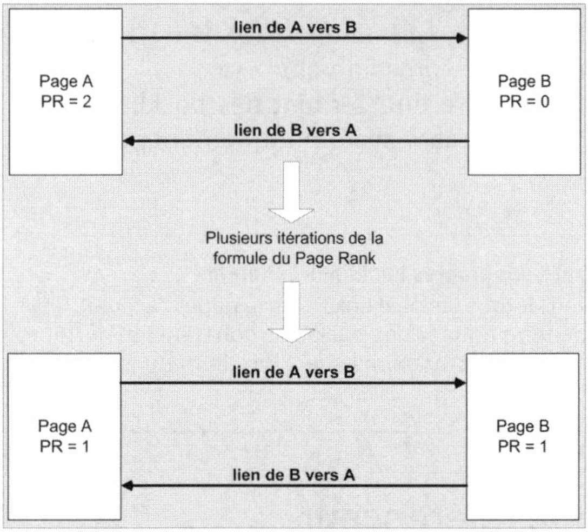

Figure 3.3 : Le Page Rank s'équilibre entre les 2 pages

Une page à PR de 2 a un lien vers une page nouvellement créé. Au fil des itérations de la formule du Page Rank, le Page Rank fait des allers-retours entre les deux pages et finit par s'équilibrer. La formule est conçue pour amortir le Page Rank dans une boucle. Le PR de chacune de nos deux pages va donc converger vers 1.

Le PR sera identique sur ces deux pages : il vaudra 1.

L'objectif est de comprendre approximativement comment le Page Rank se transfère :

- lors d'une exécution de la formule du PR ;
- puis lors de la répétition de cette formule jusqu'à l'atteinte d'un résultat stabilisé par la convergence.

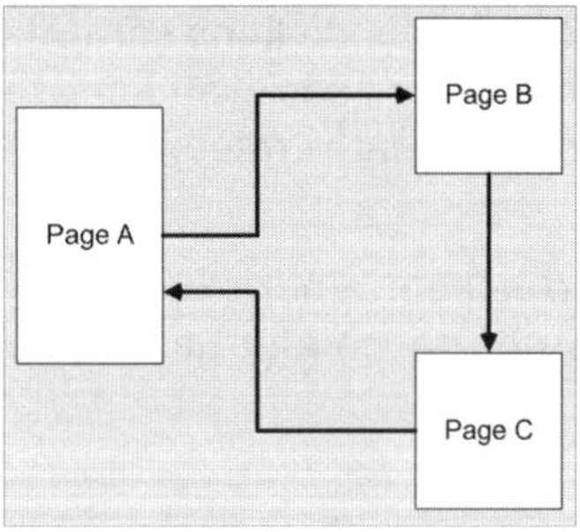

Figure 3.4 : Schéma de base : 3 pages en boucle

Nous avons une page A, qui pointe vers une page B, qui pointe vers une page C.

Tout comme dans le premier exemple, nous avons une boucle : les PR de ces pages convergent vers 1.

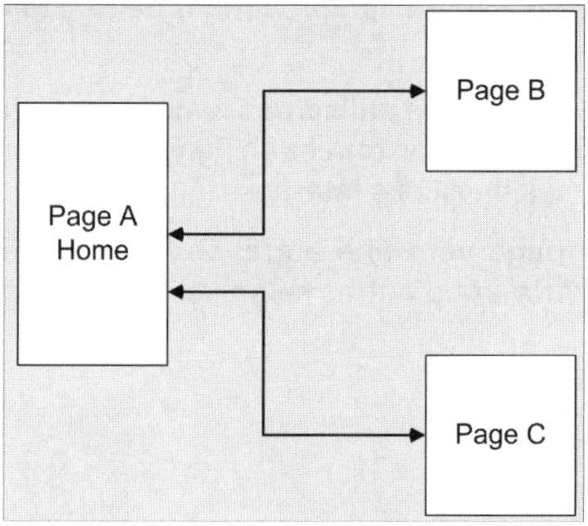

Figure 3.5 : 3 pages : Une page d'accueil et deux filles

Une page d'accueil possède deux liens vers deux pages. Chacune de ces deux pages filles renvoie le lien pour permettre une navigation entre pages du site.

Après plusieurs itérations, les Page Rank des pages vont converger vers les valeurs suivantes :

- `PR (A) = 1,46`
- `PR (B) = PR (C) = 0,77`

On remarquera que la page d'accueil est favorisée par cette architecture peu pratique pour naviguer dans un site.

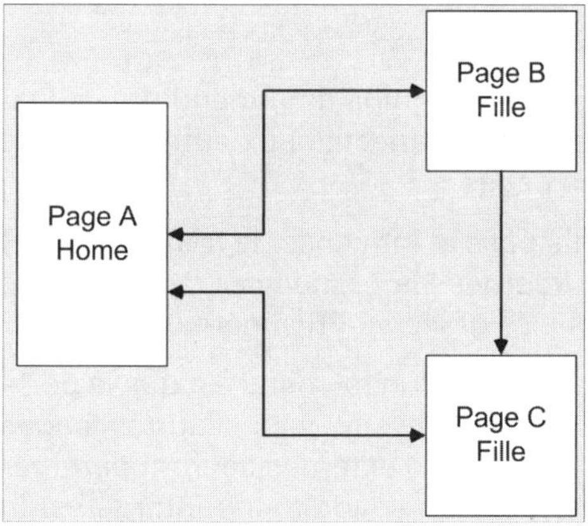

Figure 3.6 : 3 pages : Une page d'accueil et deux filles interconnectées de B vers C

- `PR (A)` descend à `1,30`. Normal, le PR renvoyé par B est diminué par l'existence d'un lien de B vers C.

- `PR (B)` descend à `0,70`. Normal, B transfère du PR vers C qui ne lui renvoie rien directement.
- `PR (C)` monte à `1`. Normal, le PR issu du lien provenant de B le fait monter.

Cet exemple montre un principe que nous utiliserons dans la gestion des tags, c'est-à-dire l'optimisation des ressources en Page Rank d'un site pour renforcer le poids de ses backlinks internes.

On peut orienter le PR d'une page vers une autre. On peut donc favoriser certaines pages au détriment d'autres selon les besoins du site.

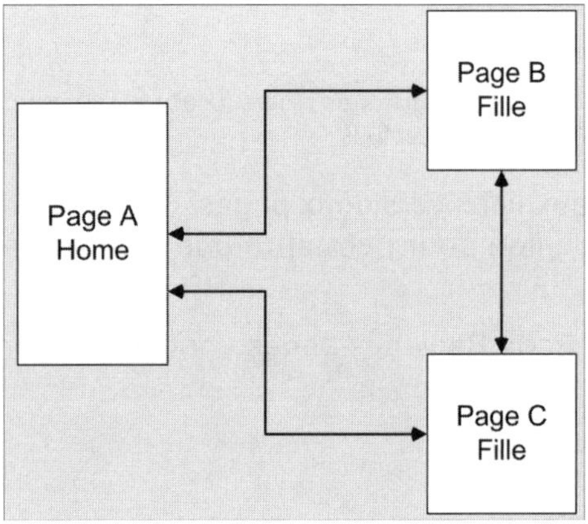

Figure 3.7 : Un vrai site de 3 pages

Nous avons un ensemble de boucles : la navigation se fait grâce à un menu qui reste le même dans chaque page.

Les 3 PR de nos pages sont bien sûr égaux.

Cet exemple montre que, dans un site équipé d'un menu de navigation classique où toute page est interconnectée aux autres, le Page Rank sera lissé entre toutes ces pages.

On pourra donc partir d'une telle base et influencer le transfert de PR via une optimisation des liens internes : la *gestion des tags* qui nous permettra d'optimiser les mots-clés grâce au PR supérieur véhiculé.

Une autre conséquence de la présence d'un tel menu est que la perte de Page Rank par des liens quittant le site vers d'autres pages extérieures sera limitée. En effet, ces liens externes devront partager le Page Rank avec les liens internes. Un solide menu interne est la meilleure protection pour limiter la perte de Page Rank tout en jouant le jeu de poser de vrais liens, lors de netlinking.

REMARQUE

La valeur globale du Page Rank du site

Nous avons utilisé trois pages dans notre exemple de site. Nous remarquerons que le Page Rank global de notre site a toujours été de 3. Au sein d'un site, le Page Rank ne se fabrique pas.

La formule limite la valeur globale du Page Rank au nombre de pages multiplié par un. Plus il y a de pages, plus on disposera d'un Page Rank global pour le faire circuler à notre convenance dans le site.

Pour augmenter le Page Rank global du site, il faut obtenir des liens venant de l'extérieur.

3.4. Principes du Page Rank Sculpting (ou PR Sculpting)

Manipuler les liens internes à un site de manière adéquate permet de favoriser des pages en PR sur des mots-clés au léger détriment d'autres pages de ce même site.

Un important volume de pages associé à de nombreux échanges de liens influe positivement sur le PR en valeur absolue d'une page précise et favorisée en douceur durant ces multiples échanges internes.

Le Page Rank Sculpting peut se conjuguer avec des backlinks externes. Un site n'a pas intérêt à s'interdire les liens sortants. Plus le Page Rank circule, plus on peut le sculpter facilement.

En général, un programme de PR Sculpting affiche un nuage de quelques liens (jusqu'à une centaine). Ils sont soit alignés (quand il y en a peu) soit assemblés (quand il y en a des dizaines) en une forme très jolie, chacun d'entre eux étant associé à un mot dans un conteneur. Ces mots peuvent avoir des tailles et couleurs différentes pour un rendu plus esthétique, mais cela n'a aucun impact sur le fonctionnement de Google.

La base du Page Rank Modeling (ou PR Modeling), optimiser les liens des menus

Un menu de navigation présent sur toutes les pages d'un site lisse de manière égale le Page Rank de toutes les pages d'un même niveau hiérarchique. Le Page Rank circule et finit par s'équilibrer. On peut donc utiliser ces transferts de PR pour gérer des mots-clés en interne sans aucune perte de PR. Le Page Rank circulant via les menus de navigation, les libellés de ces liens ont un impact sur le positionnement du site.

Exemple : dans un menu de navigation d'un site d'une PME spécialisée dans l'optimisation des forages pétroliers, figure un premier lien libellé *Notre technologie* qui est à comparer avec ce libellé *Technologie : forage pétrolier*. La deuxième version pousse trois mots-clés dont deux sont très pointus et pertinents tandis qu'un autre est bien trop généraliste sur la première version du libellé. Les mots composant les libellés de texte des menus sont donc à optimiser. Ils sont à la base d'un *Page Rank Sculpting élémentaire* ainsi que d'une structure en silo d'informations hiérarchisées. Les liens des menus prélèvent du Page Rank des pages de rang supérieur dans l'arborescence et les envoient vers les pages de rang inférieur. Ces pages via les mêmes menus leur renvoient du Page Rank. Un équilibre se crée. Il est toujours en faveur des pages de rang supérieur. Le PR a été sculpté en faveur du haut de l'arborescence.

ASTUCE

Optimiser un menu peut rapporter gros

Passer d'un libellé comme "*Accueil*" dans le menu de navigation à un bouton affichant l'image *Accueil* et ayant en balise `ALT` `"Location de bureaux à Paris : accueil"` va appuyer le positionnement de votre page d'accueil sur l'expression-clé `location de bureaux Paris`.

Via les menus, comme nous venons de le voir, nous afficherons envers Google une structure un minimum hiérarchisée et un Page Rank Modeling optimisé mais "*naturel*".

Piège des liens invisibles… visibles

Un référenceur pressé pourrait être tenté de faire du PR Sculpting plus fin via les menus en laissant une navigation accessible aux internautes mais invisible à Google, afin de concentrer plus de Page Rank dans les liens visibles.

Il est désormais fortement déconseillé de rendre un lien invisible à Google dans un menu via une balise `rel=nofollow`. Elle sera prise en compte et du Page Rank lui sera envoyé, comme à un lien normal, et bien sûr détruit. Google ne tolère pas les `rel=nofollow` dans un menu, il considère que c'est une tentative pour abuser les calculs de Page Rank.

Gestion des tags – Optimisation avec backlinks et Page Rank

En PR Sculpting, il va falloir identifier des pages moins importantes, leur prélever du PR via des liens possédant des libellés contenant des mots-clés cohérents et faire pointer ces liens vers d'autres pages, elles aussi d'importance mineure. La plupart de ces pages retourneront le lien donnant ainsi la signature d'un menu d'un point de vue mathématique. Mais certains liens – disons un par nuage – ne sont pas rendus par la page ciblée. Le groupe de pages interconnectées en nuage de liens vient de perdre un peu de Page Rank appuyant des mots-clés vers une ou peu de pages.

Le Page Rank Sculpting vient de démarrer.

Poser des liens "sur mesure" sert ainsi à orienter du Page Rank et des mots-clés vers des pages précises, ce qui améliorera le positionnement de ces pages sur les mots-clés de ces libellés des liens dans le moteur de recherche. Il reste à définir comment s'y prendre.

Google, a priori, ne considère pas les liens internes comme du spam de liens ou du paid link.

Dans le jargon et la littérature, on parle de *tags* (un mot ou une expression-clé courte reliée à une page cohérente avec cette expression-clé).

Attention : placer trop de tags sur une même page peut avoir des conséquences négatives. Pour différentes raisons, une page trop chargée en tags peut être ignorée par Google :

- Duplicate content : trop de tags identiques sont présents sur différentes pages. Une fois passé un certain seuil, la page est désindexée et tous ses liens sont ignorés.
- Le poids des mots de la page ne pèse pas assez lourd face aux contenus répétitifs : menus, tags. La page est désindexée et tous ses liens sont ignorés.
- Plus il y a de tags sur une page, moins ils sont efficaces car noyés. C'est dû à la formule. L'influence du nuage est ramenée à 0 (voir fig. 3.8).

Un blog spécialisé dans le webmarketing (il y en a des milliers) a structuré ses articles en catégories. L'une d'elles est *Google*. Chaque post sur un sujet concernant Google reçoit automatiquement un backlink nommé *Google* et pointant vers une page listant tous les post et articles publiés sur Google dans ce blog.

Figure 3.8 : Gestion des tags sur un blog

Chaque article donne un peu de son Page Rank via un lien, et ce page rank sert de levier au mot-clé composant le libellé : *Google*.

Sur cette page listant tous les articles, chacun est pointé par un backlink contenant en libellé le résumé en quelques mots-clés. Le Page Rank prélevé sur l'ensemble des pages leur est rendu. Au passage, les mots-clés de chaque libellé sont mis en valeur pour chaque page.

Par exemple : "`Google`", "`PageRank`", "`Algorithm`" et "`leaked`". Ces quatre mots-clés sont mis en exergue vers la page visée par le lien.

Dans cet exemple, c'est neutre à terme pour le Page Rank de chaque page. Cela s'équilibrera. Mais le Page Rank a circulé en mettant en valeur des mots-clés cohérents de page en page.

Une autre stratégie aurait pu être de lister dans cette page *Google* les 50 articles les plus lus. La redistribution de PR aurait été volontairement déséquilibrée au détriment de toutes les pages sauf les 50 plus lues qui auraient eu un supplément de Page Rank et un meilleur positionnement dans l'index de Google sur leurs mots-clés respectifs.

Il appartient au référenceur de calculer une stratégie, puis de la mettre en œuvre techniquement, d'en suivre via des statistiques l'efficacité et de mener les actions correctrices nécessaires.

Nous remarquerons la barre de fonctions réseau social Web 2.0 permettant de marquer cette page en *digg* et autres sites du même type.

Optimisation des liens internes

Pour optimiser ces backlinks internes, il faut les rendre cohérents au maximum. Le principe consiste donc à n'interconnecter que des pages de même thématique via des liens pertinents utilisant en libellé les bons mots-clés.

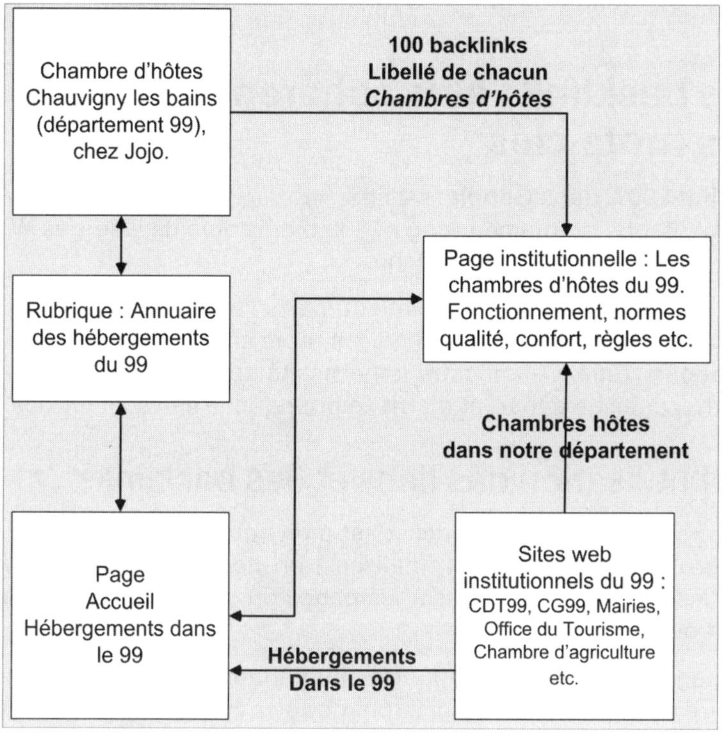

Figure 3.9 : Gestion des tags sur un site et backlinks ciblés

Voici un exemple...

Soit un site proposant des formules d'hébergement diverses : chambres d'hôtes, camping, maisons, appartement, bungalow. Admettons qu'il y ait une centaine d'hébergements par formule. À chaque bas de page de chaque page décrivant en détail un hébergement, on ajoutera un lien pointant vers la description de la formule.

La page décrivant le détail d'une chambre d'hôte à Chauvigny dans la Vienne verra un lien *Les chambres d'hôtes* pointant vers la page *Formule chambre d'hôtes* décrivant le détail d'une chambre d'hôtes pour tout le département. Ainsi une centaine de pages auront un backlink cohérent, pertinent pointant vers une seule page. À terme, cette page sera la première de ce site à sortir sur une requête chambre d'hôtes. Nous avons légèrement désavantagé les pages de l'annuaire de chaque membre pour favoriser une page centrale à mettre en valeur sur "`chambre hôtes`".

Dans le schéma, nous remarquerons les backlinks ciblés et les mots-clés cohérents avec les pages élues comme pages-clés à faire apparaître en priorité dans les SERP Google.

3.5. Les backlinks et la cohérence des mots-clés

Avant début 2007, dans Google, saisir `miserable failure` (traduction : échec lamentable) pointait en rang n° 1 la biographie de Georges W. Bush sur le site de la Maison Blanche.

S'il n'y a pas de cohérence complète ou partielle entre le lien et les mots-clés de la page visée par le lien, les mots-clés du backlink sont ignorés depuis 2007. Cela illustre la nécessité de respecter la cohérence entre pages de départ et d'arrivée pour que le lien soit efficace.

Principe d'utilisation des liens et des backlinks

Quand votre site est bien référencé, c'est-à-dire que les accessibilités, technique et sémantique, sont finalisées, on peut passer à l'étape d'utiliser les backlinks pour hisser les pages du site dans l'index de Google et des autres moteurs.

Vos campagnes de backlinks, appelées pudiquement *netlinking* pour ne pas faire trop "paid link", vous feront doubler vos concurrents trop lents ou trop maladroits dans les SERP de Google sur vos mots-clés.

Plus la cohérence est travaillée efficacement, plus puissant seront vos backlinks et meilleurs seront vos résultats.

Bien construire un backlink

Le lien doit être précédé et suivi de texte, contextuellement correct.

Si le backlink pointe vers une page gastronomie avec le libellé *recette cuisine daube provençale*, il est plus contextuel et cohérent que si du texte connexe au thème de la gastronomie encadre le lien : vins, repas, restaurant, etc.

Si possible, toute la page de départ doit avoir du contenu contextuel et cohérent, et pas seulement le paragraphe `<p>` contenant le backlink.

La page visée par l'URL du backlink doit publier autant que possible les mots-clés du libellé dans un maximum de critères : les `TITLE` de page, `meta DESCRIPTION`, balises `<hN>`, texte, balises `ALT` et balises `TITLE` d'éléments.

Exemple :

```
<p>
Vous désirez partir en vacances au soleil ?
Nous vous recommandons l'Espagne sur la
<a href="http://www.locations-costa-del-sol.fr">
Costa Del Sol, en location près de la mer et des plages.
</a>. Vous disposerez d'appartements et maisons disponibles
à la location en Andalousie, pour des séjours agréables
grâce à 300 jours d'ensoleillement annuel et à des
températures clémentes pour le farniente et les jeux sur
la plage ou en mer.
</p>
```

Ce texte utilise de multiples mots connexes aux mots-clés du libellé du lien *Costa Del Sol, en location près de la mer et des plages*. Encadré par les balises de paragraphe `<p> </p>`, il participe à rendre cohérent le backlink.

3.6. Silo puis Page Rank Sculpting

Nous avons vu le *Page Rank Sculpting* et la présentation de *silos d'informations* cohérents et fortement structurés. L'organisation en silo aboutit à du Page Rank Modeling. On modèle les flux de Page Rank en utilisant la navigation hiérarchisée et les mots-clés qui ont été transportés via des libellés ou des textes adaptés en contenu et en mots-clés.

Ces deux approches se déploient séquentiellement et sont complémentaires. Regardons cela à travers un exemple simple.

On met d'abord en place la structure en silos d'informations. Dans un site de location d'appartements et de maisons sur la Côte-d'Azur, cela donnerait dans l'idéal une structure où on débute avec le thème, "*location d'appartement*" puis le département, puis la ville et au niveau de la ville, on aurait la liste des appartements disponibles à la location :

- Locations d'appartement > Alpes Maritimes > Juan les pins > appartement 1 à N ;
- Locations d'appartement > Alpes Maritimes > Cannes > appartement 1 à N, etc.

Puis

- Locations de maison > Alpes Maritimes > Juan les pins > maison 1 à N ;
- Locations de maison > Alpes Maritimes > Cannes > maison 1 à N, etc.

Notre structure est bien hiérarchisée. Passons au PR Sculpting. Nous disposons de dizaines d'appartements en location. Sur votre site, la landing page affectée "`Location appartement Cannes`" est mal positionnée et vous désirez revenir en bonne position.

Vous disposez de nombreuses pages sur "`locations cannes`" et "`locations appartements`".

Sur la plupart des pages de « Locations d'appartement > Alpes Maritimes > Cannes > appartement 1 à N », vous insérez un lien dans un petit paragraphe : "*locations d'appartement à Cannes*". *locations d'appartement à Cannes* : est le libellé du lien pointant vers la landing page dédiée à cette expression-clé. On pousse ces trois mots-clés. La landing page pourrait simplement être la page "Locations d'appartement > Alpes Maritimes > Cannes". L'avantage : la simplicité. L'inconvénient potentiel : via le menu de navigation, ces pages ont déjà un lien vers cette landing page puisque c'est leur tête de rubrique. On ne connaît pas précisément le comportement de Google face à un double lien. Il ignore un des deux liens comme le laisse supposer Web Master Tools, il en tient compte. Dans le doute, on peut cibler une page dédiée hors menu qui argumenterait sur l'efficacité de l'agence immobilière dans la location d'appartement sur ce secteur.

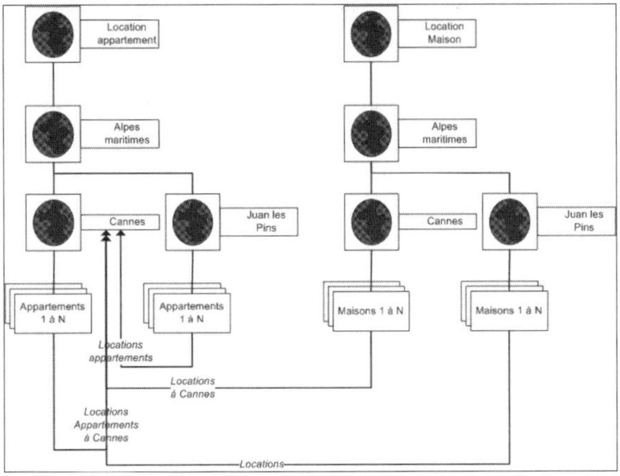

Figure 3.10 : Liens favorisant de manière cohérente la landing page "location appartement Cannes"

Sur la plupart des pages de "Locations d'appartement > Alpes Maritimes > Juan les pins > appartement 1 à N", vous insérez un lien dans un petit paragraphe : "*locations d'appartements* cannois. *locations d'appartements* : est le libellé du lien pointant vers la landing page dédiée à l'expression-clé "`locations d'appartement à Cannes`". On pousse ces deux mots-clés.

Sur la plupart des pages de « Locations de maison > Alpes Maritimes > Cannes > maison 1 à N », vous insérez un lien dans un petit paragraphe : "*locations à Cannes* d'appartements. *locations à Cannes* : est le libellé du lien pointant vers la landing page dédiée à l'expression-clé "`locations d'appartement à Cannes`". On pousse ces deux mots-clés.

Ainsi on a poussé plusieurs dizaines de liens sur l'ensemble des 3 mots-clés avec un peu de Page Rank.

3.7. Le netlinking réussi

REMARQUE

Approche lisible par tout public

Ce paragraphe ne sera pas un cours de maths, ne paniquez pas ! Sans connaissances en maths, vous arriverez à l'issue de ce paragraphe à mieux percevoir les fondamentaux des backlinks et du positionnement. Vous optimiserez d'autant mieux votre site web et le netlinking.

Google compte, parmi ses équipes, des centaines de mathématiciens, de linguistes, de sémanticiens et d'informaticiens.

Pourquoi ? Plusieurs dizaines de millions de sites totalisant une vingtaine de milliards de pages (début 2009) sont à indexer régulièrement. Google doit fournir des résultats de recherche pertinents à des millions d'usagers, chaque jour, sur cette base d'informations très mouvante.

Sans optimisation de ses algorithmes et programmes, les besoins de Google en ressources informatiques, pour répondre correctement à cette mission, seraient quasiment infinis. Pour réussir, les équipes de Google doivent optimiser tous leurs algorithmes, et les maths sont prédominantes dans cette démarche.

Pour référencer efficacement un site web vis-à-vis de Google, il faut comprendre les principes d'optimisation appliqués par Google, même approximativement. Vos investissements en optimisation et netlinking auront un bien meilleur retour sur investissement.

Pour bien faire percevoir ces optimisations par le lecteur, nous allons utiliser la mise au point d'un apprenti moteur de recherche. En comprenant comment un moteur de recherche approche les problématiques complexes de l'indexation de milliards de pages, vous comprendrez mieux comment adapter au mieux votre site pour un meilleur référencement.

Page = point, lien = arc : théorie des graphes

Modéliser tout le Web facilement

Le besoin n° 1 de notre apprenti moteur est de modéliser le Web dans un logiciel. Il existe une manière très simple :

- Une page HTML est un point.

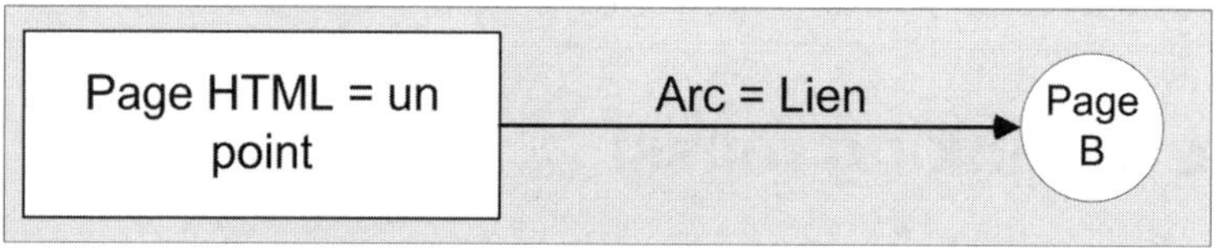

Figure 3.11 : Page HTML = un point

- Un lien entre 2 pages est un arc entre ces 2 points.

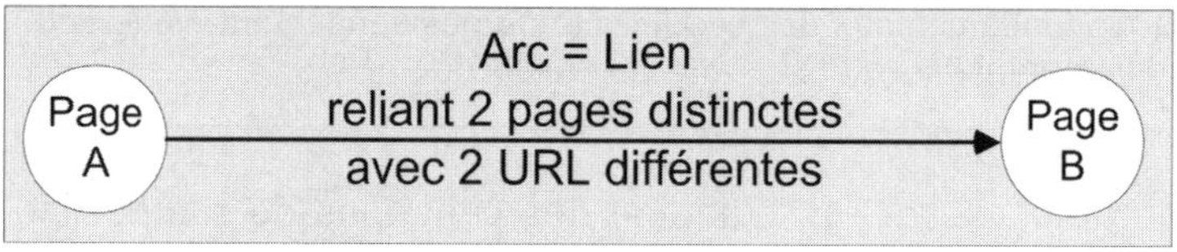

Figure 3.12 : Lien = un arc unidirectionnel

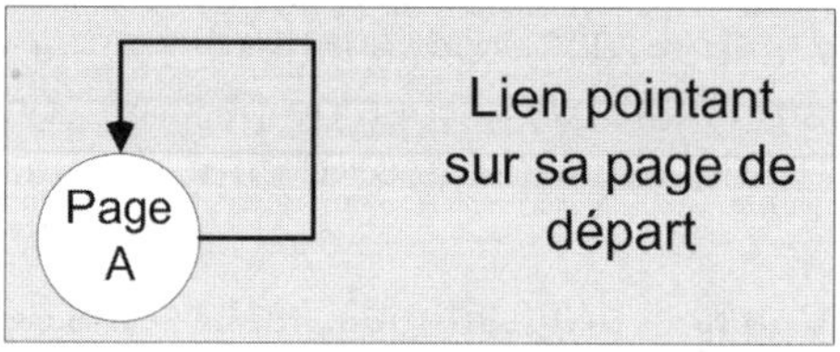

Figure 3.13 : Lien pointant sur sa page de départ

- Un site Internet est un *ensemble* de points. Un lien entre deux pages de deux sites Internet sera donc un arc reliant un point d'un ensemble au point d'un autre ensemble. De nombreux outils mathématiques permettent de manipuler des ensembles (de points, d'arcs).

Chaque point est unique : il a une seule et unique URL. Pour les arcs (les liens), c'est un peu plus compliqué. En effet, un arc peut partir d'un point (page) P1 unique, aller vers un autre point P2 unique. Mais on peut avoir ainsi plusieurs liens reliant une page P1 à une page P2.

Actuellement, Google simplifie ce problème en prenant en compte un seul et unique lien entre 2 pages précises. Les autres liens sont ignorés. Notre apprenti moteur fera de même. Il prendra en compte le premier lien entre deux pages, et ignorera les éventuels autres liens présents sur la page et pointant vers une même page.

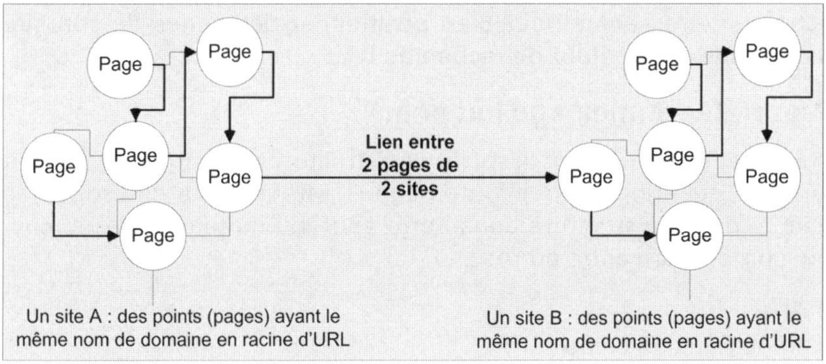

Figure 3.14 : Lien entre deux pages de deux sites

Nous venons de faire deux pas en avant :

- N° 1 - *La théorie des ensembles* : le début de son apprentissage est au programme, de la sixième à la terminale, dans les collèges et lycées français selon les années et les modes de l'enseignement. Les outils mathématiques peuvent être mis en œuvre sur les propriétés des pages et des liens.
- N° 2 - *La théorie des graphes* : inconnue de la plupart des gens, elle est plus connue sous une forme simple des chefs de projets : PERT et diagrammes de GANTT dans Microsoft Project. Elle est concrétisée dans la vie courante par le bon fonctionnement de l'ADSL, du métro, du téléphone, du réseau électrique EDF, des trains de la SNCF et par des milliers d'autres applications dans la vie de tous les jours.

Résumons-nous : notre apprenti moteur peut modéliser tout le Web via ces deux outils mathématiques puissants, fiables et parfaitement connus des mondes scientifique et informatique. Ces outils mathématiques sont aisés à coder en informatique. Des milliers de programmes œuvrant pour les armées, les compagnies de téléphone ou d'énergie du monde entier fonctionnent avec succès chaque jour.

REMARQUE

Le Web est (relativement) facile à modéliser

On peut rentrer tout le Web sur un ou quelques serveurs. On dispose via les mathématiques d'une multitude d'outils pour analyser des liens, des pages, des sites et en déduire le classement dans un index, par mot-clé, des pages ayant au moins un mot-clé dans son contenu.

Ces outils mathématiques vont nous intéresser pour en déduire les actions intéressantes pour bien positionner des pages de son site dans l'index du moteur de recherche !

Propriétés d'une page (un point)

À chaque point, on peut associer une structure de propriétés. Traduit en Web, cela donne pour toute page HTML une liste de propriétés décrite par une structure dans notre apprenti moteur de recherche, qui comprendra entre autres :

- `URL` ;
- Page Rank en cours ;
- `TITLE` de la page ;
- `META DESCRIPTION` ;
- liste des textes entre balises `<hN>`, de `<h1>` à `<h8>` ;
- liste des textes en balise `ALT` ;
- liste des textes entre balise `<p>` ou équivalent ;
- liste des textes en ancre (libellés de backlinks).

Toute page de tout site peut donc être décrite selon un standard unique. Notre apprenti moteur de recherche dispose désormais d'une structure capable de stocker les propriétés de toute page.

ASTUCE

Analogie entre cette structure et la vie courante

Votre répertoire d'adresses personnelles est une structure recevant les propriétés de vos correspondants. À chacun d'entre eux correspond une liste précise de structure identique : nom, prénom, e-mail, n° de téléphone privé, adresse. Les données changeront pour chaque correspondant, mais la structure est toujours la même.

De même, la structure permettant de recevoir la description d'une page HTML est identique, quelle que soit la page cartographiée.

Application immédiate :

- Notre moteur peut comparer deux versions de deux dates différentes d'une même page et avoir immédiatement ce qu'elles ont en commun et de différent.
- Notre moteur peut chercher les mots-clés communs (en intersection) de tout ou partie des propriétés d'une page. Tiens ! Vous venez de voir un nouvel algorithme capable d'identifier des mots-clés fondamentaux dans une page. Rappelez-vous : c'est Google qui sélectionne les mots-clés importants de votre page. La recherche des mots identiques répartis dans différentes propriétés d'une page est complémentaire de l'examen des occurrences d'un mot-clé dans une page et de sa densité. Nous tenons une méthode potentiellement efficace, capable d'aider notre apprenti moteur à trier en positionnement des milliers de pages en concurrence pour un mot-clé précis.
- Notre moteur peut être plus évolué : il peut effectuer des calculs type Cosinus de Salton, c'est-à-dire calculer la thématique d'une page de départ d'un lien puis calculer la thématique de la page ciblée et comparer l'angle entre les deux vecteurs par rapport aux mots-clés du libellé du lien. Il en déduit ainsi la cohérence du lien et le Page Rank à appliquer ou à détruire en cas d'incohérence.

REMARQUE

La date d'une page

Pour obtenir la date d'une page d'un site, on utilise ses propriétés (par exemple sous Firefox, cliquez sur *Outils* puis sur *Informations sur la page*) : on obtient une date ou, dans la plupart des cas, la date et l'heure de votre clic sur cette page. En effet, la date d'une page construite à la volée est celle du clic la demandant.

Google enrichit sa base d'informations en gérant les dates des versions de pages, par URL, d'un site.

Voyons un exemple pour illustrer les propriétés d'une page... (voir fig. 3.15)

Nous allons cartographier, via notre apprenti moteur de recherche, la page d'accueil d'un site test.

Tableau 3.1 : Propriétés scannées par notre apprenti moteur de recherche sur une page test

Propriété de la page	Valeur
URL	Nom de Domaine (NDD) : `www.monsite-devis-travaux.com` *Répertoire + nom fichier : index.php*
Page Rank	0

Tableau 3.1 : Propriétés scannées par notre apprenti moteur de recherche sur une page test

Propriété de la page	Valeur
`Title` de la page	`Demande devis gratuit de travaux, rénovation par des artisans pour votre appartement, maison`
`Meta description`	`Obtenez devis gratuit de travaux, rénovation par des artisans pour votre appartement, maison, cuisine, salle de bain, bâtiment`
Liste des textes entre balises `hN`	`<h5>Accès aux demandes de devis travaux</h5>` `<h5>3254 demandes de devis travaux rénovation en mai 2008 </h5>`
Liste des textes en ancre + URL associée	Accueil : `index.php` Nos services : `services-devis-travaux.php` Assistance chantier : `Assistance-chantiers-travaux.php` etc.
Thèmes principaux de cette page	*Travaux, bâtiment, maison, devis.*
Mot hors thèmes de la page	`Critère, clics, accès, mai, 2008.`
Historique des mises à jour de cette page	Date : `thèmes rencontrés sur la page // Date : thèmes rencontrés sur la page // Date : thèmes rencontrés sur la page //` etc.

Figure 3.15 : Page d'accueil d'un site test

Les mots hors thèmes de la page pourraient faire l'objet de plus d'étude par notre apprenti moteur s'ils étaient trop nombreux. Ces mots pourraient être triés en usage exceptionnel dans la page ou ayant une densité anormale par rapport aux thèmes.

Le champ *Historique des mises à jour* stocke les dates où notre apprenti moteur a noté une mise à jour de la page et les modifications éventuelles, pour chaque date, des thèmes abordés par la page.

Cette gestion de l'historique permettrait de multiples usages par le moteur :

- Tracer l'évolution thématique de la page seule et par rapport aux pages avec lesquelles elle est liée par des backlinks, internes ou externes à son site.
- Un critère, la date la plus récente, pour tester si les informations sont obsolètes ou non.

Propriétés d'un site

Un site est identifiable dans une URL via la partie consacrée au nom de domaine. À tout nom de domaine, on pourra attacher une structure de propriétés. Parmi celles-ci, quelques-unes vont nous intéresser.

Un nom de domaine va être associé à un thème central (ou quelques-uns) à choisir dans la liste des thèmes de l'annuaire Google. Éventuellement, on pourra lui associer des thèmes secondaires.

Dans notre exemple, les thèmes centraux de notre site test de devis et travaux seraient : *Travaux, Construction bâtiment et maison.*

Les thèmes secondaires (liste non exhaustive) : *Décoration, Bricolage.*

Ces thèmes sont calculés en fonction des bases de données du moteur sur des sujets et mots connexes. Notre moteur ayant déjà indexé des sites de travaux, bricolage possède déjà les mots, termes associés à ces thèmes.

Des mots non cohérents avec ces thèmes, travaux automobiles par exemple, pourraient déclencher des anomalies statistiques si cela revenait trop souvent au fil des pages de ce site.

Propriétés d'un lien (backlink)

Un lien (un arc) peut être équipé d'une structure de propriétés sur le même principe que ce que nous avons vu pour la page dans le paragraphe précédent :

- URL de la page de départ.
- URL de la page d'arrivée.
- Texte du lien décomposé mot par mot.
- Date où ce lien a été cartographié par le moteur la première fois.

Positionner une page sur un mot-clé grâce aux propriétés

L'URL de la page de départ de tout backlink donne accès aux propriétés de ladite page. Notre apprenti moteur pourra donc pouvoir comparer les propriétés de la page de départ, du libellé et de la page d'arrivée de tout lien vers une page d'arrivée précise.

Le nom de domaine des URL va donner accès aux propriétés des noms de domaines.

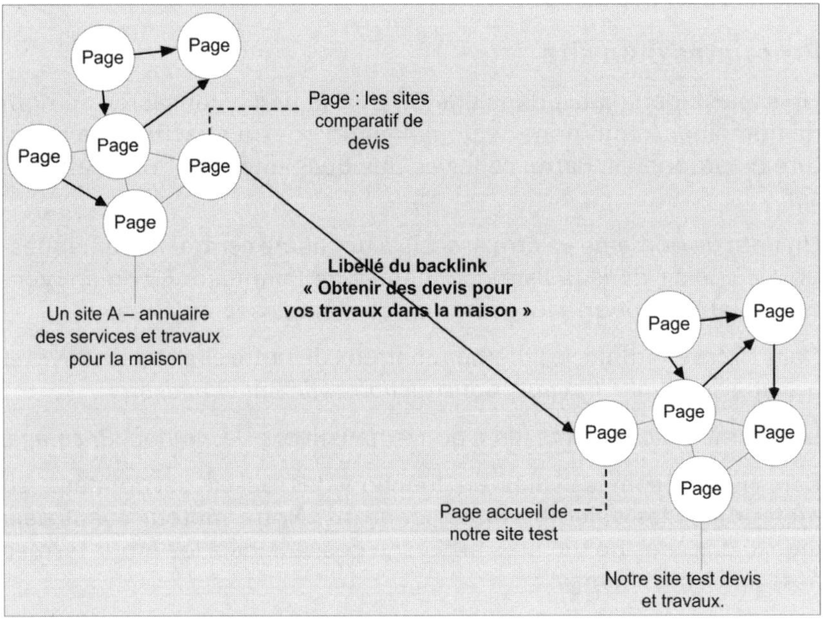

Figure 3.16 : Page de départ, backlink, page visée

Le Page Rank de chaque page de départ pourra être accédé puis une portion de celui-ci répartie entre les liens sortants. Pour chaque lien on aura donc un coefficient PR à appliquer sur les mots-clés du libellé.

Un coefficient "Pertinence et cohérence" pourra être calculé en fonction des thèmes du site de départ, de la page de départ, du lien et de la page visée. Appliqué au PR transféré via chaque mot-clé de tout libellé, nous aurons une note unique à appliquer pour chaque mot-clé de toute page.

Un autre coefficient pourra être calculé en fonction des critères de la page (voir chapitre 2 - *Le webmestre et le référencement*).

Notre apprenti moteur est capable de calculer précisément le positionnement des pages indexées grâce à ces informations.

Illustrons cette logique sur un exemple.

3.8. Principes du positionnement

Nous venons de voir que nous avons les éléments pour calculer un premier tri pour positionner des pages ayant un mot-clé en commun en évaluant les propriétés de la page et du site de départ, du backlink, et de la page et du site qui sont visés.

Illustrons notre propos...

REMARQUE

Connexité de mots, thèmes et calculs

Les calculs de connexités de thèmes entre une expression-clé composée de quelques mots-clés et une page candidate à être présente en SERP, passent par l'utilisation du Cosinus de Salton. Nous avons longuement abordé la question de la connexité de mots-clés au chapitre 2.

Un ordinateur ne manipule que des chiffres. La translation efficace de mots dans une matrice et l'usage de la géométrie vectorielle, permettent à un informaticien de représenter un concept humain, la connexité de mots, de thèmes, en chiffres aisés à manipuler par des programmes informatiques.

Un annuaire en ligne, spécialisé dans tout ce qui touche au bricolage et aux travaux dans des maisons ou appartements, a posé un backlink depuis sa page "*les sites web comparatif de devis*". Ce backlink pointe sur la page d'accueil de notre site test, *demande de devis gratuits pour vos travaux*.

Les propriétés de la page de départ font apparaître un faible Page Rank disponible pour le backlink. Les pages d'un annuaire sont souvent surchargées de liens sortants, il est normal que peu de Page Rank soit disponible pour le backlink posé.

Voici la structure *Propriété Page* avec les données de la page de départ du backlink pointant vers la page d'accueil de notre site de test.

Tableau 3.2 : Propriétés scannées par notre apprenti moteur de recherche sur la page de l'annuaire

Propriété Page **(celle de départ où le backlink est posé)**	*Valeur*
URL	NDD : `www.annuaire-services-travaux-maison.com/` Répertoire – nom fichier : *sites-web-comparatifs-devis-travaux.php*
Page Rank	1
Nombre de liens sortants	95
`Title` de la page	`Sites de comparatifs de devis pour vos travaux`
`Meta description`	`Sites de comparatifs de devis pour vos travaux de rénovation pour votre appartement, maison, intérieur ou extérieur`
Liste des textes entre balises `hN`	`<h1>Accès aux demandes de devis travaux</h1>`
Liste des textes en ancre + URL associée	Accueil : `index.php` Nos services : `services-devis-travaux.php` Assistance chantier : `Assistance-chantiers-travaux.php` etc.
Thème(s) principaux de cette page	*Travaux, maison, devis, site web, prix*
Mot hors thème de la page	`Annuaire`
Historique des mises à jour de cette page	`Date : thèmes rencontrés sur la page //` `Date : thèmes rencontrés sur la page //` `Date : thèmes rencontrés sur la page //` etc.

Voyons maintenant la structure *Propriétés Backlink* avec les données du backlink.

Tableau 3.3 : Propriétés scannées par notre apprenti moteur de recherche sur le backlink reliant une page annuaire à la page d'accueil de notre site test

Propriété Backlink	*Valeur*
URL départ	NDD : `www.annuaire-services -travaux-maison.com/` Répertoire – nom fichier : *sites-web-comparatifs-devis-travaux.php*
URL du backlink (URL page visée)	Nom de Domaine (NDD) : `www.monsite-devis-travaux.com` Répertoire + nom fichier : *index.php*

Tableau 3.3 : Propriétés scannées par notre apprenti moteur de recherche sur le backlink reliant une page annuaire à la page d'accueil de notre site test

Propriété Backlink	*Valeur*
Texte du libellé si lien texte, ou texte de la balise `ALT` de l'image si c'est un lien accroché à une image.	Obtenir des devis pour vos travaux dans la maison
Date	`2 juillet 2008`

Déjà nous pouvons noter quelques points intéressants.

Les champs URL nous permettent de relier un backlink au site où il est posé et à la page visée par l'URL du backlink.

Le champ *Date* du backlink va nous permettre de tracer les évolutions des pages que le lien relie. Si une des pages change de thématique par exemple et que le lien reste en place, alors notre apprenti moteur pourrait décider que ce lien est obsolète et ne plus en tenir compte.

Si les champs *Date* des deux pages reliées ne bougent jamais, cela indique une absence de mise à jour. Ces pages sont-elles d'actualité ? Si d'autres éléments indiquent que ces pages ne sont pas fréquentées par exemple, alors, au bout de plusieurs mois, le moteur considérera que la ou les deux pages sont obsolètes et, dans tous les cas, le backlink sera rendu obsolète.

Cet exemple illustre une des multiples manières dont un moteur peut automatiser une vérification d'un backlink et le rendre nul.

Un backlink doit appartenir à un ensemble vivant : les pages doivent être actualisées, même si ce n'est que de temps en temps. Le lien doit être actualisé en fonction des évolutions des pages sous peine d'être considéré comme obsolète.

Voyons maintenant la structure Propriété Page avec les données de la page visée par l'URL du backlink :

Tableau 3.4 : Propriétés scannées par notre apprenti moteur de recherche sur la page index de notre site test

Propriété Page **(celle visée par l'URL du backlink)**	*Valeur*
URL	Nom de Domaine (NDD) : `www.monsite-devis-travaux.com` Répertoire + nom fichier : *index.php*
Page Rank	`0`
`Title` de la page	`Demande devis gratuit de travaux, rénovation par des artisans pour votre appartement, maison`

Tableau 3.4 : Propriétés scannées par notre apprenti moteur de recherche sur la page index de notre site test	
Propriété Page **(celle visée par l'URL du backlink)**	*Valeur*
Meta description	Obtenez devis gratuit de travaux, rénovation par des artisans pour votre appartement, maison, cuisine, salle de bain, bâtiment
Liste des textes entre balises hN	<h5>Accès aux demandes de devis travaux</h5> <h5>3254 demandes de devis travaux rénovation en mai 2008 </h5>
Liste des textes en ancre + URL associée	Accueil : index.php Nos services : services-devis-travaux.php Assistance chantier : Assistance-chantiers-travaux.php etc.
Thème(s) principaux de cette page	*Travaux, maison, devis, rénovation, artisanat, bâtiment*
Mot hors thème de la page	Critère, clics, accès, mai, 2008.
Nombre de liens sortants	24
Historique des mises à jour de cette page	Date : thèmes rencontrés sur la page // Date : thèmes rencontrés sur la page // Date : thèmes rencontrés sur la page // etc.

Les TITLE et meta DESCRIPTION des deux pages ont des mots en commun : "devis", "travaux", "appartement", "maison", "rénovation".

Certains de ces mots sont présents dans l'URL de la page visée par le backlink : "devis", "travaux".

Ces mots sont présents dans les contenus des deux pages : en hN, en texte, etc.

Les mots "devis", "travaux", "maison" sont présents dans le libellé du backlink.

La cohérence globale de ces 2 pages est bonne. Les mots-clés plus ou moins présents dans les propriétés des deux pages et du backlink se verront mieux pris en compte comme mots-clés de la page visée. Cette prise en compte va être pondérée par le Page Rank à partager entre tous les mots-clés de tous les liens sortants de la page de départ.

Là, cela se gâte, car il n'y a pas grand-chose à partager. Notre page *accueil* de notre site test va donc peu progresser dans son positionnement en SERP sur ces mots-clés. Il lui faudra de nombreux autres backlinks pour y arriver avec des liens issus d'annuaires avec des pages encombrées de liens sortants et à faible Page Rank unitaire.

REMARQUE

Calculer la cohérence est facile

Pour évaluer la pertinence et la cohérence d'un mot-clé sur une page et donc positionner cette page parmi des milliers d'autres candidates à ce même mot-clé, notre apprenti moteur a juste besoin de chercher l'importance de ce mot-clé. Est-il commun aux propriétés de la page de départ, du lien et de la page d'arrivée ?

Le mot-clé étudié obtiendra une note, disons que "`travaux`" obtient 14,35/20, en fonction de ses occurrences, densité, calculs thématiques dans les deux pages et dans le lien. Multiplions cette note par le PR transféré depuis la page de départ. On obtient une nouvelle note qui permettra à notre apprenti moteur de trier ces pages par note, de la meilleure affichée en rang 1 dans les SERP à la plus mauvaise.

Notre apprenti moteur pourrait calculer une note de pertinence de ce mot-clé sur cette page en fonction des occurrences et de leurs qualités, entre autres de connexité thématiques, dans les deux pages et dans le lien. Cette note de pertinence serait pondérée par le Page Rank transféré par le lien de la page de départ vers la page d'arrivée. Nous verrons plus loin que c'est un cocktail redoutable en référencement, mais chaque chose en son temps !

ASTUCE

Optimiser son site

Nous venons de voir une méthode simple et peu coûteuse (un algorithme) en ressources informatiques pour classer finement des pages dans un index de moteur de recherche.

En la comprenant, le lecteur aura les bases pour mieux comprendre et maîtriser le positionnement de ses pages sur ses mots-clés dans un moteur de recherche.

Exemple : à chaque URL présente sous un mot-clé donné, on affecte une note de pertinence basée sur la densité, le nombre d'occurrences, la répartition dans les différentes propriétés de la page correspondant à cette URL.

C'est insuffisant pour trier les centaines de milliers de pages présentes sous l'expression-clé "`devis travaux`".

À tout lien pointant vers une de ces milliers de pages, le moteur affine sa note de pertinence et de cohérence globale :

- Si les mots-clés "`devis`" et "`travaux`" sont présents dans le texte du lien ou dans la balise `ALT` de l'image supportant le lien, le moteur majore de 10 points la note de pertinence de la page.
- À chaque présence de "`devis`" ou "`travaux`" dans une des propriétés de la page de départ (`TITLE`, `meta DESCRIPTION`, etc.) la note de pertinence BL est majorée : de 5 points pour une occurrence entre balises `h1`, de `1` point pour chaque occurrence dans une balise `ALT` d'image, de 10 points pour une occurrence dans le `TITLE` de la page, etc.
- Le nombre de points ainsi obtenus est alors multiplié par le Page Rank transmis par ce backlink.

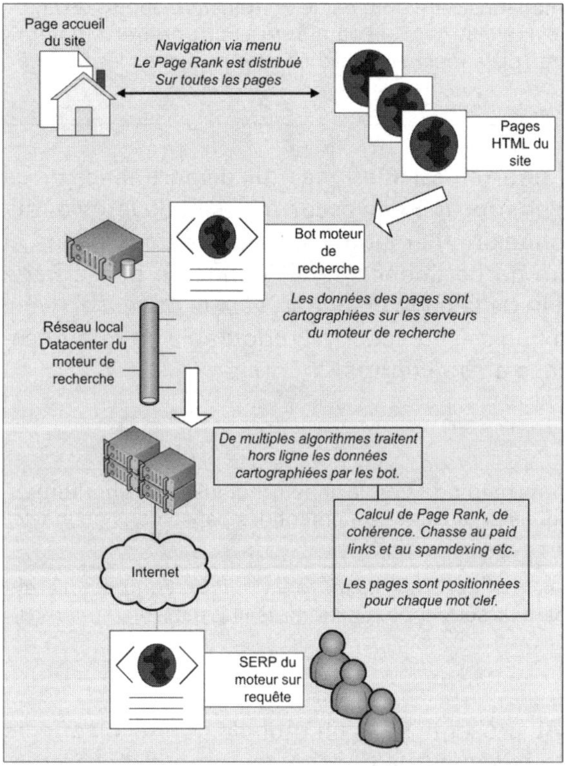

Figure 3.17 : Positionnement des pages dans l'index sur un mot-clé

Avec l'aide de ce calcul, notre apprenti moteur de recherche va affiner l'ordonnancement des URL dans son index sur les mots-clés "`devis`", "`travaux`". Ce nouveau classement correspond aux besoins de recherche de qualité des utilisateurs et ainsi améliore la satisfaction et le taux d'utilisation du moteur.

Les structures Page et Lien permettent des calculs aisés et rapides. Les résultats permettent de trier rapidement les pages pour les SERP.

ASTUCE

Utilisation de la cohérence pour positionner un site

En ayant des liens cohérents entre des pages de départ, les libellés des backlinks et la page d'arrivée, on améliore le positionnement de la page dans l'index du moteur sous le ou les mots-clés véhiculés dans les libellés des backlinks.

Plus on améliore cette cohérence, plus le backlink sera efficace à condition... que le Page Rank transporté soit suffisant. Sinon, l'effet de ce BL sera amorti par le faible Page Rank.

Si les mots-clés d'un backlink ne sont pas présents dans la page visée, alors le backlink est considéré comme nul. Ainsi, on désamorce les bombing. Réciproquement, si les mots-clés d'un backlink ne sont pas présents dans la page de départ, alors le backlink est annulé. Cet algorithme permet ainsi de désamorcer les paid links de mauvaise qualité.

Un backlink de qualité est cohérent, sa page de départ dispose de Page Rank et le nombre de liens sortants externes est limité.

3.9. Cohérence des mots-clés vis-à-vis du thème

Nous avons vu précédemment de manière simple que la présence des mots-clés dans la page de départ du lien, dans le libellé du backlink et dans la page d'arrivée du lien permet d'améliorer le rang de la page d'arrivée dans l'index du moteur sur ces mots-clés.

REMARQUE

Avons-nous toutes les conditions de cohérence ?

Nous avons vu comment faire une cohérence sur ces mots-clés. Mais pourrait-il exister une cohérence entre ces mots-clés, le contenu global de la page de départ et le contenu global de la page d'arrivée ?

Oui : la notion de thésaurus et les calculs de connexité thématique permettent à un apprenti moteur de recherche de gérer aisément et à faible coût informatique ce type de problématique.

Si vous glissez des backlinks vers des sites de voitures dans une page de recette de cuisine, vous allez avoir une pollution visuelle pour les humains surfant sur cette page. Admettons que vous arriviez à dissimuler une grande partie de ces insertions de backlinks liés à l'automobile dans cette page sur la cuisine. Ce n'est pas difficile à faire, mais là n'est pas notre propos. A-t-on la meilleure note de cohérence avec ce système simple entre la page de départ, le backlink et la page visée ?

Nous avons vu que l'absence des mots-clés d'un backlink dans la page de départ nuisait fortement à la pertinence et donc à l'efficacité dudit backlink.

Dispersons ces mots-clés liés à l'automobile en quelques endroits dans la page afin de rendre plus crédible notre lien. Améliore-t-on l'efficacité de notre backlink grâce à cette astuce un peu simplette ?

Oui et non. Dans l'immédiat, le backlink va agir. Le problème se pose plutôt sur sa pérennité : va-t-il durer ou être annulé dans le futur ?

Depuis de nombreuses années, la recherche informatique s'est penchée sur la gestion et le classement. La notion de thématique et même de thésaurus est impliquée dans le fonctionnement du moteur de recherche.

Notre apprenti moteur classe toute page par rapport à une thématique : gastronomie, emploi, automobile, etc.

Toute thématique possède :

- un thème central ;
- des thèmes connexes à divers degrés : de fortement à faiblement ;
- des thèmes étrangers : tout ce qui n'appartient pas explicitement à la catégorie des thèmes connexes.

Cette implémentation permet à notre apprenti moteur de calculer une matrice à N dimensions face à une requête de N mots-clés. Dans cette matrice, il peut évaluer les pertinences thématiques de la page de départ d'un lien, de la page d'arrivée et des mots-clés éventuellement présents dans le libellé du lien reliant ces 2 pages.

Dans notre apprenti moteur de recherche, chaque lien (backlink) d'une page A1 (d'un site A) vers une page B1 (d'un site B) se verrait affecter d'un *coefficient de pertinence* qui pourrait prendre la forme suivante :

- Maximum (cohérence "*thématique centrale*" de A vers B, cohérence "*thématique connexe*" de A vers B)
- Si les deux pages traitent d'un même thème. Par exemple, la recette d'un gâteau a un lien vers la recette d'un coulis aux fruits

rouges. Maximum renvoie le meilleur coefficient parmi (20/20, 0/20) donc 1, le coefficient maximum.

- Si les deux pages traitent d'un thème plus ou moins connexe alors le moteur de recherche affecte 0/20 à la correspondance en thème central et il calcule une note pour la cohérence entre les deux thèmes des deux pages. Par exemple, une recette de cuisine à base de poisson ayant un lien vers une page traitant du vin blanc aurait une note fluctuante entre 8 et 16/20 en fonction de la manière de traiter le sujet. Maximum renvoie le meilleur coefficient parmi (0/20, 14/20) donc 0.7.
- Les deux pages traitent de sujets totalement différents. Maximum renvoie 0. En fonction du nombre d'anomalies statistiques déjà prises en compte pour ce site, cette note de 0 sera réévaluée ou maintenue. S'il existe des anomalies statistiques sur les pages A ou B, notre apprenti moteur colle un 0 au backlink ce qui revient à l'ignorer. Sinon, une note par défaut de 0,25 est affectée au backlink, et une anomalie statistique est notée sur chacune de ces 2 pages. Passé un certain seuil en nombre d'anomalies, le lien pourra être ignoré dans le futur.

Illustration : une page de recette de cuisine héberge des mots-clés automobiles dispersés sur la page. Un backlink vers un site d'automobile est posé dans cette page. Cette page se verra, malgré cela, cataloguée en "*gastronomie-cuisine*". La présence de mots-clés "*hors thème*" dispersés sur la page n'aura que peu d'effet pour faire ajouter un nouveau thème dans les propriétés de cette page. Ce lien partant de cette page recette de cuisine vers une page liée à l'automobile aura toujours une cohérence à peu près nulle. Il pourra être pris en compte par Google un certain temps, mais dès qu'un algorithme un peu sérieux va creuser la cohérence réelle, le lien apparaîtra clairement comme incohérent et potentiellement anormal. Pire, la présence de mots-clés isolés hors thème est assez facile à détecter. Cela ne fera qu'accentuer les anomalies statistiques et le risque d'attirer un contrôle plus sérieux par un algorithme plus consommateur de ressources mais plus efficace.

Pour arriver à rendre le lien plausible, il faut consacrer un vrai texte sur l'automobile dans cette page de recette de cuisine et avoir le backlink vers un site automobile posé dans ce bloc de texte. Certes, cela peut faire bizarre d'avoir un tel bloc automobile en plein milieu d'une recette ! Cela s'appelle de la pollution visuelle. Cela peut gêner les internautes humains. Cela peut attirer l'attention d'un concurrent à qui il suffira de remplir une dénonciation auprès de Google pour déclencher un contrôle plus approfondi.

Nous pouvons compléter les propriétés d'une page dans notre apprenti moteur de recherche. La structure des propriétés d'une page se voit complétée par un critère "*thématique principale*". L'examen de cette propriété mettra en évidence des incohérences flagrantes et permettra de calculer la cohérence entre deux pages liées par un backlink. Notre apprenti moteur affinera ainsi son classement de pages dans son index pour améliorer la pertinence de ses SERP.

REMARQUE

Ce qu'il faut retenir

Un backlink pas ou peu cohérent n'est pas fiable pour un positionnement réussi. Seule une cohérence complète de toute la chaîne (*page de départ – lien – page visée*) assurera qualité, fiabilité et pérennité.

La non-cohérence est l'axe principal pour la mise au point d'algorithmes capables de détecter des paid links, réels ou supposés. Investir dans du rédactionnel pour renforcer la cohérence d'une page vis-à-vis d'un backlink est efficace jusqu'à certaines limites : pollution visuelle de la page, incompatibilité entre les thèmes.

Le mieux, le plus fiable consiste à rester dans des limites raisonnables. Il est plus pérenne de respecter la cohérence globale. Ne demandez pas à votre copain tenant un restaurant de vous poser un backlink depuis son site vers la page d'accueil du site sur votre collection de vieilles voitures !

3.10. Piège : les échanges de liens à 2, à 3

Nous avons vu comment dans ce chapitre grâce aux mathématiques (la théorie des graphes) on peut tracer les échanges de liens entre deux pages de deux sites avec une consommation en ressources informatiques proche de 0. Identifier des échanges de liens entre deux sites est un jeu d'enfant pour Google.

Via le blog de Matt Cutts, Google indique qu'il tolère quelques échanges de liens et considère cela comme du spam en cas de mise en place d'une stratégie basée sur de tels échanges. En effet, ce type de stratégie se nomme une ferme de liens et Google n'aime pas cela du tout.

Des référenceurs conseillent alors de faire des liens entre trois parties. A pointe vers B qui pointe vers C qui pointe vers A.

D'un point de vue mathématiques, ce n'est guère brillant comme idée. Certes, on éloigne le spectre d'une détection de l'échange deux à deux. Mais détecter un triangle entre ces sites A, B et C est aussi facile que de chercher les échanges deux à deux.

Il reste une approche si l'on veut industrialiser l'échange de liens en restant hors de portée de détection de Google : un lien de A vers B et un lien de C vers D et aucune liaison directe entre [A, B] d'un côté et [C, D] d'un autre côté.

Cela implique d'avoir de fortes ressources en sites, blog, etc. une demi douzaine minimum, et de ne pas les interconnecter entre eux deux à deux.

Pour faire simple, tracer les liens entre ces sites revient à suivre le brin d'une corde. A pointe vers B qui pointe vers C, vers D, etc. Au bout, E pointe vers A. Votre brin est tissé. Dans une telle architecture, vous pouvez insérer des échanges avec suffisamment d'intermédiaires pour rendre difficile voire impossible toute détection de boucles par Google.

En effet, plus il y a de pages de sites distincts entre les deux extrémités du brin, moins il est facile de mettre la rotation de ces liens en évidence. La masse d'informations devient telle que le tri est difficile et surtout, les probabilités que ces liens soient naturels augmentent massivement et noient alors les liens non naturels ainsi posés. Pour faire une analogie afin de rendre ce concept plus compréhensible, prenons un réseau social. Dupont est ami avec Durand qui est ami avec une personne inconnue de Dupont, Martin et ainsi de suite sur deux niveaux. La probabilité que Dupont, notre maillon de départ, connaisse quelqu'un du réseau de maillons inconnus de lui dans cette chaîne est très élevée. Il en va de même pour les interconnexions par liens des sites web. Passé un certain seuil de maillon, assez faible, quelques-uns, il devient impossible de séparer les liens naturels des liens organisés.

Quelques précautions comme le masquage du whois et la diversification des hébergeurs sont nécessaires. En effet, si vos sites A, B, C etc. possèdent le même propriétaire et sont tous hébergés sur le même serveur, cela ne présente guère d'intérêt. Google détectera aussitôt le lien de parenté, ce qui l'aidera beaucoup via un filtre très simple à mettre en évidence le montage. Les mathématiques empêchant Google de mettre au point un algorithme pour détecter les incohérences de liens, Google doit se tourner vers d'autres indices afin de traquer les liens posés de manière organisée.

Les possesseurs de tels sites ont tendance à les lier entre eux car c'est facile et gratuit. Mais ensuite, réussir des stratégies indétectables de net linking devient difficile.

3.11. Optimiser ses liens et son Page Rank

ASTUCE

Optimiser la cohérence des liens pour un meilleur positionnement

Une utilisation adroite des liens et des flux de Page Rank transportés par ces mêmes liens permet de mieux positionner des pages dans l'index du moteur de recherche.

Prenons plusieurs cas pour illustrer notre propos...

Optimiser le Page Rank en interne

Les backlinks peuvent être internes. On parle alors de PR Sculpting ou de *gestion des tags*. Le principe que nous avons exposé consiste à réorienter du Page Rank de certaines pages du site vers d'autres pages en poussant au passage des mots-clés.

Au final, on favorise de manière répétitive, par petites touches, quelques pages précises, au léger détriment de nombreuses autres pages. Les déséquilibres sont limités par la multitude des échanges quand c'est bien conçu. Au passage, les flux de Page Rank cartographient des mots-clés cohérents avec les pages de départ, les libellés de backlinks et les pages visées.

Un site qui investit dans une telle approche obtiendra un bien meilleur positionnement sur ses mots-clés que des sites concurrents amorphes et peu dynamiques.

Le PR Modeling consiste à optimiser les termes des menus pour améliorer le référencement.

Voici un premier exemple décliné du monde réel : faisons simple, nous allons simplement optimiser le menu de navigation...

Une PME est spécialisée dans certaines technologies liées au forage pétrolier. Son site est peu optimisé. Il contient une page dédiée à ce savoir-faire, très pointu et assez rare. Cette page est pointée par le menu du site vitrine assez classique pour une PME. Notre technologie est le texte du lien. Il y a bien les habituelles pages "*Contact*", "*Présentation*", "*Références*", etc.

Bien sûr, quand on cherche sur la requête évidente "`technologie forage pétrolier`", le site est très mal positionné.

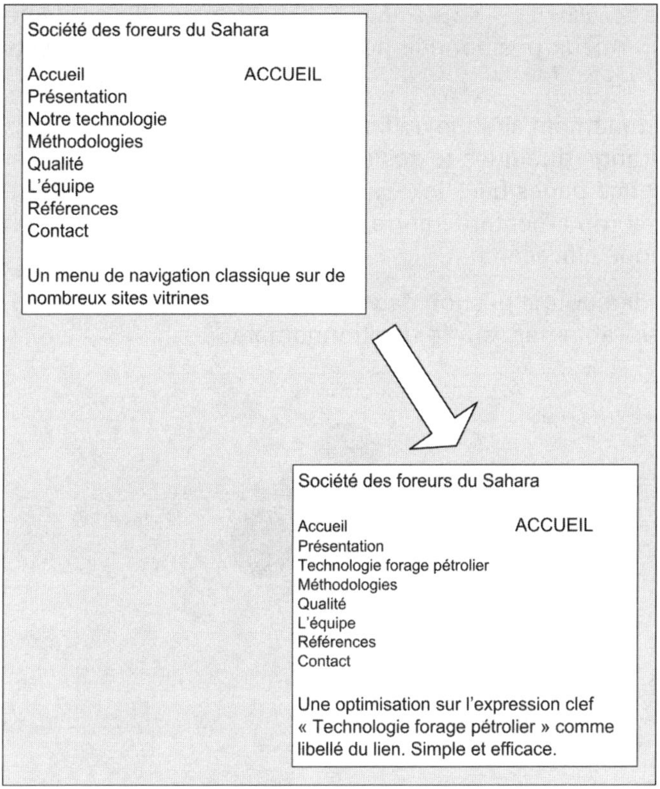

Figure 3.18 : Quelques mots bien placés dans un libellé de lien

Modifions le menu de gauche. Le texte du lien sera désormais *Technologie : forage pétrolier*. Le menu est présent dans toute page du site. Ce lien véhicule trois mots-clés. Ces mots clés seront présents dans la page de destination en plus de sa présence dans le libellé du lien. Il y a cohérence entre le libellé du lien et la page d'arrivée. La plupart des pages du site seront plus ou moins en cohérence avec cette page. Elles décrivent la PME, donc les textes portent sur des forages pétroliers, sur les technologies afférentes, etc. Un peu de *Google writing* pour adapter ces textes ou même rajouter paragraphes et mise en page avec balises `hn` aideront notre lien interne à jouer son rôle.

Du Page Rank associé à des mots-clés soigneusement choisis est transféré entre ces pages, et au passage le moteur de recherche cartographie autrement lesdits mots-clés.

Sur la requête "`technologie forage pétrolier`", la page du site sera désormais bien mieux positionnée pour être vue par des prospects potentiels.

Nous avons simplement changé un libellé de lien dans le menu, puis nous avons arrangé quelques textes sur quelques pages pour améliorer la cohérence pages/backlink vis-à-vis des mots-clés à prendre en compte. La complémentarité entre l'optimisation des pages et un lien interne a joué efficacement.

On peut aussi dédier une gestion des tags pour influencer automatiquement et favorablement sur le positionnement.

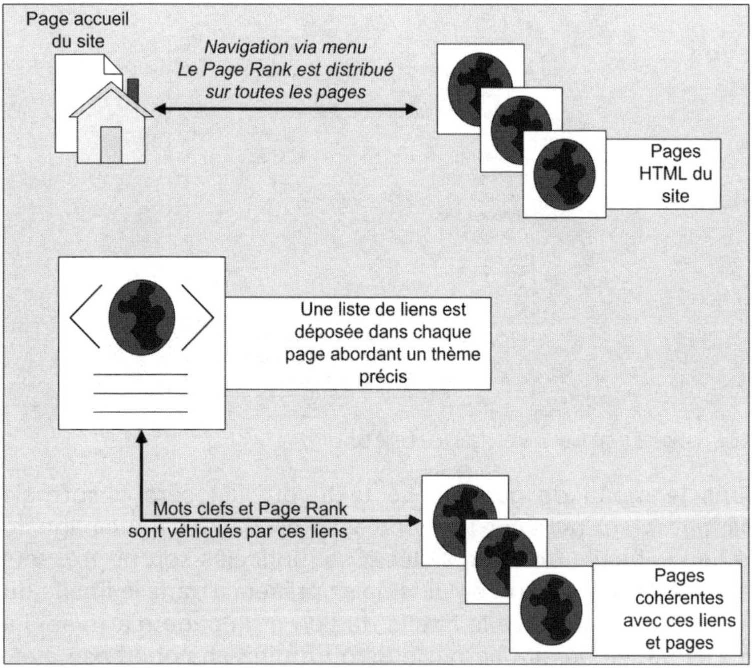

Figure 3.19 : Construire des flux de Page Rank mettant en valeur des mots-clés stratégiques

Un système de menu classique répartit équitablement le Page Rank par niveau hiérarchique dans l'arborescence du site. Comme nous l'avons vu dans la présentation du Page Rank et des backlinks, la home page aura le Page Rank maximum, les têtes de rubrique un peu moins, les pages internes à une rubrique encore un peu moins. À chaque avancée dans la profondeur de l'arborescence, il y a moins de Page Rank.

À chaque page publiant sur un thème identifié, un ensemble de liens cohérents est ajouté dans la page. Chaque lien est construit pour respecter la cohérence de la page où il est posé et celle de la page visée.

Plusieurs logiques peuvent être mises en œuvre. Les liens sont sélectionnés selon des critères :

- les autres pages sur le même sujet ;
- des pages dédiées à lister toutes les pages sur le même sujet et sur des sujets connexes ;
- les sous-rubriques connexes au sujet ;
- ceux qui ont lu cette page ont aussi lu ces pages.

De nouveaux flux de Page Rank et de mots-clés vont s'établir en complément de ceux mis en place par la classique navigation par menu. Celle-ci va néanmoins amortir les écarts de Page Rank. Au final, le Page Rank va tourner sur les pages du site en mettant en valeur des mots-clés cohérents sur de nombreuses pages.

Ce système permet de mettre en place des liens et des mots-clés plus ciblés que ceux nécessairement génériques des classiques menus de navigation

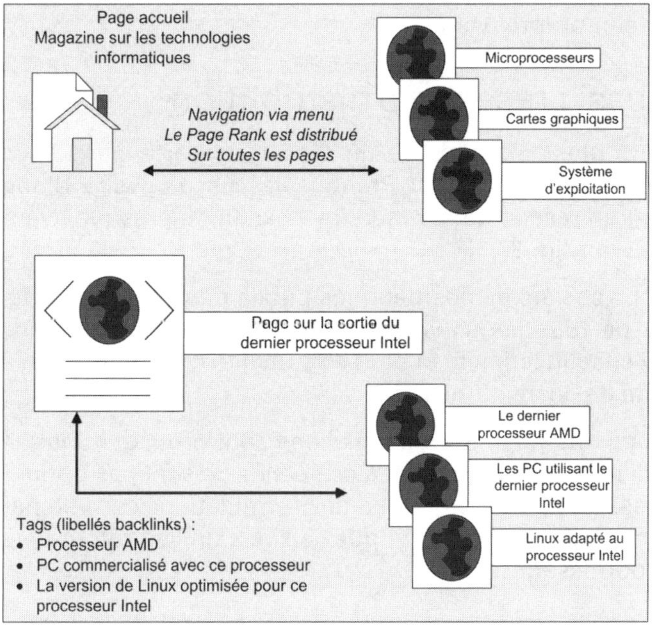

Figure 3.20 : Presse technologique : flux de Page Rank mettant en valeur des mots-clés stratégiques

Exemple : un site de presse technologique publie des milliers d'articles chaque année appartenant à de multiples thèmes : "*processeurs*", "*lecteurs MP3 et MP4*", "*cartes graphiques*", "*logiciels ERP*", "*logiciels de CAO*", etc. Disons qu'il y a une centaine de thèmes pour faire simple. On a ainsi de quelques dizaines à quelques centaines d'articles par thème/rubrique. Un article peut en plus appartenir à plusieurs thèmes.

Un article traitant des nouveautés AMD du mois d'avril 2008 va ainsi appartenir à plusieurs rubriques ou thèmes, comme "*processeurs*", "*mémoire*", ou "*cartes graphiques*".

Notre objectif est de faire circuler le Page Rank entre un maximum de pages avec des libellés comportant des mots-clés stratégiques pour la page de départ ou/et la page d'arrivée.

En insérant dans chaque page HTML publiant un article sur un thème précis ("*processeur*", "*lecteur MP3*", etc.) des backlinks cohérents vers des pages sur des thèmes connexes à celui de la page de départ, on transfère du PR vers ces pages, en poussant des mots-clés pertinents de la page de départ à la page d'arrivée. Un bon coefficient de cohérence est ainsi toujours atteint. Une partie de PR est retransférée vers les autres pages du site via les menus, ce qui évite ainsi des déséquilibres flagrants en PR. Nous avons optimisé le Page Rank de notre site pour son propre usage.

Netlinking réussi : réseau de distribution

Une entreprise a plusieurs sites ou un réseau de partenaires avec chacun son propre site Internet. Prenons le cas d'un site d'une entreprise ayant un réseau de revendeurs, chacun ou presque ayant son propre site (voir fig. 3.21).

Par exemple, une société de cosmétiques publie dans la page *Partenaires* les URL de tous les sites de ses distributeurs. Ces mêmes revendeurs ont chacun leur site et peut-être un lien qui pointe vers le site de la société de cosmétiques.

Nous avons donc une page où tous les liens sont groupés. Chaque lien n'a quasiment aucun Page Rank. Les libellés ne sont pas optimisés en mots-clés. N'apparaît alors que des formulations comme par exemple : www.salon-sophie.fr. Peut-être que ce site a un lien retour vers le site de son fournisseur...

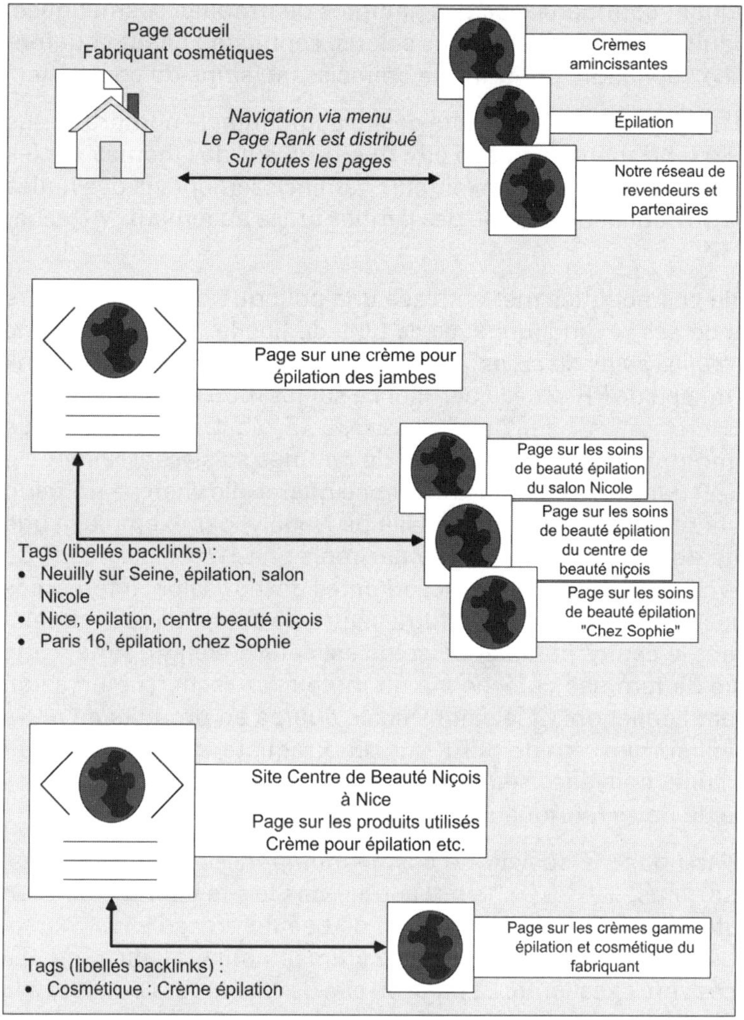

Figure 3.21 : Netlinking réussi avec le réseau de distribution

Voyons comment optimiser cette architecture de backlinks guère utile par un outil performant pour tous.

Nous avons ainsi un site "central" et de nombreux sites autour. Améliorons tout ceci dans l'objectif de doper le positionnement de tous ses sites via la mise en place d'un "programme d'entraide". On appelle cela une campagne de *netlinking*. Nous reviendrons plus loin sur les différentes approches de netlinking.

Posons le contexte. Bien qu'inspiré de plusieurs cas réels, l'exemple ci-après est totalement fictif.

Le fabriquant commercialise des gammes de produits cosmétiques. Ces produits sont vendus par des salons, centres de beauté qui font du service : épilation, programme amincissant, soins du corps, etc.

Chaque magasin/salon de beauté désire augmenter le nombre de ses clients. Le fabriquant lui désire être mieux vu sur des thèmes par les internautes en général. Par exemple : l'amincissement via des huiles de corps ou l'épilation réussie des jambes grâce au fameux "Arrache-Poils n° 5".

Le site de cosmétiques met en place une politique de backlinks vers les sites de ses revendeurs avec ce type de libellé : *Salon de beauté Nicole Neuilly, soins du corps - épilation, ArrachePoils n°5.* Ce backlink pousse un peu de PR et de la pertinence sur les mots-clés "`épilation`", "`Salon de beauté`", "`Nicole`" et "`ArrachePoils n°5`". Une rapide étude nous a montré que de plus en plus de femmes saisissent le mot-clé "`épilation`" dans un moteur de recherche quand elle cherche un salon de beauté pratiquant ce soin. La ville de Neuilly, par exemple, a une vingtaine de requêtes de ce type par mois : "`épilation neuilly`". Ce sont des clientes potentielles mécontentes de leur salon, intéressées par la possibilité d'essayer un autre centre de soins, ou tout simplement dont le centre habituel de soins est saturé. Peu importe, cette vingtaine de femmes cherche via un moteur de recherche un salon pratiquant l'épilation. Si le salon Nicole équipé en produits de notre fabriquant sort en tête de SERP sur cette requête, ce salon pourrait recruter une nouvelle cliente qui consommera du service et des produits de notre fabriquant de cosmétiques.

Résumons-nous : la société de cosmétique pousse quelques mots-clés importants, "`épilation`" entre autres, vers le site Internet du salon de beauté de Nicole. Le site du salon de beauté présente les cosmétiques de notre fabricant : épilation, crèmes amincissantes, etc. La cohérence sera excellente. La page du site de Nicole sera poussée à la hausse dans l'index du moteur sur le mot-clé stratégique "`épilation`", la page sera vue, de nouvelles clientes vont arriver, le CA de Nicole va augmenter.

Le retour sur investissement pour le fabricant

Ses ventes de produits vont augmenter avec le CA de Nicole. Mais on va demander au site de Nicole de mettre un lien en retour. Pas juste un lien quelconque qui serait incohérent, non un backlink bien construit qui va servir à quelque chose. Ce lien va être livré directement par le webmestre du fabriquant. Il ressemblera à ceci : *Cosmétique – Crème amincissante Maigrir Vite n° 5.* La cohérence sera bonne bien sûr, le PR de la page de départ va pousser via le libellé de ce lien les mots-clés stratégiques "`cosmétique`", "`maigrir`" et "`crème amincissante`".

Les mots-clés n'ont pas été sélectionnés au hasard. Un audit montre que de nombreuses dames saisissent ces mots-clés pour s'informer des dernières techniques cosmétiques pour perdre du poids. La multitude de backlinks issus de tous les salons de beauté revendant les produits de notre fabriquant va doper à la hausse la page traitant de ce thème sur son site. De nombreux visiteurs vont arriver via cette page d'atterrissage. Si cette page est bien soignée, de nombreuses visiteuses Internet vont parcourir le site, trouver des salons de beauté spécial "*maigrir et amincissement*", "*épilation*" et doper les ventes des produits. La boucle est bouclée.

Optimiser les URL des backlinks

Le lien de retour de chaque site de magasin/salon de beauté ne pointe pas vers la page d'accueil. Ces liens pointent vers des pages différentes sur différentes gammes de produits : épilation, crème amincissante, etc. Si des centaines de liens identiques pointent vers la même page, le moteur s'en aperçoit tôt ou tard et comprend que ces liens ne sont guère naturels.

ASTUCE

Pour avoir des échanges de liens cohérents et discrets

Ne pas échanger de liens deux à deux sur des pages jumelles, comme de la page *Liens utiles* vers la page d'accueil et réciproquement. La signature de tels échanges entre "amis" sans que ces échanges soient réellement motivés est flagrante en modélisation en points et arcs. La signature en arc et point est caractéristique. Une anomalie de plus qui pourrait faire annuler le lien par le moteur en cas d'abus.

Les coûts ?

Le site du fabricant va devoir investir dans un peu de création graphique, de pages HTML et de backlinks prêts à être posés. La force commerciale et d'autres canaux vont pousser le plan d'action : on vous aide à capter de nouveaux clients, vous nous aidez dans l'autre sens – gagnant/ gagnant.

Au vu des résultats potentiels, l'investissement est ridicule.

Dans d'autres secteurs d'activité que la cosmétique prise en exemple, des PME dynamiques sur le Web ont pris des parts de marché à des entreprises plus grandes disposant de plus de ressources, en améliorant fortement leur référencement naturel.

Les fuites de PR, mythe ou réalité ?

Le Page Rank fuit, dans une mesure limitée de 15 % selon une publication Google de 1998, dès le 1er backlink posé sur une page. Peu importe le nombre de liens ensuite, la quantité de Page Rank partant sera identique pour la page de départ, car elle est partagée à parts égales entre les liens sortants. Bien sûr, nous parlons de backlink en général, qu'il soit interne au site ou externe. Donc la fuite est plutôt faible dans l'absolu, c'est un premier constat.

Il est vain de lutter contre cela et c'est probablement contre-productif. Un site qui n'a pas de backlinks sortants externes est très visible. Il ressemble à un "trou noir". Des liens lui arrivent et rien ne sort jamais. Un tel site ne joue pas le jeu du Web. Fort probablement, après l'application de plusieurs filtres, il se voit infligé des pénalités par certains moteurs qui ont absolument besoin qu'un maximum de backlinks soit présent sur le net.

Le forum web master hub (http://www.webmaster-hub.com) a dû pour diverses raisons mettre en ligne près de 40 000 liens sortants vers l'extérieur en une seule fois. Dan (le pseudo du fondateur de ce site) s'attendait à une forte chute du Page Rank de son site. 40 000 backlinks, cela représente un solide paquet de Page Rank prélevé ! En fait, l'effet inverse s'est produit. Le page Rank de nombreuses pages a monté. Cela porte un coup à la partie "*fuite de Page Rank*" de la formule. Il est clair que Google a profondément changé des éléments de la formule ou mis des filtres en place. En effet, si tous les webmestres de sites ferment les liens sortants, Google va avoir du mal à faire fonctionner sa formule magique.

Le Page Rank stocké dans un site sans utilisation externe revient à jouer à l'Harpagon de Molière : on stocke de l'or et on n'en fait surtout rien. C'est anti productif. Mieux vaut gérer cette valorisation en gain de trafic et même de retour de Page Rank. Plus il voyage en poussant des mots-clés pertinents et cohérents, mieux c'est.

L'exemple du fabricant de cosmétiques en est une illustration. Le site du fabricant perd un peu de PR avec chaque lien. Mais le site de chaque distributeur le lui rend en partie ou en totalité à chaque lien de retour. Et au passage son positionnement stratégique s'améliore et le business lié monte.

Netlinking : réseau de sites Internet

Plusieurs entreprises ont chacune un site. Elles exercent des métiers plus ou moins complémentaires et non concurrents.

Prenons le cas d'un éditeur de livres, d'un écrivain et d'une librairie en ligne.

- L'éditeur fabrique en volume de multiples ouvrages. Il a un site pour les présenter et en faire la promotion.
- L'écrivain lui produit le "master" qui sert à l'éditeur pour imprimer en volume N livres identiques. L'écrivain a un site pour faire sa promotion.
- Le libraire en ligne vend et expédie des ouvrages aux internautes. Il s'approvisionne chez l'éditeur.

Pour la promotion de son dernier livre, l'écrivain rédige un texte promotionnel pour l'éditeur. Ce texte contient un backlink vers son site : *livre : le dernier roman d'espionnage : 008 sous les tropiques*. Ce backlink envoie un peu de Page Rank à une page du site de l'écrivain ainsi que les mots-clés "`livre`", "`roman`", "`espionnage`" et le titre.

Dans un moteur, la visibilité de cette page du site de notre écrivain augmente. Le trafic sur son site aussi.

Depuis son site, l'écrivain expose le pourquoi de son roman d'aventures. Il fait ainsi la promotion de son livre mais de manière différente de l'éditeur. Il a un accord avec la librairie en ligne. Chaque fois qu'il lui envoie un acheteur, le libraire lui reverse 8 % de commission. On appelle cela de l'affiliation.

```
# Page du site Ecrivain
# Si vous achetez mon livre sur ce site,
# celui-ci vous offre la moitié des frais de port.
< a href="http://www.libraire-enligne.fr"> promo
libraire en ligne : -50% sur les frais de port de
livre pour le roman 008 sous les tropiques </a>
```

À chaque vente réussie grâce à ce lien par le libraire, celui-ci gagne sa vie, l'écrivain aussi, l'éditeur aussi.

Il ne reste plus qu'à boucler le retour de lien vers l'éditeur, histoire de compenser sa légère perte de Page Rank. Plusieurs options sont possibles...

L'écrivain a un blog. Le site de l'écrivain a des backlinks vers le blog et réciproquement, en fonction des articles publiés. Sur le blog, l'écrivain pose un lien avec un libellé, un backlink, vers le site de l'éditeur. Celui-ci choisira les mots-clés à véhiculer dans le libellé.

```
# Blog de l'écrivain
# N'oublions pas mon éditeur Micro Application,
# sans lequel je n'aurais pas pu percer dans le roman.
< a href="http://www.microapp.com/"> romans, aventures,
découvertes, amour, etc. Découvrez ces collections de
livres chez Microapplication</a>
```

Une autre option aurait été de faire poser le backlink par le libraire en ligne.

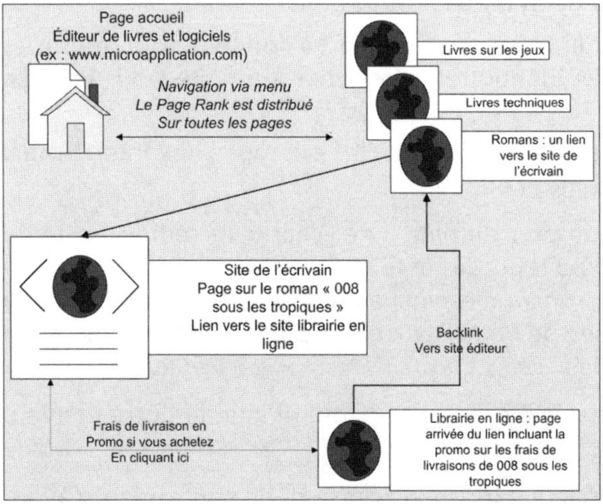

Figure 3.22 : Netlinking réussi avec un réseau de sites Internet

Points-clés : chaque acteur de notre exemple améliore ses revenus grâce à un meilleur positionnement dans l'index des moteurs de recherche.

Le Page Rank passe d'une page à une autre, et à chaque lien il y a renforcement de la pertinence des mots-clés. Au final, le site à l'origine du lien récupère une partie de son page Rank – celui-ci ne se perd pas, et à chaque saut il pousse des mots-clés en pertinence.

Il y a ici une boucle à 5 sites : éditeur, site écrivain, blog écrivain, site librairie en ligne, site éditeur.

3.12. Les limites et contraintes du système des backlinks

De nombreux pièges se cachent dans le déploiement de backlinks "non naturels". En voici une liste non exhaustive ...

Pièges dans l'espace

Google n'étudie pas tous les BL entre deux sites, à chaque fois. Cela lui consommerait trop de ressources, il pourrait faire des erreurs et pénaliser la qualité de ses SERP. Il préfère les statistiques et investir de la ressource de ses serveurs sur la gestion des anomalies statistiques.

Voici un exemple...

Un site est spécialisé dans l'automobile. 3 000 liens quittent ce site. 95 % sont échangés avec des sites plus ou moins liés au monde de l'automobile. 5 % sont échangés avec des sites hors automobile. Cela fait-il, des 5 % de liens "anormaux", des liens non naturels à éplucher ou à sanctionner ?

Réponse : non. Si le taux de liens hors contexte passait un seuil que seul Google connaît, disons 6 %, alors là il y aurait une reconsidération de la situation par les algorithmes de Google, voire une vérification humaine.

Google peut évaluer de très nombreux critères caractérisant une page et son site. Il dispose d'une base statistique importante, planétaire, et des équipes de mathématiciens capables d'utiliser algorithmes et données pour détecter les anomalies statistiques de tout site. Passé un certain seuil (des pourcentages d'écart par rapport à un modèle donné, un nombre d'anomalies statistiques...), le moteur réagit.

Un exemple : le *duplicate content*. Quand un texte en duplicate content dépasse un certain seuil, variable selon le contexte, la probabilité de pénalité est élevée ainsi que la vitesse de détection de l'erreur.

Certaines méthodes de détection sont clairement identifiées. Concernant d'autres méthodes de traque de liens non naturels, les référenceurs sont plutôt dans l'expectative et dans les hypothèses. Google évolue vite. Voici quelques informations utilisées par Google pour évaluer les liens non naturels entre sites.

- Classe C ou B (cela donne l'hébergeur, le pays...).
- N°IP : identification du serveur. Des liens échangés entre sites hébergés sur un même serveur sont potentiellement suspects.
- Le `whois` : il donne le propriétaire, son e-mail, l'administrateur, le contact technique. Google est *registrar* et a donc accès à de très nombreuses informations sur les propriétaires des noms de do-

maines. Si un site tisse des liens avec un autre et que les deux sites appartiennent au même propriétaire, c'est hautement suspect.

- Les statistiques issues des Google bar disséminées dans le monde entier.
- Le duplicate content des structures. Deux sites ayant de multiples backlinks entre eux et ayant une même structure technique avec des contenus différents ont un genre de duplicate content. Soit c'est la même agence web qui a produit les deux sites (des échanges de liens entre sites ayant la même structure technique sont suspects), soit ces deux sites appartiennent à une même personne et les backlinks entre ces deux sites ne sont pas naturels.
- Les informations laissées dans de multiples sites "sociaux" via du Web 2.0 : les URL laissées par des milliers d'internautes sur Facebook, Youtube, Google bookmarks peuvent être analysées par Google, même si ces liens ont une balise `nofollow` indiquant aux bots de moteurs de ne pas suivre ce lien.

Il est pratiquement certain que Google n'utilise pas les statistiques *Analytics* pour évaluer les performances des pages d'un site. En revanche, des exemples et des tests montrent que les équipes Google utilisent des informations issues de AdSense pour corréler qui possède ou administre tel ou tel nom de domaine ou site.

Certaines approches peuvent juste nécessiter des calculs pour détecter des comportements anormaux et inciter à des contrôles plus approfondis. Via la théorie des graphes dont nous avons déjà parlé, on peut par exemple identifier les interactions entre sites et y détecter des anomalies. Exemple : pourquoi ce site A aurait-il 100 backlinks vers ce site B ? Il y a de multiples raisons possibles à cela :

- La signature avec lien d'un web designer est présente dans tous les pieds de page au lieu d'avoir été placée dans la page des crédits graphiques, par exemple.
- Un petit malin aurait mis des liens non naturels.

Autres exemples classiques :

- Un lien relie la page d'accueil du site A à la page d'accueil du site B et inversement.
- La page de chaque site contenant le lien a une signature typique d'une page *Liens utiles*.
- L'échange de liens est potentiellement non naturel, car il appartient plutôt à la catégorie troc de liens. Si quelques liens seulement de ce type existent, ils seront tolérés par Google. S'il y a une stratégie

systématique de troc de liens, elle sera assimilée selon le blog de Google à des paidlinks.

- Un piège classique : la détection des ancres identiques. Vous automatisez les échanges de liens (via e-mailing ou autre méthode, peu importe). Vous proposez à des milliers de personnes : merci de poser ce lien "*il est beau mon site*" et en échange je poserai un lien vers votre site. Google va détecter des dizaines ou centaines d'ancres identiques : "*il est beau mon site*" pointant toutes vers la même page du site. Cela déclenche une énorme anomalie statistique. Varier vos textes de liens en faisant de multiples petites campagnes d'e-mailing plutôt qu'une grande avec la même ancre de backlink. Google peut ainsi identifier un site se faisant cibler par une campagne de liens non naturels et tenter d'évaluer si le site triche de manière flagrante ou non. Il peut également pénaliser d'office toutes les pages possédant ces liens non naturels via un mécanisme type *Bad Rank*. Un tel automatisme pénaliserait de manière automatique et graduelle, sans intervention humaine, les liens, pages et sites pris en flagrant délit d'utilisation de petits paid links.

Pièges dans le temps

Une page peut évoluer tandis que le lien qui pointe vers elle n'évolue pas. Peu importe que ce soit la page de départ ou la page visée qui évolue et non les autres membres du triplet (page départ, lien, page visée). Cela peut rendre le triplet obsolète et inciter Google à annuler le lien.

Si le triplet n'évolue pas, l'ensemble devient obsolète au bout d'un certain temps, et le lien est annulé.

Le triplet devient quartet quand on y ajoute la thématique de la rubrique de la page (rappel : la théorie des graphes permet de détecter le groupe de pages d'une même rubrique, rien qu'en parcourant les liens de navigation)

Et on peut au final y ajouter la thématique du site, puis des rubriques connexes, et aussi la thématique du paragraphe contenant le lien, la thématique du bloc de page contenant le paragraphe, etc.

De nombreux critères associés à une base statistique fournie permettent à Google la mise en œuvre d'algorithmes et programmes automatisés en charge d'évaluer la pertinence d'un lien et sa fraîcheur.

Voici un autre aspect de la dimension du temps pour les liens, la vitesse d'établissement des backlinks vers une page précise et les qualités de ces liens. Prenons un exemple...

Un site A voit après des mois d'inactivité et aucune mise à jour sérieuse du site et de ses contenus, quelques-unes de ses pages soudain pointées par de multiples backlinks de bonne qualité.

- Il y a une anomalie statistique. Les backlinks, sauf exception ou dans certains cas bien précis, ne se multiplient pas soudainement. Les backlinks augmentent à une vitesse moyenne de tant par mois selon les statistiques internes au moteur.
- Le moteur réagit ou non à cette irruption de liens. Il peut analyser la cohérence de manière plus fine, par exemple.
- La théorie des graphes plus un différentiel temporel pourraient mettre en lumière l'arrivée d'un référenceur et l'irruption de liens non naturels.

Lors d'une campagne de netlinking, il faut aller doucement dans la pose des liens. 250 liens qui apparaissent en moins d'une semaine avec aucune pose les mois précédents et le mois suivant apparaît comme hautement suspect de paid links. Au contraire, il est recommandé d'y aller :

- progressivement ;
- et en noyant le poisson – un site qui n'aurait que des liens de bonne qualité alors que la plupart des sites ont des liens issus d'annuaires de médiocre qualité, afficherait une signature suspecte, pouvant faire soupçonner des paid links.

La cohérence globale spatiale est notée : mots-clés de la page de départ, paragraphe, bloc, page (voir l'utilitaire *Google Adwords* qui nous les indique, *Google Webmaster Tools* le propose aussi), mots-clés du lien, mots-clés de la page d'arrivée, mots-clés de la page tête de rubrique, mots-clés de la page d'accueil.

Mais la cohérence globale dans le temps est aussi évaluée : vitesse d'arrivée des backlinks, qualité de ceux-ci et quelques autres critères.

Un autre exemple issu d'une interview de Matt Cutts : si vous n'avez que des liens issus de pages à PR de 6 et plus, cela sera anormal et attendez-vous à un contrôle de Google. Traduction pour le référenceur débutant : il ne faut pas faire une campagne de paid links uniquement basée sur des sites de qualités. Il faut aussi des liens standard, d'une qualité quelconque.

Logique et cohérence pour accélérer son positionnement

ASTUCE

Pour ne pas créer d'anomalies statistiques, il faut mixer les qualités de liens dans votre campagne de netlinking : annuaires, un peu de troc, un peu de netlinking ciblé sur fournisseurs, réseau de distribution ou autre, permettre du lien spontané vers un contenu unique, etc. Il vous faudra bien sûr veiller à la cohérence globale de ces liens.

Contraintes imposées à Google

Ce sont donc aussi les contraintes imposées à notre apprenti moteur...

Les algorithmes de contrôle et vérification consomment trop de ressources si tout devait être testé et vérifié.

Il est bien plus rentable de gérer des choix de critères : anomalies statistiques, seuils, niveaux de PR mis en jeux, analyse des signatures en "graphe". Il en ressortira une petite liste de sites ayant trop d'anomalies statistiques. Ces sites pourront être contrôlés en y consacrant plus de ressources. Leur faible volume par rapport à la masse de tous les sites n'exigera pas une forte dépense.

Le coût du netlinking

Il faut contacter les sites intéressants, leur proposer un échange de liens avec libellé incluant des mots-clés, argumenter, etc. Cela prend du temps :

- Le temps consommé dans ces opérations basiques n'est pas consacré à d'autres travaux.
- Il faut beaucoup de temps pour obtenir un lien d'une qualité pas toujours intéressante.
- Un lien qu'il faut rendre (encore du temps) et suivre : réciprocité, pas de 404, suivi de l'évolution des contenus.

Cela explique un des rôles des agences de référencement. Elles sont en charge du netlinking, mais il est conseillé de suivre la qualité de leurs travaux.

Le présent livre devrait vous aider à mieux gérer votre budget netlinking.

3.13. Détecter, sanctionner des paid links et duplicate content

On a vu qu'un échange de liens basiques entre deux pages d'accueil ou entre deux sites est très facile à détecter. La signature d'un tel échange est typique. Une page possède de nombreux liens sortants. Et de nombreux sites concernés renvoient un lien depuis une page du même genre vers la page d'accueil de notre site.

De nombreux autres algorithmes peuvent détecter la signature typique de paid links. Un site dédié à faire une ferme de liens a une signature statistique très différente d'un site de contenu. La manière dont les liens sont posés dans une ferme de liens (de paid links) ou dans une page dédiée à cet effet a aussi une signature typique assez facile à détecter.

Contexte et cohérence

Basé sur la théorie des graphes et sur la prise en compte de propriétés affectées à chaque point dans la matrice, on peut aisément imaginer plusieurs solutions complémentaires pour détecter les liens non naturels et lutter contre eux. On éviterait ainsi à notre apprenti moteur de recherche de se faire leurrer par des paid links. En voici une...

Un Page Rank inversé serait affecté aux pages en anomalie statistique de liens et se déclencherait sur seuil. Un lien malheureux est ainsi toléré et permet à Google d'économiser la ressource qui traquerait un maladroit plutôt qu'un link spam. Passé un seuil donné, plus on a de liens anormaux sur une page, moins les liens sortants de la page ou du site pourraient être pris en compte.

Sur cette base d'arcs et de liens, de nombreuses variantes d'algorithmes pour traquer les link spam sont alors possibles.

Outre le Page Rank inversé ou autre méthode basée sur la détection via la théorie des graphes, on pourrait aisément mettre au point des algorithmes utilisant les erreurs des pages. Une page A est en duplicate content avec une page B plus ancienne. On met une note négative à cette page A dans la propriété Contenu-Unique. Si d'autres duplicate content apparaissent sur cette page A via des conflits avec d'autres pages, la page A, une fois qu'un certain seuil est atteint, peut se voir appliquer des sanctions aisées à affiner et à contrôler :

- désindexation uniquement sur certains mots-clés d'un bloc de texte en duplicate content ;
- désindexation de toute la page (et donc des liens la quittant).

Outre l'exemple du Duplicate Content, des propriétés touchant aux liens anormaux pour des causes diverses de contexte inadéquat sont aisées à mettre en œuvre.

Une conclusion en ressort : la base des calculs pour évaluer les pénalités est fondée sur la détection des anomalies statistiques. Elles peuvent alerter le moteur sur :

- les anomalies contextuelles plus ou moins prononcées des liens reliant 2 pages ;
- les boucles de liens trop nombreuses entre domaines ;
- les boucles légèrement étendues (exemple : domaine A vers B, B vers C, C vers A) et nombreuses ;
- les anomalies en volume brut : le nombre de liens sortants dépasse un seuil donné. Le nombre de liens quittant un domaine vers les pages d'un autre dépasse un certain seuil.

Les tags entre pages d'un même site

Par définition, les tags sont des liens nombreux entre pages d'un même domaine afin de favoriser la navigation pour les internautes. Google ne les sanctionne pas. Par définition, un site est fondé à poser tout lien entre ses propres pages. En revanche, la formule du Page Rank étouffe tout nuage de liens maladroitement codé.

De même, la multiplication de liens incohérents entre pages d'un même site diminue la qualité du référencement global. Il n'y a pas de sanction directe de Google vers le site, celui-ci s'étouffe seul en gérant mal ses liens internes.

Les mises en page à éviter

Les meutes de liens en bas de page ne sont pas recommandées. Ils sont aisément repérables par des algorithmes fort simples. Les équipes de Google n'ignorent pas que, pour éviter la pollution visuelle, les poseurs de paid links tentent de les dissimuler visuellement autant que possible.

Notre apprenti moteur pourrait, par exemple, ne pas distribuer le même pourcentage de Page Rank aux liens mis en évidence qu'aux liens situés en bas de page.

Notre apprenti moteur pourrait aussi décider d'annuler le Page Rank distribué par tout lien incohérent et ayant un seul mot dans son libellé.

Par exemple : un lien est posé depuis une page sur la révolution Orange en Ukraine vers une page sur les oranges maltaises (un fruit donc). Le libellé du lien ne contient qu'un mot : `orange`. A priori, cela semble cohérent, `orange` est commun aux deux pages. C'est exact. Mais les vecteurs thématiques de deux pages diffèrent totalement. L'un pointe vers une direction politique et l'autre vers la nutrition. Le lien est potentiellement incohérent. S'il est posé en bas de page, la suspicion augmente encore d'un cran.

Pour résumer, de multiples algorithmes basés sur différentes branches des mathématiques sont à disposition de Google afin d'identifier les liens incohérents ou statistiquement mis en page de manière anormale.

3.14. Résumé

Nous avons détaillé le fonctionnement d'un lien, le mécanisme du Page Rank, le transfert de Page Rank via un lien.

Les interactions entre les optimisations de deux pages distinctes reliées par un backlink avec un libellé sont expliquées. On comprend alors l'impact de chaque optimisation respectant la cohérence du contexte sur le référencement et le positionnement global de ces deux pages.

Cette compréhension favorise la qualité des actions du webmestre lors de l'optimisation des pages du site.

Cela vous permet de mieux comprendre, appréhender l'intérêt des structures hiérarchisées de site et les gains que l'on peut en retirer en référencement réussi.

Nous avons évalué comment améliorer le référencement d'un site en jonglant adroitement avec les liens internes à un site pour transférer du Page Rank et des mots-clés mis en exergue. C'est le Page Rank Sculpting.

Des exemples de campagnes de netlinking réussies sont exposés et expliqués.

On dispose d'une base pour comprendre comment Google identifie les liens non naturels ou mal mis en page donc, là aussi, potentiellement non naturels.

Une campagne de netlinking exige imagination, connaissance du Web, temps. On comprend alors l'utilité d'une agence de référencement capable de concevoir du linkbuilding de qualité. La compréhension de ces mécanismes vous permettra de mieux dialoguer et négocier avec un prestataire de qualité.

PAGES ABSENTES DE GOOGLE

De nombreuses raisons, quelquefois complémentaires, peuvent empêcher vos pages d'être présentes dans l'index du moteur de recherche.

Nous pouvons diviser ces raisons en plusieurs familles :

- *C'est volontaire de votre part* ; vous ne voulez pas faire indexer certaines pages de votre site.
- *Blocage technique* : le bot de Google ne peut accéder à la page. Donc il ne peut la cartographier et les algorithmes du moteur ne pourront l'évaluer pour la positionner. Elle totalement absente de l'index.
- *Liste noire* : une maladresse quelconque ou une action délibérée de spamdexing a envoyé votre site en liste noire.
- *Duplicate content* et les formes de désindexation associées, c'est l'erreur la plus courante. C'est même devenu la première cause de pertes de positions en référencement. Pour faire simple, votre page n'est pas assez originale en contenu pour être prise en compte par le moteur pour différentes raisons. Certains mots, certaines expressions ou même la page sont désindexés totalement ou partiellement.
- *Erreur de codage informatique* déclenchant différentes formes de spamdexing, de duplicate content et les réactions conséquentes de Google : désindexation ou liste noire.

Examinons les différents cas, un par un...

4.1. Empêcher une page d'être indexée

Plusieurs raisons peuvent entraîner la décision du webmestre d'interdire une ou des pages de son site d'être présent dans l'index d'un moteur de recherche. En voici une première : la sécurité informatique. Google indexe tout, vraiment tout. Il exploite le moindre lien que ses bots trouvent.

Un exemple parmi des centaines : des entreprises et des universités ont vu le répertoire des e-mails non encore envoyés être indexé. Pour consulter de très nombreuses informations confidentielles, il suffit de saisir dans Google le mot-clé précis que l'on trouve dans de tels répertoires. Nous ne nous étendrons pas sur ce sujet dans cet ouvrage consacré au référencement, et non à la façon de hacker une entreprise et son serveur d'e-mails.

La SERP renvoie alors des milliers d'entrées. Chacune renvoie les informations suivantes : le texte de l'e-mail, la pièce jointe, l'expéditeur, le destinataire, le répertoire utilisé par le serveur...

- Les informations sur le répertoire permettent d'aller le scanner toutes les 10 secondes, par exemple, histoire d'aller prélever une copie de tous les e-mails en partance. En effet, un e-mail quitte votre PC et attend de quelques secondes à quelques minutes sur le serveur avant d'être expédié. Un scan régulier et rapide permet d'avoir une copie de presque tous les e-mails émis par un serveur.
- Il devient possible de récupérer les e-mails des expéditeurs et destinataires. C'est idéal pour préparer un envoi de spam. Les listes d'e-mail se revendent assez bien sur le net, surtout si elles sont récentes.
- Les contenus des e-mails deviennent accessibles. Ces informations sont précieuses pour tout concurrent de l'entreprise en question : affaires en cours, clients, prospects, prix, codes d'accès à des comptes bancaires ou autres, etc. Peu importe ce que le pirate vole via ces e-mails. À partir de ce qu'il a, il pourra vendre les informations directement (l'origine frauduleuse n'est pas dissimulée) ou sous forme d'une étude prospective avec des prospects ayant de vrais projets ou d'une détection de projet ou n'importe quoi qui masquerait l'origine frauduleuse.

Bref, il y a de nombreux usages de Google ou d'outils conçus pour appuyer le référencement qui peuvent être détournés pour aider les hackers en herbe. *Googler* (barbarisme signifiant *utiliser Google*, 1er- groupe, les verbes en -er) pour pirater des informations est un usage commun sur le net.

Le seul moyen d'empêcher cela est d'utiliser à bon escient les outils interdisant à Google ou à qui que ce soit d'aller fureter dans les répertoires confidentiels.

Un vrai hacker n'utilisera pas Google ou rarement. Il utilisera des *scanners* "professionnels" pour chercher les points faibles d'un site, de son hébergement ou de son codage informatique pour les exploiter et les monétiser. Google se comporte juste comme un scanner d'entrée de gamme. Il faut donc bloquer l'accès des répertoires critiques contre tout ou presque, pas juste aux bots de Google.

Sous Linux et Apache, il est recommandé de lire le bon usage des fichiers *.htaccess* et *.htpasswd*. Un bon agencement des répertoires et de ces deux fichiers vous placera sous la protection d'Apache ou du noyau Linux de votre serveur. Ils sont bien plus difficiles à pirater que vos répertoires de sites web sans défense ou presque.

D'autres raisons existent pour bloquer Google dans l'indexation des pages d'un site, en voici deux courantes, parmi de nombreuses autres :

- Un répertoire contient la prochaine version du site. Il est inutile de donner accès à Google dessus et de lui fournir des motifs à *duplicate content* ou pire.
- Des pages de tests ou des fichiers au format PDF contenant un copié-collé du site sont accessibles et sont donc des *duplicate contents*. On bloque l'accès de Google sur ces répertoires et pages pour désamorcer tout risque de pénalité sur les vraies pages en ligne.

ASTUCE

Bloquer l'accès de pages à Google

Le paramétrage du fichier *robots.txt* permet d'administrer les droits d'accès des moteurs sur les différentes parties d'un site, depuis un seul fichier. C'est simple et aisé à mettre en œuvre.

La balise `meta robots` permet de gérer les droits d'accès directement dans une page. Cela facilite l'automatisation par script PHP ou la mise en place d'exception au niveau d'une page.

robots.txt

Ce fichier doit être placé dans la racine de l'hébergement du site.

Il ne doit pas contenir de ligne blanche (vide de tout caractère).

REMARQUE

Le fichier *robots.txt* ne remplace pas le fichier *.htpasswd*.

La politique de sécurité contre les pirates et autres intrus se gère via les 2 fichiers en `.ht*`. Le fichier *robots.txt* est utilisé pour canaliser le travail des robots et ne constitue en aucun cas une quelconque défense contre un hacker. Le répertoire protégé par un *robots.txt* en `disallow` reste accessible à tout logiciel de scan.

La commande `user-agent` : permet de lister les bots concernés par le présent paramétrage. Le caractère `*` les désigne tous. `google` désigne uniquement les bots de Google, bien sûr.

En général, la politique d'accès aux informations du site par les bots est valable pour tout moteur de recherche. La 1re ligne sera donc : `user-agent:*`

La commande `disallow` : permet de désigner un répertoire ou un chemin d'accès avec un nom de fichier précis comme étant interdit aux bots indiqués dans user-agent.
Exemple : `disallow:/grilles-des-remises.html`

La force du fichier *robots.txt* est de regrouper en un seul endroit les droits d'accès des bots sur le site.

On peut utiliser ce fichier pour administrer un fichier *sitemap* accessible à tout bot de tout moteur avec la commande `sitemap` :

Le fichier suivant *robots.txt* interdit l'accès au répertoire où sont stockés les documents texte du site, au répertoire de la prochaine version du site, et à un fichier précis. Le fichier *sitemap.xml* est indiqué en URL d'accès complète incluant le nom de fichier pour tous les moteurs de recherche.

```
user-agent:*
disallow:/textes-du-site/
disallow:/prototype-prochain-site/
disallow:/listing-erreurs-commandes.html
Sitemap:http://www.monsite.fr/monsitemap.xml
```

Balise meta robots

La balise `ROBOTS` est à déposer en en-tête de page avec les autres balises `meta` comme `DESCRIPTION` ou `KEYWORDS`. Elle permet de gérer deux arguments :

- indexer ou non le contenu de cette page ;
- suivre ou non les liens quittant cette page.

Sa syntaxe en XHTML est :

```
<meta name="robots" content="[no]index , [no]follow" />
```

La signification des arguments est :

- `index` : le contenu de la page peut être indexé.
- `noindex` interdit au moteur d'indexer le contenu de cette même page.
- `follow` : les liens présents sur cette page peuvent être suivis par le bot d'un moteur, `nofollow` étant l'opposé bien sur.

REMARQUE

Avantages de la balise `meta ROBOTS`

La combinaison des arguments de la balise offre plus de souplesse que le fichier *robots.txt*. On peut choisir d'indexer le contenu de la page et de bloquer les liens sortants ou inversement. Cela répond à de nombreux besoins de webmaster pour qui le fichier *robots.txt* est bien trop rigide.

La syntaxe en balise `meta` permet de gérer les droits d'accès des bots des moteurs aux pages du site via un automatisme en PHP/MySQL.

Pour plus d'informations sur *robots.txt*, nous vous conseillons le site **http://www.robotstxt.org**.

4.2. Les pénalités infligées par Google

Google possède une panoplie de pénalités pour sanctionner les erreurs ou le *spamdexing* :

- Les pénalités liées à des maladresses, comme le *duplicate content*. On parle alors de filtre(s) appliqué(s) au site. Par exemple, une page filtrée reculera de 5, 10 (ou plus) positions dans l'index de Google sur une expression-clé précise. Le fait de corriger la maladresse enclenche le retrait plus ou moins rapide du filtre.
- Les pénalités infligées suite à une triche ou à une maladresse ayant l'apparence d'une triche. Il faut alors demander la ré-inclusion à Google via un formulaire spécifique.

Désindexation de mots

Quand une page a un "petit" *duplicate content* avec une autre page dans un autre site, la page considérée comme en duplicate content se voit infliger une pénalité de désindexation sur les mots significatifs du bloc de texte en cause.

Par exemple, le club de tennis de la ville de Clochemerle publie son adresse postale et ses coordonnées téléphoniques dans la page adéquate de son site : *tennis-club-clochemerle.com/contact.html*

Outre les coordonnées, le webmestre ajoute l'e-mail du club, le processus d'inscription, les noms et adresses e-mail de différents intervenants dans le club et quelques autres informations facilitant le contact entre le club et ses (futurs) adhérents.

Dès que la mise en ligne est faite, le webmestre débutant contacte différents sites par e-mail pour faire publier les coordonnées du club. Il copie-colle les coordonnées du club prises dans la page *contact.html* dans son envoi d'e-mail. Le webmestre du site de la mairie, par exemple, reçoit une telle demande. Après les envois d'e-mail, notre webmestre fait un `addurl` chez Google pour le site tout neuf du club de tennis. Le webmestre de la mairie copie-colle les coordonnées du club dans la page adéquate de son propre site.

Nous avons *ville-de-clochemerle.fr/adresse-club-sport.html* qui est une page contenant toutes les coordonnées de tous les clubs de sport de la bonne ville de Clochemerle. Rien ne ressemble plus à une adresse que la même adresse postale.

```
Club de tennis La raquette sympa
Ancienne route de Triffouilly les Oies
BP 15
36999 Clochemerle
tél : 01 99 99 99 99
```

Nous avons 2 paragraphes identiques sur 2 pages de 2 sites différents : on est dans un cas de *duplicate content*

Google a trois réactions selon les pages impliquées :

- Laisser faire. Il tolère un certain temps les "petits" *duplicate contents.* Plusieurs types de données sont ainsi épargnés, qui nécessitent une parution multiple : actualité, résumé de film venant de sortir, communiqué de presse...
- Désindexer toute la page qu'il considère comme le doublon de l'originale. Là, on a régulièrement des surprises ! La page originale n'est pas toujours celle qu'on croit. Le site ayant copié les données peut parfaitement se retrouver, selon Google, comme propriétaire de l'information.
- Désindexer partiellement la page. Seul le bloc de texte et les mots qu'il contient sont désindexés. Les autres blocs de texte et les mots-clés associés ne sont pas concernés par le filtre.

Dans notre exemple, comme les deux pages ont des informations autres que la simple adresse postale du club de tennis, Google préférera probablement désindexer le bloc de texte en cause dans une des deux pages. C'est la théorie, selon Google et ses multiples parutions sur le sujet. La réalité constatée varie selon les époques. Souvent, les deux sites (ou plus) incriminés peuvent être pénalisés à des degrés différents. Depuis approximativement l'été 2010, il y a de fortes probabilités que les deux pages incriminées soient pénalisées. Des facteurs peuvent déclencher cette double pénalité, une par page. Par exemple, les deux pages présentent un taux élevé de rapprochement via un lien, ou via le même whois, ou via tout critère que Google aura décidé comme étant un type de lien de *subordination*, de *copi-*

nage ou autres. Dans le cas réel de coordonnées d'un club de tennis, Google a jugé que la page *club de sports de la Ville* et que la page *nos coordonnées* du site du club situé dans ladite ville étaient trop liées. Les deux pages ont écopé d'un filtre.

Quelle page aura la pénalité ? est la bonne question à se poser. Le site du club de tennis vient juste d'être mis en ligne alors que le site de la Mairie de Clochemerle existe depuis 3 ans. Le site considéré comme légitime sera fort probablement celui de la ville, pas celui du club. En effet, un bot de Google passera avant sur le site de la mairie. Un `addurl` verra le site mis en attente quelques jours, puis un bot passe et les données sont mises en attente durant plusieurs jours. Bref, le site de la mairie de Clochemerle a publié l'adresse du club auprès de Google avant le site dudit club de tennis. En outre, les filtres peuvent évoluer. C'est pour cela que l'on peut voir le positionnement en SERP d'une page varier plusieurs fois dans une même journée. Des critères peuvent déclencher une mise en œuvre de filtres plus sévères ou l'application d'un filtre sur la page considérée comme originale par Google.

Des filtres sur les désindexations

Les 2 pages en conflit de *duplicate content* peuvent appartenir à deux pays différents. Les désindexations peuvent être actives dans un pays et inactives dans un autre.

En fonction de la nature des protagonistes du conflit de *duplicate content*, on aura une désindexation plus ou moins active, selon les paramètres de votre navigateur. En voici deux qui semblent avoir un poids dans la sélectivité à l'affichage :

- le pays où vous êtes situé ;
- le moteur Google que vous utilisez (le *.com*, le *.be*, le *.fr*, etc.).

Désindexation de page

Reprenons notre exemple d'adresse de club de tennis en double sur 2 pages de 2 sites différents...

Le webmestre décide de créer une page *inscription.html* où figurent toutes les informations nécessaires pour s'inscrire, qui contacter durant ce processus ? etc. La page *contact.html* a uniquement les coordonnées du club (adresse, téléphone) et un formulaire.

Pour Google, non seulement cette page *contact.html* est en *duplicate content* sur le bloc de texte contenant les coordonnées, mais en plus ce bloc de texte représente la quasi-totalité des informations de la page. Toute la page sera désindexée.

D'autres erreurs ou maladresses que le duplicate content peuvent conduire à une désindexation ou à une perte de Page Rank :

- des paid links quittant la page (ou considérés comme tels par Google) ;
- du spamdexing sur la page.

Liste noire

Symptôme : La page, voire tout le site, est totalement absent de l'index.

ASTUCE

Ne pas confondre désindexation et liste noire

La désindexation est réservée aux erreurs ou ce qu'on suppose tel. Elle implique la réintégration automatique de la page rapidement après la correction de l'erreur.

La liste noire frappe le spamdexing, qu'il soit volontaire ou non. La réinsertion du site passe par une demande de ré-inclusion auprès de Google.

Pour déterminer si une page précise est en liste noire ou totalement absente de l'index, utilisez la commande site:<URL ou Nom de domaine à tester> que nous avons déjà vue à plusieurs reprises.

Si la SERP indique :

Les termes de recherche spécifiés – site:www.monsite-àmoi.com – ne correspondent à aucun document.

Alors le site ou la page spécifiée sont absents de l'index, soit pour cause de liste noire, soit parce que le nom de domaine ou la page testée n'ont jamais été parcourus par un bot de Google.

A priori, vous savez si votre site et ses pages ont déjà été indexés par Google. Mais il existe plusieurs maladresses qui pourraient rendre inaccessibles des pages de votre site.

Si une page est absente de l'index, vérifiez la présence de la page d'accueil du site.

- Si elle est absente, vous connaissez la réponse : tout le site est en liste noire.
- Si elle est présente, c'est que quelque chose ne tourne pas correctement quelque part dans le site.

En effet, quand du spamdexing est détecté sur une page, la forte tendance de Google est de mettre tout le site sous le nom de domaine en liste noire.

Quelquefois, le webmestre reçoit un e-mail de Google l'en informant. L'adresse utilisée est soit connue de Google via un service souscrit, comme webmaster tools, soit l'adresse standard `postmaster@<nom de domaine>`. Mais il vaut mieux ne pas compter sur un tel message d'information.

Votre site peut être mis en liste noire pour différentes raisons :

- Le spamdexing – vous trichez ou quelqu'un le fait pour vous, ou un bogue donne cette impression.
- Le codage est très mauvais. Certains générateurs de code HTML produisent des codes tellement encombrés et mauvais que Google ne prend pas en compte la page.
- En fait, suite à un traitement interne chez Google, durant quelques minutes à quelques heures, le site est absent de l'index pour différentes raisons techniques rarement commentées par Google. Bref, cela revient tout seul rapidement.

Vous êtes en liste noire ? Il vous faut trouver la raison, sauf si vous connaissez très bien le pourquoi d'une telle sanction.

Pour identifier le spamdexing en cause dans votre mise en liste noire, il vous faut étudier les codages informatiques en œuvre sur votre site.

- Vérifiez que le codage informatique ne vous génère pas un quelconque spamdexing, tel que du texte en blanc sur fond blanc, etc. Avez-vous des changements de graphisme en fonction de la saison, des événements, des pubs à afficher ? Vérifiez bien que, par accident, vous n'ayez pas un texte en blanc sur fond blanc ou toute autre fausse manipulation du même genre.
- Jouez-vous avec des tests du style `si Googlebot alors afficher ceci sinon afficher cela` ? Ce type de codage est quelquefois nécessaire pour permettre l'accès à Google d'accéder à certaines informations. Par exemple, si *internaute humain* alors *formulaire de recherche à remplir* sinon, si *Googlebot* alors *accès direct à telle page*. Vérifiez que vous restez dans des limites raisonnables et que l'ensemble de la page ne change pas selon le résultat du test. Google risque de prendre cette "*astuce*" pour un *cloaking*.
- Ouvrez une fenêtre en mode texte et une autre normalement. Comparez les contenus. Si vous voyez un texte sur l'une, mais pas sur l'autre, vous venez de trouver une source de spamdexing

involontaire potentielle. Vérifiez le pourquoi de cet écart de contenu ! Une erreur en CSS cache du texte.

Si des pages de votre site sont dans l'index et que certaines autres n'y sont pas, ce n'est pas du bannissement hors de l'index. Vous avez un bogue, voire plusieurs qui perturbent les bots de Google. Aller voir le paragraphe dédié à ces problèmes.

REMARQUE

Définition de la liste noire officielle de Google

Le terme *liste noire*, ou *blacklist*, désigne la liste officielle des sites impliqués dans les attaques en *phishing*, une des formes d'attaques contre les internautes néophytes.

Pour faire ré-inclure un site exclu suite à un spamdexing, volontaire ou non, reportez-vous au paragraphe suivant !

4.3. Faire annuler une pénalité de Google

Pour annuler une désindexation, il faut annuler le *duplicate content* en corrigeant le problème. C'est la seule solution.

Combien de temps faut-il attendre pour annuler une désindexation ? À mi 2008, le temps d'attente est de quelques jours. En 2011, un *duplicate content* partiel est annulé en moins de trois heures tandis qu'un *duplicate content* complet l'est en moins de deux jours.

ASTUCE

Accélérer le processus chez Google

Une fois la correction effectuée sur le duplicate content, on a plusieurs possibilités pour accélérer le processus chez Google :

- en créant ou mettant à jour son sitemap et en le soumettant à Google via webmaster tools ;
- en faisant du netlinking de qualité.

Il semblerait que cela accélère un peu la réactivité de Google, mais le résultat en gain de temps n'est pas garanti.

Pour la liste noire, c'est un peu plus compliqué. L'objectif est de faire ré-inclure le site banni.

Il faut identifier la cause et régler le problème. On peut alors demander la ré-inclusion. Il est conseillé d'expliquer ce qui s'est passé, et il vaut mieux éviter de refaire du spamdexing.

Le processus de demande de ré-inclusion a un peu varié au fil de ces derniers mois. À la date de ce livre, il faut passer par webmaster tools, ce qui implique bien sûr d'y inscrire son site.

Le Blog de Matt Cutts a un post régulièrement remis à jour sur le sujet. Le mieux est de le lire (en anglais) et de suivre ses excellents conseils en formulation de demande...
http://www.mattcutts.com/blog/reinclusion-request-howto/

> ASTUCE
>
> **Si vous récupérez un site en liste noire, qu'il est impossible de ré-inclure**
> Cette astuce n'a de sens que si vous tenez absolument au nom de domaine. Changez tout le contenu du whois. Changez le contenu du site. Refaites la demande de ré-inclusion en indiquant que vous venez de racheter le nom de domaine. En général, cela fonctionne. Astuce non garantie, bien sûr.
>
> Lisez bien le blog de Matt Cutts et les liens fournis avant de passer à la demande de ré-inclusion. Vous éviterez de nombreuses bêtises classiques.

4.4. Identifier une page désindexée

Via l'outil pour les webmestres (webmaster tool), Google communique les erreurs techniques : page impossible à accéder, hors délai, etc.

Aucune autre information n'est donnée par Google. C'est à vous de vous rendre compte du problème.

Voici un mode opératoire qui pourra vous aider...

La commande `site:<votre nom de domaine>` va vous permettre de lister les pages du site prises en compte. On remarque que :

- Les pages en liste noire ou pas encore indexées n'y figurent pas.
- Les pages désindexées y figurent.

Figure 4.1 : La commande site

Si la mise en ligne est récente, il vaut mieux faire régulièrement cette mesure `site:` afin de compter la progression dans la prise en compte des pages par le moteur.

Les pages sont en ligne depuis plusieurs mois

Elles ont eu ou auraient dû avoir une note blanche ou verte en Page Rank dans la Google bar. Certaines pages du site ont une note Google blanche ou verte ; d'autres sont grisées.

Les pages en Page Rank grisé ont deux problèmes potentiels :

- Elles ont une pénalité quelconque. Par exemple, il y a des backlinks incohérents avec la page. Des points de Page Rank peuvent être retirés, voire même le compteur remis à grisé.
- Elles ont été mises en ligne il y a moins de quelques mois, après la dernière attribution de Page Rank via la Google bar.

En effet, Google attribue un Page Rank sous forme d'une note blanche (0) ou verte (de 1/10 à 10/10) à chaque page, deux ou trois fois par an.

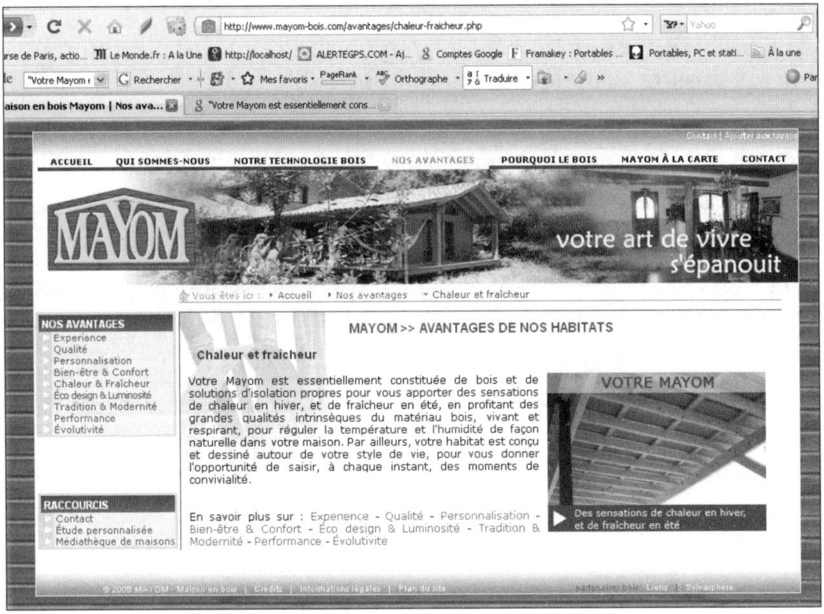

Figure 4.2 : PR grisé, est-elle désindexée ?

La non attribution d'une note de Page Rank indique une pénalité si la page est en ligne depuis une allocation de PR en Toolbar.

Au hasard du web, nous avons trouvé cette page en juillet 2008 : **http://www.mayom-bois.com/avantages/chaleur-fraicheur.php**

Aucun Page Rank sur cette page, nous indique la barre d'outils de Google. Est-elle désindexée ?

> REMARQUE
>
> **Google filtre !**
>
> En fonction de votre historique traçable, Google filtre et change les résultats de ses réponses. Une page qui était invisible car désindexée redevient soudainement visible dans votre SERP mais pas dans celle du voisin.
>
> Vos tests doivent être menés en ne laissant aucun indice à Google

La commande `link:` nous indique qu'il n'y a aucun lien pointant vers cette page, mais la commande `link:` est réputée comme volontairement non fiable chez Google.

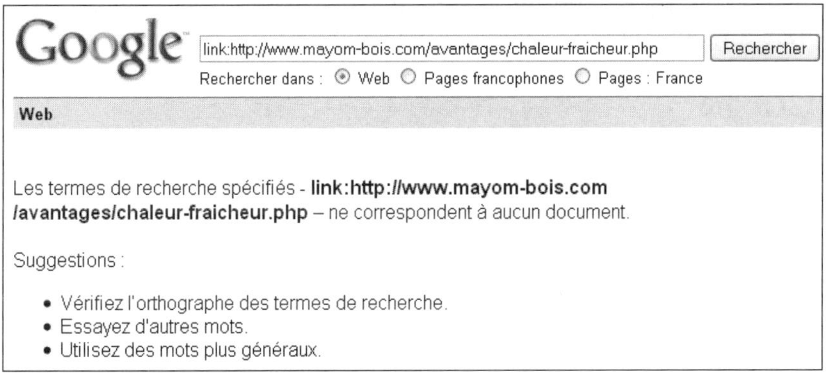

Figure 4.3 : La commande Google link: indique aucun lien vers cette page.

Essayons la commande `site:` de Google.

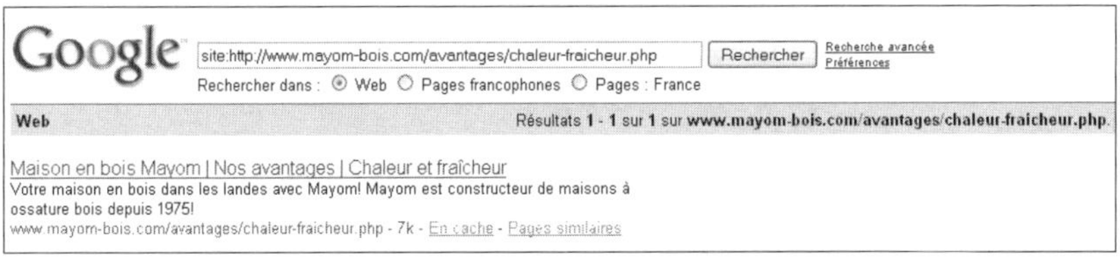

Figure 4.4 : La commande Google site : indique la présence de cette page dans l'index

La page est présente dans l'index du moteur de recherche. Elle n'en est donc pas bannie. Attention, ne vérifiez pas tout de suite par un clic sur *en cache* que nous avons bien la même page en cache et en ligne ! C'est bien la même page depuis le 17 mai 2008. Il faudra faire ce test plus tard, sous peine de laisser une trace d'historique et donc de changer le filtrage de Google ce qui fausserait le test.

Essayons de la trouver de manière conventionnelle via une requête contenant de nombreux mots présents sur cette page.

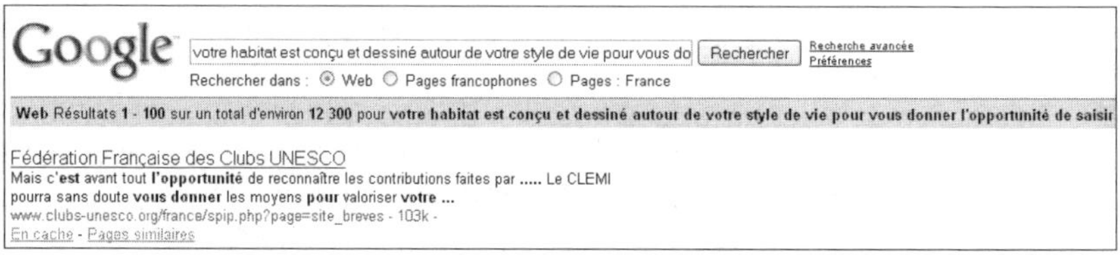

Figure 4.5 : Cette requête contient une phrase complète de la page. Notre page en est absente

Nous faisons une requête sur une phrase copiée depuis la page et collée dans l'interface Google. Notre page en cours de test est absente des SERP.

Testons en mettant entre guillemets cette même requête (les guillemets forcent Google à chercher exactement cette phrase)

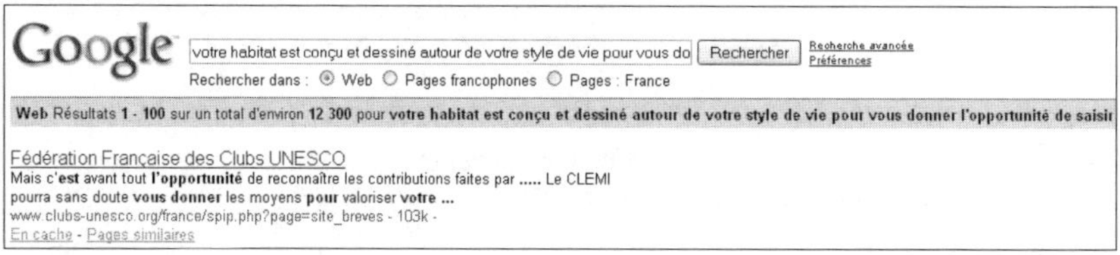

Figure 4.6 : Cette requête contient une phrase complète de la page entre guillemets. Aucune correspondance !

Aucune page ne correspond ! Pour bien éliminer tout risque d'erreur, réduisons la longueur du texte entre guillemets.

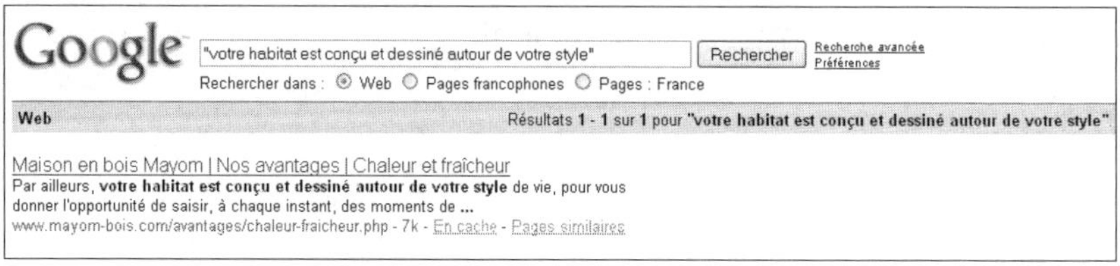

Figure 4.7 : Seule notre page en test est dans la SERP

Cette page est totalement ou partiellement désindexée du moteur de recherche. Faisons un autre test pour vérifier qu'un filtre Google ne nous ait pas joué un tour.

Saisissons des mots significatifs de cette page dans une requête sur Google. À noter, la présence du mot "`mayom`", peu courant et donc très sélectif.

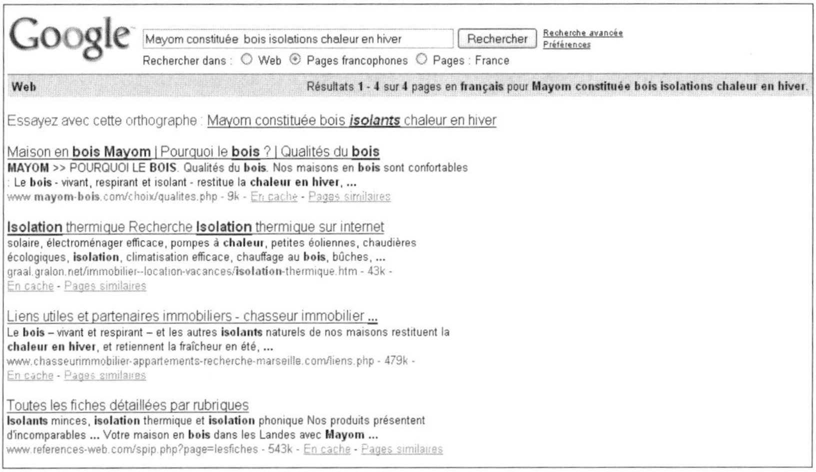

Figure 4.8 : Mots de la page en requête et SERP sans notre page

Une autre page du site mayom-bois.com sort systématiquement mais jamais la page que nous testons.

Poussons le test plus loin en augmentant le nombre de mots-clés dans la requête afin de faire sortir les pages non sanctionnées du site Mayom de la SERP. Nous essayons d'obliger Google à sortir la page en test.

Figure 4.9 : Encore plus de mots de la page en requête. SERP toujours sans notre page

Google nous propose deux pages et aucune ne correspond à la page du site que nous testons. Google donne la préférence aux pages d'autres sites, non sanctionnées, plutôt que d'afficher en SERP la page du site *Mayom*.

Prudemment, nous n'avons cliqué sur rien qui laisserait une trace dans l'historique Google de notre intérêt pour le site *Mayom*, donc le filtrage n'est pas intervenu pour changer le contenu des SERP en y faisant figurer exceptionnellement la page que nous évaluons. Nous venons de recouper notre test. Cette page a une pénalité de désindexation.

Avant de terminer notre exemple, intéressons-nous au pourquoi de cette sanction ? La page ayant été prise au hasard du web, il nous faut chercher pourquoi à coup de tests manuels. Très vite, nous pourrons constater que ce n'est pas un duplicate content entre des pages de différents sites. En revanche, nous constatons plusieurs points surprenants :

http://www.mayom-bois.com/avantages/experience.php pointe sur la page *mayom >> nos avantages*

http://www.mayom-bois.com/avantages/ pointe sur la même page ! Nous n'avons pas accès aux codes sources. Pour faire simple, cela ressemble fort à une erreur de codage en URL rewriting. Or ces deux pages sont elles-mêmes pénalisées (barre d'outils en grisé) ! Et la page que nous testons ne semble accessible que depuis ces pages sanctionnées.

Les liens partant de pages désindexées ne transmettent rien (Page Rank, mots-clés, etc.). Or notre page en test semble n'être accessible, via un nuage de liens en bas de page, que depuis ces pages désindexées. Par transitivité, la page que nous testions devient désindexée elle-même.

Cet exemple malheureux en référencement illustre plusieurs points :

- Une légère erreur dans la programmation de l'URL rewriting déclenche des sanctions contre certaines pages-clés du site.
- Une autre erreur, à savoir un faible poids en volume de mots face aux menus et visuels répétés sur les autres pages, envoie la page survivante, */avantages/*, en désindexation.
- Ces sanctions déclenchent des conséquences négatives sur une partie du site à cause d'un plan de navigation un peu trop hiérarchique via des nuages de liens trop verticaux. Les nuages de liens ne sont pas assez répartis sur le site. Ils sont plus là comme navigation pour l'internaute que comme un outil mixte, internautes et optimisation des tags.
- Cela fait plusieurs mois que ces sanctions sont en place, et le site ne réagit pas, perdant du trafic qualifié. Nous sommes là en plein dans la justification des contrôles et du suivi, sujets abordés dans le chapitre 1 : *La chasse au maillon faible*.

Pages récentes

Les pages récentes ne peuvent avoir une note en Page Rank dans la Google Toolbar.

Lors de vos tests de ranking sur les mots-clés visés, si ces pages récentes n'apparaissent pas ou si ce n'est pas la page récente escomptée, alors il va falloir l'analyser en détail pour évaluer si elle a été correctement prise en compte par le moteur.

Bien sûr, une page récente est défavorisée face à des pages plus anciennes lorsqu'elle est en compétition sur un mot-clé. Pour passer devant des pages établies bien positionnées et grimper vers de meilleures positions, il faut avoir une meilleure optimisation, puis de meilleurs backlinks et un meilleur Web 2.0 social. Progressivement, la page se hissera dans l'index, et elle doublera toute page moins "*dynamique*" qu'elle, au fil du temps.

Si des pages sont devant vous dans une SERP et qu'elles respectent ces critères mieux que votre page, vous n'aurez aucune chance de les doubler.

Test de la désindexation de toute la page

Le but du test est de vérifier si cette page apparaît parmi d'autres pages, sur une requête relativement simple.

1 Examinez votre page. Retirez tout ce qui touche au répétitif : menus, bandeau, logo, colonne de droite répétée à l'identique sur toutes les pages du site ou de la rubrique, gestion des tags identique sur toutes les pages de la rubrique, etc. Que reste-t-il ? Un formulaire, un minuscule paragraphe ? Inutile d'aller plus loin. Votre page est complètement désindexée. Elle ne possède pas assez de contenu unique pour être éligible à rester dans l'index de Google.

2 Examinez l'URL de votre page. Est-elle compliquée, avec des `&`, des `ID=` et autres éléments un peu obscurs ? Si c'est le cas, Google n'indexera pas une telle URL : passez en URL rewriting.

3 Examinez ensuite les backlinks quittant cette page. Sont-ils cohérents avec votre page et avec les pages ciblées ? Vérifiez si chaque backlink de cette page aboutit à la page prévue. Traquez les liens cassés, les redirections, les pages dont le contenu a changé sans qu'on vous en informe, etc. Trop de liens non cohérents peuvent conduire à des pénalités de Google.

4 Autrement, voici la suite des tests à conduire, ils sont orientés vers la détection de la cause n° 1 de désindexation partielle ou totale d'une page, le *duplicate content*...

Prenez une phrase par copier-coller dans la page à tester. Évitez si possible les sections de test ayant de nombreux accents (é, à, ç, è, etc.) et caractères comme l'apostrophe. Soumettez-la comme requête à Google. Plusieurs SERP de Google sont possibles :

- Rien ne correspond à votre demande. Raccourcissez la taille de la phrase copiée-collée dans la requête. Recommencez !
- Il y a des centaines ou des milliers de pages correspondant à votre requête, et la page prévue de votre site figure dans la SERP. Aucune désindexation de toute la page n'est appliquée, bien ! Il va falloir tester la désindexation partielle.
- Il y a des milliers de pages correspondant à votre requête, et aucune page de votre site ne figure dans la SERP. Il va falloir affiner la requête pour évaluer si toute la page est désindexée ou non.
- Il y a la bonne page mais avec une extension bizarre, comme `PHPSESSID= quelque chose`. Une erreur de codage vous crée un problème. La gestion de session crée de multiples URL avec le même contenu. À chaque passage, le bot récupère une page avec une URL différente. Cela crée des duplicate content. Les pages en *duplicate content* sont désindexées sauf une. Sauf qu'on ne peut pas savoir quelle URL restera dans l'index. Donc vous cherchez à résoudre un *duplicate content* interne.

5 Trop de réponses et notre page absente de la SERP impliquent qu'il faut affiner notre requête... Plutôt que de rajouter des mots, nous allons mettre entre guillemets (le caractère `"`) une partie du texte copié-collé.

- Rien ne correspond à votre demande. Nous avons un problème très sérieux sur cette page. Ne serait-elle pas en liste noire ? Vérifiez votre manipulation. N'avez-vous pas fait une erreur quelque part ?
- Seule votre page apparaît en SERP. Modifiez les positions des guillemets jusqu'à obtenir une SERP à multiples réponses incluant votre page. Si vous n'y arrivez pas, toute votre page est probablement désindexée, ou alors le bloc de texte que vous venez de tester est en désindexation partielle sur votre page. Retirez les guillemets et refaites le test. Examinez attentivement les réponses. Si une ou des pages apparaissent avec une partie du texte identique à votre bloc sélectionné, vous venez de découvrir qui vous a poussé en

duplicate content. Testez cette page sur un autre bloc de texte pour vérifier si vous n'êtes en désindexation partielle que sur ce bloc de texte ou sur toute la page.

- Votre page apparaît parmi d'autres. Vous n'avez pas de désindexation de toute la page, ni de désindexation partielle sur ce bloc de texte (mais peut-être sur une autre partie du texte).

Test de la désindexation partielle de la page

Vous venez de vérifier que votre page n'est pas désindexée entièrement. Néanmoins, elle ne ressort pas sur vos mots-clés. Peut-être que votre page est désindexée partiellement sur un bloc de texte contenant ces mots-clés.

Testons :

1. Saisissez les mots-clés de votre page et des mots pris au hasard sur votre page dans une requête Google
2. Adaptez la requête par ajout ou changement ou retrait de mots jusqu'à obtenir votre page parmi d'autres dans une SERP sur une requête incluant vos mots-clés stratégiques
3. Si vous n'y arrivez pas, testez chaque bloc de texte de votre page jusqu'à identifier le site qui vous a poussé en *duplicate content* et le bloc de texte incriminé.

Conclusion

À l'issue de ces tests, vous avez déterminé si votre page est désindexée ou non.

Si elle fait l'objet d'une telle pénalité, modifiez vos contenus, comme expliqué dans ce qui suit.

Si votre page est dans les profondeurs des SERP, le problème est ailleurs. Examinez l'optimisation de vos pages, votre gestion de tags et tout ce que nous avons déjà abordé. Regardez dans les autres points de ce chapitre afin d'évaluer si vous n'êtes pas victime d'une contre-performance due à une erreur.

4.5. Duplicate content (DC)

Le *duplicate content* est devenu la première cause de filtres pénalisants pour le référencement d'un site web.

Depuis 2010, Google a accentué son effort de disposer de pages pertinentes en SERP tout en éliminant les contenus plagiés, partiellement dupliqués dans la forme ou (c'est sur précisément ce point qui est la nouveauté de 2010), dans le fond.

Auparavant, un *duplicate content* était un *string* (une séquence de caractères alphanumériques dans le jargon des codeurs) d'une longueur d'au moins 30 caractères environ. Il suffisait de désamorcer le *duplicate content* en ajoutant un adverbe, un pronom, etc. dans le *string* impliqué en *duplicate content* et le problème était écarté.

ATTENTION

Duplicate Content sur le fond d'un texte.

Désormais Google identifie un *duplicate content* sur le fond d'une phrase. Peu importe les mots non significatifs, des algorithmes en phraséologie s'assurent de la présence des mots-clés d'une requête dans une même phrase (cohérence). Si la signature (l'empreinte numérique) de cette phrase est trop proche d'une phrase ayant les même mots-clés dans une autre page d'un autre site, alors on peut avoir un *duplicate content* et les problèmes de filtres et donc de pénalités qui vont avec.

Mais en 2010, Google a augmenté considérablement la puissance de son réseau informatique. Il a déployé plus de bande passante, plus de serveurs, plus de programmes puissants (l'affichage temps réel d'une SERP au fur et à mesure de la saisie de la requête, en plus du Google Suggest habituel).

Google a fort probablement modifié puis fait évoluer au fil des mois la définition du *duplicate content*. Il est temps d'aborder une définition plus précise que la duplication exacte d'un groupe de quelques mots totalisant 30 à 40 caractères.

Objectif et calcul du duplicate content

Pour des raisons de compétitivité, tout moteur se doit d'afficher en SERP les pages les plus adéquates possibles. Google se doit d'éliminer de ses SERP les pages à contenus trop proches. Toute perte de qualité se traduit potentiellement par un départ des internautes vers un moteur concurrent. Hors le modèle de Google est fondé sur la fidélité de millions d'internautes qui attirent des millions d'annonceurs qui payent Google.

Prenons un exemple de *duplicate content* 2011 : un site commercialise des promenades en "petits" bateaux dans les calanques de Cassis. Le possesseur de ce site commercialise, via un autre site, des excursions à la journée en grand catamaran (un gros bateau donc) dans ces mêmes calanques de Cassis. Ce webmestre utilise des phrases décrivant ces excursions avec des termes très proches dans les deux sites. Les phrases sont différentes, mais le fond de ces textes décrit la même chose : de jolis fonds marins, une eau turquoise et chaude, de beaux paysages dans les mêmes calanques de Cassis, Sormiou, Sugiteon, etc. On trouve les mêmes activités : se baigner, palmes, masque et tuba, etc. Bref, rien que de très normal de décrire une baignade dans les calanques avec des mots et tournures de phrases proches. Un des pages du site le plus ancien possède quelques liens vers cette page d'excursions en catamaran dans les calanques en plus d'avoir le même *whois*. Ce qui amène très vite Google à identifier des "*airs communs*" entre les deux sites. De toute façon, il aurait très vite découvert les pages en *duplicate content* sur le fond et pas seulement sur la stricte comparaison de chaines de caractères.

Conséquence : la page la plus récente, celle des excursions en catamarans dans les calanques, est lourdement filtrée sur les mots-clés trop communs entre les deux sites.

Calcul d'un duplicate content

ATTENTION

Exemples et descriptions pédagogiques

Les textes concernant le *duplicate content* dans le présent chapitre sont des approches pédagogiques et non des explications fermes et définitives de la manière dont Google calcule et gère les *duplicate contents*. Les tests sur le terrain montrent que les descriptions du présent chapitre ont une tendance "*juste*". La réalité des algorithmes de Google sont probablement plus complexes et ils évaluent probablement de nombreux critères non présentés dans ce chapitre.

Google a déposé de nombreux brevets logiciels aux États-Unis (cette notion n'existe pas en Europe). Leur examen est instructif et suggère de nombreuses pistes à tester pour évaluer le comportement du moteur et de ses filtres.

Parmi ces brevets, on trouve un algorithme de phraséologie, qui examine les mots d'une phrase pour en tirer plusieurs enseignements :

- Quels sont les mots-clés significatifs d'une phrase ? On va ainsi éliminer les mots "inutiles", les mots non significatifs tels que *nous, je, de, le, la, les*, etc.

- Quelle est la nature de chaque mot-clé ou entité nommée ? Est-ce un nom propre ou de nom commun ?
- Comment sont-ils organisés dans la phrase ? Quel mot est le sujet, le complément d'objet, etc. ?

On peut alors, par un algorithme, calculer une empreinte numérique de cette phrase. On peut, par exemple, utiliser l'une des variantes des cosinus de Salton (ils sont abordés dans le présent livre) pour avoir un objet empreinte typé par un vecteur. Un tel objet permet de définir mathématiquement (sous une forme qu'un programme informatique peut donc manipuler facilement et rapidement) une phrase et une interprétation de sa signification.

Nous devons maintenant faire un détour par les disques durs et les pertes de données dues à l'usure d'un disque et de sa surface. Un ensemble de données, par exemple 8 192 caractères d'un fichier texte, est "haché" en un checksum de 64 bits qui le représente. Si on perd, à cause de l'usure du disque dur, un ou deux caractères du morceau de fichier ainsi résumé, on peut recalculer les caractères effacés et les remettre dans le fichier abîmé, qui est ainsi réparé.

Une telle technique est utilisée dans la gestion des disques durs et des systèmes de fichiers des serveurs type Unix et de nombreux systèmes de télécommunication ou de stockage de données.

Les chercheurs ont voulu évaluer, durant les années 2000, si on pouvait en obtenir quelque chose dans la lutte contre le duplicate content.

Un texte (une phrase, un paragraphe, un groupe de paragraphes...) d'une page strictement plagié sur une autre est immédiatement reconnaissable : le checksum est strictement identique. Google dispose, on le savait déjà, d'un outil capable de traquer très vite un duplicate content de plusieurs mots consécutifs strictement identiques.

Et pour ceux qui sont similaires et non identiques ? Des chercheurs de Google et de différentes universités des États-Unis ou d'autres pays ont établi que deux blocs de texte, ayant un contenu similaire mais non identique, auront un ckecksum – on parle en fait d'empreintes numériques – très proche. Une phrase, un paragraphe, le texte complet d'une page HTML peut être codé sur une taille très petite : 64 bits. Cette valeur est unique pour le texte ainsi haché, comme l'empreinte digitale d'un être humain. Et on peut utiliser cette valeur, cette empreinte pour détecter des contenus similaires. Bingo pour Google !

Résumons-nous :

- Un algorithme (phraséologie) permet de réduire une phrase à ses mots-clés et d'éviter de nombreux pièges liés à l'identification d'expressions-clés erronées.
- Un algorithme type cosinus de Salton est capable de donner une dimension significative à une phrase sur un petit groupe de bits.
- Un algorithme totalement différent du précédent permet de réduire une phrase à un groupe de quelques bits (64 bits pour une page HTML complète, beaucoup moins pour une simple phrase) : une empreinte numérique unique. Deux fichiers ayant des contenus très similaires auront des empreintes numériques très proches.

Nous avons là la base d'un système performant capable de détecter, avec très peu d'erreurs, des duplicate contents de textes similaires mais non identiques.

Une telle approche apporte une multitude d'avantages à Google :

- Le traitement est plus rapide. Quand on doit indexer des milliards de pages, on doit travailler vite pour un coût le plus faible possible.
- La cohérence entre expressions-clés et contenu de la page est mieux évaluée. En d'autres termes, Google évalue mieux le contenu d'une page sans se faire berner par des techniques SEO sémantiques. Si une phrase contient le mot *calanques* et une autre phrase contient le mot *excursion*, le moteur refusera l'expression-clé *excursion calanques* à cette page. Ces deux mots ne sont pas utilisés dans la même phrase.
- Cette approche permet la mise au point d'algorithmes de détection de duplicate contents beaucoup plus sophistiqués.

Revenons à notre exemple de sites ayant en commun des excursions, sur gros ou petit bateaux, dans les calanques. Deux pages de deux sites différents décrivent une excursion en bateau dans les calanques de Cassis. Il y a de nombreuses similitudes dans les deux pages. Ces similitudes se retrouvent dans les phrases de chaque paragraphe de chaque page. Google va détecter de nombreuses similarités entre les deux pages via plusieurs phrases ayant des empreintes trop proches.

Qu'est-ce qu'une empreinte trop proche ?

Nous avons vu qu'à une phrase sont associés une signature de type vecteur et un ensemble de critères tels que la liste des mots-clés jugés significatifs et, pour chacun d'eux, un poids de son importance dans la phrase. On peut donc aisément comparer deux empreintes et avoir immédiatement un résultat précis : leurs vecteurs ont X degrés d'écart et elles ont N % de mots-clés communs. Au-delà d'un certain seuil, on considère que c'est un duplicate content.

On peut complexifier et affiner une telle approche en mettant en œuvre des évaluations d'entités nommées, de leur position dans la phrase. On peut aussi corréler le sens de chaque phrase via des cosinus de Salton. On peut aussi assembler les phrases en paragraphes et comparer les paragraphes pour vérifier si on a bien une comparaison réellement positive.

Bref, une telle approche ouvre la voie à de nombreuses possibilités. Elle permet d'évaluer le plus finement possible le contenu d'une phrase, d'un paragraphe, d'un texte complet dans une page, et de détecter des contenus partiellement plagiés ou un peu modifiés.

Conséquences d'un duplicate content partiel

Si une phrase contenant l'expression-clé stratégique de votre landing page est en duplicate content, alors votre expression-clé sur cette page fera l'objet d'un filtrage plus ou moins fort.

Voyagez heureux durant vos vacances avec nos croisières en Méditerranée . Si *croisières en Méditerranée* est votre expression-clé sur votre page et que vous soyez en duplicate content sur cette phrase, votre page sera mal positionnée dans Google sur cette expression-clé. Il est possible qu'une autre page de votre site s'installe mieux dans l'index de Google.

C'est d'ailleurs un solide indice de duplicate content : vous créez une page dédiée et c'est une autre page de votre site qui sort dans les SERP.

Identifier vite un duplicate content

Comment Google peut-il rapidement trouver un duplicate content ? En d'autres termes, comment va-t-il trouver les ressemblances textuelles et des duplicate contents entre votre site et votre blog hébergé ailleurs ?

On peut raisonnablement partir sur le principe que Google calcule sur la base de phrases, soit correctement formées, soit, en l'absence d'un rédactionnel de qualité, sur des groupes de quelques mots.

À chaque phrase, on peut associer une empreinte numérique. On trie la liste. Toutes les valeurs proches sont susceptibles d'être des duplicate contents partiels. Les valeurs identiques sont carrément des plagiats.

Google peut ainsi très rapidement identifier les pages ayant des phrases (ou petits groupes de mots) similaires.

Rapidement signifie quelques heures à quelques mois. En effet, il y a des milliards de pages contenant des centaines de milliards de phrases à gérer. C'est long.

Éliminer les duplicate contents

Il vous faut écrire des contenus uniques. Facile à dire, mais comment faire ?

Les phrases à prendre en compte sont celles contenant l'expression-clé stratégique de votre page. Les autres peuvent être ignorées, au moins dans un premier temps.

Une phrase contenant une expression-clé stratégique de votre landing page doit être éloignée de toute empreinte numérique d'une page d'un site concurrent, direct ou indirect. Par exemple, vous pouvez y insérer des contenus propres à votre marque et à votre offre.

Illustrons...

Les croisières en Catamaran Dupont et Durand sont idéales pour vos vacances en méditerranée.

Dans cette phrase, on trouve la marque, *Dupont et Durand*, qu'on ne risque donc pas de retrouver dans un site concurrent, à moins de faire la bêtise d'envoyer cette phrase dans des centaines d'annuaires.

Il serait sain de vérifier, via Google, que la requête `"croisière catamaran idéales vacances méditerranée"` ne renvoie pas une multitude de pages concurrentes ayant une formulation (trop) proche.

méditerranée : tous ceux qui organisent ce type de croisière sur d'autres mers ou océans ne pourront pas avoir une phrase proche.

vacances : tous ceux qui organisent ce type de croisière et qui oublient de préciser qu'en général, ce type de croisière se réalise durant les vacances, ne pourront pas avoir une phrase proche dans leur site.

Il faut réaliser ce travail pour chaque phrase contenant les mots-clés dans une même phrase ou dans un groupe de mots proche, même si les mots-clés sont dispersés. Il faut ensuite tester votre positionnement et amender votre phrase à contenus avec une expression-clé stratégique autant de fois que cela est nécessaire.

Voleurs de contenus

Des duplicate contents peuvent être créés à votre insu, soit volontairement par des voleurs de contenus, soit par accident ou maladresse. On distingue :

- les voleurs humains ;
- les robots *voleurs* : les *proxies*.

Seuls les jeunes sites et les jeunes pages sont concernés. Si vous publiez une page originale et qu'un site la republie avant vous, votre page sera le duplicate content, celle du voleur sera considérée comme l'original.

Publiez avant vous fait appel à plusieurs notions : la date précise à laquelle un bot de Google cartographie le contenu et le Page Rank de la page. Cette information est issue du blog de Matt Cutts. Le Page Rank influe Google sur qui a écrit quoi en premier.

Les *proxies* sont normalement des mécanismes qui optimisent les accès et la vitesse de transmission des données sur le Web. Ils ont d'autres fonctions, dont celle de permettre l'anonymat. De multiples raisons sur le net incitent certains internautes à naviguer anonymement (on ne peut pas remonter jusqu'à eux). Un tel mécanisme d'anonymat passe par un logiciel *proxy* sur un serveur. Le problème est qu'il est possible de modifier un logiciel proxy, de le bricoler et d'aspirer tout un site, d'en prélever certains contenus, les plus récents par exemple, et de les publier. Comme Google trouve toutes vos publications sur le site utilisant le *proxy voleur*, vous vous retrouvez en *duplicate content* sur vos propres contenus.

Quelques remarques : le fait de publier un sitemap avec URL, nom de fichier et autres accélère la venue de Google sur votre site. Si vous allez publier un jeune site, il serait opportun de le publier et d'enchaîner très rapidement vers la mise en ligne d'un *sitemap.xml*, de quelques backlinks de qualité et de faire un `addurl` auprès de tous les grands moteurs.

Avoir mis en ligne une page d'attente permet également de passer outre la période de quelques jours où Google gèle toute action sérieuse sur un jeune site juste publié. Ainsi on obtient plus de réactivité de Google sur un site ayant gagné quelques semaines d'antériorité avec une page d'attente et en utilisant intensément les Webmaster Tools Google. Plus de réactivité signifie plus de chances d'avoir une antériorité sur vos propres contenus.

Bloquer un proxy voleur de contenu

Les *proxies* ont des bots qui surfent sur le net et qui pompent le contenu des sites qu'ils rencontrent et qui pourraient présenter un intérêt pour leurs clients. Une approche consiste à les empêcher d'accéder à votre site tout neuf.

Un bot de *proxy* va avoir une forte tendance à se faire passer pour un bot de Google ou Yahoo ou autre grand moteur afin d'accéder à votre site.

Une première astuce consiste à faire coder cet algorithme dans vos pages, en PHP bien sûr :

- si `http_user_agent = bot de Google`, alors vérifier si c'est bien Google via l'adresse IP déclarée par le bot ;
- si NON alors renvoyer `erreur 403` ;
- si OUI alors envoyer la page. On a bien affaire à Google/Yahoo/ Bing, etc.

Pour vérifier la validité du bot, vous trouverez quelques indications ici : **http://googlewebmastercentral.blogspot.com/2006/09/how-to-verify-googlebot.html**

Le principe est le suivant :

- Si c'est un bot Google, alors récupérer le numéro d'IP du visiteur ;
- Ce numéro d'IP a-t-il déjà été mis en liste noire ou en liste blanche ? S'il est connu en liste blanche, OK. S'il est connu en liste noire, envoyer `erreur 403` ;
- Demander à un utilitaire Internet de transcrire ce numéro d'IP en nom du propriétaire ;
- Si on a bien *Google* dans le nom du propriétaire alors c'est OK et on l'inscrit en liste blanche, sinon c'est un *proxy* et envoyer `erreur 403` et on l'inscrit en liste noire ;
- Ajouter le numéro d'IP du proxy dans le fichier *.htaccess* sous la forme d'une ligne : `deny from 192.192.192.1`.

Une telle protection consomme de la ressource, et probablement elle ralentirait Google au détriment du référencement. Pour limiter la consommation de ressources, une gestion locale de liste noire/liste blanche permet de limiter les accès aux outils lents nécessaires au bon fonctionnement de cet algorithme. Il faut retirer cette protection dès que le risque de se faire piquer les contenus disparaît. Cette protection est mieux que rien pour un tout jeune site. Mais elle n'est pas parfaite, loin de là ! Elle peut être hackée assez facilement, et le mécanisme de cache local décrit (liste noire/liste blanche) n'est pas assez performant. Mais il n'est pas dans le propos de cet ouvrage de rentrer en détail dans des algorithmes et programmes techniquement pointus. Nous en resterons à une phase initiation.

Si vous vous êtes fait pirater vos contenus, allez voir la procédure de signalement Google sur **www.google.com/intl/fr/webmasters/spamreport.html.**

PDF, Word et duplicate content

Si votre site propose ses contenus dans des fichiers Word ou PDF en téléchargement, ces pages et fichiers seront considérés par les moteurs comme des duplicate-contents et seront pénalisés par Google.

ASTUCE

Répertoire dédié pour PDF/Word ayant des contenus identiques à ceux du site

Dédiez un répertoire aux fichiers Word, PDF et autres formats de fichiers reconnus par Google offrant les mêmes contenus que vos pages HTML. Interdire ce répertoire à Google à l'aide d'un paramétrage du fichier *robots.txt* ne fonctionne pas quoiqu'en disent les écrits de Google. Pour éviter les *duplicate content* entre ces documents et vos pages vous devrez en interdire l'accès par un fichier *.htaccess* contenant un `deny from all` et utiliser un script du type *getfile.php* comme pour permettre le upload, cela donne une syntaxe de lien comme celle-ci : **http://www.monsite.fr/data/php/getfile-prive.php?nom=plan_d_acces.pdf**

Voici le code source du fichier *.htaccess* du répertoire dédié aux fichiers privés PDF, Word etc. à interdire à Google :

```
deny from all
```

La base d'un code source d'un script PHP *getfile-prive.php* permettant de faire un upload via un lien comme **http://www.monsite.fr/data/php /getfile-prive.php?nom=plan_d_acces.pdf :**

```
<?php
header('Pragma: public');
header('Expires: 0');
header('Cache-Control: must-revalidate, post-check=0, pre-check=0');
header('Cache-Control: public');
header('Content-Type: application/force-download');
header('Content-Type: application/octet-stream');
header('Content-Type: application/download');
$nom = $_GET["nom"];
header('Content-Disposition: attachment; filename="'.$nom.'"');
header('Content-Transfer-Encoding: binary');

$situation = '../pdf-prive/'.$nom;
$poids=filesize($situation);
```

```
header("Content-Length: " .$poids );

$fp = fopen($situation, 'rb');

do {
  $data = fread($fp, 8192);
  if (strlen($data) == 0) {
    break;
  }
  echo($data);
}
while (true);

fclose($fp);
?>
```

Faites attention, car ce code source est à adapter à votre architecture de répertoires (notamment le répertoire *./pdf-prive/*).

Le fichier *.htaccess* situé dans le répertoire *pdf-prive* empêche tout accès de type HTTP, y compris les bots de Google ou d'autres. Le script *getfile-prive.php* est géré par Apache. Il peut donc accéder au répertoire et lancer un téléchargement sur un lien cliqué. C'est un premier niveau de protection. Le répertoire *pdf-prive* est interdit via *robots.txt* à Google et aux autres robots. En théorie, on ne devrait pas trouver ces *pdf privé* dans le moteur.

Dans le cas contraire, il faut rendre le lien vers le PDF illisible à Google. Pour cela il suffit de coder un fichier JavaScript externe :

```
// JavaScript Document lien-pdf-prive.js
var partie1 = "http://www." ;
var partie2 = "monsite" ;
var partie3 = ".fr/php/getfile-prive.php?nom=CGV.pdf";
var lien="<a href='"+ partie1+ partie2+partie3+"'>Nos CGV</a>";
document.write (lien) ;
```

et appeller notre lien depuis une page HTML ou un script PHP :

```
<script type="text/javascript" src="js/lien-pdf-prive.js">
</script>
```

Ainsi vous obtenez un système de protection à plusieurs niveaux :

- Même si Google bot a accédé à un moment donné et mémorisé le répertoire (il essaiera donc d'y revenir en direct même en l'absence de lien existant, sa mémoire lui suffit), le fichier *.htaccess* va l'en empêcher.
- Google bot n'est pas sensé lire un fichier JavaScript encodant une URL. Depuis 2009, c'est le cas dans de nombreuses conditions. En externalisant le JavaScript et en le compliquant un peu, nous

l'avons rendu illisible. Il faudra surement le compliquer encore plus pour maintenir cette invisibilité à Google Bot.

4.6. Qui fait quoi ?

Au fil des pages, nous avons vu de multiples expressions liées au métier de référenceur : cosinus de Salton, ontologie, duplicate content, etc.

Le propos de cette section est de simplifier et de rendre compréhensibles aux néophytes tous ces mécanismes et leurs articulations.

Le moteur de recherche veut afficher des SERP pertinentes face à la requête d'un internaute. C'est sa mission. S'il échoue, il va perdre ses usagers et donc les annonceurs publicitaires vont le déserter. Alta Vista a connu cela au point d'être un acteur minuscule après avoir été une star dominante.

Ce postulat étant posé et compris, on voit que le moteur va avoir pas mal de travail à faire pour y arriver. Comprendre comment le moteur s'y prend approximativement est indispensable pour tout référenceur professionnel.

Google scanne via des Google bots, des robots logiciels, le contenu de milliards de pages web. Il les décortique et les stocke sous une forme permettant de faire des calculs sur le contenu.

Google doit évaluer le contenu de chaque page : quel est son thème central, quels sont ses mots-clés, ses expressions-clés ? Pour cela, le moteur doit régler de nombreux problèmes :

- Ne pas confondre les mots. Une orange n'a rien à voir avec Orange de France Telecom ou la révolution Orange en Ukraine. Google doit gérer les entités nommées, comme le mot *orange*.
- Évaluer le thème d'une page. Pour cela, Google utilise un outil d'ontologie qui lui permet de classer les connaissances humaines en thèmes, sous-thèmes, etc.
- Dans un thème donné, évaluer en quelque sorte le sens d'une phrase ou d'un paragraphe. On utilise pour cela une variante algorithmique du cosinus de Salton. On donne un genre de note au contenu d'une page. Toute requête d'internaute composée de quelques mots-clés donne lieu à un tel calcul. La requête a donc une note elle aussi. Si les notes de la requête et d'une page donnée sont très proches, alors il y a de fortes chances que le contenu de

cette page soit pertinent par rapport à la requête de l'internaute et elle mérite donc d'être affichée dans la SERP.

Google doit affronter les triches volontaires et involontaires. Les contenus plagiés ou dupliqués partiellement sont, selon Google, une source de non-qualité très dangereuse pour la pérennité du moteur. Google a donc mis en place des outils de calcul de plagiat pour détecter des textes strictement identiques ou trop similaires. Les pages ainsi identifiées sont freinées lors de l'affichage dans les SERP sur les mots-clés figurant dans des zones plagiées ou trop similaires.

Pour détecter les contenus identiques ou similaires, Google utilise un calcul de contenu. À une phrase, il fait correspondre une note. La note d'une page HTML complète nécessite 8 digits : `ABCDEFGH` par exemple. Contrairement à un cosinus de Salton, cette note n'indique en rien le thème. Toute page ayant une note trop proche d'une autre page est un duplicate content partiel. Si deux pages, deux paragraphes ou deux phrases ont la même note, alors ils sont strictement identiques et c'est un plagiat, interdit en affichage dans des SERP sur les mots-clés impliqués.

Vous savez désormais qui fait quoi dans un moteur de recherche, qui est impliqué dans tel type d'optimisation ou dans le non-positionnement de vos pages dans Google.

4.7. Flash et Google

Cette technologie d'Adobe permet à des créatifs de faire des sites internet plus "design", plus ergonomiques qu'avec les habituelles technologies du Web.

Cette technologie exige un plug-in à installer. Il est gratuit, mais c'est une technologie propriétaire d'Adobe. Flash offre des avantages mais aussi nombre d'inconvénients.

"Sac à bogues" et points forts de flash

Cette expression populaire parmi les codeurs en web informatique résume bien un des inconvénients de flash. Pour nuancer le propos, deux types de problèmes techniques apparaissent avec l'usage de la technologie flash dans un site.

- les bogues dus au produit lui-même ;
- la facilité à coder des bogues avec Flash.

Les conséquences sont les suivantes : plantages du navigateur, du poste de travail, failles de sécurité, surcharges du poste de travail. Certaines animations flash publicitaires consomment 25 à 40 % des ressources d'un PC grand public récent ! Dès que 3 animations de ce type sont présentes dans des fenêtres ou onglets, c'est le plantage quasi assuré et sans message d'erreur.

Un autre inconvénient : la sécurité informatique. Il faut savoir qu'il est assez facile de coder des attaques via des animations flash. Certes Adobe sort régulièrement des mises à jour de son *Player* flash afin de combler chaque faille identifiée, mais...

De plus en plus d'internautes utilisent des scripts anti flash pour se débarrasser de ces problèmes (pas exemple, l'excellent *noscript* de Giogio Maone pour Firefox qu'on trouve à l'adresse **http://noscript.net/** ou directement depuis **https://addons.mozilla.org/en-US/firefox/addon/722**). Les internautes peuvent ainsi se débarrasser des publicités agressives codées en flash et n'accepter les animations flash que depuis les sites qu'ils jugent acceptables ou de qualité. Un autre avantage de ce type de plug-in est de simplement contrôler le nombre d'animations flash actives et de limiter le risque de plantage ou de se faire pirater son PC à travers une quelconque faille de sécurité.

Ces conséquences négatives sont directement issues de l'architecture de flash et qui est à la base des qualités qui ont fait son succès. En voici quelques-unes :

- une qualité et une finesse d'affichage irréprochable ;
- de vastes possibilités de menus déroulants et de développements ergonomiques ;
- le support parfaitement intégré de multiples possibilités d'affichages multimédia et de navigations associées ;
- le strict respect de l'affichage prévu : quel que soit le navigateur ou le poste de travail, les animations s'affichent strictement de la même manière.

Flash n'a pas de limitation ou de contraintes sur la forme d'un objet sur lequel on peut cliquer. Illustrons le propos. Les zones graphiques cliquables peuvent être de toutes formes. Il est rare d'avoir une commune ou un département avec des frontières rectilignes. En HTML, on encapsule un tel objet dans un rectangle et la totalité du rectangle devient cliquable. Ou on pose un petit carré dans le graphique aux formes tourmentées et seul le petit carré est cliquable.

En Flash, on peut réaliser une cartographie cliquable d'excellente qualité et avec de très bonnes possibilités ergonomiques. Par exemple, dans une carte de France ou d'une région, on peut manipuler un département ou une commune sur l'ensemble de sa surface, en se bornant à sa frontière, même si celle-ci est très étendue, ce qui ouvre d'excellentes possibilités ergonomiques. Sur **www.habitatoulouse.fr/1-21298-Habitat-Toulouse-Cartographie-de-notre-patrimoine.php**, on trouve par exemple une cartographie où tout élément est cliquable même si sa forme est irrégulière.

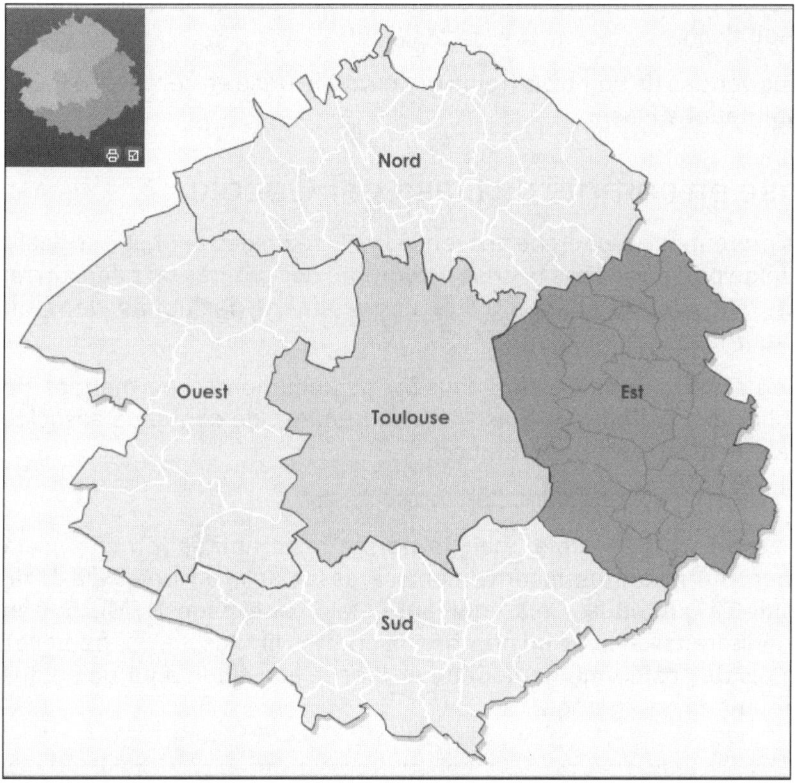

Figure 4.10 : Carte avec un groupe de communes cliquables

Pour atteindre une telle qualité de résultats, Adobe a mis au point une architecture propriétaire qui gère tout : liens, mise en page, affichage multimédia, navigation via menu déroulant, etc.

Nous avons vu les principes de fonctionnement d'un moteur de recherche.

- Celui-ci se base, entre autres, sur tous ces critères afin de calculer le positionnement d'une page sur un mot-clé précis.

- Il n'est pas possible de pointer directement une partie d'animation depuis une page HTML externe. On ne peut pointer que l'objet lui-même. Donc il est impossible d'utiliser les subtilités des backlinks pour évaluer les différents blocs de texte d'une grosse animation Flash.
- De même, les liens sociaux Web 2.0 ne pourront pointer que la page contenant l'objet animation Flash. Donc impossible de nuancer le positionnement des différentes composantes d'une animation flash.

Nous venons de voir trois freins majeurs à la prise en compte correcte d'animations Flash.

La prise en compte de Flash par Google

Les moteurs de recherche arrivent à lire le texte des animations flash. Le texte pur, donc sans la prise en compte des critères on page, un tel texte n'a aucune chance d'être correctement positionné dans un moteur face à une page HTML.

Google a fait paraître des JavaScript documentés permettant de publier des animations Flash en les doublant de contenus associés totalement accessibles à un bot.

http://code.google.com/p/swfobject/wiki/documentation

Le progrès est sensible, mais la portée reste limitée. En effet, cela revient entre autres inconvénients à associer à un objet Flash de multiples contenus. Cela équivaut à faire une page HTML qui en contiendrait N et avec un nombre de critères limités, ce qui freine les calculs de positionnement. Cette approche est valide pour de petites animations uniquement.

REMARQUE

En juillet 2008, Google peut lire une animation flash

En juillet 2008, *Adobe* a annoncé la livraison à *Google* et à *Yahoo* d'un logiciel permettant à ces moteurs de lire le contenu texte et liens des animations Flash et de pouvoir ainsi référencer une animation Flash. Il est à noter que Microsoft n'aura rien. En effet, étant concurrent d'Adobe, le moteur de recherche de Microsoft devra se passer de cette possibilité.

Les autres moteurs ne seront pas livrés non plus avec ce player : ni *Exalead* (France), ni les moteurs nationaux chinois... Cela pourrait rapidement changer, car ces moteurs ne sont pas concurrents d'Adobe et, en accroissant le désavantage de Microsoft, Adobe se met en position de tuer la technologie concurrente de Flash chez Microsoft.

Voici quelques points complémentaires :

- Il ne serait plus nécessaire de doubler l'animation flash de contenus lisibles par les bots des moteurs. Le coût de production du site en est donc diminué d'autant. Dans la pratique, il est conseillé d'utiliser la zone permettant de décrire le contenu de l'animation (voir la partie dédiée à Flash dans ce chapitre).
- Une animation flash possède moins de critères qu'une page web. Les calculs de positionnement devraient en être affectés au détriment des animations flash face à des pages HTML correctement construites et renseignées. Un défaut sera présent pour les grosses animations Flash : il n'y a pas de gestion de tags. Bref, pour les grosses animations Flash, celles qui sont équivalentes à un site, le progrès est insignifiant.
- Il n'y a pas de backlinks externes vers les blocs internes d'une animation flash, donc aucun calcul sérieux de positionnement basé sur le Web 2.0 ou sur les liens naturels. C'est le fondement même de Google qui est ainsi perturbé. Une seule exception : les animations de petite taille.
- Moins de critères pour évaluer un positionnement signifie une plus grande facilité pour faire du spamdexing. Il est à prévoir que la communauté des optimiseurs *black hat* va se faire une joie d'évaluer les limites et de commencer à exploiter les éventuelles failles du système contre Google. Prudent, Google ne devrait pas a priori donner la priorité en positionnement à des animations flash face à des pages HTML correctement référencées. Ce fait a été vérifié durant l'année 2009. Une animation Flash et sa description participent au référencement d'une page au même titre qu'une image ou une vidéo.

Conclusion : l'impact de cette approche est limité. Elle concerne uniquement les animations Flash de petite taille.

Flash et un bon référencement

Il faut éviter de coder l'équivalent d'un site Internet dans une seule animation Flash. Il vaut mieux le segmenter en animations Flash autonomes et faire une navigation basée sur des liens entre pages HTML à raison d'une animation de petite taille par page HTML.

Ainsi les codeurs et référenceurs pourront :

- renseigner tous les critères de page examinés par Google pour calculer un positionnement ;

- compléter dans chaque page les critères manquants : Web 2.0, images avec balises `ALT` renseignées. Ainsi, une animation de petite taille arrivera à fortement approcher les critères d'une page HTML classique. Elle pourra donc concourir sérieusement pour prendre une bonne position dans les SERP.

En attendant que le nouvel outil capable de décrypter les animations Flash et donc de calculer un minimum de positionnement soit mis en service chez Google et Yahoo, il serait intéressant de doubler le contenu de l'animation.

Plusieurs cas sont possibles, la liste n'est pas exhaustive mais couvre la plupart des usages de Flash :

- L'animation Flash contient de nombreuses pages, des menus de navigation, l'équivalent d'une rubrique, voire de tout un site.
- Le Flash ne concerne que des décorations sur le site : défilé de photos, texte, etc. On peut considérer que c'est un visuel de type `img`.
- Le Flash contient une animation de la taille approximative d'une page HTML.

Si votre site est une animation Flash, le plus sûr est de le doubler d'un site HTML, plus ou moins riche graphiquement selon le budget qu'il vous reste. Chaque page de ce site propose "fortement" de cliquer sur un lien menant vers la page HTML contenant l'animation Flash.

La page HTML contenant l'animation Flash est en `<meta robots>no index, no follow` afin de ne surtout pas faire indexer cette page et ainsi éviter tout risque de *duplicate content* entre les textes de l'animation et les textes des pages html.

Si votre animation Flash est une simple décoration d'une page, il faut simplement penser à renseigner ce qu'elle contient via le JavaScript préconisé par Google.

Si votre animation Flash contient l'équivalent d'une page HTML, plutôt que de doubler la page il pourrait être plus simple d'utiliser le JavaScript préconisé par Google et de mettre en place l'équivalent d'une page HTML en texte et visuels directement sur la même page.

4.8. Les Frames

Ce système est obsolète. Une frame, c'est-à-dire une partie de la page HTML, est vue comme une page indépendante. Cela perturbe (négativement) le référencement.

Des précautions en codage permettent d'éviter de perturber Google, mais désormais les performances actuelles des réseaux publics, dopés par ADSL, permettent de se passer de cette optimisation (l'usage des frames) pour économiser les débits des réseaux et améliorer les temps de réponse d'un site.

Il reste peu de sites développés avec des frames. De nombreuses études indiquent que cette technologie est ergonomiquement contre-productive. La correction des défauts de cette technologie face au référencement se fait à base de JavaScript, et cela complique la gestion des backlinks classiques ou Web 2.0.

Le plus simple est d'éliminer du site cette technologie de frame obsolète.

4.9. JavaScript

Google n'entrait pas, officiellement, dans les JavaScript. Puis en 2008, une annonce a indiqué que, sur certains sites, Google Bot commençait à décoder des JavaScript. En 2009, Google a annoncé que de nombreux JavaScript liés aux liens comme les `onclick`, même codés, étaient lisibles et accessibles.

En fait, c'est nettement plus nuancé que cela. Certes, Google pénètre et accède aux liens désormais dans de nombreux JavaScript simples.

Pourquoi fait-il cela ? À cause de techniques de triche (spam) utilisant le JavaScript pour faire du cloaking ou pour montrer du texte invisible au moteur sur une page et à la place d'un texte visible uniquement par le moteur.

Tous les textes, liens ou images codés et calculés en JavaScript externe sont ignorés en 2011 par le bot. Tout ce qui est écrit en clair ou pas assez codé et présent dans la page elle-même sera accessible au bot et donc lisible et indexé.

Google se réserve donc le droit de pouvoir un jour calculer ce qui est codé dans un JavaScript, par exemple pour déjouer une stratégie de Page Rank Modeling. Sa capacité à décoder du JavaScript est à surveiller.

REMARQUE

Liste noire et JavaScript

Si un JavaScript alterne des affichages différents, des maladresses peuvent survenir et ressembler à du spamdexing dans certaines conditions. En effet,

REMARQUE

cela peut ressembler à du cloaking, c'est-à-dire du texte s'affichant ou non selon la provenance de l'internaute.

Les éléments accessibles via des calculs JavaScript externes ne peuvent être indexés. Si vous désirez les rendre visibles et techniquement accessibles aux bots, il faut donc les sortir et les disposer autrement ou ailleurs. Plusieurs pistes existent. Le codeur HTML peut jouer sur la mise en page ou utiliser des calques DHTML par exemple.

ASTUCE

Rendre invisible une portion de page à Google

Il existe des balises pour interdire à Google de suivre ou d'indexer un lien, une page. Il n'existe rien pour l'empêcher d'indexer une portion de page.

Nous verrons plus loin que c'est une possibilité très intéressante. Entourer de JavaScript externe une portion de page pour la rendre invisible à Google est une des techniques applicables quand un tel besoin se fait sentir. Le texte à cacher à Google doit être calculé, sinon il sera lisible par Google Bot. Il est recommandé de suivre les progrès de Google en lecture de JavaScript. Il progresse et il ne faut pas risquer de voir des contenus privés et invisibles être indexés et occasionnés des dégâts pour cause de duplicate content.

Le piège classique consiste à avoir des menus déroulants. Ils sont développés en JavaScript, et en général ils sont illisibles par un bot. Donc les liens contenus dans le menu déroulant seront ignorés, ce qui est préjudiciable au référencement de la page elle-même et au fait que ces liens non suivis vont donc pointer vers des pages ignorées de Google.

Deux techniques permettent de contourner cette problématique :

- Changer la technique de menu déroulant utilisé pour en avoir une qui soit compatible avec les performances des bots. Mais on empêche toute stratégie de Page Rank Modeling et donc on nuit au référencement.
- Doubler le menu JavaScript par un menu de liens en dur en bas de page.

Une autre erreur classique consiste à faire un plan de site avec des liens en dur et de relier cette page *Plan du site* à la page d'accueil. Certes Google va indexer les pages, mais en suivant un et un seul lien. Le transfert de Page Rank sera infime, et Google va avoir du mal à prendre au sérieux des contenus accessibles, selon lui, via un seul et unique lien depuis la page plan du site.

Toutes les pages-clés d'un site, la page d'accueil et les pages têtes de rubriques, doivent être accessibles via un lien lisible par Google depuis chacune de ces pages-clés. Cette arborescence en "râteau" permet de lisser le Page Rank entre ces pages, comme nous l'avons déjà vu. Il ne faut pas compter réussir un positionnement de page sur mot-clé avec des menus JavaScript déficients en accessibilité technique aux bots des moteurs. Le volume de liens participe clairement à la bonne prise en compte par Google de pages sur leurs mots-clés.

Dans le chapitre 2, nous avons vu différentes techniques permettant de voir une page comme la verrait un bot. Examinez de cette manière vos pages mal placées dans Google pour vérifier si des liens ne seraient pas invisibles à cause de JavaScript ou d'autres défauts.

Piège : lien invisible ... visible !

Ce genre de codage de lien en JavaScript est lisible par Google :

```
<a href="javascript:popup('http://www.monsite.fr');">
```

Tests à l'appui via Google webmaster Tools, Google suit ce type de lien. Normal, ce lien est clair dans le script.

Le JavaScript doit être un peu plus compliqué. Actuellement, Google ne cherche pas vraiment à suivre un lien JavaScript, mais si celui-ci est évident, il le lit et le suit. Il faut externaliser tout le JavaScript sous forme de fichier *.js*, sachant que de toute façon, si Google veut récupérer l'URL du lien un jour, ce sera possible. Une astuce technique aidera à éviter une lecture aisée par Google. Elle consiste à calculer le lien. Rien de compliqué, il suffit d'entrer, dans une variable, la moitié de l'URL et, dans une autre variable, l'autre moitié. Il ne reste plus qu'à concaténer les deux variables et l'URL calculée obtenue est valide et incompréhensible à ce jour au bot de Google. Un exemple est présenté précédemment dans ce chapitre.

Voici un autre algorithme pour exposer le principe d'un JavaScript moins lisible par Google mais certes pas infaillible :

```
Dans une page HTML ::
<input type=button name='btn' value="Go"
 onClick="aller()"/>
On trouve la function aller dans un js.js ::
function aller() {
  window.open('http://www.unsite.com', '', '');
}
```

Un clic sur le bouton **Go** appelle le JavaScript stocké dans le fichier externe à la page HTML, *js.js*.

Cette fonction `aller()` ouvre une nouvelle fenêtre avec l'URL `www.un-site.com`.

Pour le moment, ce type d'implémentation fonctionne pour cacher un lien et une URL à Google. Il faudrait la complexifier par du calcul et des concaténations.

Il est déconseillé de systématiser l'utilisation de liens cachés à Google via un JavaScript ou tout autre dispositif. Il est impossible de cacher efficacement et durablement un lien. Ce n'est pas une approche pérenne. Dans le cadre de sa lutte contre le Page Rank Sculpting et le Page Rank Modeling, ou d'autres techniques de triche et de spam, Google pourrait intensifier la détection et le suivi des liens cachés dans des calculs JavaScript ou via d'autres techniques afin d'en tenir compte.

Dans le cadre de cet affrontement avec les référenceurs utilisant le Page Rank Sculpting, Google suit déjà les liens en `rel=nofollow` et y affecte du Page Rank, comme si le lien était en `follow`, Page Rank qui sera donc perdu car détruit.

Si ce lien caché mais pas déclaré en `nofollow` officiellement pour éviter la perte de Page Rank est suivi, la page accédée verra son contenu indexé et si celle-ci n'était pas prévue pour cet usage, elle peut contenir des informations type duplicate content par exemple (c'est généralement le cas) ; le référencement va en pâtir.

4.10. Certaines pages absentes de l'index

Certaines pages sont absentes de l'index de Google et les autres sont bien présentes.

Vous avez vérifié : elles ne sont pas désindexées, mais bien absentes. Via la commande `site` ou une manipulation équivalente, ces pages sont absentes de l'index. Et des pages de votre site sont bien présentes dans l'index. Donc ce n'est pas une mise en liste noire. La raison est probablement technique.

Comment est-ce possible ? Voici quelques hypothèses à vérifier :

Hypothèse n°1, ces pages n'ont pas été indexées car elles n'ont pas été parcourues par un bot. Si l'outil webmaster tools de Google est en service sur votre site, vous le saurez vite. Cherchez-y votre page. Si elle est absente, il vous reste à trouver pourquoi aucun lien menant à cette page n'est lisible par un bot. Ces pages ne sont-elles pas accessibles uniquement via un formulaire ? Un bot ne sait pas saisir dans un formulaire. Cela le bloque. Ces pages absentes de l'index ont peut-être une gestion de cookie ou une gestion de session obligatoires, ce qui empêche le bot d'accéder à la page.

Vous devez laisser le bot de Google accéder à vos pages à référencer. Une manière simple consiste à détecter l'agent d'un moteur, et à l'orienter d'office vers une page qui ne nécessite pas de session ou cookie. N'omettez pas la précaution-clé, sujet déjà abordé : les contenus des pages sans gestion de session ou avec doivent être identiques ou presque.

REMARQUE

Algorithme pour éviter des sessions gênantes pour Google.
Le principe est le suivant :

Si le `HTTP_USER_AGENT` de l'internaute est Google (ou autre moteur de recherche) alors la page générée est dépourvue de `session_start()`. Sinon, on peut le laisser.

Une telle fonction se code aisément en PHP. Elle a plusieurs avantages : elle est portable sur toute plateforme, elle est indépendante de l'hébergeur, elle est fiable. Il y a un inconvénient : il faut coder en PHP.

Un `session_start()` en PHP déclenche la gestion de session dans une page dont l'affichage est piloté depuis un script PHP. Nous revenons en détail sur ce point un peu plus loin.

Hypothèse n°2, ces pages n'ont pas été indexées car elles sont trop récentes. L'indexation d'une page peut prendre de quelques minutes à plusieurs jours selon les différents critères de votre site et de la page à indexer : Page Rank, nombre de backlinks et qualité de ceux-ci, présence ou non d'un *sitemap.xml*, etc.

Hypothèse n°3 ces pages n'ont pas été indexées car elles ont une URL trop complexe. Vous savez quoi faire à ce stade du livre : passer en URL rewriting.

4.11. Gestion de session et arguments (PHP)

Ce problème est dû à deux causes complémentaires qui répondent à une nécessité : étiqueter ce que fait ou qui est l'internaute pour personnaliser une page à envoyer.

Principe : un webmestre référenceur doit s'adapter aux nécessités d'un moteur. Dans le cas précis de ce paragraphe, un bot ou des filtres n'ont pas à gérer le nettoyage des URL dues à de mauvais codages informatiques. Un exemple parmi des millions : une URL contenant `sid=235`. Est-ce un session ID, un argument permettant la construction d'une requête MySQL à la volée ? Le moteur ne peut pas le savoir. Donc il ne nettoiera jamais des URL mal gérées, ce qui peut bien sûr entraîner des pénalités contre ces pages.

Symptôme : on a N liens pointant vers la même page physique ayant une personnalisation faible entre chaque variante. Chaque lien possède un `PHPSESSID` différent ou bien un numéro ou un code.

Pourquoi coller un numéro de session ou un argument à une URL ? Pour étiqueter l'internaute par rapport à un besoin spécifique de personnalisation.

Prenons un exemple pour illustrer... Dans un site ayant un onglet catalogue de formations, le webmestre veut savoir d'où l'internaute clique pour arriver dans un formulaire. L'objectif est de préremplir les champs du formulaire avec des données contenues dans la page d'où il a cliqué. En effet, l'internaute s'intéresse à la formation qu'il vient de lire. Le formulaire doit contenir le nom de cette formation et non pas lui faire saisir manuellement. Le seul moyen de connaître sa page est d'associer ce numéro ou le code de la formation au lien. Ainsi, en cliquant sur le lien, l'internaute envoie un lien de la page à afficher avec un argument positionnant le nom de cette formation directement dans le formulaire à remplir.

Pour trouver ce type de problème, N URL identiques avec des arguments ou autre pointant vers une seule page physique :

- Tapez la commande `site:nom de domaine/URL à tester/`.
- Recherchez l'URL de la page. Si vous listez N versions avec N URL différentes via l'adjonction d'un suffixe de passage de paramètre (cela ressemble à un `?id=`), vous êtes dans ce problème.

Il existe une variante de ce problème : les données à passer en paramètres lors des échanges entre le serveur du site et le navigateur de l'internaute.

Dans ces deux cas, la problématique est la même : il faut récupérer, gérer une information propre à cet internaute uniquement.

Exemple : un catalogue de formations techniques pour adultes (voir fig. 4.11).

Les thèmes :

- Formations RH ;

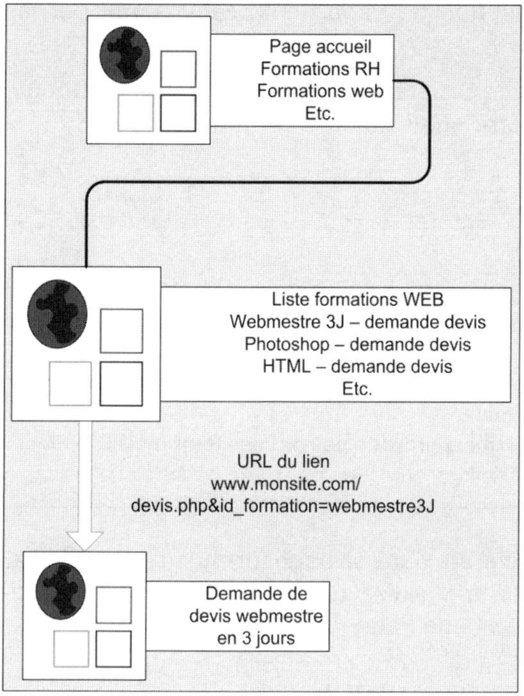

Figure 4.11 : Lien avec URL et duplicate content

- Formations techniques web ;
- Formations financières...

Dans chaque thème, on liste les formations en détail. Exemples de formations techniques web :

- Webmestre en 3J ;
- Photoshop ;
- HTML ;
- PHP/MySQL.

Pour permettre une demande de renseignement ou de devis, le script PHP appliqué à toutes les pages génère à côté de chaque référence un lien *Demande de devis/information pour cette formation*. Ce lien doit contenir la référence de la formation visée. On aura typiquement un lien à cliquer avec un paramètre indiquant le code de la formation.

```
<a href="../devis.php?id_formation=webmestre3J"> demande
information sur formation webmestre en 3 jours</a>
```

Vous aurez donc autant d'URL différentes vers le formulaire contact qu'il y a de formations dans le catalogue, donc des centaines d'URL différentes pointant vers la même page. Cela entraîne un *duplicate content* massif et de la dilution de Page Rank (celui perdu par les pages désindexées).

La première solution dans ce cas précis consistait à indiquer à Google que ce lien ne doit pas être suivi grâce à un attribut `rel=nofollow` inséré dans le lien.

```
<a href="../formulaire-contact.php?id_formation=web-webmestre
-03J" rel="nofollow"> demande information sur formation
webmestre en 3 jours</a>
```

Ainsi, ces liens seront ignorés et seul le lien sans passage d'argument sera pris en compte par le moteur.

> REMARQUE
>
> **Perte de Page Rank inévitable**
>
> Des liens en `rel=nofollow` font perdre un peu de Page Rank mais ils évitent des duplicate content autrement plus nocifs.

Depuis 2009, le codeur déclarera dans sa page formulaire pointée par des liens avec arguments une balise d'URL canonique décrite ci-après. Il évitera ainsi une fuite de Page Rank.

URL canonique (canonical URL)

Conscient de ce problème, de multiples URL pointant vers une même page suite à des besoins divers ou à des erreurs de codage, Google a validé en 2009 le principe d'une URL canonique.

Un développeur de site peut indiquer dans une page que quel que soit l'URL avec session ou autre argument qui arrivait sur cette page, la seule et unique URL à prendre en compte était celle entre balises indiquant son *canonical URL*.

```
<link rel="canonical" href="URL unique et officielle" />
```

Il est recommandé d'automatiser les gestion des URL canoniques via un script PHP et une base de données. On évite les erreurs humaines de saisie bien sûr, mais aussi de nombreux bogues et effets de bord faussant les calculs locaux d'URL canoniques, et par là même le contre-référencement du site. Cette approche est détaillée dans un livre dédié aux codeurs et publié chez Micro Application : *Techniques de référencement Google*.

URL, session, argument et sitemap.xml

Une autre méthode permet de révéler un problème de gestion dans les URL à cause de la session ou autres paramètres à passer en argument.

Il suffit d'utiliser un bon outil de sitemap XML. Nous avons déjà abordé l'utilisation de l'outil de *Yooda* pour générer un *sitemap.xml.*

L'examen du fichier sitemap.xml généré peut fournir de solides informations. En effet, les URL mal réécrites, les `PHPSESSIONID` mal gérés, les arguments multipliant une même page sous de multiples URL apparaîtront dans ce fichier. Il suffit de l'examiner. Il doit être parfait, sinon c'est qu'un bogue sur le site perturbe sa génération et donc le bot de Google rencontrera lui aussi des problèmes.

4.12. Pages restant mal positionnées

Malgré de multiples efforts, vos pages sont présentes dans les SERP, loin du début, et elles ne se hissent pas dans l'index de Google.

Il faut passer en revue tout ce que nous avons déjà abordé dans les chapitres précédents : mise en page, utilisation des balises `hN`, des balises `TITLE` et `meta DESCRIPTION`, etc.

Examinons d'autres pistes de travail...

La feuille de style.

Si vous avez modifié vos balises `hN` en feuille de style par des instructions qui masquent la balise `hN` d'origine, votre mise en page sera certes à votre goût, mais le bot de Google ne cartographiera pas votre texte comme une balise `hN`.

Exemple : Vous définissez en CSS une classe `titre1rouge` qui reçoit les spécifications d'une balise `h1` mais rouge, puis un `titre1Vert` et ainsi de suite. Pour Google, ce sera une classe qui n'a rien à voir avec `hN`.

Dans vos pages, statiques ou dynamiques, il vaut mieux avoir ceci :

```
<h1 span= redéfinition de la balise h1 > texte avec mots-clés </h1>
```

Ainsi le bot de Google comprend qu'il accède à un texte entre balises `h1`.

ASTUCE

Ne jamais masquer les balises classiques W3C

Le bot de Google n'interprète pas la feuille de style. Les algorithmes de Google utilisent les balises connues et classiques utilisées par le plus grand nombre : `h1`, `strong`, etc. Il ne faut donc pas réécrire ces balises en changeant leurs définitions. Sinon vous perdrez des critères utilisés par Google pour le positionnement.

OS-Commerce, Joomla et CMS

OS-commerce, *Joomla* et autres CMS respectent plus ou moins les nécessités de l'optimisation. Certains critères sont difficiles ou impossibles à respecter en standard : URL rewriting, mise en page en balise h1 dans le corps de la page automatisée, etc. Il faut ajouter un module supplémentaire ou d'autres opérations du même niveau.

Sans ces ajouts ou refontes des paramètres, les pages de ces sites rencontrent plus de problèmes pour réussir la phase de positionnement. Il peut être nécessaire de faire appel à un spécialiste de cet outil pour mieux respecter les nécessités de l'optimisation.

Un CMS (*Content Management System*) est un logiciel qui permet de gérer le contenu d'un site sans avoir à s'occuper du codage. Joomla en est un parmi de multiples autres.

Temps de réponse d'un site

Google mesure le temps de chargement d'une page lors du passage de Google Bot. Si une page est trop longue à charger, elle est pénalisée.

En effet, Google estime devoir améliorer la qualité de ses SERP en éliminant les sites trop lents ou n'ayant pas assez de disponibilité en ligne.

Un site absent trois jours pour cause d'hébergement défaillant verra désormais son référencement sérieusement affecté sur une partie de ses expressions-clés. Il fallait avoir nettement plus de défaillances d'hébergement dans le passé pour avoir de sérieux problèmes avec Google.

Un site ayant des pages trop longues à charger pour cause de problème de programmation ou de poids trop important verra lui aussi son référencement pénalisé.

Il existe différents types d'incidents pouvant allonger le temps de réponse d'un serveur :

- Le codage informatique du site web ne supporte pas la montée en charge. Il n'y a pas de problème quand un seul internaute est connecté, mais quand il y en a dix, c'est l'effondrement des temps de réponse. Ce cas de figure se présente entre autres quand le codeur réalise des calculs trop complexes dans une page. Exemple : il suffit de calculer un lien dynamique en temps réel au lieu de le précalculer. Un tel calcul réclame des centaines de requêtes MySQL chronophages et gourmandes en ressources disque. Ce n'est pas la seule erreur potentielle guettant le codeur maladroit et inexpérimenté.

- Des services web non disponibles peuvent ralentir le site. Par exemple, un calcul est effectué par un site externe et le résultat est nécessaire au script PHP préparant la page.
- Un codeur gaffeur effondre le site voisin du vôtre sur le même serveur mutualisé. Seul le résultat compte ! Votre site est lent, vous êtes pénalisé.
- Vos pages ont trop de visuels et donc un poids conséquent. Si vous utilisez un serveur mutualisé un peu faiblard, vos temps de réponse seront médiocres.

Après ces ennuis évidents, faciles à identifier et à corriger, voyons rapidement les ennuis moins visibles, mais tout aussi désagréables...

Suite à un bogue quelconque sur un serveur dédié à une entreprise ayant plusieurs sites web, seul un site est planté par le service MySQL (il existe de multiples variantes de ce type de problème sur les serveurs dédiés), en général le week-end inclus, ce qui totalise immédiatement deux jours pleins sans aucun accès pour Google.

En raison d'un code maladroit, certaines fonctions du site web effondrent le serveur aléatoirement et sans laisser un seul message d'erreur. Exemple : plusieurs internautes recherchent en même temps le même objet dans une base de données. Le code informatique chargé de cette fonction n'a aucune gestion de cache ; en clair, chaque traitement recommence tout, y compris ce qui a déjà été fait 50 fois de la même manière avec les mêmes résultats. Quand un nombre d'internautes atteint un certain seuil, le serveur s'effondre.

Comment se protéger ? C'est simple : si votre site web est important pour vous, chaque page d'accueil et certaines pages stratégiques doivent être consultées par un robot, et le temps et la bonne qualité de réponse doivent être mesurés. En cas d'insuffisance, une alarme doit monter.

4.13. Résumé

Nous avons vu comment empêcher Google d'indexer des pages ou des portions de pages.

Nous avons étudié des tests pour détecter des pénalités contre une page et ainsi comprendre pourquoi des pages n'arrivent pas à se hisser dans les SERP sur vos mots-clés.

Nous avons étudié les trois principales pénalités de Google : la désindexation, totale ou partielle, le bannissement (liste noire).

Nous avons vu plusieurs cas types d'erreurs ou de maladresses pouvant entraîner des pénalités de Google.

Le *duplicate content* involontaire est la première source d'erreur et de pénalité. Nous avons vu des cas types où un codeur innocent peut produire du duplicate content avec une grande facilité. La mise en œuvre d'algorithmes détectant des phrases similaires accentue encore plus le duplicate content involontaire néfaste au référencement réussi.

Les recommandations et solutions à ces problématiques ont été abordées et présentées.

AUTOMATISER LE RÉFÉRENCEMENT

Nous avons vu que la production du référencement suit un cycle :

- Mots clés à répartir sur le site : *travail non répétitif.*
- Optimisation de chaque page sur les mots clés qui lui sont assignés : *travail répétitif, fastidieux et volumineux.*
- Popularité par tags, backlinks ou/et web 2.0 afin de positionner la page face à ses concurrentes opérant sur les mêmes mots clés : *travail répétitif et volumineux.*
- Analyse de la fréquentation : *travail non répétitif.*
- Relance du site pour y installer des correctifs : *travail, en partie, répétitif et volumineux.*

Les opérations répétitives sont chronophages. Pire, elles peuvent faire l'objet d'erreurs lors de la production, à cause de la fatigue par exemple. Une erreur ou un oubli durant la phase mot clé, chose fort courante, peuvent nécessiter de remanier la répartition des mots clés sur toutes les pages du site.

Une conclusion s'impose : les opérations de référencement d'un site de plusieurs dizaines de pages (et plus), portant sur de multiples mots clés, coûtent cher si on ne les automatise pas, ou alors le travail est insuffisamment fini, entraînant de médiocres performances.

REMARQUE

Pas de codes source PHP/MYSQL

Ce livre a pour objectifs de faire découvrir le référencement et de transmettre une initiation éclairée. Les principes de l'automatisation sont abordés, mais il n'y a pas de code source en PHP/MYSQL. Un livre dédié à la programmation compatible Google a été publié chez Micro Application *Techniques de référencement Google.*

5.1. Que peut-on automatiser ?

Les opérations non répétitives n'offrent aucun intérêt en automatisation. Les opérations nécessitant le coup d'œil de l'expert sont difficiles à automatiser. Cela induit que la recherche sur les mots clés adéquats ne pourra pas être automatisée, ni l'analyse de l'audience du site.

Toute page d'un site a un rôle à jouer dans le référencement de tout mot clé installé sur toute page. La gestion des tags, les backlinks, les flux de Page Rank impliquent toutes les pages d'un site et la cohérence de toutes les actions. Nous avons déjà abordé ces sujets. Donc toute page doit être optimisée afin que cela profite à la stratégie de référencement de tout le site.

La popularité d'une page dépend des backlinks internes (la gestion des tags), des backlinks externes et des liens sociaux mis en place via des fonctionnalités Web 2.0.

La gestion des tags peut être automatisée facilement. Nous maîtrisons tout : les pages du site, les mots clés, l'hébergement, etc.

Lors de modifications dans les mots clés, il peut être nécessaire de reprendre tout ou partie des optimisations et des tags. Si ces postes sont automatisés, ce sera facile et économique à réaliser.

5.2. Seuil nécessitant l'automatisation

Tout d'abord, il faut comprendre que l'automatisation d'un référencement comprend plusieurs "modules". Plus le site est volumineux, plus il est intéressant d'optimiser un maximum de choses.

Les petits sites en volumes de pages n'offrent guère d'intérêt à une automatisation complète du référencement. Un site de, disons, une vingtaine de pages en HTML constitue une limite. Au-delà, il est recommandé d'automatiser un minimum de choses sur le site via des scripts PHP et l'usage éventuel d'une base MySQL.

Un site de quelques centaines de pages devrait avoir une automatisation maximale de son référencement. Entre ces 2 valeurs, le déploiement partiel d'une automatisation amène visibilité du site, efficacité, réactivité et confort.

5.3. Différents niveaux d'automatisation

L'automatisation du référencement peut coïncider avec l'automatisation du fonctionnement du site web afin de faciliter sa maintenance.

Pour simplifier la maintenance du site, un codeur va regrouper en un seul endroit le menu de navigation et d'autres composantes du site.

Si le menu du site est défini dans un seul endroit pour toutes les pages, le modifier en vue d'optimiser la gestion des tags et des liens internes sera d'autant plus facile.

Génération de pages HTML

Les pages ne sont pas codées en HTML mais générées à la volée depuis un site ayant ses informations stockées en base de données : e-commerce, annuaire, catalogue produits, etc.

On a affaire alors à une *application web informatique* : de la logique est codée via des programmes informatiques pour effectuer certaines tâches : catalogue, prise de commande, mise à jour des stocks, calculs des délais et des frais d'envoi, etc.

Les "pages" sont en fait des agrégats d'informations diverses. La logique applicative possède les informations sur ces agrégats. Elle seule pourra donc calculer une éventuelle optimisation automatisée.

Voici un exemple simple où l'annuaire d'un site d'hébergements sera organisé en :

- *Une logique de présentation* et de recherche du logement adéquat : nombre de lits, localisation, attractions aux environs, etc. Le résultat de la recherche est une liste de pages dédiées chacune à un hébergement répondant aux critères sélectionnés.
- *Une page est dédiée* à chaque logement.

Figure 5.1 : Liste de pages répondant au critère Costa Brava – www.vacances.com

Le respect du critère "`Costa Brava`" liste des pages. Chacune correspond à un seul hébergement.

La page affiche automatiquement le critère retenu : `Costa Brava`. Les vignettes photos sont affichées par le script PHP en face du rapide descriptif et d'un backlink doté d'un libellé cohérent : *location + type d'hébergement* (`maison` ou `appartement`) + *nombre de personnes possibles + nom de la commune*. Ces informations sont en base de données, et la page est construite à la volée. On notera que le backlink est parfaitement contextuel entre la page de départ et d'arrivée, et que les mots clés du libellé sont soigneusement adaptés. Automatisation rime ici avec qualité.

Figure 5.2 : Page dédiée à un hébergement

Un clic sur un lien d'un appartement précis visualise une page dédiée à cet hébergement. Le titre de la fenêtre et le titre en haut de page reprennent le libellé du lien favorisant la cohérence du backlink et des pages reliées.

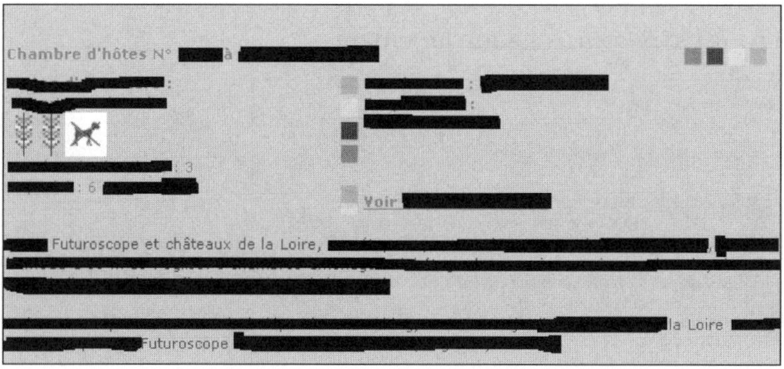

Figure 5.3 : Des mots clés automatiquement positionnés

Le marketing du site connaît les logements d'un côté et les éléments intéressant le public. Par exemple, un parc d'attraction numérique comme le Futuroscope attire des millions de visiteurs chaque année, visiteurs intéressés par toute forme de logement proche du parc. L'annuaire des hébergements du département aura intérêt à faire figurer "`Futuroscope`", "`hébergements`", "`location`", "`chambre d'hôtes`", etc. combinés à d'autres mots clés plus locaux (ex : "`châteaux de la Loire`", nom de la commune...) dans un maximum de pages.

Ces mots ne vont pas être mis manuellement dans les pages. Un mécanisme informatique (un script PHP) les déposera dans les différents endroits adéquats pour optimiser au mieux les pages du site. Une page dédiée à un logement verra les mots clés typant le logement et les environs mis en évidence automatiquement : "`chambre d'hôtes`", "`gîte`", "`proche du Futuroscope`" ou d'autres lieux touristiques recherchés.

La page est générée depuis un enregistrement d'une table de base MySQL.

Automatiser une page à la volée

Le logement est décrit dans un enregistrement d'une table. Cet enregistrement contient toutes les informations sur le logement à louer : type, lieu, prix, description, etc.

Champ	Type
type_fiche	varchar(2)
nb_hbgt	int(4)
communes	varchar(100)
code_postal	varchar(5)
[redacted]	smallint(6)
animaux	varchar(1)
pers	smallint(6)
nb_ch	smallint(6)
texte_1	text
texte_2	text
code_[redacted]	varchar(5)
theme	varchar(10)
num_prop	int(11)
civilite	smallint(6)
noms	varchar(80)
prenoms	varchar(100)
adresse_1	varchar(120)
adresse2	varchar(120)

Figure 5.4 : Table MySQL décrivant un hébergement de vacance

Les informations de la page peuvent être utilisées pour construire les critères liés au référencement : titre de la page, liens vers des pages ayant le même genre d'hébergement, etc.

Menu de navigation

Les liens contenus dans ce menu constituent un outil précieux pour le référencement. Le webmestre peut également être hésitant sur la structure des rubriques de son site : nom, menu, contenus, répartition, etc.

Ce menu va souvent évoluer et devoir subir des modifications au fil de l'évolution des besoins du site et de son référencement.

Avoir le même menu dupliqué sur chaque page HTML est gérable à condition que le nombre de pages ne soit pas trop important. La bonne solution consiste à avoir le menu déposé en un et un seul endroit, à partir duquel il est utilisé par toutes les pages du site. Ainsi, en une modification, on met à jour toutes les pages du site. C'est la méthode la plus simple, elle est très répandue dans nombre de petits et moyens sites.

Une approche plus complexe et plus puissante, pour des sites de plus grande ampleur, consiste à décrire le menu dans une table d'une base MySQL, puis à générer depuis cette table le code source du menu en *.html* ou *.php*. Il existe de multiples variantes autour de cette approche. On peut ainsi gérer plusieurs menus différents en un seul endroit et en une seule passe. Cela facilite la maintenance du site et la maintenance du référencement.

Un autre point fort pousse à une approche de ce type : la gestion efficace des balises *canonical*. Pour se protéger des *duplicate contents* et des bogues dans la gestion des URL réécrites à la volée et pour se protéger des sitemaps erronés et pour se protéger aussi de comportements de Google (retour du bot sur des pages supprimées mais restant résiduelles à l'insu du webmestre), il est essentiel de disposer de cette balise correctement gérée dans toute page du site. Il existe une seule manière de correctement gérer une balise canonical : la calculer depuis la navigation décrite en tables dans une base de données.

Figure 5.5 : Menu généré depuis un fichier unique en PHP pour toutes les pages du site.

Rich snippets

Nous avons déjà parlé des *rich snippets*. Ils ne sont pas difficiles à automatiser. Après avoir mis au point ce que l'on souhaite en pages ainsi décrites, un script PHP pourra lire en tables les données nécessaire à l'affichage dans la page d'un rich snippet et permettre ainsi au bot de Google de la prélever et de l'associer à l'URL de la page.

Title de page

Un TITLE de page doit être unique et adapté aux mots clés de la page.

Plusieurs solutions sont possibles :

- Le TITLE de page est un champ dans l'enregistrement décrivant une page (ex : une chambre d'hôte – le TITLE de cette page a été saisi manuellement). Cette solution s'impose pour les pages où il est impossible d'automatiser le calcul du TITLE. Elle est irréaliste pour les sites ayant des centaines de pages, voire plus.
- Le TITLE est calculé d'après les mots clés affectés à cette page : on ajoute une colonne *mots clés* à l'enregistrement dans la table. Cette colonne contient les quelques mots clés stratégiques affectés à cette page. D'autres colonnes (champs) contiennent des informations utiles au référencement. À partir de ces données, des algorithmes vont calculer le TITLE de page.

Exemple d'un TITLE calculé

```
Echo "<TITLE>Location <type hébergement> proche de
<mot clé 1>, <mot clé 2>, à <commune hébergement>.
<mot clé 3> </TITLE>
```

La table *hébergement* contient, entre autres, les champs suivants :

- *Type hébergement* : chambre hôtes, gîtes, camping, etc.
- *Mot clé 1* : lieu touristique à succès proche. Exemple : Futuroscope.
- *Mot clé 2* : lieu touristique à succès proche. Exemple : Une église, une abbaye, un monument célèbre, ou un thème demandé sur Google, comme canoë-kayak, tourisme vert, écotourisme...
- *Commune hébergement* : ainsi, si un internaute saisit dans une requête chambre d'hôtes Clochemerle, cette page fera partie des réponses dans la SERP.
- *Mot clé 3* : Un groupe de mots clés. Exemple : Table d'hôtes.

L'utilisation de ces champs permet de construire un TITLE de page unique, lisible par un humain et fort utile pour le référencement.

Le TITLE de page devrait être limité à 8 / 10 mots significatifs. Il devrait avoir une signification, car il est utilisé par Google dans ses SERP. Des humains vont le lire dans les SERP, il faut donc que le TITLE incite l'internaute à cliquer sur le lien dans la SERP.

Meta DESCRIPTION

Ce champ est utilisé par Google et dans les résultats de SERP. Il contient plus de mots que le `TITLE`, 20 au lieu de 8 à 10. La même logique s'applique. Soit on a un `meta DESCRIPTION` saisi manuellement, soit on le calcule d'après les mots clés affectés à la page et d'après divers champs d'information.

Il doit être calculé pour :

- inciter à cliquer dans le lien de la SERP : ce `meta DESCRIPTION` est affiché dans les SERP de Google, il doit donc être soigneusement rédigé ou calculé.
- Pour rester dans la logique de l'exemple du `TITLE` calculé précédent, on aurait :

```
<type hébergement>, multiples activités proches dont :
<mot clé 1>, <mot clé 2>, <mot clé 4>, <mot clé 5>
- <mot clé 3> à <commune hébergement>.
```

Bandeau du haut

Figure 5.6 : Exemple de bandeau en haut de page automatisé par un script PHP unique

Sur de nombreux sites, le bandeau du haut est constitué du logo et d'un bandeau graphique s'étalant sur le reste de la largeur de la page.

Plutôt que de décrire ce bandeau en feuille de style, où on ne peut pas gérer de balises `ALT` et `TITLE` pour une image, mieux vaut gérer le bandeau de la même manière que le menu : un fichier unique, un script PHP par exemple.

On profite ainsi d'un peu de texte en balise `ALT` et `TITLE`. Mais toutes les pages vont avoir le même bandeau : il va participer au duplicate content répété à chaque page du site. Cela limite l'efficacité de cette astuce en référencement à moins de passer à la vitesse supérieure.

REMARQUE

Piège à éviter

Attribuer un `ALT` et un `TITLE` différents à chaque image composant le bandeau du haut est très visible : le même nom de fichier et la même image ayant des informations distinctes selon la page.

REMARQUE

Google pourrait interpréter cela comme du spamdexing. Si vous voulez pousser l'automatisation du référencement à ce niveau, il va falloir investir dans des automates plus sophistiqués.

Pour personnaliser chaque bandeau du haut à chaque page, il faut automatiser la personnalisation de chaque composante dynamique afin de conserver une cohérence dans le référencement et mettre le site à l'abri d'une détection automatique de spam.

Un bandeau par page

Grâce à différentes librairies graphiques, on peut modifier une image automatiquement. Il faut générer presque autant de bandeaux graphiques qu'il y a de pages dans le site. Un script PHP adéquat produira ces bandeaux.

Voici un exemple :

1 On dispose d'un bandeau graphique composé de différentes images.
2 Un script PHP modifie légèrement chaque image de manière aléatoire.
3 Les images sont réassemblées et compressées en *jpeg*.
4 Le fichier contenant le bandeau graphique est renommé par le script en utilisant des mots clés de la page à laquelle il sera attaché.

Un enregistrement dans une table MySQL sert à mémoriser :

- le nom du fichier image ;
- le code de la page à laquelle il est associé.

Le script PHP qui va composer la page à la volée va trouver dans une table MySQL les informations pour construire cette page.

Reprenons notre exemple de location d'hébergement...

La page d'un hébergement va s'afficher. Un script a appelé le bandeau graphique.

```
$ALT = "<lieu hébergement> : location <type hébergement>
proche de <mot clé 1>, <mot clé 2>" ;
$TITLE = $ALT ;
Affiche_haut("logo.jpg", selection_bandeau(), $ALT,
$DESCRIPTION ) ;
```

`Selection_bandeau` est une fonction localisant le nom du fichier bandeau adéquat à la page à afficher.

`Affiche_haut` est une fonction affichant le haut de la page : le logo et le bandeau adéquat. Le script de la page a calculé auparavant les valeurs des balises `ALT` et `TITLE` du bandeau affiché depuis les données stockées en table et concernant la dite page. On obtient ainsi un bandeau graphique sous la forme d'une image personnalisée en URL et en contenu graphique pour chaque page. Il est ainsi possible de mettre en place des balises `ALT` et `TITLE` propres à chaque page quel que soit le visuel.

ALT et TITLE, nom d'image

Le nom du fichier `img` devrait décrire le contenu de la photo avec des mots simples et les codes nomenclatures : `table-blanche-tb12547.jpg` plutôt que `table-blanche-145x100x70-plastique-TB12547.jpg`. Personne n'utilise les dimensions d'une table ou le type de son plastique pour effectuer des recherches via un moteur. Donc il est inutile de les faire figurer dans le nom du fichier.

À chaque image correspondent deux informations clés aisées à contrôler par un moteur :

- son URL ;
- le code binaire représentant le visuel.

Si vous dupliquez la même image sous différents noms de fichiers et avec des balises `ALT` et `TITLE` différentes, cela peut se détecter aisément. À proscrire donc !

Si vous gérez des balises `ALT` et `TITLE` différentes pour une image donnée (une seule URL), cela peut aussi se détecter aisément. À proscrire donc !

Pour personnaliser de manière précise tous les visuels `img` d'une page, ils devraient être uniques. Nous avons déjà vu qu'on peut automatiser les modifications d'une même image en N versions proches mais différentes en URL et en code binaire. Les balises `ALT` et `TITLE` de tous ces visuels pourront ainsi être personnalisées à la volée pour chaque page et ses mots clés associés.

Les balises hN

Des mots clés entre balises hN participent au succès du référencement. Un gabarit de page peut recevoir un script PHP destiné à systématiquement afficher un texte de mots clés en `h1`.

Restons dans notre exemple de location d'hébergements.

```
$type_hébergement = <requête MySQL sur le champ type
hébergement de l'enregistrement sur l'hébergement à
afficher> ;
$motclé1 = <requête MySQL sur le champ mot clé1> ;
$motclé2 = <requête MySQL sur le champ mot clé2> ;
Echo "<h1>Location hébergement type " . $type_hebergement .
" proche de " . $motclé1 . " - " . $motclé2 ."</h1>" ;
```

Ce script récupère des informations liées à nos besoins en référencement de cette page précise : type d'hébergement et mots clés. Puis il affiche entre balises `h1` ce texte ainsi composé de mots clés.

Nuage de liens

En anglais, *cloud tags*, nous avons abordé le PR sculpting dans le chapitre précédent. Cette technique affiche un groupe de mots clés ou d'expressions clés correspondant chacun à un lien pointant vers une page du site. Le lien, le mot clé, les deux pages ainsi reliées doivent être cohérentes. En temps homme cela serait long, mais il est possible d'automatiser cette opération de calcul de cohérence de pose de lien.

On peut donc afficher un nuage de tags de manière automatisée. Il existe de multiples algorithmes. En voici un parmi de nombreux autres...

Il nous faut un gabarit de nuage contenant des mots et des liens préconstruits mais sans URL. Ce gabarit affiche 12 expressions, chacune associée à un backlink et composée d'un ou quelques mots clés. 4 mots seront en `strong`, 4 seront en `h3`, 4 seront en `h1`.

Le nuage est affiché via un appel à une fonction PHP produisant le squelette du nuage. Il faut fournir à cette fonction d'affichage, pour chacun de ces douze slots, une expression clé et l'URL du backlink.

On ne pourra pas humainement fournir, pour chaque page, une gestion manuelle des 12 slots du nuage. Pour associer intervention humaine et automatisation de manière harmonieuse, la fonction affichage du nuage dispose d'une capacité à calculer les tags à mettre en place de manière cohérente avec la page où il faut le déposer. Ainsi :

- La fonction `affiche nuage()` prend en compte les éventuels éléments donnés en argument : expression clé/URL de page.
- La fonction `affiche nuage()` sait sur quelle page elle doit s'afficher. Elle accède aux données sur cette page en SQL. Elle peut aisément calculer les mots clés à prendre en compte.

- Une table MySQL contient la liste des mots clés stratégiques de tout le site et, pour chacun, une correspondance avec la page prioritaire.
- La fonction `affiche nuage()` a donc, d'un côté, des mots clés d'une page et, de l'autre, une liste de tous les mots clés avec une URL associée. La suite est simple à faire, il faut générer le code PHP de correspondance.

Un nuage de liens peut avoir de multiples formes. Certaines sont évidentes, comme à une époque sur le site **www.20minutes.fr**, un nuage de mots clés sous forme de liens cliquables, d'autres formes sont plus subtiles avec d'autres efficacités.

Figure 5.7 : Des nuages de mots clés en liens présentés différemment

Sur le site **www.750g.com**, de petits nuages de liens sont créés pour chaque réponse à une requête. Pour le mot `chocolat`, à chaque recette proposée, il y a un nuage de liens cohérents renforçant la page *Chocolat* et les pages parlant de chocolat dans le site.

Seules l'imagination et la compétence du référenceur peuvent constituer des limites à la forme et à l'efficacité des nuages de liens sur le site.

URL rewriting

Pour faciliter la mise en place d'un URL rewriting de qualité, il est fondamental de respecter les points suivants :

- peu de fichiers PHP impliqués : plus il y en a, plus le *.htaccess* peut devenir complexe ;
- un maximum de données en tables MySQL ;
- une hiérarchisation de la navigation.

Une navigation dans un site permettant d'accéder de multiples manières à une même page rend un URL rewriting difficile à mettre place, voire impossible. On aura alors des *duplicate content* de partout.

Il faut alors limiter l'URL rewriting à la navigation hiérarchisée et mettre en `nofollow` tous les autres liens du site.

Google verra toutes les pages du site selon une navigation hiérarchisée pilotée par URL rewriting.

- Il n'accédera pas aux autres liens de navigation, ce qui évitera de nombreux problèmes.
- Cela simplifie fortement la mise en place d'une gestion des tags et de nuages de liens.

5.4. Résumé

Nous avons vu l'intérêt et les principes de l'automatisation du référencement sur les tâches répétitives.

Le principe de l'automatisation repose sur le transfert du savoir humain dans un programme manipulant des données capables de faire à peu près les mêmes actions qu'un humain. Seules les tâches répétitives et peu à moyennement complexes pourront donc être automatisées. Pour faire la différence face aux sites concurrents moins dynamiques, ce sera déjà fort efficace.

L'optimisation automatisée de chaque page du site permet de disposer du meilleur de chaque page et de le mettre à disposition de la stratégie globale de référencement du site.

Les liens internes bien gérés permettent de transférer du Page Rank de nombreuses pages vers certaines pages précises en y associant des mots clés précis et soigneusement choisis. Ces actions accélèrent fortement le référencement sur les mots clés des pages choisies par le référenceur. C'est l'outil idéal pour piloter la stratégie globale de référencement du site :

- choix des mots clés et des pages associées avec leurs contenus pour être mis en avant ;
- pilotage de l'action en libérant des dizaines à des milliers de backlinks internes pour pousser à coup de Page Rank et de libellés de backlinks.

MESURER LE RETOUR SUR INVESTISSEMENT

Référencer puis positionner un site représente des budgets temps-homme et finances non négligeables. Il est probable que, dans un proche futur, la qualité du site Internet de l'entreprise et sa visibilité seront considérés comme des actifs et participent à la valorisation de l'entreprise.

Pour maintenir la qualité de son *search marketing* (partie référencement/positionnement), il est important de contrôler la qualité des actions et leur efficacité. Il n'existe aucun outil intégré complet pour de nombreuses raisons.

Les petits budgets emploieront les astuces évoquées dans le présent chapitre. Nombre de sites web se contentent de mesurer le ratio positionnement/nombre de visites en sachant pertinemment que cette mesure est assez grossière. Elle a le mérite de donner une tendance.

6.1. Les statistiques

Plusieurs outils permettent de réaliser des mesures d'audience et de leurs qualités. Plusieurs outils permettent de suivre l'efficacité du référencement en mesurant le positionnement. Ces outils sont complémentaires.

REMARQUE

La précision n'existe pas sur Internet

Il est très difficile d'avoir des outils de mesure fiables. La présence de tel ou tel plug-in perturbe ou bloque telle mesure. Un double click est considéré comme deux visites ou une seule, selon l'intervalle entre les deux clics. Il existe de nombreux événements, serveurs intermédiaires de type proxy, capables de fausser des mesures. Il faut donc travailler sur les tendances, sur des statistiques issues de différentes technologies ou non pas sur les valeurs absolues.

Le fichier log du site

Dans le log du site, Apache enregistre pour un site Internet de nombreux éléments :

- les pages vues ;
- les visiteurs et visites ;
- le volume de données transférées ;
- si c'est accessible, le navigateur et le type d'ordinateur ;
- les mots-clés et l'origine de l'internaute.

Comme Apache comptabilise les fichiers accédés, c'est l'outil le plus fiable pour mesurer l'audience brute d'un site. En revanche, il n'effectue pas certaines mesures réalisées par d'autres outils. Apache est assez facile à abuser si on veut gonfler le trafic d'un site. En standard, il ne sait pas détecter les robots qui cliquent et autres astuces.

Autre défaut des logs Apache bruts : si un proxy copie le site et le met à disposition d'une zone géographique, le log Apache du serveur verra un seul internaute et il ne comptabilisera pas les milliers d'utilisateurs connectés via le proxy. Exemple : Akamaï est un réseau (légal et honnête) de proxys. Akamaï est payé par certains diffuseurs (lemonde.fr à une époque par exemple) et des fournisseurs d'accès en mal de bande passante. Sur bleunetwork.com, un fournisseur d'accès Internet (imaginaire), il y des milliers d'abonnés au site lejournal.fr, tous lecteurs assidus de ce quotidien en ligne. À chaque accès, un internaute consomme une bande passante et du débit. Si 10 000 internautes lisent, en une heure, la même page d'actualité avec une vidéo de 180 Mo, l'opérateur bleunetwork.com devra utiliser 10 000 fois cette bande passante pour diffuser la même page et la même lourde vidéo. L'opérateur bleunetwork.com peut tenter d'optimiser cela lui-même ou faire le choix de sous-traiter ces optimisations à Akamaï. Lejournal.fr verra 1 internaute lire la page d'accueil et les 9 999 autres ne seront pas tracés par le log Apache du serveur. En effet, le proxy Akamaï aura répondu aux 9 999 autres internautes lui-même. Les statistiques du serveur Apache du site lejournal.fr seront donc fausses. Le site lejournal.fr peut détecter Akamaï comme lecteur et, via une API spécialisée, interroger le proxy Akamaï et récupérer les statistiques le concernant.

Pour disposer des vrais chiffres bruts d'audience sur un site n'ayant pas de prétention à mettre son trafic en valeur, c'est l'outil le plus fiable. Ainsi :

- le nombre de visites est précis et exact ;
- mais la part visiteur unique n'est pas plus fiable que celle d'un autre outil ;
- le nombre de pages vues est plus fiable, mais de nombreuses erreurs d'internautes faussent ce chiffre (double clic compté pour deux pages vues, etc.).

Pour s'assurer de la fiabilité des mesures d'audience, il est recommandé de confronter les deux types de mesures (log Apache et marqueurs JavaScript que nous allons voir dans la section suivante) et de réagir si des écarts de mesures supérieurs à 10 % ou 20 %

apparaissent. Il faut alors s'interroger sur qui dit "vrai" et pourquoi les écarts augmentent.

Les statistiques avec marqueurs

Google Analytics appartient à cette catégorie ainsi que Xiti. Un marqueur, un code écrit en JavaScript, est posé sur chaque page à mesurer.

À chaque chargement de page, ce JavaScript appelle un service sur un serveur et de nombreux éléments sont collectés et tracés via la pose d'un cookie :

- date précise (jour heures minutes secondes) ;
- page lue (URL) ;
- provenance ;
- mots-clés...

Google Analytics possède en sus une connexion vers les informations liées à des campagnes de liens sponsorisés, *AdWords*. Ces données vont permettre de cartographier l'activité sur le site de manière différente et complémentaire des log. Par exemple, on peut mesurer le taux de conversion d'un formulaire par rapport à des mots-clés. Un tel outil permet de piloter finement de nombreuses actions sur le site, tant techniques que webmarketing. Nous y reviendrons un peu plus loin.

Webmaster Tools

Cet outil donne accès à des informations mesurées par Google concernant votre site.

Les mesures indiquées sont à peu près fiables, a priori. Mais elles sont issues de moyennes et calculées au moment où s'affiche le résultat. En d'autres termes, ces statistiques sont valables pour une période donnée, incluant la date où on les consulte. On ne peut pas en 2011 accéder à un historique sur N mois en arrière par exemple, ce qui est possible avec Google Analytics. C'est l'un des défauts de l'outil.

En revanche, Google Webmaster Tools a une qualité ignorée de nombreux référenceurs : il donne des pages de positionnement. C'est extrêmement utile ! En effet, faites le test vous-même : de nombreuses pages fluctuent tout au long de la journée de plusieurs places vers le haut ou vers le bas sur une expression-clé, surtout si la page en question a un ou des filtres (des pénalités liées à des duplicate contents en général). Cette fluctuation est donc un indice précieux de problème.

Google AdWords

A priori, *Google AdWords* n'est pas un outil de statistiques. Mais ce programme donne accès à un outil performant permettant de mesurer le trafic d'une zone géographique face à une expression-clé donnée.

Prenons comme exemple l'expression-clé `lecteur MP3`. Quel est le nombre de recherches utilisant cette expression-clé en France, en Belgique et en Suisse ?

Quelles sont les expressions-clés voisines et utilisées par les internautes ? Certes, le logiciel robot (suggestion de mots-clés) répond souvent de manière erronée, mais donne aussi de bonnes idées à évaluer. Tout est mélangé, il appartient à l'humain de trier.

Ces mesures sont précieuses pour séparer d'un côté les actions purement basées sur des campagnes de liens sponsorisés et de l'autre, des actions en référencement naturel. Elles permettent aussi d'évaluer la difficulté pour conquérir un mot-clé en référencement naturel.

Attention, depuis 2010, la version gratuite de cet outil est bridée en nombre de résultats et, a priori, également en qualité. Google ayant réussi à éliminer les outils d'aide au choix de mots-clés, il ne veut pas laisser un accès gratuit performant aux référenceurs. Pour accéder à la version dite *complète*, il faut désormais payer une campagne Google AdWords.

ASTUCE

Bing, aussi efficace en analyse de mots-clés que Google ?

Bing de Microsoft monte en puissance face à Google. Ce qui présente Bing comme une alternative sérieuse, c'est son outil de mesure de mots-clés : la barre incluse dans Internet Explorer. Celle-ci remonte des mesures, notamment sur les mots-clés et le comportement global des internautes, vers Bing. Microsoft communique beaucoup sur ce point. Cela attire donc l'attention des référenceurs. L'outil de prévision et suggestion de mots-clés pourrait présenter des informations intéressantes et complémentaires, voire plus complètes, car non bridées. Bing, qui n'a guère d'intérêt sur le marché français, devient un moteur à surveiller et à évaluer.

Outils SEO – rapport positionnement

Ces outils *SEO* (*Search Engine Optimization*), donnent des informations correspondant au strict métier du référencement.

Nous en avons déjà vu deux : *Yooda Density* et *Yooda Map*.

Il en existe d'autres : *Rank Tracker* (faisant partie de la suite *SEO Power Suite*) par exemple. Deux autres produits sont apparus récemment : *ranks.fr* et *myposeo.fr*. Tous deux français, ils présentent, sur leurs descriptions techniques respectives, des points forts intéressants : intégration avec l'API Google Web Analytics (on confronte en un seul regard le positionnement et le trafic), fonctionnement en mode nuage (ce qui évite en théorie les listes noires d'adresses IP créées par les moteurs pour cause de moult requêtes trop curieuses), consultation simultanée, rapports plus faciles à partager, etc.

Nous avons besoin de connaître rapidement le positionnement d'un site sur chacune des expressions-clés que le référenceur a sélectionnées. Ce troisième outil est capable de construire un rapport de positionnement sur de multiples mots-clés, plusieurs moteurs et plusieurs sites (il traite le positionnement de votre site et le compare à celui de vos concurrents).

Un rapport de positionnement vous indique à quel rang dans l'index d'un moteur se retrouvent la landing page de votre site sur une expression-clé précise. Vous pouvez aussi comparer les performances de vos concurrents avec les vôtres.

On risque, en cas de sur utilisation, de voir le numéro d'IP de son micro-ordinateur blacklisté durant une période de quelques heures. Google vous demande alors très régulièrement à l'écran un code lisible par les humains mais impossible à contourner pour un logiciel.

6.2. Corréler rapport de positionnement et trafic créé

Un rapport de positionnement ressemble à ceci :

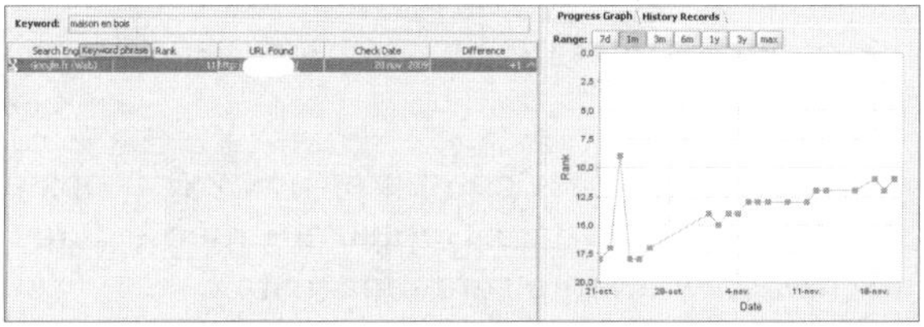

Figure 6.1 : Positionnement de "maison en bois" sur un mois

Sur une expression-clé précise, *maison en bois*, il nous présente le positionnement jour après jour d'un site. Nous remarquerons deux choses :

- Sur un mois, le travail du référenceur a passé le site d'un rang aux environ de 18 jusqu'à un rang de 11, soit du bas de la page 2 au haut de la page 2 dans les SERP de Google.
- Un pic étrange propulse le site le 23 octobre en première page. Ce genre de pic, qu'il monte ou descende, correspond probablement à des applications ou retraits volontaires ou accidentels de filtres, ce qui déclenche des classements étranges et de courte durée.

Corrélons avec les visites obtenues via cette expression-clé sur le site en question :

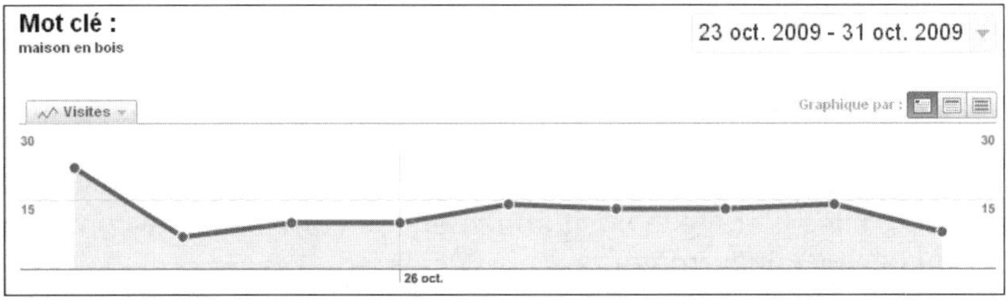

Figure 6.2 : Trafic sur "maison en bois" du 23/10 au 31/10

Ce zoom sur le trafic montre un pic associé au pic en positionnement sur la page 1 du 23 octobre puis une chute dès le retour en page 2. La montée et descente d'une expression-clé de page 1 à page 2 et inversement influe directement sur la création de trafic.

Un telle conclusion était évidente mais cela permet de montrer concrètement une corrélation simple.

Pour mesurer l'efficacité du référencement, un rapport de base doit corréler d'un côté les courbes de positionnement et de l'autre les courbes des visites mesurées dans Google Analytics ou autre logiciel équivalent.

Relativiser face au trafic réel sur l'expression-clé

Le volume de requêtes dans Google sur une expression-clé varie chaque jour.

Pour prendre en compte cet effet, il faut comparer nos 2 courbes à une estimation du volume de requêtes dans Google aux même dates. La mesure du retour sur investissements sera plus juste.

Le problème : Il nous faut trouver le trafic journalier. Une seule source semble possible : Google AdWords. Il faut avoir une campagne capable de disposer d'une annonce systématiquement affichée dans toute requête d'un internaute sur une expression-clé.

Pour cela, il suffit de payer Google. Ce sera peut-être un peu cher, cela dépend de l'expression clé à mesurer. À condition de ne pas être pointilleux sur les délais et sur la précision, nous verrons un peu plus loin une astuce pour disposer de telles informations sous forme de tendances, avec un décalage de quelques semaines et une précision finale plus juste. Mais regardons d'abord la logique de mesures et comparaisons.

L'expression retenue pour illustrer notre propos est : *abonnement "XXXXX"*, où *XXXXX* représente le nom d'un titre de presse.

Le rapport de positionnement fait apparaître un passage de la page 2 à la page 1 le 17 septembre.

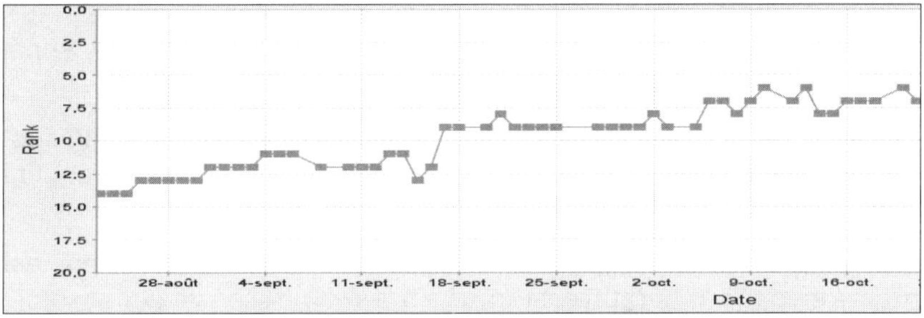

Figure 6.3 : Incluant la période du 23 août au 17 octobre positionnement sur XXXXX

Examinons le trafic du 23 août au 17 octobre sur le mot-clé XXXXX. Le trafic quand on moyenne a gagné légèrement, un carré de haut, lors du passage de page 2 à page 1 dans les SERP de Google.

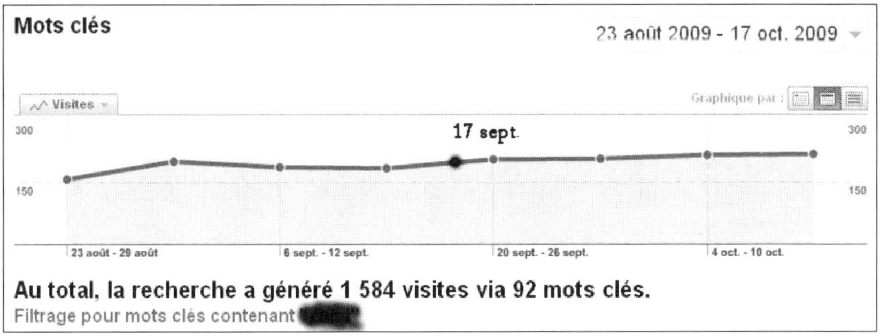

Figure 6.4 : Trafic sur XXXX du 23 août. au 17 octobre en affichage par semaine

On constate un pic le 17 septembre sur le diagramme journalier.

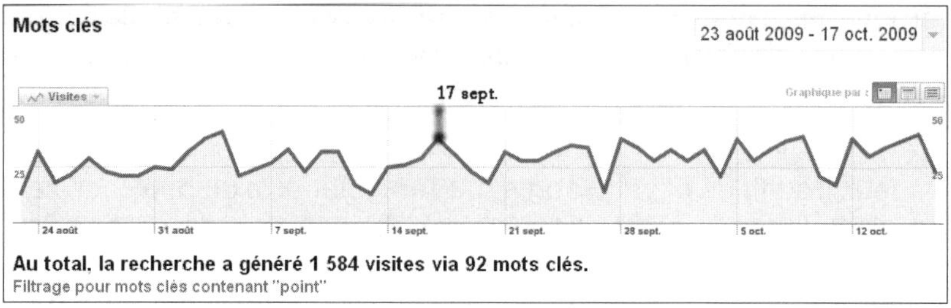

Figure 6.5 : Trafic sur XXXX du 23 août. au 17 octobre en affichage journalier

On constate un pic le 17 septembre dans le volume de requêtes sur XXXXX.

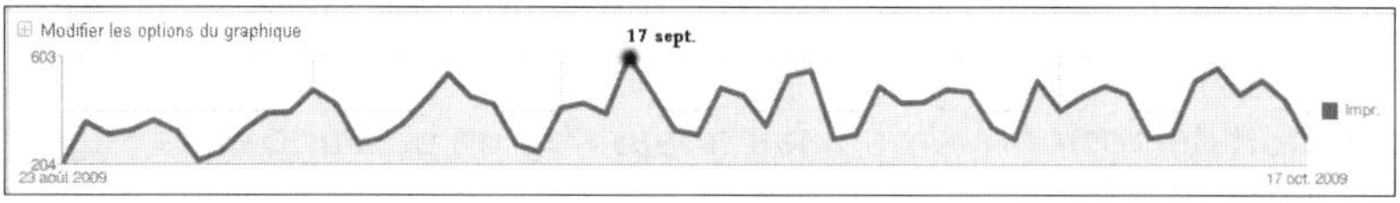

Figure 6.6 : Le volume de recherche sur XXXXX sur la période du 23 août au 17 octobre

Le nombre de requêtes liées à XXXXX oscille entre **204** et **603**/jour sur la période étudiée.

Étudions de près ces graphes. Sur la période du 23 août au 16 septembre, le site a capté en visite 7 à 10 % des personnes ayant requêté sur XXXXX.

Paradoxalement, le 17 septembre, jour où le positionnement est monté en page 1, ce ratio est tombé à 5 % même si en valeur absolue, le nombre de visiteurs a été excellent.

Du 18 septembre à la fin de la période de mesure, ce taux oscille entre 6 et 10 %, ce qui est surprenant puisque le site est désormais en page 1. Le volume de visites augmente sur la 2e partie de la période du fait d'une augmentation moyenne de requêtes supérieure au léger effritement du ratio.

Le passage du milieu/haut de la page 2 vers le bas de la page 1 n'a pas changé le ratio de nombre de visites/volume de requêtes dans Google. Pourquoi ?

Plusieurs explications sont envisageables et complémentaires (liste non exhaustive) :

- Selon le coût du service ou produit recherché, les internautes pouvaient multiplier les requêtes ou aller massivement après la page 1 de résultats Google.
- La position en or est en TOP5 et il n'y a guère de différence entre le bas de page 1 et le haut de page 2 sur cette requête.

- Les mesures ne sont pas justes via Google AdWords. Globalement, les impressions publicitaires peuvent avoir variées et ainsi fausser notre calcul de ratio.

Quelques constats-clés sur ces mesures et sur la façon de les exploiter.

- Nous mesurons et agissons (publication d'une annonce) en même temps. Mécaniquement, nous faussons partiellement nos mesures.
- Internet et Google étant ce qu'ils sont, nous ne sommes pas dans une science exacte et il va nous falloir tolérer au moins une dizaine de % en taux d'erreur.

Quels objectifs, quels PKI ?

À chaque site correspondent une stratégie et donc des objectifs. Un site veut faire venir les internautes sur son réseau de points de vente. Un autre site veut vendre en ligne une cinquantaine de produits via un *prestashop* adapté à ses besoins. Un troisième site préfère récupérer des demandes de devis ou d'informations et disposer ainsi de prospects qualifiés à donner à sa force commerciale ou à son réseau de distributeurs.

À chaque stratégie correspondent un ensemble d'objectifs et donc d'indicateurs points-clés (ou *PKI*, acronyme anglo-saxon) à définir, à lier logiquement (via des menus ou liens au sein du site), puis à mesurer en corrélant les actions internes (réalisées sur le site) et externes. On désire au final mesurer puis comparer ces PKI aux actions en question.

La qualité des points à mesurer et la qualité des mesures permettront de suivre les objectifs du site en relatif (quelle part de trafic ciblé le site capte-t-il ?) et en absolu (quel est le volume de cibles touchées, quelles sont les expressions-clés saisies et dans quel moteur de recherche, etc. ?).

On aura alors une mesure précise du retour sur investissement, du développement commercial du site et surtout on saura ce qu'il faut faire et comment le faire.

Recommandations finales

Il peut être utile d'étalonner durant quelques jours ou plus une mesure du volume de requêtes via Google AdWords sur une expression-clé face au positionnement et au trafic capté par le site. On peut en déduire un niveau de priorité en référencement naturel. On peut, depuis 2008, utiliser *Keyword Tool* dans *AdWords* pour obtenir un trafic mensuel sur une expression-clé.

Pour revenir à un environnement où aucune de nos actions ne perturbe la mesure, nous nous contenterons de mesurer positionnement et trafic mesuré sur les mêmes groupes d'expressions-clés. Nous pourrons corréler au volume de requêtes en passant par un outil Google gratuit et pratique : *Google Trends*.

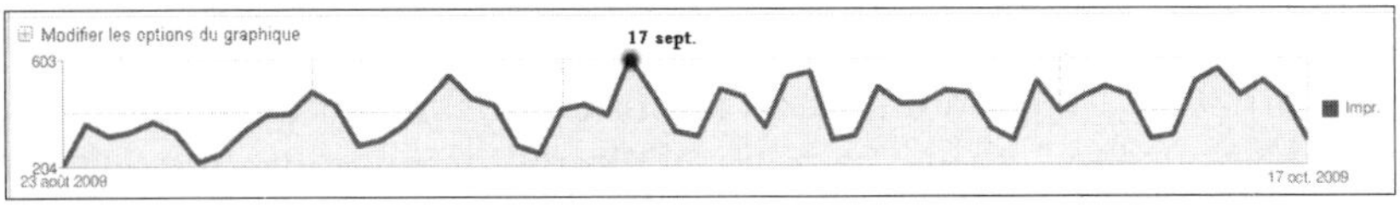

Figure 6.7 : Le volume de recherche sur XXXXX depuis 2004

Google Trends donne en relatif le volume de requêtes mois par mois.

En disposant d'une base absolue issue d'une campagne *Google AdWords* ou de *Keyword Tool*, nous pouvons suivre l'évolution en volume de requêtes en données réelles et pas simplement relatives et le corréler sur une base mensuelle au positionnement et au volume de visites issu du référencement. Cette approche intégrant 3 graphes distincts présente plusieurs intérêts-clés pour un site :

- On mesure une efficacité globale du référencement, y compris la qualité du snippet.
- En y ajoutant la courbe du *taux de rebond* issue de *Google Analytics*, on peut ainsi disposer d'un indice mesurant non seulement le référencement naturel mais aussi la réaction moyenne des internautes face à la landing page.
- On mesure une efficacité brute, sujette à caution, mais néanmoins indicatrice d'une tendance.
- Une dernière courbe permettrait de caler notre surveillance : *l'objectif atteint* issu de *Google Analytics*. Elle traduit l'atteinte via le site et toutes les actions de promotions, d'un objectif concret sous forme de ventes, de prises de contacts, de demande de devis ou de rendez vous.

6.3. Tableau de bord et corrélation

ATTENTION

Passage du Google Bot

Outre le passage de Google Bot sur la page d'accueil, il faut aussi mesurer son passage sur les pages lourdement impliquées dans votre stratégie. La stratégie 2010 de Google est un suivi de site par couches successives. Cela n'a plus rien à voir avec les Google Dances du passé.

1 Notez les passages de Google bot sur votre site, puis tracez un chronogramme prenant en compte vos travaux de référencement...

2 Alignez sur le même chronogramme la fréquentation de votre site (depuis vos log et autres statistiques), les conversions d'objectifs, les demandes de devis "spontanées" (téléphone et fax).

3 Alignez vos autres actions de marketing : e-mailing, envoi postal, bannières pub dans le même chronogramme.

4 Calez enfin vos CA et autres sources de revenus liées au Web (fréquentation magasin(s), commande(s) en ligne, date d'envoi des coupons de réduction...)

Ce qui se peut résume ainsi...

- Date 1 – passage d'un google bot – positionnements d'une liste de combinaisons de mots-clés.
  - Travaux de référencement effectués depuis la date 1, mises à jour des contenus incluses.
  - Statistiques de fréquentation via mots-clés de moteur de recherche.
  - Courbes de votre activité commerciale.
- Date 2 – passage d'un google bot – positionnements de la liste de combinaisons de mots-clés.
  - Travaux de référencement effectués depuis la date 2, mises à jours incluses.
  - Statistiques de fréquentation via mots-clés de moteur de recherche.
  - Courbes de votre activité commerciale.
- et ainsi de suite...

Vous obtiendrez ainsi un tableau de bord pointant les performances de chaque action ou de chaque groupe d'actions.

6.4. Google Analytics

Google Analytics couvre de nombreux aspects. Étudions ceux ayant un rapport avec le référencement naturel.

La commande *Sources de trafic > mots clés > afficher le rapport complet* nous affiche la liste des mots-clés utilisés pour accéder au site durant une période donnée. La période se paramètre en haut à droite. Un clic sur la date de début, un clic sur la date de fin, et nous avons l'intervalle de temps à étudier.

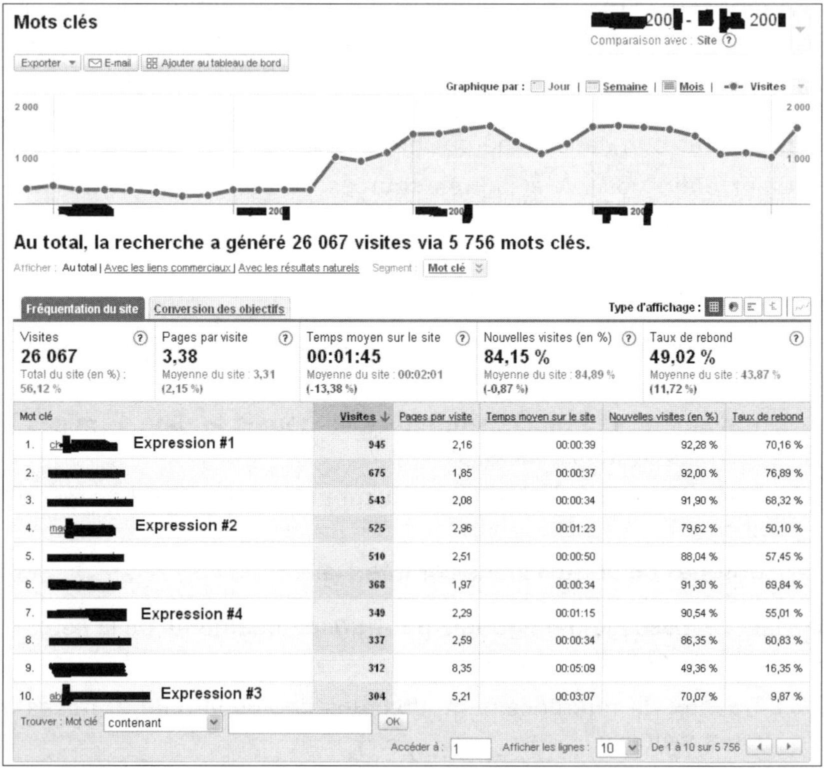

	Mot clé	Visites	Pages par visite	Temps moyen sur le site	Nouvelles visites (en %)	Taux de rebond
1.	[redacted] Expression #1	945	2,16	00:00:39	92,28 %	70,16 %
2.	[redacted]	675	1,85	00:00:37	92,00 %	76,89 %
3.	[redacted]	543	2,08	00:00:34	91,90 %	68,32 %
4.	[redacted] Expression #2	525	2,96	00:01:23	79,62 %	50,10 %
5.	[redacted]	510	2,51	00:00:50	88,04 %	57,45 %
6.	[redacted]	368	1,97	00:00:34	91,30 %	69,84 %
7.	[redacted] Expression #4	349	2,29	00:01:15	90,54 %	55,01 %
8.	[redacted]	337	2,59	00:00:34	86,35 %	60,83 %
9.	[redacted]	312	8,35	00:05:09	49,36 %	16,35 %
10.	[redacted] Expression #3	304	5,21	00:03:07	70,07 %	9,87 %

Figure 6.8 : Google Analytics : mots-clés ayant entraîné des visites

Ces mots-clés amènent du trafic ciblé. Commentons cette illustration (à noter que tous les mots-clés et indices permettant d'identifier le site ont été gommés afin d'assurer l'anonymat du site utilisé) :

- `Expression #1` est l'expression-clé la plus efficace en volume de trafic. Mais 70 % des internautes restent moins de 10 secondes. Le taux de rebond est très élevé. Manifestement, nombre d'entre eux sont venus sur le site mesuré par erreur.
- `Expression #2` est plus prometteur. Le taux de rebond est de 50 %, le temps passé sur le site est proche de la moyenne du site (2 min).
- `Expression #3` est excellente pour le site. Faible taux de rebond, plus de 8 pages vues par visite, plus de 5 min sur le site.

Étudions l'onglet *Conversion des objectifs*… Nous allons y voir les mots-clés ayant participé à des ventes en ligne.

Figure 6.9 : Google Analytics : conversion des objectifs

Notre tableau de bord se complète. `Expression #1` transforme à 1,48 %. Bien. 1,48 internaute sur 100 achète via CB ou Chèque. `Expression #2` transforme à près de 3 % pour un volume de trafic inférieur à la moitié du précédent. Un problème existe sur `Expression #4`. Du trafic et 0 commande. Il va falloir étudier. `Expression #3` offre 3,29 % de taux de conversion.

Conclusions : ces mesures montrent des tendances et des actions à y corréler. Quelle est la position de notre site sur chacune des expressions 1 à 4 et les investissements liés ?

- `Expression #1` : le site est TOP60 sur 408 000 pages – 100 % du trafic est issu de liens sponsorisés. Le budget est faible. L'opération est rentable. Investir du référencement naturel représenterait un budget bien trop important, car le mot-clé est très bien défendu par d'autres sites.

- `Expression #2` : le site est top 80 sur 700 000 pages. Même problématique que précédemment, sauf que le top 10 est atteignable sans trop d'investissement en référencement naturel et qu'ainsi le site pourrait bénéficier d'un effet de traîne sur les déclinaisons autour de cette expression-clé.
- `Expression #4` : le site est hors mesure sur 41 000 000 de pages (41 millions de pages). Il faut stopper les dépenses en liens sponsorisés ou il faut parvenir à baisser le prix de l'article vendu. Il est trop cher face à la concurrence. Il n'y a aucun intérêt à investir un cent dans le référencement naturel de cette expression-clé.
- `Expression #3` : le site est top 10 sur 2 000 000 pages (2 millions de pages). Le trafic est issu de liens sponsorisés et du référencement naturel. Le coût en liens sponsorisés est énorme à cause de la très forte concurrence sur cette expression entre annonceurs. Il faut accélérer les investissements sur cette expression-clé pour passer en top5 dès que possible et ainsi stopper les liens sponsorisés.

L'utilisation de cet outil permet de mesurer l'efficacité des mots et expressions-clés.

REMARQUE

Piège : Analytics a-t-il mal géré le classement ?

Nous sommes dans l'onglet mots-clés et non pas dans l'onglet *AdWords*. Or nous avons les mesures de AdWords mélangées à celles des mots-clés naturels.

C'est un piège très classique. Une erreur dans l'URL rewriting perturbe les marqueurs et l'outil perd la trace de "qui vient d'où ?". Faites attention en codant votre URL rewriting, de nombreux effets de bord se déclenchent et ils faussent les mesures.

Quelques interprétations

Ces tableaux contiennent des statistiques-clés pour comprendre ce qui se passe dans le site vis-à-vis du référencement. Voici quelques interprétations de ces mesures…

- Les mots-clés ayant un fort taux de pages vues/visite sont à étudier de près. Ils génèrent du trafic de qualité.
- Les mots-clés ayant un taux de 1 page vue/visite indiquent une totale inadéquation du contenu face aux mots-clés choisis et utilisés par des internautes. Là aussi, il faut creuser pourquoi. L'inter-

naute arrive, et en peu de seconde il quitte le site. Deux explications possibles :

- le mot-clé est mal choisi ;
- le contenu de la page n'est pas adapté aux profils des internautes requêtant sur ce mot-clé ;
- le nombre de pages vues par visiteur est élevé, mais aucun formulaire de prise de contact n'est saisi. Il manque quelque chose au site qui gêne l'internaute. Il lit, semble intéressé, puis quitte le site. Deux explications possibles :
  - le formulaire contact n'est pas assez visible ;
  - il manquerait un contenu qui inciterait le visiteur à finaliser une décision de prise de contact : exemples de devis, exemples de prix, liste de ce qui est disponible le 1er de chaque mois... Bref, une information très concrète lui permettant de caler sa demande face à un budget.

6.5. Google Webmaster Tools

La mise en œuvre est simple. Il suffit de s'inscrire chez Google, de suivre les instructions. L'ajout d'une balise `meta` dans la page *index* permet de se faire authentifier comme possesseur du site auprès de *Google Webmaster Tools*. Il existe d'autres méthodes d'authentification si vous ne pouvez pas modifier un `meta` dans la page *index*.

La partie consacrée aux statistiques va nous intéresser en tant que référenceur, même si les autres onglets contiennent des informations à consulter et à analyser (voir fig. 6.10).

Allez sur *Statistics* > *What Googlebot sees*. On visualise grâce à ce tableau *What Googlebot sees* les libellés de liens pointant vers les différentes pages du site. On peut ainsi d'un seul regard avoir une vision sur la qualité globale de ces libellés. On trouve les habituels "*visiter son site*", "*www*", "*wwww.monsite.com*" et autres, qui sont totalement inutiles dans un référencement. Mais il y en a peu. On peut noter que ce site a de nombreux liens avec des libellés et mots-clés utiles (pour des raisons de confidentialité, ils sont barrés en noir) (voir fig. 6.11).

Figure 6.10 : What Googlebot sees

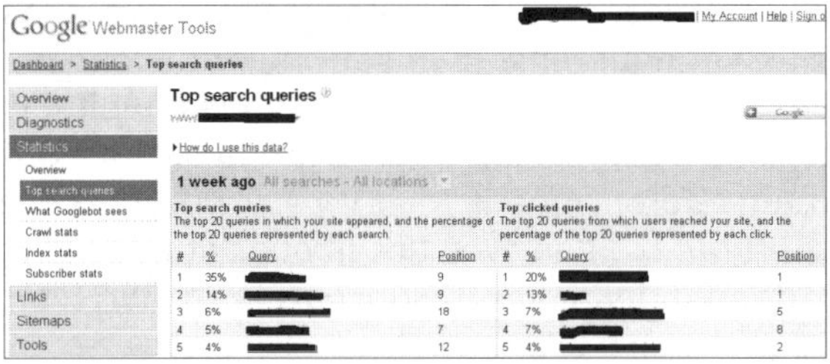

Figure 6.11 : Top search queries

Le *Top search queries* donne de précieuses indications. En un regard, on visualise les 20 requêtes les plus cliquées (colonne de droite) et les 20 requêtes où votre site apparaît le plus. C'est pratique pour identifier la qualité globale du référencement d'un site web.

Les requêtes les plus cliquées peuvent contenir des mots-clés oubliés et donc à prendre en compte dès que possible, ou des mots-clés attirant un trafic inutile et donc à remanier pour laisser la place à des mots-clés porteurs de trafic qualifié.

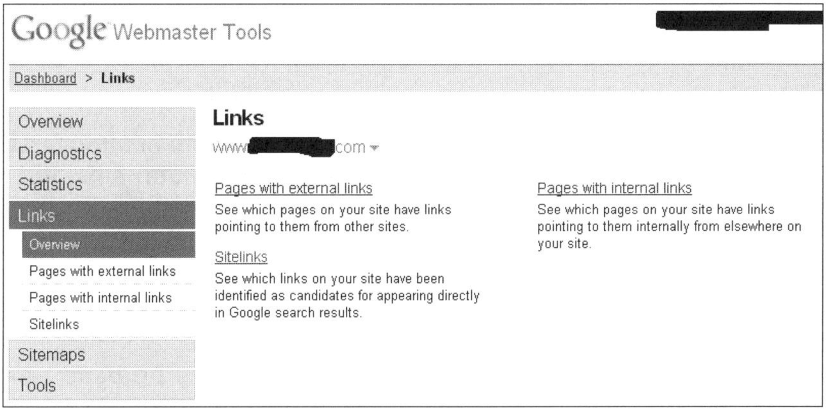

Figure 6.12 : Google Webmester tools - Links

L'onglet *Links* liste deux choses importantes :

- les backlinks de sites externes pointant vers les pages du site ;
- les liens internes.

On peut ainsi en quelques regards contrôler la présence de liens partenaires et la gestion des tags entre autres valeurs.

6.6. Google AdWords

L'objet n'est pas de donner un cours de *Google Adwords*, ce serait hors sujet, mais de savoir dépenser 55 €, ou un peu plus, habilement pour en déduire et interpréter de multiples informations-clés utiles pour le référencement naturel. Ces mêmes informations permettront au traffic manager d'arbitrer entre liens sponsorisés et référencement naturel selon les mots-clés.

Les textes en liens sponsorisés permettent de tester des promesses capables de transformer au maximum un affichage du lien en un clic vers le site. En disposant de statistiques plus fines sur l'usage de mots-clés précis dans une zone géographique (France, Europe, français, anglais, etc.), le référenceur va pouvoir affiner sa stratégie de référencement.

Pour chaque expression-clé, Google donne le nombre de fois où votre annonce a été affichée dans la colonne *impr*. Donc un *impr* comptabilise une requête sur ce mot-clé avec un affichage de votre annonce AdWords dans une SERP.

Cette mesure est totalement fiable si :

- votre annonce est toujours en page 1 ;
- votre budget maximum journalier n'est pas atteint.

Sauf à investir fortement, ces deux critères sont rarement atteints. Le critère principal est de ne pas épuiser son budget journalier. Pour limiter les dépenses, quelques pistes sont à étudier :

- payer l'enchère le moins cher possible, tout en essayant éventuellement de rester en page 1 ;
- avoir un texte peu engageant.

On peut aussi accepter de laisser filer son annonce en page 2 en payant encore moins, et alors on calcule un volume estimé de requêtes. On cherche une tendance, donc cette information peut être suffisante.

Si votre annonce AdWords est plutôt affichée en page 2, la valeur de *impr* n'évoluera pas quand un internaute arrête sa recherche dès la page 1 des SERP. Faisons des règles de trois pour faire une approximation du volume de saisie. En se basant sur différentes études, on peut mettre en place cette règle qui donnera une tendance.

Le volume de requêtes sur un mot/expression-clé est égal au volume *impr* de l'annonce en page 1 (rang 1 à 8), ou au volume *impr* x [2 – 6] si la moyenne de la position est en page 2 (rang 9 à 16), ou au volume de *impr* x 10 si l'annonce est en moyenne en page 3.

En corrélant les chiffres ainsi obtenus et ceux de *KeywordTool* pour identifier des mots-clés, on obtient une tendance en volume de requêtes sur un intervalle de temps précis pour une zone précise. Ces informations permettent d'arbitrer des décisions (voir fig. 6.13).

L'exemple des statistiques AdWords ci joint montre des informations intéressantes.

Sur une période de, disons 10 mois, le mot-clé `defiscalisation` a eu 20 563 affichages malgré une position moyenne de 35,6, c'est-à-dire au-delà des 3 premières pages. Ce mot-clé est extrêmement disputé et traduit un volume de requêtes très important mais impossible à mesurer avec notre formule. Simplement, nous pouvons dire que le volume est largement supérieur à 20 000 par mois. La nouvelle version de *Google KeywordTool* donne 135 000 requêtes mensuelles et non pas un ensemble de petites barres vertes à interpréter.

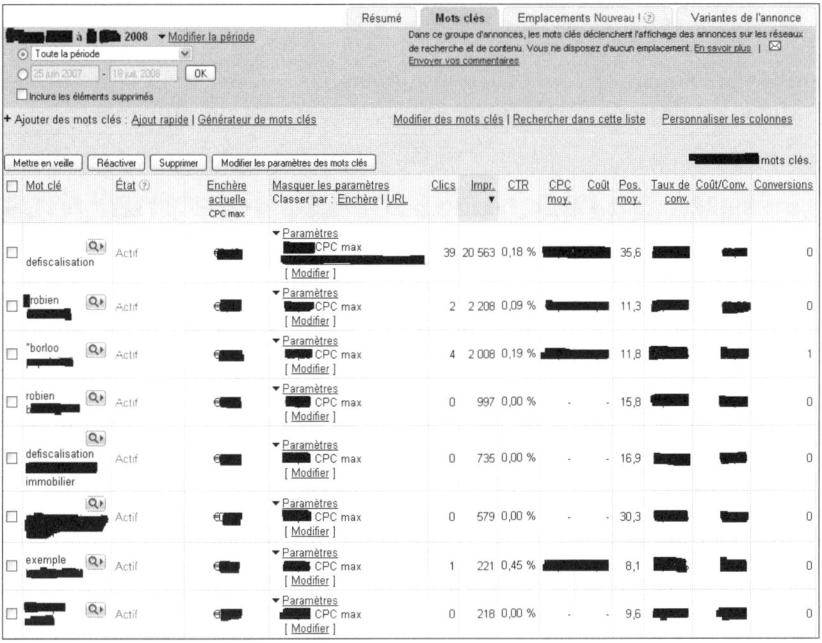

Mot clé	État	Enchère actuelle CPC max	Masquer les paramètres Classer par : Enchère | URL	Clics	Impr. ▼	CTR	CPC moy.	Coût	Pos. moy.	Taux de conv.	Coût/Conv.	Conversions
defiscalisation	Actif	[redacted]	Paramètres [redacted] CPC max [redacted] [Modifier]	39	20 563	0,18 %	[redacted]		35,6	[redacted]	[redacted]	0
[redacted] robien [redacted]	Actif	€ [redacted]	Paramètres [redacted] CPC max [Modifier]	2	2 208	0,09 %	[redacted]		11,3	[redacted]	[redacted]	0
"borloo [redacted]	Actif	€ [redacted]	Paramètres [redacted] CPC max [Modifier]	4	2 008	0,19 %	[redacted]		11,8	[redacted]	[redacted]	1
robien [redacted]	Actif	€ [redacted]	Paramètres [redacted] CPC max [Modifier]	0	997	0,00 %	-	-	15,8	[redacted]	[redacted]	0
defiscalisation [redacted] immobilier	Actif	€ [redacted]	Paramètres [redacted] CPC max [Modifier]	0	735	0,00 %	-	-	16,9	[redacted]	[redacted]	0
[redacted]	Actif	€ [redacted]	Paramètres [redacted] CPC max [Modifier]	0	579	0,00 %	-	-	30,3	[redacted]	[redacted]	0
exemple [redacted]	Actif	€ [redacted]	Paramètres [redacted] CPC max [Modifier]	1	221	0,45 %	[redacted]		8,1	[redacted]	[redacted]	0
[redacted]	Actif	€ [redacted]	Paramètres [redacted] CPC max [Modifier]	0	218	0,00 %	-	-	9,6	[redacted]	[redacted]	0

Figure 6.13 : Google AdWords – statistiques

Le mot-clé `robien <quelque chose>` a vu 2200 affichages malgré une position moyenne en page 2 de SERP. Cela traduit un volume de requêtes relativement faible. Nous l'estimons à 440/1200 environ. *KeywordTool* indique 3600 par mois. L'écart peut provenir de différences sur la zone géographique : France contre langue française, par exemple. Mais peu importe, nous avons notre tendance : elle est sur cette expression-clé de 500 à 3600 requêtes par mois.

`Exemple <quelque chose>` oscille entre page 1 et surtout page 2 de la SERP ; il nous indique 221 affichages. Notre formule nous indique une tendance à 80/120. *Keyword Tool* indique 200 requêtes mensuelles environ. Là aussi, nous avons notre tendance.

`Exemple <quelque chose>` peut rester en AdWords. Cette expression-clé est sérieusement référencée par de nombreux sites, et la compétition entre annonceurs est faible.

Le mot-clé `robien <quelque chose>` a de la compétition en AdWords, mais cette expression est peu défendue par les sites concurrents. L'effort sera donc mis en référencement naturel sur cette expression-clé qui est vite positionnée en bonne position naturelle. Les statistiques montrent un taux de clic assez faible en naturel. Après examen, il est demandé au marketing de réécrire le `TITLE` et le `meta DESCRIPTION` de la page pour améliorer ce taux.

Sur cet exemple, nous avons vu qu'en corrélant les statistiques de *AdWords*, *Keyword Tool* et *Google Analytics*, on pilote la création de trafic via différents outils, dont le référencement naturel.

6.7. Taux de rebond dans Google analytics

Cet indice vous indique plusieurs choses. D'abord, il traduit une fuite d'internautes fraîchement arrivés sur votre site via une page avec taux de rebond. Séduit par le snippet, l'internaute a cliqué depuis une SERP Google, puis une fois arrivé, il a fuit votre page. Pourquoi ? Soit votre snippet a trompé les internautes, soit votre contenu ne correspond pas aux attentes des internautes et à la promesse du snippet.

Figure 6.14 : Taux de rebond dans Google Analytics, la colonne complètement à droite

Le lecteur est en train de se poser cette question : Quel est le rapport avec le référencement. C'est un problème de qualité de contenu et de possibilité de garder un internaute sur un site.

Google mesure le départ d'un internaute vers votre site depuis une SERP. Il revient aussitôt sur Google et relance une requête ou clique vers une autre page depuis la même SERP. C'est un mauvais point pour la réputation de votre page sur ces mots-clés et sur ce thème qui est mesuré par Google.

Si trop d'internautes font juste un aller-retour vers votre landing page sur une expression-clé d'un thème précis, c'est que votre site séduit par son snippet mais que son vrai contenu fait fuir.

Votre popularité sur cette expression-clé et sur le thème peut chuter et votre page peut alors perdre des positions jusqu'à la mise à jour de votre page ou du snippet et au retour du taux de rebond à une valeur raisonnable.

6.8. Résumé

Nous avons vu différents outils de statistiques. Ils sont complémentaires. L'analyse et le recoupement de ces informations donnent la capacité de piloter le référencement de son site.

Google Analytics (mais aussi *Xiti* et quelques autres) permettent de suivre les tendances du site face à son référencement naturel.

Le log du site affiche certains nombres sur l'audience avec une réelle fiabilité.

AdWords et *Keyword Tool* nous communiquent de précieuses informations sur les volumes de requêtes.

Google nous permet d'afficher les SERP sur un mot-clé et d'auditer rapidement les sites concurrents installés aux meilleures places.

Ainsi, grâce à ces outils, pour tout mot-clé, le webmestre dans un rôle de traffic manager pourra évaluer :

- le trafic potentiel ;
- les promesses aptes à déclencher des clics sur le site et des transformations de prospects en clients ;
- la difficulté à prendre une position naturelle ;
- l'évolution du trafic résultant de ces actions ;
- l'évolution des revenus liés à chaque action.

Google Trends est un outil intéressant pour évaluer la tendance d'un mot-clé ou d'une expression complète. En la corrélant au positionnement et au trafic issu de l'expression-clé, on obtient des mesures intéressantes en termes d'efficacité globale du référencement.

ANNEXES

7.1. Webographie

Les URL Google

- **http://www.google.com/tools/firefox/toolbar/FT2/intl/fr/** : Pour avoir le Page Rank d'une page et quelques autres fonctions pratiques pour l'optimisation... À noter que la *Google Toolbar* pour Firefox est un outil fort pratique. Elle existe aussi pour Microsoft Internet Explorer.
- **http://www.google.fr/addurl** : Pour soumettre son site à Google...
- **http://www.mattcutts.com/blog/how-to-report-paid-links/** : La page de Matt Cutts, ou Google et les paid links... Cette page est régulièrement mise à jour. Matt Cutts, via ce blog, est la "voix" officielle de Google pour tout ce qui touche aux règles d'optimisation des pages.
- **http://www.google.com/dmca.html** : Si vous êtes victime d'un vol de données sur votre site et qu'en plus vous êtes mis en *duplicate content*, voici le formulaire pour demander à Google de corriger l'erreur et signaler la violation d'un copyright...
- **http://www.google.com/analytics/fr-FR/** : *Google Analytics*. Google commercialise gratuitement ou de manière payante selon la volumétrie du site, cet outil d'analyse de trafic et de mesure d'audience. Son intégration à *Google AdWords* le rend particulièrement agressif vis-à-vis de ses concurrents.
- **http://www.google.fr/webmasters/tour/tour1.html** : *Webmaster Tools* facilite le travail du webmestre référenceur. L'onglet backlinks, qui contient les liens externes pointant vers chaque page du site évalué, est fort pratique pour vérifier la présence des liens retours.
- **https://adwords.google.fr/select/KeywordToolExternal?defaultView=2** : *KeywordTool*, pour rechercher vos mots clés.
- **http://www.google.com/trends** : *Trends*, pour obtenir des informations relatives à l'utilisation d'expressions clés.

Les URL sur le référencement

- **http://www.seo-camp.org/** : si votre activité principale ou vos centres d'intérêts sont le référencement ou le *search engine marketing* (SEM), ce site et l'association SEO Camp vous intéresseront.
- **http://www.mediametrie.fr/home_departement.php?rubrique=net** : *Médiamétrie* est une société spécialisée dans la mesure d'audience sur tout média. Ce lien vous présente des informations générales à connaître pour tout référenceur. L'onglet sur le comportement des internautes vis-à-vis de la recherche en ligne est bien sûr un grand classique. À

noter que Médiamétrie commercialise un outil de mesure d'audience de site : e-stat.

- http://www.xiti.com : **Xiti** commercialise des outils de mesures d'audience et d'analyse de trafic. Le site publie des études intéressantes sur le comportement des internautes.
- http://www.webmaster-hub.com : un forum à destination des webmestres et bien documenté pour le référencement. À connaître !
- http://www.aufeminin.com : un site techniquement intéressant pour le référencement. L'étude des codes sources de leurs pages est instructive. À suivre en veille technologique.
- http://www.iwebtool.com : un site pour les référenceurs amateurs de quelques outils et de news en anglais.
- http://www.rankquest.com : un site classique pour les référenceurs. À noter une barre d'outils à peu près complète pour un webmestre SEO.
- http://outils.enaty.com : des news en français ou pointant vers des sites anglo-saxons sur le référencement entre autres.
- http://www.stonetemple.com : le site d'une société SEO et web marketing orientée moteurs de recherche.
  L'onglet *Articles* contient des interviews avec des pointures du web : http://www.stonetemple.com/STC_Articles.shtml
- http://www.webrankinfo.com : ce site publie des articles, un forum dédié au référencement. Un classique dans le monde des référenceurs.
- www.hochmanconsultants.com/articles/sitelinks.shtml : cette source, en anglais, s'est donnée la peine d'étudier les sites de ses clients pour en tirer quelques pistes de travail utiles sur la manière d'obtenir un sitelinks de Google. Plusieurs des points identifiés par cette source recoupent mes propres mesures statistiques.

Les URL sur les outils

- http://www.link-assistant.com/ : cette société fournit une suite d'outils d'excellente qualité, notamment *Rank Tracker*. Une suite complète existe : *SEO Power Suite*.
- http://fr.wikipedia.org/wiki/Lynx_(navigateur) : *Lynx* était un navigateur texte, sans souris, particulièrement adapté aux mal voyants pour différentes raisons techniques. Un bot de moteur se comporte comme un navigateur texte type Lynx. Depuis, d'autres possibilités permettent d'obtenir le même résultat sans s'encombrer à installer un navigateur MS-DOS sur sa machine. Wikipedia décrit bien Lynx. On pourra aussi utiliser le plug-in pour Firefox http://www.yellowpipe

.com/yis/tools/lynx/rightlynx ou désactiver tous les plug-in et JavaScript d'un navigateur destiné exclusivement aux tests comme Opera ou Firefox.

- **https://addons.mozilla.org/en-US/firefox/addon/722** : *Noscript* est un plug-in Firefox pour naviguer de manière à peu près sécurisée sur le net. Il filtre de nombreux scripts et sécurise votre navigation.
- **http://www.joostdevalk.nl/seo-tools/link-analysis.** Plusieurs outils ou plug-in simplifiant la vie du référenceur. *SEO Link analysis* complète le travail de *Google Webmaster Tools*, en affichant le PR des liens entrant par exemple. C'est très pratique pour évaluer partiellement la qualité des liens entrants. Les liens en PR grisés ne valent rien. En travaillant avec le propriétaire de la page, le PR peut être ré-alloué ce qui bénéficie à votre référencement.
- Pour soumettre son site à *Yahoo* : **http://fr.siteexplorer.search.yahoo.com/free/submit**
- Pour soumettre son site à *Microsoft bing :* **http://www.bing.com/?cc=fr**
- **www.yooda.com** : La société *Yooda*commercialise ou met à disposition des outils pour le référencement. Parmi ceux-ci, il y a le logiciel Map (pour faire un *sitemap.xml*) et un analyseur de densité de mots dans une page HTML.
- Il existe de nombreux fournisseurs de logiciels calculant le positionnement des pages de votre site (ou d'un site concurrent) sur une liste d'expressions clés. On gagne ainsi un temps précieux. Celui ci offre un rapport qualité-prix intéressant : **http://www.link-assistant.com/rank-tracker/**
- Un hébergeur peut se prétendre français et héberger hors de France. Nous avons vu qu'un site web en *.com* ainsi hébergé rencontrait de nombreux problèmes de référencement.
  http://ip-to-country.webhosting.info/node/view/36 vous permet de vérifier une adresse IP par rapport au pays où elle est allouée.
  http://www.whatismyip.com/ est un autre site qui fournit des utilitaires forts pratiques pour les néophytes quand il s'agit de comprendre ce qui se passe avec les adresses IP.
  Et pour finir, cette adresse et cet outil (non testé) : **www.netim.fr/tools/geo_localisation.php**
- La commande `ping` sous MS-DOS (son émulation sous Windows XP) vous permet d'obtenir la correspondance entre un nom de domaine et une adresse IP. Exemple : **www.1and1.fr** est un hébergeur français. On est en droit de penser, en tant que client de ce fournisseur d'hébergements, que **monsite.com** sera donc hébergé en France. L'adresse IP de ce site en juillet 2008, obtenue par `ping`

www.1and1.fr est 212.227.126.71. L'outil ip-to-country (dont nous donnons l'adresse quelques lignes au dessus) indique que le serveur d'hébergement est en fait en Allemagne. Les sites en *.com*, en *.net*, en *.org* de webmestres ignorant l'impact d'une telle géolocalisation seront défavorisés dans l'index de Google face à leurs concurrents hébergés sur des serveurs géo localisés en France.

- **http://www.hyper-lien.com/outils/hebergeur-site.php** : un outil en ligne qui vous permet de savoir par qui est hébergé un site donné.
- **http://www.sitemaps.org** : tout sur le protocole sitemap.
- **http://www.seo-browser.com** : cet outil vous présente une page comme la verrait un bot de moteur. On peut naviguer en cliquant sur les liens. Google propose une fonctionnalité équivalente depuis un compte webmaster tools.
- **http://www.webrankinfo.com/outils/header.php** : Un analyseur d'en-tête http (*http header*). Vous saisissez une URL, et l'outil vous renvoie le code *http* rencontré, qu'il s'agisse d'une erreur ou d'une redirection vers une autre URL. C'est pratique pour tester un jeu de redirections codées dans un fichier *.htaccess*.
- **http://www.duplicatecontent.net** : outil en ligne vous permettant de comparer deux pages pour traquer les duplicate content en contenu ou en structure technique.
- Googler "php gd library" pour lister de nombreux sites exposant comment générer des images contenant du texte. C'est une fonctionnalité potentiellement importante dans le Page Rank Modeling entre autre.
- *MariaDB* : **http://fr.wikipedia.org/wiki/MariaDB** , des informations sur le successeur de MySQL.
- *html 5* : des informations sur le remplaçant de HTML4. Entre autre améliorations HTML 5 apportera des *balises micro données à grande diffusion* indispensables pour le futur web sémantique: **http://fr.wikipedia.org/wiki/HTML5**. Les balises micro données indispensables sont décrites en détail ici (attention, nombreuses mises à jour) : **http://dev.w3.org/html5/md/**
- **www.750g.com** : un site de recettes de cuisine utilisant 100% des capacités du rich snippet de Google

URL rewriting – expressions régulières

L'URL rewriting (réécriture d'URL à la volée) pour les débutants : Via Google, on trouve de nombreux sites sur la réécriture d'URL. L'expression clé à Googler est "URL rewriting".

Voici quelques sites parmi d'autres :

- http://www.webrankinfo.com/analyses/autres/url-rewriting-debutants.php
- www.webmaster-hub.com/publication/Mod-rewrite-ou-la-reecriture-des.html
- fr.wikipedia.org/wiki/Htaccess
- www.urlrewriting.fr/

L'URL rewriting nécessite de comprendre la programmation par expressions régulières. Voici l'expression clé à Googler "`expressions régulières`" et quelques URL :

- http://www.expreg.com/rewrite.php
- http://www.commentcamarche.net/php/phpreg.php3
- http://www.expreg.com/
- http://www.asp-php.net/tutorial/asp-php/regexp.php
- http://awstats.sourceforge.net : ce logiciel exige que vous ayez les droits d'administration sur Apache et Linux de votre serveur d'hébergement. En général, c'est votre serveur.

Si vous êtes en hébergement mutualisé (OVH et autres), vous devriez avoir accès à un logiciel d'analyse de vos fichiers de log. Cette approche technique possède un avantage sur les autres solutions : il comptabilise les accès à Apache et aux fichiers du disque dur. Ce qui a pour conséquence qu'aucun script ou plug-in ne pourra dissimuler un internaute ou un bot à un tel outil.

7.2. Les points clés du référencement réussi

Cette annexe vous résume les actions à coordonner pour réussir votre référencement et positionnement sur un moteur pour vos mots clés.

Les mots clés

Sélectionner les mots clés porteurs de trafic ciblé et qualifié est le premier enjeu de votre référencement/positionnement.

Un audit de vos mots clés est nécessaire. En partant des mots clés évidents, à l'aide principalement de l'outil Google générateur de mots clés, vous pourrez chercher tous les mots clés et combinaisons porteurs de trafic. L'étude des sites de la concurrence pourra également vous donner quelques pistes.

Structurer le site Web 1.0

Un moteur de recherche essaie de comprendre le contenu de vos pages. Pour y arriver et effectuer les autres missions à réussir, un moteur aurait besoin d'une ressource quasi infinie en serveurs. Ce n'est pas le cas. Les codeurs de Google doivent donc arbitrer entre la consommation de ressources informatiques et la bonne compréhension et donc l'indexation d'une page et de son contenu.

Quelques règles permettent d'adapter le site aux capacités limitées en compréhension du moteur :

- Une page contient un contenu lié à un et un seul thème.
- Une rubrique, contenant des pages, regroupe des thèmes connexes.
- Un site, le regroupement des rubriques, porte sur une thématique générale.

Tenter de ne pas dépasser 5 % d'exception aux règles précédentes. Sinon, réfléchissez au pourquoi de tant d'exceptions. N'y aurait-il pas un problème dans votre business plan, votre logique ou votre structure ?

Ces règles vont avoir d'autres effets positifs :

- Les internautes comprendront plus facilement la vocation du site, de chaque rubrique, de chaque page. Cela permet de mieux cibler le trafic et de diminuer le taux de rebond.
- Un thème, une page permet de plus facilement répartir les mots clés du point précédent sur les différentes pages du site.
- Il sera plus facile de rédiger un texte strictement centré sur un thème précis pour le contenu de ladite page.
- On profitera de chaque page tête de rubrique pour regrouper des mots clés dispersés sur différentes pages de cette rubrique dans une seule page. On gardera ainsi une visibilité sur des requêtes peu usitées mixant des mots clés peu connexes.

Passer en Web 2.0

La masse des internautes utilisant le site fait la puissance de Google. Sans eux, le moteur rejoindrait *AltaVista* au musée des antiquités.

Google doit les conserver. Pour cela, il doit les fidéliser par sa qualité globale. Mettre l'internaute au centre de sa stratégie est donc la seule voie possible pour dominer le marché de la recherche sur Internet.

Le Web 2.0 est basé sur l'interactivité internautes/site. Google a mis au centre de sa stratégie de référencement/positionnement la détection et la mesure de toutes les interactions entre un site et son audience.

Structurer son site en Web 2.0, c'est se donner plus de potentiel de visibilité via Google. Le propos de ce livre n'est pas d'apprendre à migrer de Web 1.0 vers Web 2.0. Néanmoins, voici quelques pistes de réflexion :

- Disposer de contenus de qualité. Un constructeur de maisons en bois dédiera une rubrique à l'écologie et à la construction en bois.
- Faciliter la pose de liens sociaux sur toute page ayant du contenu.
- Permettre une interactivité directe dans le site avec l'internaute : votre avis, votre commentaire, votre note, poser des questions, etc. Modérer ces interactions et y répondre.

Ces interactions vont produire des liens sociaux et des contenus pour le plus grand bénéfice de votre positionnement.

Cohérence et optimisation des mots clés

Toutes les optimisations et actions de référencement/positionnement sont interdépendantes. Plus elles sont nombreuses et cohérentes, plus le référencement/positionnement est réussi.

On peut augmenter la partie volume des actions de référencement simplement en augmentant le volume de pages d'un site web.

Optimiser une page signifie placer les mots clés voulus en exergue dans l'ordre désiré par le référenceur.

- *Les mots clés stratégiques,* 3 à 5 maximum par page, devront apparaître dans *tous les critères on page* y compris dans le TITLE de page et les ancres de liens quittant le site (nuages de liens, etc.)
- *Les mots clés importants,* 3 à 5 maximum par page, devront apparaître dans presque tous les critères on page, y compris l'URL naturelle ou réécrite, mais *jamais dans le TITLE de page*
- *Les mots clés standards n'apparaîtront jamais* dans les critères on page suivants : TITLE de page, meta DESCRIPTION, URL naturelle ou réécrite.

Les mots clés de chaque page doivent être cohérents avec le contenu de la page.

La réécriture d'URL ou les URL naturelles doivent suivre la logique de la structure du site exposée plus haut et participer via l'usage de mots clés à l'optimisation de chaque page.

Les navigations transverses avec des URL chargées en arguments doivent être masquées à Google. Différentes techniques le permettent.

La règle *une page : une URL unique* doit être suivie. Les URL en doublons peuvent rester sur le site, mais elles doivent être cachées à Google via des `nofollow` ou des JavaScripts.

Le contenu

À chaque page doit correspondre un contenu unique et à thématique unique avec un texte de quelques centaines de mots significatifs. Sinon, elle risque de ne pas être indexée par le moteur.

Ce contenu doit être correctement rédigé et donc être correct du point de vue de l'orthographe (sauf optimisation spéciale sur les coquilles), de la grammaire et de la syntaxe. Il n'est pas exigé d'avoir des qualités rédactionnelles dignes d'un écrivain. Il faut juste respecter la langue. Le moteur n'a pas la capacité à comprendre jeux de mots ou argot ou une écriture "parlée" et familière.

Page Rank Sculpting, siloing, nuage de liens

Les menus du site répartissent le Page Rank de manière équitable entre chaque niveau hiérarchique :

- La page d'accueil a le maximum.
- Les têtes de rubrique ont un peu moins de PR que la page d'accueil.
- Les pages dans les rubriques en ont moins que les pages têtes de rubrique et ainsi de suite.

Les nuages de liens, aussi appelés *tags cloud* ou *gestion des tags*, ont plusieurs fonctions majeures :

- Faciliter la navigation entre pages du site distantes de plusieurs clics en navigation hiérarchisée calquée sur la structure du site
- Transférer un peu de Page Rank de pages standard liées à un ou plusieurs mots clés vers des pages stratégiques sur ces même mots clés mots clés. C'est le *Page Rank Sculpting*.
- Mettre en exergue les mots clés du libellé du lien sur la page de départ et sur la page d'arrivée.

- Gérer le siloing (hiérarchisation de l'information verticale, comme dans un silo). Les informations d'un site structurées en silos aident Google à comprendre les contenus du site. Cela favorise ainsi le référencement. Lorsque ce concept est correctement manipulé, il est possible d'influencer Google pour améliorer le positionnement de son site sur des expressions clés.

Les mots clés devront donc être à peu près cohérents entre chaque paire de pages liée par un tel lien.

Automatiser l'optimisation

Optimiser chaque page va vite se révéler un travail éreintant et titanesque. Il faut automatiser plus ou moins celui-ci. Le codage de scripts en PHP qui utilisent MySQL comme base de données permettra à un codeur d'éliminer ce travail chronophage.

Spamdexing

Il est fortement recommandé de ne coder aucune technique de spam pour flouer le moteur (le spamdexing). C'est au final peu efficace et contre-productif.

La définition d'un paid link, une forme de spamdexing, un backlink "payé" selon Google, recouvre en fait une multitude de cas transformant quasiment tout backlink négocié en paid link.

Le netlinking à base de paid links constitue la seule exception possible à cette règle de ne jamais faire de spamdexing.

Netlinking – linkbuilding

Un backlink correctement codé et réfléchi véhicule un peu de Page Rank et quelques mots clés qui seront mis en exergue sur la page de départ du lien et sur la page d'arrivée.

La cohérence de ces mots clés et des thèmes des 2 pages liées est de rigueur. Cette cohérence peut être totale (exactement le même thème) ou connexe (des thèmes voisins).

La mise en place d'une stratégie de netlinking, qu'ils soient considérés comme des paid links ou non par Google, peu importe, est indispensable au bon positionnement du site sur ses mots clés.

On évitera les paid links grossiers : manifestement issus de fermes de liens, ils n'ont aucune cohérence avec vos pages (des sites sans contenu ou dont le contenu est généré automatiquement par des robots, etc.). Tout backlink mis en place doit être cohérent, complètement ou approximativement. On peut presque toujours trouver une approche pour rendre un lien incohérent à peu près cohérent. Il faut juste y consacrer un peu d'imagination, de temps et d'efforts.

Le netlinking met du temps à porter ses fruits, mais c'est un investissement sur la durée et efficace.

Les liens doivent être tissés :

- Par des échanges de liens bien ciblés et en "quantité raisonnable", sinon Google, qui tolère ce troc, les passera en paid links. Google n'a jamais documenté la valeur de "quantité raisonnable".
- Par des actions de netlinking cohérentes : l'exemple d'un netlinking entre fournisseur et réseau de distribution est détaillé dans ce livre. Votre imagination en web marketing (ou celle de votre prestataire) doit vous inspirer une démarche efficace. Il vous faudra un budget et du temps. Les campagnes de qualité sont chronophages et nécessitent des trésors de patience et de diplomatie.
- Par l'inscription de votre site dans des annuaires à peu près de qualité. Cela sera surtout efficace pour noyer vos autres actions de netlinking et éviter ainsi d'être en anomalie statistique, avec le risque d'un contrôle trop approfondi de Google sur l'ensemble de votre site.
- En les louant, à condition de bien vérifier la qualité de ces paid links. Certes, le risque est nul pour votre site, mais il est inutile de perdre votre temps et votre argent avec des liens grossiers et sans intérêt.

Naturel versus AdWords

AdWords, les liens sponsorisés de Google, et le positionnement naturel sont complémentaires. Dans de multiples cas, il est intéressant de tester ou de laisser une expression clé en AdWords plutôt que d'investir en référencement naturel.

Les deux approches sont à pratiquer par tout *traffic manager* ayant en charge la création de trafic ciblé et qualifié sur son site web.

Maintenance du référencement

Il est très courant d'oublier des mots ou expressions clés. L'imagination des internautes n'ayant pas de limites, on trouve régulièrement de nouvelles idées en étudiant l'audience et les statistiques du site via divers outils : *Xiti, Google Analytics* pour citer quelques exemples de logiciel d'analyse de trafic et d'audience basés sur l'approche technique des marqueurs en javascript.

Awstats est un logiciel à installer sur le serveur d'hébergement. Il faut avoir le droit d'en être l'administrateur. Il utilise les accès physiques aux ressources du serveur Apache pour comptabiliser le trafic. Si votre hébergement est mutualisé, vous avez probablement accès à un outil logiciel identique ou équivalent analysant le fichier de log du serveur Apache de votre site.

Avec ces outils, vous pouvez mesurer la performance de vos expressions clés, en découvrir de nouveau, déduire de nouveaux centres d'intérêt des internautes. Ces informations vous permettent de mettre à jour vos mots clés, d'arbitrer l'abandon de certains au profit de nouveaux entrants.

Webmaster Tools de Google suit plusieurs paramètres importants : la liste des liens entrants sur le site, la vision de Google de vos mots clés dans des libellés de backlink et quelques autres informations de même nature.

Rapports de positionnement

Deux techniques existent. L'une utilise une API de Google, qui en limite l'usage à X utilisations par 24 heures. L'autre simule un navigateur et interroge directement Google.

Le résultat par API est une moyenne de position sur une durée avec probablement un filtrage moyen.

Le résultat par interrogation directe est généralement différent, sur un même mot clé pour un même site, du résultat par API. C'est une photo à un instant donné de l'état de l'index avec le filtrage correspondant à votre position, historique et poste de travail.

Les deux résultats sont plutôt complémentaires. L'un donne la tendance, l'autre livre l'instantané.

!

A

B

C

D

E

F

G

H

I

J

K

L

M

N

O

P

R

S

T

U

W

X

Y

Imprimé en France. - JOUVE, 1, rue du Docteur Sauvé, 53100 MAYENNE
N° 650801K. - Dépôt légal : avril 2011